Dana R. Villa
POLITICS, PHILOSOPHY, TERROR
Essays on the Thought of Hannah Arendt

This translation published by arrangement with
Princeton University Press through
The English Agency (Japan) Ltd.

目次

謝　辞

私は二つの組織から多大な恩恵を受けた。それらの組織を研究者にとってきわめて有益なものとして運営にあたられる人々に感謝を申し上げたい。第一に、ハーバード大学ヨーロッパ研究センターである。ここに収めた論文の多くは、私が長年にわたってそこを夏の「住まい」として過ごしつつ執筆された。そこで私が大きな成果に満ちた時間を過ごすことができたことについて、チャールズ・マイアー、アビー・コリンズ、サンディ・セレスキ、アンナ・ポピエルに感謝したい。同時に私はセンターにおける友人であり同僚であるセイラ・ベンハビブとダニー・ゴルトハーゲンに感謝したい。私が思いつくままに述べた批判に対してお二方が示してくれたユーモアと忍耐は実にありがたいものであった。

もう一つの組織は、プリンストン大学の人間価値センターである。そこで私は一九九七年から一九九八年にかけてローレンス・S・ロックフェラー研究員として過ごし、いくつかの章を執筆したうえで本書をこのようなかたちにまとめることになった。ジョージ・ケイティブとエイミー・ガトマンに対して私は特別の感謝をしたい。二人がそのセンター運営にあたられることで、そこは大学らしい、しかし目覚ましく真剣な意見交換のためのまたとない場所となったからである。私は研究員仲間のうちお二人の名を特筆したいと思う。私が多くのことを学ばせていただいた、ジョン・クライニングとバーナード・レジンスターである。センターにおける各種の行事や政治・哲学分野の研究会では、スティーブン・ホームズ、ジェレミー・ウォルドロン、ジョシ・オバー、アレクサンダー・ネハマス、ジョン・クーパー、そしてハリー・フランクフルトが出席してくださったことが思いがけない喜ばしい贈物となった。

本書のいくつかの章は、会議における発表原稿として産声をあげた。セイラ・ベンハビブが一九九六年にハーバードで充実したアレント会議を主催してくださったので、私はその際に多くの参考意見を刺激的に受けとめることになった。一九九七年春、ポッダムにおいてゲアリー・スミスが主催し、アレントの『イェルサレムのアイヒマン』をめぐって開かれた会議で、私はドイツ、イスラエルの多くの研究者の仕事に接触する機会を与えられた。同じような機会は、その年の後半イスラエルにおいてスティーヴン・アシュハイムが主催したアレント国際集会でも与えられた。最後に、一九九六年の初めにマイケル・ハルバースタムとマイケル・ホルクィストがイェールで主催した全体主義をめぐる会議があり、私にとってナチおよびソヴィエトの事例に関して比較対照的な視点を獲得するために有益であった。これらすべての行事の主催者および参加者に対して感謝したい。

私が同様に感謝したいのは、有益な批判となる言葉と洞察を寄せていただいたフレッド・ドーラン、ピーター・ディゲサー、スーザン・シェル、ジム・シュミット、マーク・リラ、オマー・バートフ、アンディ・ラビンバク、ピーター・ユーベン、トレイシー・ストロング、ジョシュ・ディーンスタグであり、そして同じように有益な気晴らしを与えていただいた、タイチョ・マンスン、キャシー・シーピーラ、トム・レヴィン、エリザベス・クーセンス、ジョバンナ・ボラドリである。私はプリンストン大学出版局のアン・ウァルドが私の仕事に絶えず関心を寄せられたことについて感謝したい。私がこの研究計画に区切りをつけ、別の計画に乗り出すための理想的な場所を提供していただいたことについてもまた、マイケル・ワルツァー、ジョウン・スコット、クリフォード・ギアツ、および高等研究所社会科学大学院に恩恵を受けた。

最後にもう一度、私の両親ヴァージニア・バレット・ヴィラとアルフレッド・ヴィラに感謝したい。本書をスヴェトラナ・ボイムに捧げる。その理由は本人がご存じのとおりである。

第七章は『政治理論』第二六巻第二号（一九九八年）、一四七〜七二ページに初出のものであり、版権はセイジ・パブリケーションに帰属し、同社の承認により本書に収められた。

序論

一九六四年にドイツ人ジャーナリストのギュンター・ガウスとの対談の席で、ハンナ・アレントは自分が「哲学者」という敬称で呼ばれることを断わった。「私は哲学者たちの仲間には所属しておりません」と述べ、「私の専門は、仮にそういうものについて話題にできるとすれば、政治理論ということになります。私は自分が哲学者であるという気持ちはありませんし、哲学者仲間に受け入れられたことがあったとは考えておりません……」と付け加えた。

それから三十二年が経過して、事情は大きく変容したと言ってよいであろう。アレントはいまや政治理論の分野で異論のない正統派の存在になっている（とはいえ、英米の分析哲学界における受けとめ方は彼女に対し全体としていまだに冷ややかである）。これは彼女の地位に重要であるが容易には説明しがたい変化があったことを物語る。一九五〇年代半ばから一九七五年の死に至るまで、アレントの名は公的注目を浴びる知識人として最も際立っていた。その著作は読者に容易に近づきがたい性格にもかかわらず、驚くべき広範囲の読者層を獲得した。彼女の主著『全体主義の起源』、『人間の条件』、『革命について』、および死後出版された二巻本『精神の生活』は、いずれも難解な文章であり、論証と引用と錯綜した語り口に満ちている。しかしその難解さにもかかわらず、学界の内外を問わず広範な読者に受け入れられた。今日ではほとんど考えられないような事態である（『精神の生活』第一巻が最初に掲載されたのが週刊誌『ニューヨーカー』であると思い起こすと、まさに精神的な衝撃である）。

アレントの読者数は彼女の生前と比べ今日ではその数字はおそらく減少しているであろう。しかし同時に、その読者像はかつてよりもいっそう真剣さを帯び、国際的性格が間違いなくよりいっそう鮮明になっている。実際のところ、彼女の影響は今やかつてないほど大きくなっていると言えるであろう。世界中で、ますます多くの学者や研究者たちが彼女の著書におもむき、民主主義政治の性質ならびに政治悪の力学について洞察を求め、そこに鉱脈を掘り当てようとしているからである。今日のハンナ・アレント復興において本当にめざましいことは、最近における学界一般の議論で狭量な専門分化（および不機嫌な政治性）が著しい事実にもかかわらず、アレントの復興には党派的なところも、学問境界に固執するところもないことである。これは、彼女の仕事がいつも範疇化を拒絶する事実と多少とも関連がある。彼女の仕事は、少なくとも左派／右派とか、リベラル／保守などの紋切型レッテルでは範疇化できない。しかしアレント復興はまた、冷戦の終結とも関連がある。すなわち、明確なイデオロギー対決の最前線が不鮮明になり、その結果として招来された全般的確実性の喪失である。一時的にせよ、世界の舞台から最大の悪が除去されたことで、われわれは政治の初歩的な問題に直面することになった。しかもわれわれは、二極化対立の世界を前提にして提供される、安易な方針決定に依存することはもはやできないところにいる。政治的真理のなかで見かけは最も堅牢であった部分が溶解した――そういう文脈において、これほど多くの人々がアレントの仕事に注目したのであり、そのようにしてアレントは（セイラ・ベンハビブの巧みな表現を借りれば）「ポスト全体主義的契機の思想家」となった。

その結果としてアレント関連の書物や論文が奔流のように出現したことは、したがって、全部が全部驚くべきことではない。しかし、これらの文献を初めて目の当たりにする読者は、きっと多少の戸惑いを覚えるはずである。というのは、そこにはめまいがするほどさまざまなアレント像があふれているからである。お馴染みのもの(共和主義者市民としてのアレント)があり、新奇なもの(ハーバーマス主義者アレントやポストモダンのアレント)があり、修正主義的なもの(フェミニストのアレント)があり、少なからずアイロニカルな響きがするもの(断固とした口調のアレント)がある。もちろん、偉大な思想家であればあるだけ、その著作は多種多様な解釈を生み出し、それらの解釈は互いに相容れないことがある――最近の五十年間に出現した多数のルソー像を考えてみるだけでもよい。全体主義の元祖から始まって、ロマン派の個人主義者、はては参加民主主義者まで。しかしアレントの著作には、創造的な解釈とともに、(同じくらい頻繁に)誤った解釈を生み出す、何かしら特徴的なものがあることは明らかである。短い論考の集合が節を構成する体裁の彼女の著書にあっては、それらの凝縮された論考がしばしば警句的である事実によって、解釈者にとっては一種のロールシャッハ・テストを受けるがごとき効果を生む。多くの人々がそうして、自分が最も大事に暖めてきた思考、関心、偏見が彼女の仕事の中に反映されていると見出す傾向があるのも、驚くにはあたらない――一見して懸念されるほどには害のない自己愛(ナルシシズム)の一形式である。悪意に満ちたアレント批評家たちもまた、この傾向のひとつの発現型を見せてくれる。彼らは、彼女の仕事の意義について予断に身を固めており、彼女のテクストに近づくにあたって、注意深い読みという当たり前のはずの抑制を放棄しているからである。かくて、善意の読者にも悪意の読者にも、残念ながら双方ともに見られる事態であるが、アレントが実際に言ったことのほうが、彼女が言ったとされること、あるいは意図したに違いないとされることよりも明白に従属的な位置を占める結果になる。彼女の表現方法が原因になって、彼女の仕事のなかに自分自身の自己やあるいは偏見を読み込むという傾向を助長することは、ときとしてあるかもしれない。だが、紛れもない事実が残っている——そのような解釈上の歪曲、そしてそれが表わす(究極的に)知的な怠惰に関しては、責任はアレント読者としてのわれわれの側だけにある、という事実が。

「本当の」アレントを明らかにするとか、彼女の仕事の解説を俯瞰図として提供するとかをして、上述のような事態に修正を加えようという試みは、本書に収められた論文がそもそもねらいとするところではない。(1) 本書の論文が取り扱うのは、たとえば悪の凡庸さ、全体主義的恐怖の性質、アレント思想のソクラテス的特性などの主題である。これらは、アレントの政治理論とマルティン・ハイデガーの哲学思想の関係を先の研究で私が論じた際にその守備範囲に入らなかった部分である。(2) ここに収録した論文の話題は多岐にわたるが、それらを根底で突き動かしているのは、安心を与える(しかし虚偽の)類推の結果としてもたらされた歪曲からアレントの洞察の独自性を救い出しておきたいという願望である。もちろん類推は、ある思想家の思想が複雑であればあるだけ、その思想に対する理解を提供するという面でしばしば役立つものである。その思想家がアレントのように特異である場合には、類推に頼るのはほとんど不可避である。とはいうものの、彼女の思想を飼い馴らそうとする傾向のある研究は、例外なく、その思想にそなわる本質的なもの——それにそもそも独自性を与えているもの——を破壊する恐れがある。

この点において私には実に印象的なのだが、アレントの最も有名で最も広く論議の対象となっている観念のいくつかが、実は読者や批評家から最も理解されていない。悪の凡庸さが、その明白な例である。ここに収めた論文で私は、アレントの読者や批評家が称賛するにせよ糾弾するにせよあまりに性急に行なっているところ、彼女が試みていることを理解できたとあまりにも自信ありげなところ、これらの場所に光を当てようと努めた。もちろん、批判的な判断力はすべての読者がそなえる特権であるから、アレントの観念の多くが論争的な性質をもつゆえに、その判断力が要請されるのは確実である。しかしわれわれは彼女自身が政治的判断の性質に関して指摘したことを思い起こすことがいいのではないだろうか、すなわち、理解力がなければ、判断力は実際のところ判断力としての資格をまるで有しない、と。

「恐怖と根源的な悪」と題された第一章では、恐怖政治こそ全体主義体制の「本質」と記述したときに、アレントは何を意味したかを概観する。彼女の主要観念の多くと同じように、われわれはその言葉で彼女が何を意味するかを知っていると考える。しかしアレントはわれわれの予期をくじく。アレントは、ヒトラーあるいはスターリンがその全体支配の兵器工廠において恐怖政治に特別な場所を与えたとか、恐怖政治は彼らが好んだ（そして特徴的な）手段であるとか言っているわけではない。実際のところ、全体主義の恐怖政治は、革命期や圧政君主におけるお馴染みの恐怖政治とは異なり、本当のところはまったく手段などではなく、むしろ終わりなき過程であった。アレントによればその「目標」は、人間存在が余計者であることを明らかにすること、個人を非人間化するにせよ、個人を人類の単なる標本と化すにせよ、権力にそなわる能力に制限がないと示すことであった。これがいったん実地に立証されると、全体主義イデオロギーによって措定された法則――すべてを決定づける「自然」や「歴史」の法則――も、もはや滑稽な虚構というわけにはいかない。強制収容所や絶滅収容所によって戦慄を与えるほど明確に確認されたのが、そのような「法則」である。それらの収容所の任務は、人類の発達において想定される運命的進路の過程を人為的に加速させることであった。「劣等」人種は、自然淘汰による運命と想定された絶滅の道をたどる手助けを受けた。それとちょうど同じように、「死にゆく」階級として「歴史」によって運命づけられた階級は、すばやく「死にゆく」ための後押しをされた。人間存在が余計者であることを明らかにすること、「自然」や「歴史」の法則の決定力に絶対的服従を要求することで、すべての人間個人に固有の尊厳をはぎとること、そういう渇望を確認したからこそ、アレントは全体主義の悪を根源的な悪と名指すことになったのである。アレントがこの用語を用いたのは、二十世紀における政治悪の目に余る規模の大きさに関心を引こうと試みたわけではなかった（それは誰にも明白なのだから）。むしろ彼女は、全体主義における暗黙の目標《テロス》を強調しようと意図したのである。すなわち、人間的性質を変化させるという目標のことである。

第二章は「良心、悪の凡庸さ、代表的実行者という観念」であり、根源的な悪の観念から転じて、アレントの名でいっそうよく知られる（そして議論を呼んだ）悪の凡庸さの概念に目を移す。この概念が彼女の心に浮かんだのは、イェルサレムにおけるアドルフ・アイヒマンの裁判を『ニューヨーカー』のために取材したときのことである。アレントは「怪物」アイヒマンの完全な思考停止、奥行のない「正常さ」に心を打たれた。彼女は「悪の凡庸さ」と言って、アイヒマンのまるで「怪物」らしくない人格から受けた自分の印象を伝えようと試みただけではなかった。彼女はまた同時に、大きな政治悪を実行するために、いかなる邪悪な動機もイデオロギー上の熱狂も必ずしも存在する必要がないという、はるかに不快な考えを伝えようとしたのである。これは、『イェルサレムのアイヒマン』の刊行に続いて湧き起こった論争のなかで見失われた論点である。多くの人は考えた（そして明らかに依然として考えている）、アレントはアイヒマンをナチスの絶滅機構における単なる「歯車」的人物にすることによって、その罪を軽減させたのだ、と（そういう考えは間違いだと、彼女が裁判記録のなかで明確に、そして繰り返し述べている）。そのような誤解がさらに新しい段階を迎えたのは、ダニエル・ゴルトハーゲンの著書『ヒトラーに従った自発的処刑者たち』によって議論が引き起こされた結果であった（この書物は、題名が示唆するとおり、ナチス時代に「普通のドイツ人」の間に反ユダヤ主義の熱狂が広まったことを強調する）。私としては、ゴルトハーゲンならびに他の多くの人々と意見が異なる。すなわち、アレントは「代表的実行者」（そんなものがあればという話として）の姿を提示しようと試みたのでないこと、彼女がアイヒマンに対する個別的判断としたものをナチのユダヤ人絶滅の性格に関する命題と誤解した人々は、彼女の著書を奇妙に誤読していること、これらを私は明らかにする。

　第三章は「影響の不安——アレントとハイデガーの関係について」であり、アレントを巻き込んで近年に起きた論争に目を向ける。若い頃のアレントがハイデガーと恋愛関係にあったことが、エルジビェータ・エティンガーの書『ハンナ・アレント／マルティン・ハイデガー』で明らかにされた。その結果、多くの人々はアレントがハイデガーの不快な政治的過去の「汚名をそそごうと試みた」と想定して彼女を弾劾する結果となった。かつての師に対して、彼女の変わらぬ熱情から出たこと、というわけである（二人の恋愛は二十年代にさかのぼることであり、ハイデガーが一九三三年にフライブルク大学の学長としてナチス体制と個人的に連携を結ぶよりもはるか以前のことであった）。この論争によって提起された中心的疑問は次のことであった。すなわち、アレントはハイデガーを彼のありのままに（つまり、偉大な哲学者であるが、政治的には愚者として）はっきりと見抜くことができたかどうか、または、彼女は自分自身が「メスキルヒ出身の魔術師」（リチャード・ウォリンがエティンガーの本の書評でハイデガーに授けた称号）によって欺かれるままでいたのかどうか、と。私はエティンガーとウォリンに反対する立場であり、アレントはハイデガーの姿を明晰に見ていたと論じるとともに、次のように主張する。すなわち、ハイデガーが一九三三年から一九四五年の時期に自らを隷属させた政治思想に対し可能なかぎり最も有力な反駁になっているのが、アレントの政治理論における仕事である、と。

　第四章は「思考と判断」であり、同じく錯綜しているが、しかし間違いなくさほど論争の的にならない問題を考える。この章で私が取り組むのは、アレントの政治理論における思考と行動の関係、彼女が考える政治的判断力の概念である。その政治的判断力をアレントは素描するだけで決して十分な説明を行なっていない。政治的判断力は、鋭敏な彼女の説明役を自認する人々が示唆するように、思考活動と政治的行動の「橋」なのだろうか。私は、そうでないと主張する。アレントは判断力について深く考えたときに、思考と行動の区別を超克する道を探しあてようと試みたわけではないし、捉えどころのない理論と実践の統合へ、道を探究したわけでもない。アレントはこれら二つの活動を区別するが、その理由は私にとってどうしても注目しないではいられない、大体において説得力があるものだと思う。むろんそう区別することは、理論が一種の実践であるとみなす（少なくとも大学関係者では）今日の傾向と対立するのであるが。私はまた、アレントが彼女の言う特殊政治的あるいは「代理的」思考方法という観念によって正確に何を意味したかについても扱う。その観念は途方もなく示唆に富むことが判明しているにもかかわらず、驚くほどつかみどころがないままである。

第五章は「アゴーンを民主化する――ニーチェ、アレント、そして最近の政治理論におけるアゴーン的傾向」と題され、いわゆる「アゴーン民主主義」の擁護者たちがアレントをいかに活用したかを検討する。アレントが政治におけるアゴーン的な次元を強調したこと（それは、彼女が敬愛するギリシャ人像において中心的位置を占める）、そして彼女がこの次元を大体において肯定的な光のもとに見ていること、これらに疑いを容れる余地はない――合意形成（コンセンサス）を重視する理論家には容認しがたいと映る事実である。今日のアゴーン主義者たちとは、大まかに言えば、主要な政治用語には論争を惹起する性格があることを強調し、正義と認知を希求する今日の闘争が間断なく果てしなく行なわれる性格を強調する政治理論家たちのことである。彼らは、アレントの政治学に精力的な政治学の姿を見出して拍手喝采するも

の の、そこに狭量な「エリート主義」の性格を見届けて批判するのである。私は、その批判はニーチェ的な生命主義の遺産に他ならないと主張する。そういう批判は、アレントのアゴーン主義でわれわれの心に最も刺激的な部分、すなわち、純粋にアゴーン主義的な政治には自己放棄的性質があるとする彼女の主張に、耳を貸さないことになるのである。自己放棄に関するこの主張と密接な関係にあるのは、健全な政治の「必要条件（*sine qua non*）」としてアレントが強調する公共精神である。この公共精神は、今日のアゴーン主義者から見るといくぶんか当惑の種となるものであり、彼らはそれが市民的共和主義の伝統から生まれた時代錯誤であるとして切り捨てる傾向がある。公共精神に満ちて自己放棄的なアゴーン政治学——この観念は、フーコーの影響を受けた「排他的」共和主義批判や、フェミニストによる強力な公／私の区別批判が現われたあとでは、もはやその命脈は尽きたとされている。だが、私としては、そのような批判的主張に一定の懐疑心を抱いて接近してはどうかと提案する。というのは、政治的行動および公共の領域の性質について、アレントが提示した最も重要な教訓のひとつを見逃さないためである。

第六章の「劇場性と公共の領域」は、公共の領域を記述するためにアレントが用いた劇場の隠喩（言葉と行為を表出するための「舞台」）を検討することによって、自己放棄というアレント的主題を敷衍して述べる。そのような隠喩に対するアレントの好みは、彼女のギリシャ愛好癖や、アテネの議会によく似た中心の明確な「視覚的」公共の場に対する願望を反映するものだ、と主張する評論家たちがいる。彼らはそうして、そのような公共の領域のモデルは今日ほとんど意味をなさない、なぜなら、近代的代議員制度下の民主主義が、中心のない散漫な公共の領域になっているのだから、と指摘する。この批判は一般論としてある程度の妥当性は持ち得るものの、アレントが劇場性の比喩に訴えたことで得られるいっそう深い教訓をないがしろにすることになる。彼女の主張の主眼点はこういうことだ。すなわち、ある形式の社会的劇場性――そして、公的自我と私的自我の区別――が明確でほとんど自然的に存在しているような文化、そういう文化においてのみ、活気あふれる公共意識が見出される傾向がある、と。そういう劇場性が欠落しているところ、公的自我と私的自我の区別がたんなる偽善や欺瞞として見られるところでは、何らかのかたちの正統性重視の政治学が出現することが避けられない。そういう政治学では、政治演技者の発言や行為の内容というよりはむしろ、その役者の人格に焦点が当たる。結果として、政治的なるものが人格に依存していく。これは、今日のアメリカの政治を大きく性格づけているものであり、また多くの市民が引き籠る浅はかな冷笑的態度の根源にあるものである。政治家が公共の場で映し出す自らの人格像に従って行動していない、そう発見したときに市民が見せるあの冷笑である。

第七章は「哲学者対市民――アレント、シュトラウス、ソクラテス」である。アレントはプラトンの描くソクラテスを自らの主張に利用しているが、もうひとり、アメリカに亡命した著名なドイツ系ユダヤ人で保守派政治哲学者のレオ・シュトラウスがソクラテスを利用しており、これらのまったく異なるソクラテス像をこの章で検討する。アレントはソクラテス的対話がアテネ人たちの強烈な競争心を抑制する試みであったとみなした。その競争心は（トゥキュディデスの読者なら誰でも知っているとおり）制御が不可能になって、あのポリスをあやうく引き裂きかねない恐れがあったからである。アレントによれば、ソクラテスは意見対立の領域を越えたところに一元的真理を探し求める哲学者というよりも、むしろ、仲間の市民たちがそれぞれに抱く個別の意見《ドクサ》に内在する真理を発見するよう、援助することに献身する「市民のなかの市民」である。シュトラウスはこれと著しく対照的に、ソクラテスがひとつの生き方――哲学的な生き方――を表わすと紹介した。それは、政治的な生き方全般、ことにアテネ的な民主政治で特徴的な行動力や主義主張に真っ向から対立する生き方である。私はこの章の論考で、アレントとシュトラウスの二人が政治的な生き方と哲学的な生き方にともに熱心な信奉者であるにもかかわらず、哲学者と市民という二項対立に対し、それぞれ偶発的な克服の方向を指し示していることを明らかにする。

第八章は、「全体主義、近代性、伝統」である。この章では、西洋政治思想の「偉大な伝統」と全体主義を取り上げ、両者の関係があったとすれば、アレントはそれをどう見たのか、この難問を検討する。西洋政治思想の伝統と、アレントがナチズムの「貧民街から生まれた」イデオロギーと記述したもの、これらにある種の類縁関係が見出せるのではないかと願った人々がいたのに対して、アレントは一九四〇年代から一九五〇年代の初めにかけて、きっぱりと否定の態度をとった。しかし彼女はマルクス主義——明らかにその伝統の産物——がソヴィエトの全体主義を可能にすることに果たした役割をより深く考えたとき、自分の立場を修正することを余儀なくされた。この再考（『人間の条件』で十分に練りあげられた）の結果として、西洋の伝統に対し条件つきながら告発状を突き付けた——全体主義による大きな不幸を「招来した」罪状ではなく、人間の複数性という基礎的現象をほとんど消去する政治共同体の概念を生み出したという罪である。アレントは人間の複数性の価値切り下げを、彼女が近代における「世界破壊」の力とみなしたものと結びつけて考えた。そのとき彼女が得た結論は、全体主義も当初思われたほど全体的逸脱に至っていないではないかということであった。

第九章「アレントとソクラテス」では、アレント思想における哲学と政治学という緊迫した関係に話しを戻し、第七章とまったく異なる視点を提供する。そこで私は、アレントの提示するソクラテス像はまさしく本当にソクラテス的か——すなわち、哲学的か——と問い掛ける。私の結論はこうである、哲学的な生活は（そしてそこに仮定される疎隔は）、アレントにとってせいぜい手段としての重要性しかない、そして哲学的な生活だからといって、市民としての経験が根本的に変容するわけではなく、ただ単に容易になるだけである、と。この結論は私の意見を表明したものである。大戦中にアレントが哲学と政治学の関係について表明した姿勢と、ソクラテスを元祖とする疎隔された市民のあり方にアレントが絶対的重要性を認めることを拒絶した決意について、私がさらに熟慮を重ねた結果の意見であった。その拒絶をしたのが誰かといえば、古今のいかなる時代でも並ぶものなき偉大で勇気のある「自立思考」（*Selbstdenken*）の実践者である。そのことによって、その拒絶はなおさらいっそう痛ましく胸に迫る。

第一章　恐怖と根源的な悪

もしも強制収容所が、全体主義支配下においては必ず出現する制度であることが事実だとするならば、全体主義を理解するためには、「恐怖を思いめぐらす」ことが不可欠だと思われるだろう。しかしそれをするには、遠慮がちな目撃報告書など役に立たないのと同様に、回想録も役立たない。これらの両ジャンルには、経験から逃げ去ろうとする傾向が内在する。……そのような報告書によって覚醒し、しかし実際に自分自身の身体に傷を受けたわけではない人々、そういう人々が恐れに満ちた想像力を用いてこそ、恐怖についてねばり強く考え続ける余裕ができる。

（ハンナ・アレント『全体主義の起源』）

今日、私が机の前に座って執筆しているまさにこの瞬間においても、これらのことが実際に起こったのだと私自身が納得していない。

（プリーモ・レーヴィ『アウシュヴィッツで生き延びて』）

序

二十世紀が終わりを迎えようとするいま、道徳的嘔吐感に圧倒されずにいることは困難である。すぐに思いつく、よく知られた数字がある。ほとんど無意味な戦いであった第一次世界大戦の死者数が一千万人、第二次世界大戦の死者数は、ナチスの強制収容所と絶滅収容所で殺されたユダヤ人六百万人を含めて、およそ四千万人、ソヴィエトの強制労働収容所で二千万人かそれ以上、毛沢東が率いた「大躍進」の崩壊の結果として三千万人の死者、さらに、これらほど壮観でないが劣らず戦慄すべき数々の殺戮による何百万人の死者。人類の道徳的進歩を仮定して成り立つ人間の尊厳という概念は、これらの出来事の前にこっぱみじんに打ち砕かれた。人間のとどまることのない愚かさに対し懐疑心に満ちた眼差しを向けたモンテーニュこそ正しいと証明されたのであって、カントのほうではなかった。神や自然の隠された手など、われわれを前に導いていないのである。

われわれはすべての悪夢を最終的に経験し終わったのではないか、残されたそういう希望も根拠がないことは、ボスニア、ルワンダ、カンボジア、アルジェリアで起きた民族、宗教、イデオロギー対立による殺戮が明らかにしている。(1) これに加えて、以前の「第二世界」が世界市場経済に統合されて生じた社会的亀裂、さらに、来世紀初期には百億に達するであろうと推定されるほどに急伸する世界人口のことを思うと、正義の道徳や人間の尊厳という概念が危機にさらされているわけではないなどと、のんきに軽率な主張をするわけにはいかないであろう。数百万人もの人々の殺戮が理由もなく繰り返される世界、数えきれない数百万人もの人々が世界経済に何も貢献しえない悲惨な運命に耐えなくてはならない世界、このような世界で個人の尊厳などと言うのは、幸運な者や余裕のある者だけが享受できる贅沢に見えてくることが多い。

一九八九年に東ヨーロッパを襲った革命の世界史的意義を過小評価することはもちろん間違いであろう。だが、これらの出来事によって生じた熱狂も、めざましくも短命に終わることになった。正義の道徳、啓蒙主義の世俗主義《セキュラリズム》が直面していたのは、恐ろしくも反リベラルな（しかし以前には抑圧されていた）勢力の強力な軍勢であることが、ほどなくして明らかになった。さらに悪いことに、道徳における個人主義——正義の道徳の基盤となる、個々人の人間の尊厳に対する信仰——は、市場主義によって促進された単なる利己主義と混同されるか、あるいは一緒にされた。このような展開は、さきほどの反リベラル勢力の吸引力を大きくするだけに終わった。グローバル資本主義の功利主義的道徳によって生み出された緊張関係を利用して、民族《エスニック》ナショナリズム、宗教的非寛容、地域的または地球的規模の新たな暴力行為が台頭した。グローバル資本主義がもたらしたその功利主義のもとでは、個人がいかに主張したとしても本質的な尊厳など溶解してしまうのである（少なくともこの点で、カントを批判してマルクスが急進主義に到達したのは完全な間違いではなかった）。

かくて、「何十億、さらに何十億」もの人々を抱える世界で、ますます多くの人々が、自分自身を（明らかに）余計者であると意識するという絶望的な事態が現出している。二十一世紀になってからワイマール共和国の情況が世界的な規模に膨れあがって再現されるなど、まずありそうもないだろう。だが、これだけは確実に言っておける。二十一世紀の政治指導者たちにとって、執拗な世界経済の圧迫にじっと耐え続けるくらいならば、たとえどんな代償を払っても、集団の（民族的、人種的、宗教的）アイデンティティ感情を刺激するほうがずっと簡単だと思われる情況が限りなく繰り返されるだろう、と。正義の道徳を敵視する勢力は西側世界においてさえもけっして消滅することはない。予見可能な未来において、正義の道徳は魅力の限定された輸出品にすぎないであろうし、効果となればなおいっそう限定されるであろう。

この文脈において、ハンナ・アレントの分析に戻ることが有益である。すなわち、人間の尊厳、または（彼女の言い方で）人間の地位に対して全体主義が仕掛けた攻撃の性質について、彼女が行なった分析である。有益と言ったのは、必ずしも全体主義が将来復活する脅威があるというわけではない（もしくは、誤解をもとにフランスの一部の知識人が主張したような「柔らかな全体主義」でさえも、復活はありえない）。さらに、仮にそのような攻撃に直面して、われわれが正義の道徳を支える方法をアレントの助力を得て発見するわけでもない（全体主義を生み出す力と効果的に対抗するために、正義に基づく教義に可能性があるかどうかについて、彼女はけっして懐疑を隠さなかった[2]）。そうではなく、アレントの分析が今日において切実な関連性をもつのは、全体主義体制によってもたらされた政治悪形式に対する洞察のゆえである。その悪こそ、何世紀にもわたり政治体制が犯してきたずっとお馴染みの他の恐怖と区別するために、彼女が「根源的」と特定したものである。

アレントにとって全体主義に特徴的な恐怖とは、全体主義が作り出す組織（システム）のことである。その組織内において、ひとりひとりが等しく個性をきれいに奪い取られ、誰もが等しく死刑執行人や犠牲者の役割を割り当てられ、「すべての人が誰も等しく余計者になった」のであった[3]。そうして生み出された世界において、強制収容所がその最も純粋な例になるとおり、自発性という人間的能力が抹殺された――換言すれば、人間性がものの見事に変容させられ、その結果として生み出された存在はあたかもパブロフの犬のごとく、ただ単に反応できるだけであり、けっして自ら進んだ行動ができない。この能力を奪われた全体主義的恐怖政治の犠牲者たちは、自分自身が余計者であるという現実を一日もおかず、一時間ごとに思い知らされる世界に放り込まれた。アレントはその様を見て、人間存在が全体的支配という新奇な技術を通じて「倒錯動物」へと改造され得ることを示す、想像しうる最も明白な証拠だと考えた。(4)

私が本章で焦点を当てたいと思うのは、全体主義体制下において恐怖政治の果たした役割をアレントがどう分析したか、それとともに、収容所で起きたような文字どおりの人間性剝脱の過程をアレントがどう記述したかである。どちらの側面も、未来の世界に対して抱く彼女の不安を映し出している。全体主義的な手段によるのか、社会的経済的な趨勢によるのかわからないが、いずれにせよ、人間的尊厳がもはや存在しない世界、「一般の人々が絶え間なく余計者にされる」世界が到来するのではないか、という不安である。(5) 強制収容所は人間の尊厳の基礎を破壊することに成功し、そのような世界を現実のものとした。人間の尊厳の基礎とはすなわち個性のことであり、自発的な行為を行ない、自然反応にせよ単なる類型行動にせよ、機械的行為を忌避する能力である。アレントの分析からひしひしと伝わるのは、人間的事象の領域において根源的に新しいものが起こりつつあることであり、最も血に飢えた暴君でさえそこまでは夢想だにしなかったという意識である。

もしも全体主義の恐怖、全体主義の「根源的な悪」が、余計者としての人間存在を多数生み出しそのとおり余計者として取り扱うことであるとすれば、人間の地位に対する新しい危険がわれわれに提示されているのである。われわれの道徳的地平がどんどん曖昧になり続けるかもしれないという危険である。われわれはリベラリストとして、すなわち、個人の尊厳を信じるものとして、未来展望についてあまり楽観的になれる余裕はない。一九五一年にアレントが書いた次の言葉は、歴史を記述した言葉であったが、今となっては予言として読める。「全体主義は人間を余計者にするための手段を考案した。その手段は、政治的、社会的、経済的なあらゆる出来事と至るところで共謀関係にあり、暗黙の陰謀を企てている」。(6) 全体主義が用いた手段は、当面のところ、ほとんどが姿を消したかもしれない。だが、人々を余計者にする趨勢は急速に進行し、そのような人々の数はますます増大している。(7) 次の世紀になって生まれる政治はいかなる新しい形状になるのか、その政治において前述のような趨勢がどのように寄生し、そして加速するのか、われわれはそれを考えてただ身震いすることしかできない。われわれが知る限りで判断すれば、「集団虐殺の時代」および産業的殺戮は、まだ始まりつつあるにすぎないのかもしれないのである。

全体主義と恐怖政治

人間の地位に対する真に新しい危険は何か、それを分析するどんな試みも必ず直面する問題がある。すなわち、われわれが奇異なものを読み取るために、それをむりやり馴染みのものの中に引き戻すという、如何ともしがたいわれわれの性癖のことである。全体主義の恐怖に関して、「人間的な、あまりにも人間的な」この性癖はとくに顕著である。われわれはその性癖に導かれて仮定する——人間の自由と尊厳に対する全体主義の攻撃は過去の暴虐行為と同種である、ヒトラーとスターリンは権力欲の狂気に取りつかれていた、強制収容所の制度は彼らの権力への欲望を映し出したものだ、と。その見解によれば、何百万という罪のない生命が収容所で失われたのも、それを指揮した指導者の誇大妄想がいかに根深いかを明らかにする、というわけである。アーサー・ケストラーの『真昼の暗黒』のような小説作品は、そのような性癖をさらに促進する。ケストラーにとって、スターリンの全体主義は本質的にマキャヴェリズムが暴走した結果であるという。つまり、「目的が手段を正当化する」式の功利主義を、政治倫理における最終判断の地位にまつりあげたのである。すなわち、政治的観念論から冷酷無情な心が生み出され、暴君が指導者に就く可能性が開かれる。マキャヴェッリ的な良心の欠如と、際限のないパラノイアを合わせもつ暴君である。かくて、冷静な計算に代わって、狂気による行き過ぎが生じる、ちょうど、絶対権力が見事に腐敗し尽くすのと同じように。このような論法で、全体主義の悪が生じる理由も、伝統的な道徳規範の否認と指導者の個人的な病理に還元される。

われわれがそのような「リベラル」な予断をもって全体主義の現象に接近するかぎり、われわれはその現象の全体をゆがめてしまう、ハンナ・アレントはそう確信していた。全体主義を理解するための第一歩は、その体制の悪を個人的な要因に帰する傾向を排除すること、すなわち、指導者の悪魔的な天才の発露に還元する傾向を排除することでなければならない。われわれはまた、「偉大な伝統」から遺産として引き継いだ政治悪の理解法に限界を知り、放棄しなければならない。というのはその理解は、支配者や民衆の節度のない激情だけに焦点を合わせ、他の要因を無視するからである。実際のところ、西洋政治思想の偉大な伝統では、政治的悪——政策としての悪——にあまり関心が抱かれなかったとまで言っていいかもしれない(8)。むしろその伝統では、正義と性格形成(または性格のゆがみ)の問題に関心があるので、政治的悪の性質にはほとんど光があたらない。ましてや、政策としての悪という特殊近代的な現象には光があたらないのである。

さらに、社会科学の道具類もまた、全体主義体制に特有の悪を理解するには格別有益ではない。というのは、社会制度や政治体制の仕組みを説明する基盤としてそれらの道具類がほとんどいつも前提にするのは、手段/目的の合理性というモデルだからである(9)。全体主義の悪は、高度に発達した官僚主義的合理性の援護が必要であったことは確実であるが、その悪をその手段に、あるいはその手段によって生じた効果に還元することはできない。功利を基準にする観点から判断するならば、あの収容所は、希少資源を途方もなく浪費していたのだから（第二次世界大戦の最終段階に、防衛線が崩壊して輸送の必要性が緊急であった局面でも、ドイツ軍は強制移送の措置をますます盛んに行なった。これは、ドイツ軍の戦略の非合理性を証明するものである）。

しかしそれでも、恐怖政治と収容所こそ、全体主義制度の定義である。その制度の特徴的なかたちがそこにあり、その不気味な新奇さがそこにあるからである。アレントにとって、彼女が「全体主義の本質との終わりなき対話」と呼んだものに従事することは、いかなる分析を行なうにせよ、恐怖政治と収容所をまさにその分析の中心に据えなければならないことを意味した。そのときにのみ、奇妙なものを馴染みのものに読み込んでいるわけではないと、すなわち、政治的悪の性質や原因に関して「リベラル」な偏見をただ単にもてあそんでいるだけではないと、たとえ最小限にせよ確信を持つことができるのであろう[10]。先例のないものを理解するに際しては、人間的な判断能力が「常識」に基づく通常基盤を奪われたのである。だとすれば、「恐怖を思いめぐらす」ための心の準備をした、「恐れに満ちた想像力」を頼りにするしかない、ということであった。

しかし、恐怖政治と収容所に焦点を当てることにより、それ自体の問題が生じてくる。というのは、政治的恐怖も強制収容所も全体主義による発明ではなかったからである。したがって、理解と判断という過程の第一段階として、全体主義的恐怖政治、ナチスおよびソヴィエトの収容所制度、それらの特異性がどこにあるかを明確にしなければならない。これはけっして簡単な課題ではないし、歴史的な想像力――理論的な想像力と対置させられる――によって遂行できる性質の課題ではない。ただ、先例を提供することであれば、その歴史的な想像力によって可能である。また、アレントが『全体主義の起源』で想起しているとおり、今日の全体主義政府の特徴とされる多くのものが、歴史の研究においてすでによく知られている。侵略戦争はほとんどいつでも行なわれていた。戦勝後に敵対する住民を虐殺する行為は、ローマ人が「被征服者を赦す」（*parcere subjectis*）ことを導入して穏便に済ませるようになる以前は無制限に行なわれた。先住民の絶滅は、アメリカ、オーストラリア、アフリカの植民地化の過程で何世紀にもわたって繰り返された。奴隷制度は人類の歴史で最も古い制度のひとつであり、すべての古代帝国は帝国が所有する奴隷労働によって支えられ、公共の建物は奴隷が建てた。強制収容所でさえ、全体主義の進展とともに発明されたわけではなく、世紀の初めの頃、ボーア戦争の間に初めて出現する……。(11)

「人々を脅して服従させる手段」としての恐怖政治は、歴史上「驚くべき数のさまざまなかたち」をとった。その事実によって、全体主義の悪を分析する者の肩にさらに重荷がのしかかる。その体制の形式は馴染みのものに見えるだけではない（専制君主制、独裁制が途方もない規模にふくれあがったものとして）。のみならず、全体主義が恐怖政治およびアレントが列挙する手段に依存している事実により、一見すると過去との連続性が強調される。

もしも人間の理解力と判断力がその力を失ってはいけないとすれば――すなわち、奇異なものを馴染みのものに読み込むべきでないとすれば――全体主義の恐怖政治が他のすべてのかたちの恐怖政治と何が異なるかを明らかにして、その特殊性を解明しなければならない。絶滅行為そのものは全体主義の悪のほんの一部にすぎなくて、けっしてその最も「根本的な《ラディカル》」部分ではないという、ほとほと気の滅入るような可能性に直面しなければならない。アレントの基本的主張のひとつは次のことである、すなわち、殺人行為、ないしはその殺人行為の規模の大きささえも、政治的に計画された他のあらゆる恐怖から全体主義の悪を区別するものではないということである。むしろ、これらの全体主義体制において恐怖政治はたんなる手段をはるかに越えたもの、すなわち、まさに真髄であったという事実によって区別されるのである。組織的、継続的に恐怖を与えることによって、全体的な支配における新奇な実験が遂行され、「すべてが可能である」というテーゼに信憑性が与えられたのである。かくして最大の悪は、殺人行為ではない。大量殺人でさえもない。そうではなく、人間の握る権力には限界がないことを証明し、人間の尊厳には何ら本来的なものも永遠なものもないことを証明するために恐怖を用いること、それが最大の悪である。実際のところ、収容所が証明したように、人間の尊厳などもはや存在しない自己充足した宇宙を生み出すことも間違いなく可能である。

よく知られているように、アレントは「すべてが可能である」という考え方を、全体主義体制の中心にあり、その活力源となる確信であると性格づける。この確信は、「すべてが許容される」という信条と同列に扱うことはできない。こちらの信条は、十九世紀の虚無主義《ニヒリズム》や帝国主義との関連においてのほうがもっと馴染みとなっているもので、アレントが述べるとおり、全体主義の前提にもなっていることは確かである。しかし、それは国家理由《レゾンデタート》を過激に述べたものだとしても、そこには「功利的な動機、支配者の利己的関心」との、ある程度の結びつきが前提になっている。(12) 全体主義の原則の場合は、これらの抑制など超越してしまう。全体主義の目的は、権力でもなく、富の取得でもなく、政治的生き残りでもない。むしろ全体主義が仮定するのは、人間存在を完全に支配する可能性である（「全体的な支配」）。その結果として人間はもはや「運動の法則」――「自然」や「歴史」の法則――に抵抗することも、干渉することもできない。その法則こそ、全体主義の運動が進行を加速させようと試みるものである。そのような運動の法則（「歴史の法則」や「自然の法則」と言われた）が、全体主義の進展におけるイデオロギー上の「超意識」

を提供する。その意識とは上位の物語のことであり、彼らはその物語にちょうど調和するように逆に現実を構成しようと試みる。全体主義の目標は、そのイデオロギー上の超意識が真理であることを「事実」が照らし出すように人類および世界を作り直すことにほかならない（階級闘争におけるプロレタリアートの必然的勝利、ダーウィン的生存競争におけるアーリア人種の優越）。全体主義体制がこの計画に成功したとすれば、成功の程度は恐怖の程度に反映する。すなわち、その計画とは、恐怖政治を行なって実験を試みつつ、イデオロギー上の「超意識」が正しいことを絶えず証明し続ける世界を創造することである。[13]

全体主義の実験におけるこの側面について、われわれの「リベラル」で常識を拠りどころにする偏見が原因の一部となり、われわれは真正面から直面できなかったのではないか、アレントはそう懸念している。われわれは全体主義の恐怖政治を特徴づける性格が、その規模であったと信じたいのである。人間存在を組織的に非人間化する新しい仕組みが考案されたのではないと。アレントは全体主義の恐怖政治を分析し、まさにこれらの見逃された次元に焦点を当てることで、「すべてが可能である」世界が実際に創造されたことを、それだけよく明らかにしようとした。彼女はわれわれが慰めとなる（しかし虚偽の）信念から目を覚ますように望んでいる。その信念とはすなわち、人間存在が互いに、あるいは自分自身に対してできることには組み込まれた限界があるはずなので、自然的な反感や道徳感が働いて、巨大な規模の悪に対する制御となるであろう、というものである。全体主義の経験を経たあとでもなおそのような敬虔の念を抱き続けるとしたら、この時代が提供した中心的な教訓に盲目であり続けることになる。[14]

目を覚まさせようと試みるアレントの戦略は、一九五三年にラジオ放送で行なった講演で明らかである。「人類と恐怖政治」と題されたその講演では、全体主義の恐怖政治がその他のあらゆる形式の恐怖政治となぜ違うのか、その理由が簡潔に要約される。アレントは最初に専制君主下の恐怖政治や革命期の恐怖政治を議論しており、それらが（表面的には）全体主義の恐怖政治と少なからず類似性があることを論じる。しかし、そういう類似は偽りである。というのは、専制と革命、どちらのかたちの恐怖政治も「向かう終幕があり、終わりにたどりつく」からである。専制君主下の恐怖政治は、「いったん、すべての公共的生活を麻痺させるか、あるいは完全に無用なものにして、そうして、市民から公共的事象に対する関心と結びつきを奪いとり、すべての市民を私的な個人に仕立てあげた」ときに終幕となる。[15] 革命期の恐怖政治は、対抗勢力が破滅したときか、あるいは「革命の力が残らずすべて使い尽くされた」ときに、終わりを迎える。これらと対照的に全体主義の恐怖政治は、対抗勢力が破滅した後で、初めて恐怖政治としての本領を発揮するのである。一九三〇年以後のロシア、一九三六年以後のドイツが証明するとおり、政治闘争の勝負にはっきりと決着がついたまさにそのとき、強制収容所の制度が急速に拡大することになる。全体主義の恐怖政治は、絶対的に罪のない人々をその犠牲者に仕立てるとき、まさに本領を発揮する。そうして、果てしない恐怖支配が生み出される。その支配のもとにある社会は、専制君主の成功では必ず見出される「墓地の平和」さえもすっかり奪い取られる。

全体主義の恐怖政治はかくて他の（近代的な）形式の恐怖政治が終わったところで始まる。それによって運動を始めた「永遠の流転」は、罪のない犠牲者を果てしなく提供するように要求するばかりではなく、実定法によって創りだされて維持された相対的な永続性と安定もまた、徹底的に破壊することを要求する。[16] 大文字の「自然」または「歴史」を先導する「運動の法則」の進行を加速させよ——そういう名目を掲げる全体主義の恐怖政治によって生み出される世界では、実定法などたんなる見せかけにすぎないと誰もが承知している。法によって真の保護境界が設定されないところでは、絶対権力が抵抗を受けずに活動することができるので、階級や人種の敵にかかわる基準につぎつぎと改定が加えられ、無実の罪を宣告される人々の範疇がつぎつぎと拡大される（アレントが指摘するとおり、一九四三年の帝国総合保健法の草稿においてヒトラーが提唱したのは、戦争が終わった後ですべてのドイツ人がエックス線検査を受け、肺病や心臓病の病歴を持つ家族は収容所に監禁すべしということであった[17]）。

しかし、全体主義の恐怖政治を拡大し続ける終わりなき力学と性格づけ、その恐怖政治が罪のない人々に向けられるものとすると、直ちにもっともな疑問が沸き起こる。この恐怖政治の目的はいったい何か。どんな人の必要や利益に役立つのか。アレントは、この最初の疑問には答えがあると考える。しかし、第二のほうは疑問の立て方が間違いだと考える。第二の疑問は、全体主義の恐怖政治は他の形式のものと同じであり、人々を脅して服従させるための道具であるという仮定に基づいている。ところが、それは事実に反する。全体主義の恐怖政治を試験にかけて戦略的合理性があるかどうかを調査すると、最も初歩的な試験にさえも合格しないのである。

われわれが全体主義の恐怖政治という現象に、たとえば手段と目的という範疇を当てはめてみよう。その範疇を用いて考えれば、恐怖政治とは手段であって、権力を維持するため、人々を威嚇し恐がらせるため、かくてそのようにして、ある特定の方法で行動させ、別の行動はしないようにするために用いられることになろう。そうすると、全体主義の恐怖政治は、その目的を達成するうえで他のどんな形式の恐怖政治に比しても効果として劣ることが明らかになる。私がたとえ何をしても、何をするかにまったく関係なく、私が絶えず恐れていることがどうしても起こりうるとしたらどうだろう。恐れの気持ちがあっても、その気持ちを頼りに行動するなどけっしてありえない。……人はもちろん……この場合には手段が目的になったのだと言うことはできる。しかし、それでは本当のところ説明にはならないのであって、逆説に偽装しつつ、次の内容を告白しているにすぎない。手段と目的という範疇はもはや役立たない、恐怖政治は明らかに目的などもたない、何百万人という人々が意味もなく犠牲になりつつある、戦争中の大量殺戮の場合と同じように、採用された方法は実行者の真の利害と実際のところ対立している、と。(18)

全体主義の恐怖政治には最小限の戦略的合理性さえも欠けている。その様子に直面して、その目的や意味をどう位置づければいいいか。誘惑としては、イデオロギーの「真の信奉者」から生まれた正真正銘の狂気、あるいは、特定の民族がさまざまな「他者」に対して抱く深い根をもつ憎悪、これらの中に位置づけたい気持ちに駆られる。アレントは、ロシアやドイツの場合においてそれぞれイデオロギーや反ユダヤ主義が演じた役割を実際には否定していない。しかし彼女は、全体主義の恐怖政治がもつ意味の位置づけとして、イデオロギーがもたらす幻想や人種憎悪という歴然たる非合理性を持ち出すことを拒否する。その恐怖政治の意味を把握するためには、われわれは「二つの注目すべき事実」を考慮にいれなければならない、と彼女は示唆する。第一の事実は、強制収容所が外の世界から意図的に孤立させられた「忘却の穴」であったことである。犠牲者個人それぞれの運命はけっして明らかにされない。まるで、それらの人はけっして存在したことがなかったかのようである。そこからハンナ・アレントは次のように見解を述べることができる、「強制収容所、絶滅収容所の本当に恐ろしいことは、そこに収容された人々が生きている人々の世界からたいへん効果的に隔離されたことである。収容は死よりも効果的にその人を外の世界から隔離した。なぜならば、恐怖政治は忘却を強いるからである」(19)。つまり、この世界で死ぬ場合には、故人の特徴的な様子がその人の言葉やふるまいとして記憶される。ところが、収容所内において起こる生と死は、世界内におけるその人の外見が剝奪されることである。外見や（それによる）記憶の領域から、絶対的に抹消されることである。そこでは、人の死はもはやその人自身のものではない[20]。

全体主義の恐怖政治の意味を把握するために不可欠な第二の事実は、「その時点において権力を掌握している指導者をのぞいて、誰も恐怖政治から逃れられない[21]」ことである。今日の死刑執行人が、明日は犠牲者になりうる。これは、革命が自らの子どもたちをむさぼり食うという問題ではない。というのは、アレントが述べるとおり、それらの子どもたちはすでに始末されているからである。というよりは、全体主義体制においては、自分自身が可能性として余計者でありうると内面化した主体が必要であることを反映する事実である。その主体は、そのイデオロギーの論理に従えば、「歴史」あるいは「自然」が要求する犠牲者名簿で自分の番が次に来るかもしれないと、十分承知している。かくて、「粛清が行なわれ、人々を試験にさらす。その粛清により、告発人が被告人に、絞首刑執行人が絞首刑の犠牲者に、死刑執行人が犠牲者に、一瞬にして立場が変わる」――すなわち、「たとえその体制がいかなる極悪非道を犯そうとも」、その体制と完全に行動を共にするかどうかを試す試験なのである[22]。

これら二つの事実は、全体主義の恐怖政治の意味について何を語るであろうか。一方では、収容所に収容された人々の無力さ、匿名性、孤立であり、他方では、その体制内の役人たちに見られる、イデオロギーに指令を受ける従順さである。これらが組み合わさることで、全体主義がその恐怖政治を用いて何をめざすのか、それが見えてくる。すなわち、個人を交換可能な存在にし、個人の自発的行動や判断を不可能にし、本来の個人としての性質を剝奪することである。そしてこれが実際のところ、収容所の別世界のような孤立の姿と、党と警察の役人たちが自分の運命に従順な様子に対する、アレントの解釈である。どちらにも、「無限に多様でかけがえのない個性をもつはずの個人に、余計者であると意識させる意図が込められている」[23]。というのも、人間存在が自分自身を余計者とする意識を内面化したとき、じっと沈黙したまま権力に対して従順になったとき、そのときにこそ、全体支配をめざす全体主義の野望が実現可能になるからである。かくて、強制収容所を設け、イデオロギーにより教化して、支配の実験が行なわれ、質的に新しい形式をめざす。それらは、恐れの感情それ自体を実験台に載せるわけではなく、人間の可塑性はどこまでが耐えられる限界なのか、それを探る実験である。というのは、全体主義による全体支配という目標を達成するためには、人々は作り変えられ、完全に交換可能にならなければならないからである。アレントが全体主義を分析し、全体主義制度内で収容所が果たす役割を分析した後で導き出した結論は、人間的権力の歴史において新しく出現した野望が全体支配である、という点に集約される。政治が以前には考えもつかなかった領域、すなわち「すべてが可能である」という領域に入ったからこそ、その野望の生まれる可能性が生じたのである[24]。

そのように理解すれば、全体主義の恐怖政治は「もはや、目的のための手段ではなく、そのような統治のまさに核心である」[25]。その統治形式は、全体支配を試みる（原則として）けっして終わりのない実験で採用される形式であり、その実験では、全体主義体制が「人類をひとり残らずその支配下に置くことに成功したときにのみ、究極的に目指す目標が達成可能である。その目標とは、「特定の人種が支配する社会にせよ、階級や国家がもはや存在しない社会にせよ、ある種の社会を形成して維持することである。いかなる個人といえども人類という種の標本にほかならないであろう、そういう社会を」[26]。そのような世界では、人類という種はついに大文字の「自然」と「歴史」という「すべてに浸透し、何よりも強力な」法則の透明な具現化となるであろう。偶然性そのものが抹消され、歴史的、自然的な逃れることのできない必然性がとって代わるであろう。大文字の「歴史の法則」または「自然の法則」——運動に関する「超意識」――がついにこの世界に回復されるであろう。

全体支配と収容所

もちろん、全体主義の野望はけっして成就されなかったし、人間的な自発性を地球規模で抹消することなしには、つまりすべての人間存在を交換可能な「反応の集積」に作り変えることなしには、成就されはしなかったであろう。とはいうものの、それは実質的に成就されたと言うことも可能である。強制収容所という世界において、すなわち、全体支配の実験が「科学的に厳格な状況」において展開することができる孤立した環境において成就された、と。

アレントが収容所について記したものとしては、「強制収容所」と題された一九四八年の論文、および『全体主義の起源』に収められた「全体支配」の節がある。彼女の全仕事が不安を呼び起こすと言われるなかでも、それらは最も困惑を与える。それらが困惑を与えるのは、「恐れを題材にしている」ばかりではなく、加えて、いかなる虚偽の安心感をも提供することを断固として拒否する姿勢があるからである。アレントはわれわれに、ひとつの顕著な事実に直面するように強いる。すなわち、無数の人間を殺し尽くすばかりでなく犠牲者の個性を破壊するという目標が強制収容所で実際に達成されていた、という事実である。収容所（Lager）では規律と欠乏状態というかたちの恐怖政治が行なわれ、収容者たちは交換可能な「人間という動物の標本」に成り果てた。たとえ極限状態においても人間精神の破壊は不可能とか、われわれの道徳意識が不屈であるとか、それらの証拠を探し求めようとしても、アレントの中に発見することはないだろう。彼女はわれわれに――たとえそれが苦痛に満ち、悲惨な事実だとしても、着実に――受け入れて欲しいと願っている、人間がいかに非人間的になりうるか、ということを。それだけではない、精神も、性格も、道徳的生活もすべて、収容所においてほぼ破壊し尽くされた事実があった、と。人間の力によって、人間存在が、動物に——実際のところ「倒錯した動物」に——変容させられる事実があったことを、彼女はわれわれに納得して欲しいのである。

もしもそれが事実ならば、それはまさに（アレントが別の文脈で用いた用語を借りれば）「すごい事実」である。しかしわれわれが、もしも、全体主義の性質および今世紀に起きた政治的悪の姿について自らを欺くまいとするならば、それはわれわれが直視しなければならない事実である。

プリーモ・レーヴィが『アウシュヴィッツで生き延びて』で語るところによると、彼は収容所内診療所（ドイツ語で *Krankenbau*、または“Ka-Be”）に収容されることで、目前の身体的現実としての生き地獄から逃れることができた。収容所での生活そのものとなっていた、飢餓、寒さ、強制労働、すべての者のすべてに対する戦い、という生き地獄から逃れたのである。彼はそうして初めて、自分の周辺で何が起きているのかを実際に心に銘記することができた。

パンが配られているとき、窓から遠く離れた闇の中で、楽隊が演奏を始めているのが聞こえる。健康な同僚たちの一団が労働のために出発しているのだ……

曲種は少なく、十二種に限られる。朝、夕ともに毎日同じ曲で、ドイツ人にはだれにとっても親しみのある行進曲と流行歌である。それらの曲はわれわれの精神に深く刻み込まれているので、収容所生活で出会ったものとして、われわれはけっして忘れないであろう。収容所の声と言うべきそれらが表現して知覚可能になっているのは、そこに浸透する幾何学的な狂気であり、後になってもっと緩慢な死を迎えさせるために、まず人間としてのわれわれを抹殺しようという他者の決意である。
この音楽が演奏されるとき、われわれの仲間が霧の中を機械人形のように行進していることをわれわれは知っている。彼らの魂はすでに死んでおり、その音楽はあたかも風が枯葉を吹き飛ばすがごとく彼らの意志そのものとなり、彼らを追い立てる。そこにはもはやどんな意志もない。ドラムを打つ音がひとつ響くたびに一歩ずつ進む、疲れ果てた筋肉の反射的な収縮にすぎない。ドイツ人たちはこれにうまく成功している。彼ら［労働に従事する収容者たち］は一万人に達し、彼ら全体が灰色に塗られた一台の機械である。彼らにはまさに文字通り断固とした決意がある。なぜなら、彼らは何も思考せず、欲望も持たない。彼らはただ歩く。(27)

しかし診療所に収容されて可能になったのは、自分以外の人々が人間性を剝脱されつつあるという省察だけではない。その収容によってまた、自分自身の人格と人間性のいかに多くの部分が奪い去られたかを深く銘記する最初の機会にもなった。

診療所は収容所内にあるが、そこにいる限り身体的な不快は受けない。その結果として、良心の種をいささかでも残していた者は、そこで良心が再び目覚めるのを感じる。そして日数が経過するうちに、飢餓や労働以外のことについても話をするようになり、彼らがいったいわれわれを何に変貌させたのか、彼らがわれわれからいかに多くを奪い去ったか、この生活はいったい何なのか、と考え始める。この診療所という相対的に平和な囲いの中で、われわれはわれわれの人格が脆弱であり、われわれの生命よりもずっと危険にさらされていることを学んだ。「死なねばならないことを忘れるな」と警告した先哲がいた。彼がもしもわれわれを今脅かしつつあるこの大きな危険を想起させてくれていたら、もっとありがたかっただろう[28]。

収容所の勝利とは、そこの収容者たちが「匿名の死を迎えるずっと以前に、魂の死を迎えている」ことであった。アレントが『全体主義の起源』の「全体支配」の節で展開したいと願っているのはこの事実であり、そこから派生したすべての事実である。

魂がいかにして死を迎え、人格がいかにして破壊されるか。人間存在が、レーヴィが描写するとおり、虚ろな表情で行進する機械人形にいかにして変容するか。アレントはその手段について詳述することはない（たとえば飢餓、強制労働、自然の威力、数限りない理不尽な規則類、情け容赦ない残忍な刑罰）。さらに、収容所内の複雑で倒錯的な社会構造や、明らかにホッブズ的宇宙が生み出されるメカニズムや、生き延びることを願う者が通常の道徳の主張を停止することなど、これらも詳述することはない[29]。むしろ彼女の関心の焦点となるのは、人間存在が最初は収容所の外で、それから収容所内で、しだいにその人間の地位を剝脱されていく際の、「歴史的そして政治的に理解可能な」三段階の過程である。この過程——全体支配が達成される過程——を記述すること、それは「恐れに満ちた想像力」によって駆り立てられた政治理論こそが提供できる仕事である。

「生ける屍」を調達するための第一歩は、まず法律上の人格を無効にすること、法的人格を殺害することである。それを達成するために、まず人間という範疇全体を法的な保護の外に置くことにした。そして、アレントが「国民の権利剝脱の手段」と呼んだ方法が用いられ、全体主義の支配下にない世界にも法の無効状態を認知させた[30]。全体主義体制はその手段を用いて、公民権剝脱の行為が主権国家権力の正当なる行使だと承認するよう、他の体制に要求する。かくて、法的主体を無効化する過程に他の体制も共謀していることになるのである。目的を達成するもうひとつの道は、まさに強制収容所制度という形式によって、通常の刑事法制度とは区別された別個の獄舎の宇宙を生み出すことであった。そのような別個の制度を生み出すことによってのみ、初めて収容者たちは、「通常の法的手続きが適用されない所[31]」に置かれる。通常の法的手続きとは、「確定犯罪には予期しうる刑罰が伴う」ということであるから、それが適用されないことは、完全に恣意的で絶対的な権力形式を生み出すためには、必要不可欠な段階のひとつである。というのは、囚人の行動と囚人の監禁の間に概念的にさえも何か因果関係がある限りにおいて、法的主体は一定の力を保持するからである。アレントは一例としてこう言っている、「法的人格を殺すかどうかが問題になる場合において、完全に無実な人物よりも何か罪を犯した人物を殺すほうが難しいというだけの理由でも、強制収容所に犯罪者は適切な居場所がないのである[32]」。強制収容所制度と、刑罰制度の間には深淵がある、いや、なければならない。そうでなければ、法律上の主体が残滓として最後まで残り、束縛を受けない権力という可能性は排除されるからである。

以上述べたことは、ドイツとソヴィエトの両事例における強制収容所の収容者数のうちで、犯罪者が重要な構成部分を占めなかったという意味ではない。犯罪者は、それらの収容所の当初の存在理由《レゾンデートル》を提供し、そもそもの初めにその制度を存在させる口実となった。犯罪者はまた、収容所の中において不可欠な中間的支配を司る「貴族階級」を最終的に構成することになり、強制収容所で象徴的に実施されていた権力の実験および公民権の剝脱を隠蔽した。犯罪者が交じっていることで、収容所と刑罰制度の区別がぼやけた。かくて収容所は、刑罰に値する行動をした人々を対象に、容認可能な方法で処罰している所にすぎないというように見えた。

政治犯たちの存在もまたこのぼやかし効果をもたらした。政治犯たちは――彼らは政治的「犯罪」を犯したわけだから――同じように「法律上の人格の残滓」を保持し続けた。政治犯の場合には、専制君主の特徴である（限定された）恣意的権力が依然として問題になるだけである。第三の集団――すなわち絶対的に無実な人々――が収容所内囚人の大多数を構成するようになるとき、強制収容所は「全体主義を組織する権力のまさに中心に位置する制度[33]」に変貌する。収容所には、その非合理性は明らかであったにしても、ひとつの目的がある。収容所とはつまり、全体的支配および絶対権力行使の実験を行ないうる「実験室」である。これらの実験結果の応用範囲は犠牲者の選択に関わりなくはるかに拡散していき、全体主義社会の全体像にまで関連する。第三の集団である「絶対的に無実な人々」はモルモットであり、法律上の人格が究極的に社会全体に拡大して無効化される前に行なわれる実験の実験台である。

一九三八年以後のドイツでこの要素に相当するのはユダヤ人の大集団である。ロシアでは、自分たちの行動と何ら関係のない理由によるとしても、当局の不興を買ったどんな集団でもそれにあたる。それらはあらゆる意味で無実な集団であるゆえに、法的人格を公民権の剝脱と無効化の徹底的な実験にかけるために最もふさわしい。したがって彼らはその性質と人数の両面において、収容所人員における最も重要な範疇となる。その原則が最大限に実現されたのがガス室である。ガス室は、それが有する途方もない収容能力だけから見ても、個人の事例を扱うことを念頭に造られたはずがなく、集団としての人々だけが相手である[34]。

法律上の人格を全体主義が無効化する様をアレントが分析する際、彼女の関心のありかがこのパラグラフの最後の文章において明らかになる。彼女は、この破壊がある特定集団（たとえばユダヤ人、ジプシー、同性愛者）を絶滅する道をどのようにして切り開いたかに関心があるわけではない。彼女はむしろ、まったく無実な人々の大集団がいたことによってのみ、その体制が市民権の保護と法律の境界を無効化する能力が自分にあるかどうかを試すことができた、という事実に関心がある。換言すれば、公民権剝脱がその「純粋な」かたちで収容所を舞台にして試みられ、社会全体における全体支配の状態へ続く道をより効果的に切り開いたのである。

> 恣意的な制度の目標は、住民全体の市民権を無効にすることにある。その制度下の住民は、自分の国にいながら、無国籍者や故郷喪失者とちょうど同じように最終的に非合法の存在となる。人間の権利を無効化すること、つまりその人がもつ法律上の人格を殺すことは、その人を完全に支配するための必要条件である。これは、初めの頃に実験台となった犯罪者、政敵、ユダヤ人、同性愛者などの特殊な範疇に当てはまるばかりでない。全体主義国家の住民すべてにも当てはまるのである。自由意志による同意では、自由意志による反対と同じくらい全体支配にとって障害となる。(35)

ここでアレントは強制収容所で行なわれた公民権剝脱の実験に焦点を当てているのだが、たぶん予期に反して、特定集団が犠牲者として狙われたわけではないと彼女は言っているように見える。絶対的に無実である集団だったならば、どんな集団でもかまわないだろうと言っているように見えるからである。そして、強制収容所を「理想型」の全体主義体制における中心的な施設として位置づける分析者として、アレントはまさにそう言っているのである。もちろん、彼女はドイツ人の人種に対する姿勢および反ユダヤ主義がヨーロッパのユダヤ人社会を破滅させる試みに導いたことを否定しているわけではない。むしろ彼女は、ナチスドイツが全体主義の社会であった限りにおいて、強制収容所は後からの思いつきではないと、また、ひとりの男（またはひとつの民族）の狂気と思考を放棄した偏見から生まれた偶発的な災害ではないと、言いたいのである。しかし、彼女は全体主義の恐怖政治の新奇性および収容所の「実験」性を主張するのであるから、その主張があるせいで、ホロコーストの特異性を主張するいかなるかたちの強い主張も、逆説的に力を弱められるという事実は残るのである。アレントは「全体主義の本質」について理論的な関心を抱いているので、その理論から導かれることとして、好むと好まざるとを問わず、ユダヤ人絶滅計画の位置づけがあった。すなわち、その絶滅計画は、全体的支配を目指したさらに広範な過程における一歩に過ぎなかった、と。[36] この視点から見れば、完全な公民権剥脱を試みる実験台として選ばれたのがどんな集団かは重要でなく、次のような事実こそ重大である、すなわち、収容所の存在によって、法律上の主体が抹消される世界、「人間の完全な公民権剥脱が持続する」世界が現出する可能性が切り開かれた事実である。

「生ける屍」を調達するにあたって採られた第二段階は、アレントが「道徳的人格」の殺害と呼ぶものである。「道徳的人格」とは、権利をそなえた法律主体ではなく、具体的な一個の人間個人でもない。アレントが意味することに最も近いものとしては、良心的な行為者または道徳的行為者という観念を持ち出せば伝えられるだろう。良心的な行為者であるには、そのための環境が必要である。道徳的行動に出ることが自殺的であったり、無意味であったりする環境ではいけない。ところが、収容所の世界はそのような前提条件などまったく思いもよらない。犠牲者たちは殉死を選ぶこともできず、自分たちの運命に良心に基づいて抗議することもできない。なぜならば、孤立した収容所であることにより、そこでの死は徹底的な匿名性が守られうるからである。アレントは収容所の生き残りであるダヴィッド・ルーセットの著書『われらが死の日々』および『強制収容所の宇宙』を引用しており、アレントの分析を支える多くの現象はこれらの著書から得られたものである。

抗議することに歴史的な重要性さえもあると、いまなお信じ続けているのはここ［収容所内］のいったいどれだけの数の人々だろうか。その懐疑心こそ、親衛隊（ＳＳ）が生み出した真の傑作である。彼らの偉大な達成である。彼らはあらゆる人間的な連帯意識を腐敗させた。ここでは、夜のとばりが降りて未来を暗く閉ざしている。目撃者が誰もいなくなれば、証言などありえない。もはや死を延期するに及ばないと表明することは、死に意味を与える試み、自分の死を超えて行動する試みである。その試みに成功するには、身振りが社会的な意味を持っていなければならない。ここにわれわれと同じ境遇下の何十万人もの人々がいるとしても、そのすべてが絶対的孤立状態で生きている。それゆえにわれわれは、たとえどんなことが起ころうとも、敗北は決まっている。(37)

もちろん、例外はあった。それに、良心的な不服従を例証する歴史を見渡してもどんな過去の事例にも劣らない劇的な抗議の例もあった——たとえば、マラ・ツィーメトバウムの有名な事例がある。彼女はアウシュビッツから逃亡した後に再び捕えられて拷問を受け、絞首台から仲間の収容者たちに呼び掛けたあと数分後に、隠し持った剃刀の刃で自分の手首を深く切り裂いた。監視隊は、自分たちの権力が侵害されたとして怒り狂ったのである。(38) 重要なのは、そういう行動が起きたことではない。むしろ、規則の存在を証明する例外があったこと、強制収容所の制度そのものが予期せぬ破壊にさらされたことにより例外の意味が取り戻されたことである。通常においては、収容所が徹底的な孤立状態にあり外部世界との接触が事実上なかったことで、匿名の大量死の世界が成功裏に生み出されていたのである。

「道徳的人格」の破壊にはもうひとつの側面がある。すなわち、全体主義下において、良心そのものが不適切であったり無関係であったりする環境が生み出されたことである。選択が選択を生む秩序《エコノミー》が確立し、その秩序内で行なわれるすべての決定が、厳密に言えば、悲劇的である。ある人が、殺人官僚になるよりは犠牲者として死ぬほうがましだ、と決意したとしよう。しかしその決意の後で、「友人を裏切って殺すか、それとも、あらゆる意味で自分が責任を持つ妻や子どもたちを死に追いやるか……と、人が二者択一に迫られた」(39)ときには、その決意に明確な道徳的意味は失われる。そのような悲劇的な秩序が、収容所というホッブズ的世界ではさらに現実味を帯びていた。そこでは、自分が長く生き延びるための明らかな道は、自分を捕えている役人と共謀することであった(それゆえにドイツの収容所は途方もなく複雑な階層制をそなえたのである。実質的にすべての活動が囚人(憎むべきあの *Kapos*)によって監視されており、一方で親衛隊員が姿を見せることはまれであった)(40)。何らかの選択がそれでも行なわれえたこと、生き残りの必要に迫られた場合に仲間どうしで大小の裏切り行為に発展したこと、アレントはそれらまでを否定しているわけではない。重要なことはこうである、すなわち、一方では殺人、盗み、裏切り、他方では通常の道徳を守ることによる自殺行為、このどちらかを選択するとした場合に、良心の決定など「まったくいかがわしく両義的な」ものになる、と。収容所の状況からして、良心的な行動は確実に自己破滅を招く道であったので、自由意志と道徳的人格は破壊された(41)。レーヴィの述べるところによれば、「……ここ収容所には犯罪者も狂人もいない。違反すべき道徳律がないのであるから、犯罪者がいるわけがない。時間と空間を決められわれはまったく自由意志を欠いているのであるから、狂人などいるわけがない。

れて実際に行なっていたわれわれの行動以外に、どんな行動も考えられなかったのである」[42]。

全体支配を試みる全体主義の実験は、権利と良心の破壊を行ない、それに引き続いて、人間の個性そのものという扱いにくい素材に焦点を当て、そこに精力を注ぎ規律を与えていく。人間の人格や性格は、権利と良心をはぎとられた個人にとって権力に抗する最後の砦となるものである。しかし、生存のまさにこの次元が標的となって拷問や身体的虐待が行なわれ、ばかげたほど多数に及ぶ収容所内の規律や規則類が作られた（それらに違反すると、野蛮きわまりない罰則が与えられた）[43]。家畜用の車を用いた移送から始まって、頭髪剃り落としや、十分な衣服、休息、食物の供給停止、そして耐えがたい肉体労働まで、収容所は人間の身体を操作する巨大な機械であった。身体の「苦役に耐え抜く無限の可能性」に目覚めさせることは、人格と自発性に残された最後のひとかけらまで粉砕するための手段であった。レーヴィが描写する「溺れた者」――「ムスリム」またはムーゼルマン（生ける屍を表わすアウシュビッツの隠語）――の様子を読めば、その方法を用いて人間の人格破壊に成功していたことを、あらためて確認してくれる。

水に沈めることがいちばん簡単である。受けた命令をすべて実行し、与えられた食料を食べ、仕事と収容所の規律を守る、これだけでもう精一杯である。このようにして三ヵ月以上生き延びることができたら、それはほんの例外的な場合に入ることが経験からわかっていた。最後にガス室で終わりをむかえたムーゼルマンは、すべて同じ物語をたどる。いや、もっと正確に言えば、何の物語にもならない。彼らは、海に流れ込む小川のように坂を下り、底までころげ落ちた。彼らは収容所に入るやいなや、基本的無力感や不運のゆえに、あるいは何か些細な出来事のせいで、自分で適応できないうちに圧倒されてしまう。彼らは時間に追い立てられる。ドイツ語の習得も、規則と禁止がからまった地獄のような結び目を解くことも、始めるいとまもないうちに彼らの身体はすでに衰弱に向かい、［ガス室に割り当てる］選別や、疲労による死から彼らを救う手立てはもはや何もない。彼らの生命は短いが、彼らの数は果てしがない。彼らはムーゼルマン、溺れた者と呼ばれ、持続的に更新されるいつも同じ匿名の大集団として、収容所の基幹部を形成する。非人間の大集団である彼らは、沈黙のまま行進と労働に従事し、彼らのなかで神聖な生気などとうに死んでいるので、本当の意味で苦しむにはすでにあまりにも空虚である。彼らが生きていると言うには躊躇を覚える。彼らの死を死と呼ぶのもためらわれる。彼らは死を目の前にしても、理解が不可能なほど疲弊しているので、恐れの気持ちなど持たない。(44)

この文章は冷酷に映るだろう。ここには、突き放した様子がある。つまり、才能、奮闘、または偶然によって、最小限でもその制度をどうにか自分で操作する方法を見出した人々がいた一方で、純粋に犠牲者だった人々もいた、それら両者の隔たりが前提になっているからである。ある個人が「溺れた者」のひとりになるか、それとも長く生き延びる収容者、すなわち「救われた者」のひとりになるか、それはある種の動物的な狡猾さによって結局のところ決定づけられたという事実――その事実は、アレントの根本的な主張を傷つけるものではない。収容所の生活は、歩く屍すなわちムーゼルマンを生産するための装置として、きわめて大きな成功を収めた。彼らは自発性と行動の能力を剝脱された人間という種の標本となっている。「残されたのは、人間の顔をしたぞっとするような操り人形である。それらはすべて、実験に用いられたパブロフの犬のように行動し、死に向かうときでさえも完璧に予期通りの反応を示し、反応する以外は何もしない。これこそがその組織のなし遂げた本物の勝利である……(45)」。そして、ルーセットも引用しよう、「人間がまるで人形のように隊列をつくって死に向かって行進していく、これほど恐ろしい光景はない。これを見る人は、『彼らがこれほどに落ちぶれるのだから、征服者の手には果たしてどれほどの力が隠されているのだろう』と自分につぶやき、苦痛に満ちた、しかし打ちのめされた気持ちで立ち去る」[46]。収容所において何万人ものムーゼルマンが生み出されたことで、全体支配を試みる全体主義の実験は結果的に成功だったのである。われわれが見出すのは、人間個人ではない。交換可能になった、人類の標本である。行動を起こすことができる人間ではなく、たんに反応の束である。自由意志を無効にされた「倒錯動物」である[47]。

根源的な悪

レーヴィとルーセットによる記述を参照しながらアレントの分析を読むと、誇張はないのかと申し立てたい気持ちになる。収容所は疑いもなくひどかった。地上に現出した地獄。しかし、個性と自発性を根絶する実験に、アレント、レーヴィ、ルーセットが言い立てるほど彼らが成功したわけがない、きっとそうだ（と言いたくなる）。犠牲者たちが地獄の装置のなかに放り込まれた後でも、何か人間的な尊厳、意志、道徳的意識、人間的連帯がきっとあったのではないか。情け容赦のない拷問と生存競争によって「倒錯動物」の水準にまで堕落させられてさえも、きっとすべての人が人間の地位をむしり取られたわけではなかったのではないか。

そのような疑問が、ツヴェタン・トドロフの最新刊『極限に直面して——強制収容所内の道徳的生活』に満ちる活気の源泉である。トドロフはこの著書のなかで、収容所がホッブズ的世界を生み出すことに成功したというレーヴィの議論に疑問を投げ掛け、さらに、収容所には全体支配の必要性に呼応するとおりに人間的性質に変化をもたらす能力があったとするアレントの評価に異議をとなえる。[48] トドロフの説明する収容所内の生活に照らして考えるならば、われわれが「英雄的美徳」だけに焦点を当てるのは、収容所内の道徳的生活に対するわれわれの受けとめ方をゆがめはしないか、と注意を喚起させられる。あたかも、人間的な意志と尊厳が——劇的な派手な身振りが伝えられないためと思われるが——実際に消失し果てていたかのように見せてはいないか、と。トドロフは数多くの生き残った(レーヴィも含む)人々の報告を拠りどころにして、収容所内ではただ生き延びることよりも、人間らしさを保つことこそが実際に重要な場合が多かったと主張する。連帯、他者への配慮、精神の生活、これら「平凡な美徳」がそのような極限状況でも生き残り、攻撃にさらされた人間性がいかに自己表出の手段を持ちえたか、それを彼は明らかにしようと試みる。個人の人格と尊厳は、組織的にそして完璧に破壊されるどころか、数々の小さな、劇的でない、しかしまったくかけがえのない本質的方法に訴えて守り抜かれた、彼はわれわれにそれを正しく認識して欲しいと願うのである。

トドロフは、道徳性と生存という二つの命令が収容所内で相互に深刻な葛藤を生んだことを否定するわけではない。むしろ彼は、利他主義と道徳意識がホッブズ的記述を行なうレーヴィから窺えるよりもはるかに深く達する根があり、最も極限的な条件下でも持続したことを明らかにしたいのである。[49] 人間存在は、苦悩や、苦痛や、あるいは欠乏が長く続いた結果として、実際のところどんなことでもする気持ちになるかもしれないが、その事実は(レーヴィとホッブズに対する反論だが)人間的性質について何も明らかにしてはいない。トドロフによれば、収容所内の生活から集めた利他的行動の数々が証明するのは、道徳性が「表面的な因習」に比べればはるかに上等であることなのだ。狼のような動物と想定されたときのわれわれが、少しの圧迫を受ければ投げ捨ててしまうという因習のことである。

トドロフがこういう立論をしたからといって、人間的性質についてホッブズが言ったことが正しいかどうかが問題になるわけではない。それよりも、ここにホッブズを持ち出して標的にしたこと自体がトドロフの間違いである。ホッブズは人間的性質について最も幻滅的で決定論的な説明をしたが、レーヴィとアレントのどちらも収容所がそういう説明の実証になるとは書いていない。彼らは、ホッブズの「すべての人々に対するすべての人々の戦争」(*bellum omnium contra omnes*)(これをレーヴィは明言しており、アレントは大体において暗示にとどまる)を引き合いに出すことで、自然に反する収容所の性質を少なくとも日常の生活や道徳を視点にすえて強調するのである。収容所の「実験」(こう性格づけたアレントの言葉をレーヴィも借用している)[50]は、文明という薄いベニヤ板の下に隠された野獣的な人間的性質を明らかにすることを目的にしているわけではない。むしろ、その人間的性質そのものを変化させることを目的にしている。アレントは次のように述べる。

> 全体主義イデオロギーが……目標とするのは、外の世界を変容させ革命的な社会変化をもたらすことではなく、人間性そのものを変容させることである。強制収容所とは、人間性の変容が試験される実験室である。したがって、その収容所の恥ずべき性格はただたんにそこに収容された人々だけの問題ではない。あるいは、厳格な「科学的」基準に従ってその収容所を運営する関係者だけの問題でもない。それは、すべての人間の関心事である。苦痛が問題ではない。犠牲者の数でもない。危険にさらされているのは人間性そのものである。これらの実験は、「人は人にとって狼なり」(*homo homini lupus*)の虚無的な陳腐さを終始一貫して実現する社会を生み出しながらも、人間を変化させることに

は成功しないで、ただ人間を破滅させているだけに見える。しかしそうだとしても、その実験が納得しうる結果を引き出すためには地球的規模の支配が要求されるのであって、そんな実験には当然ながら制約があることを銘記すべきである。(51)

この視点から見ると、トドロフが収容所内の生活に明白に見出せるとして「通常の美徳」に焦点を当て、ルソー的でいくぶんか感傷的な様子を見せるのは少なからぬ問題があることになる。その焦点の当て方は、利己的でホッブズ的な道徳脱却をよしとせず、善良で人間関係を重んじ、あるいは配慮に富むものとして人間性があると仮定するように奨励することである。しかし、収容所が提起した問題とは、人間性が本来は善良であるか、それとも本来は利己的であるか、ということではない。そうではなく、人間の力が人間的性質を恣意的に変容させようと試みるとき、その人間の力には限界が設定されているのかどうか、ということである。もしも、「すべてが可能である」という仮定に基づいたイデオロギーが勝利を収めることになれば、そんな限界など見出せないことになろうという意味である。人間が素材となり無条件に可塑性をもつ消耗品として扱われるだろう、という意味である。さらには、収容所生活の折々に「通常の美徳」が消えずにいたかもしれないが、しかしそれとて、全体主義の実験が実施された状況には避けられない実験の不完全さが残っただけのことに過ぎず、それ以外の何も証明するわけではないという意味でもある。もしも十分な時間と十分な方策があったとすれば、その実験は部分的成功以上のものをすっかり達成していたかもしれないからである。収容所から引き出すべき教訓は、道徳的動物としての人間がけっして実際に存在しなかったということではない（トドロフによれば、これは収容所をホッブズ的立場から記述したレーヴィが暗示していることである）。そうではなく、われわれが頼りにできる消しがたい性質などありえないのであって、同じような実験が将来にも成功しないと保証してくれそうもないということである。
この問題は、政治哲学者エリック・ヴォーゲリンとアレントが交わしたやり取りで焦点となっている。ヴォーゲリンは一九五三年に『全体主義の起源』の書評で、アレントが(先に引用したとおり)「危険にさらされているのは人間性そのものである」と述べたことを取り上げ異議を唱えた。ヴォーゲリンは知ったかぶりの様子で、何かの性質とは変化しないもののことであると、それと別の考え方をするのは「西洋文明の知的破産」の兆候であると、わざわざアレントに思い出させた。それに対してアレントは、実存主義に似た言い方を用いて応酬した。

政治的な現実そして人間的な現実としての自由の喪失は過去にあった。だが、なかでも……全体主義の成功において、われわれがかつて目撃したどんな事態よりも根源的な自由の喪失があった。その喪失の事実を確認した条件下では、変化しない人間性という観念にこだわるあまり、人間自体が滅亡の危機にあるとか、あるいは、人間の本質的能力に自由は含まれないなどと結論づけるのは、ほとんどどんな慰めにもならないだろう。われわれは人間の性質なるものをそれが歴史のなかで実在する限りにおいてのみ知りうる。だから、もし人間が人間の本質的な能力でさえも失うことがあるのだとすれば、永遠の本質が織り成す領域があったところでわれわれにとってどんな慰めにもならないだろう。(52)

収容所はアレントに取りついて悩ます亡霊であった。何百万人もの人々がそこで生命をおとしたからだけではない。そこにおいて、道徳的な自由を行使する人間的能力が相対的に脆弱であることが、可能なかぎりあからさまなかたちで明らかにされたからである。

十八世紀以来——ルソーの『不平等起源論』とカントの『純粋理性批判』以来——われわれは、人間の人間性を、自由な因果関係創出の能力、すなわち自発性の能力と同一視することにずっと慣れてきた。アレントはこの遺産を継承する。だからこそアレントは、収容所に対して精力的な関心を抱き、収容所が「人間の人格をたんなるもの」に変容させ、人間存在を「たんなる反応の束」に還元しているとするのである。しかし、アレントの関心は、もうひとりの十八世紀の思想家モンテスキューの奇妙にも先見的な恐れも反映している。モンテスキューはルソーやカントと違い、慰めを与える本質主義にわずらわされなかった。『法の精神』の序文でモンテスキューは次のように書いた。「人間は社会のなかで仲間内の人間が持つ考えや気分に自分自身を従わせる柔軟な存在であり、自分自身の性質を自分に明らかになるとおりに知ることができると同様に、失ったこと自体を自分で意識しなくなるほど自分自身の性質を見失うこともありうる」[53]。もしも、われわれの本質的能力を発揮すべき条件が欠落した世界が生み出されたならば、そういう能力そのものが忘れ去られてしまうだろう。もしも、人間存在が自分自身も他者も本質的に余計者だとして経験するような世界が生み出されたならば、そのときには、人間の尊厳さえもが忘れ去られるだろう。モンテスキューが教えてくれるように——それにアレントがわれわれに想起させるように——われわれの道徳的自由も、われわれの人間の尊厳も、どちらも品質保証付きではない。全体主義を経験したことによって、他のことはどうあれ、教訓をひとつ肝に銘ずるべきである、「危険にさらされているのは人間性そのものである」と。

以上の文脈に位置づけたときにのみ、アレントが収容所の意味を記述する際に「根源的な悪」という句を用いた意図を十分に認識することが可能である。収容所について議論する際に「根源的な悪」という句を用いることが「必ず必要」（*de rigeuer*）になっているが、そのような用法はたいていの場合アレントの真意を捉え損なっている。アレントの真意は（繰り返せば）、その現象の新奇性を強調することなのだから。アレントにとって「根源的な悪」が指示するのは、絶滅の目標そのものではないし、手段（とりわけ「工程化」された殺戮）でもないし、実行者の多くに見られる疑問のないサディズムのことでもない。彼女がこの句を用いるのは、むしろ、全体主義のもとで大量の監禁と殺人が組織的に行なわれた事実について、理解可能な人間的動機による説明に還元できないからである。一九五一年に恩師カール・ヤスパースが『全体主義の起源』に関して疑問を提示したのに応えたとき――「ヤハウェはあまりにも視界から遠ざかってしまったのか」――アレントはわれわれの宗教的および哲学的伝統の中では新しい形式の悪を照らし出すことは不可能なのかもしれない、と疑問を呈した。

悪は予期された以上に根源的であることが証明された。十戒のなかには、近代になって起こる罪のことは具体的に規定されていない。換言すれば、西洋の伝統は、人間存在が行ないうる最大の邪悪が利己主義の悪から生じるという先入観を克服できず苦境にある。しかしわれわれは、最大の悪あるいは根源的な悪が、そのような人間的に理解可能な動機と何の関係もないことを知った。根源的な悪とは何か、本当のところ私は知らない。しかし、私にはそれが人間存在を人間存在として余計者にする現象と何か関係があるように思われる（人間存在をある目的のための手段にすることとは違う。それならば、人間としての本質は損なわれないで、ただ人間の尊厳を侵害するだけである。そうではなく、人間存在として余計者にすることである）。その現象は、予測不可能性――人間存在にあっては自発性と言い換えてもいい――が全面的に無視されるときに直ちに生じる。そしてこういう事態はすべて、ある個人が全能である（ただたんなる権力欲ではない）という錯覚から生じる――もっと正確に言えば、その錯覚と同時に生じる。人間としてのある個人が仮に全能であったら、実際のところ人間が存在する理由は何もない(54)。

人間存在を人間存在として余計者にすること――これをアレントは全体主義に固有の目標と記述する(55)――それは、聖アウグスティヌス的な「他者を支配する欲望」(*libido dominandi*)から発するものではなく、道徳律を無視する意志(『理性のみの枠内でとらえた宗教』でカントが定義した「根源的悪」)から発するものでもない。それはまた「自己利益、貪欲、羨望、憤り、権力欲、臆病……などの邪悪な動機によって(56)」は理解も説明もできない。邪悪な行為を説明するそのような伝統的源泉は、どれをとってみても、欲求や自己利益を抑制できない罪深い人間の性質のどれかひとつに帰着することになる。しかし、人間存在を人間存在として余計者にすることの目標は、支配を狙うことでもないし、暴君的な魂が希求するように、欲望の無制限な充足を狙うことでもない(プラトンが『国家』の第九巻と第十三巻で描写するような欲求)。そうではなく、大文字の「自然」や「歴史」の法則を妨げる障害として残るすべてを消去することが狙いなのである。これら人間外の自然や歴史の力が人類の間で本当に際限なく猛威をふるうようにするためには、一様に脆弱さを生み出しておかねばならない。全体的支配の目標は、そのような脆弱さを確立すること、抵抗できない無力感を普遍的に浸透させ、自分たちを皆殺しにする非人間的な運動の法則を人間存在があたかも動物のように従順に受け入れるようにすることである。これが結局帰着するのは、人類を維持する(そして「改良する」)という名のもとに、人間性を破壊することに他ならない。アレントはそのことを、さらに以前にヤスパースに送った書簡(一九四七年)に記している。「たぶんそれらすべての背後にあるものとして、こういう事実だけを確認すればよいのです。これまでに個人としての人間存在が他の個人としての人間存在を人間的な理由によって殺すことはなかったこと、しかし、人間存在の概念を根絶するという組織的な試みは実際に行なわれたことです[57]」。

アレントが用いる根源的な悪の概念は、このように特定の（そしてたぶんある人々に言わせれば、彼女独特の）規準を前提としている。ヴォーゲリンに対する彼女の反応が証明するとおり、彼女は人間の性質をたくましいものとする概念をもっていたわけではない。すなわち彼女が、不変の本質、偶然の実在、これらの間に間隙を仮定した上で成り立つ人間性の概念を抱いたとするのは間違いであろう。とはいえ、アレントは、自由と自発性をめぐるルソーとカントの主張を基にして、実存主義的な自由と自発性を人間性のなかに想定する。道徳的因果律と自由は、カント的に言えば、「自然の機制」に影響されない超越的自我のなかに位置づけられる。だが、もしもわれわれがそのようなカント的位置づけに従わないとするならば、われわれにはいやおうなく、ハイデガーが主張する現存在《ダーザイン》の能力のような何ものかが残るだけである。自分を社会的規範による決定の力から引き離して、自分を自由にすることができる現存在の能力のことである。その能力は、いかなる形而上学的な「真実の」自己にも基盤を置かないので、（その結果として）いつでも危険にさらされている。『存在と時間』で提示されたのは、関係性により構成される開かれた自我である。その自我は、モンテスキューの言う「柔軟な存在」としての人間の概念——自分の性質を認識できると同時に忘れることもできる柔軟な存在——と呼応し合う。アレントにとって、人間存在が自発性の能力を忘れた、あるいは剝ぎ取られたならば、人間存在はもはや人間存在とは認められない。全体主義はまさにそのことに成功したのであり、収容所が最も陰惨な証拠となっているのである[58]。

しかし、収容所が「実験」を試みた人間性に変化をもたらすという目標は、とてつもない傲慢を証明していないか。暴走したプロメテウス的行動とも、神の地位を占有しようとする人類の冒瀆的な欲望とも言えないか。この側面があるからこそ、ヴォーゲリンの視点からみれば、全体主義は啓蒙主義の時代以後に信仰が衰退したことの兆候を示す近代の産物であることに疑問の余地はないのである。全体主義が可能となるには、信仰の衰退が少なくとも消極的には役割を果たしたとアレントも認めている。しかし、全体主義の実験の背後に（伝統的なアウグスティヌス的意味で）「高慢」の罪があるという考えにアレントは異議をとなえる。決定的に重要なことは、人間性に変化をもたらすという考え方に明白に現われている傲慢と全能志向だけではない。それに加えて、追従者はもちろん全体主義の指導者たちが従順で、その従順さが同じ役割を果たしたことである。全体主義は、大文字の（自然と歴史の）法則が至高の支配権力をふるうことを可能にするため、公平性も、実定法も、人間の個性も破壊するのである。この点からみて、マーガレット・カノヴァンが全体主義の心性を特色づけるものとして「非人間的な力への自己放棄」に注意をうながしたのは正しい[59]。全体主義の悪は根源的である、あるいは絶対的である。高慢にも神を否定したからではない。そうではなく、決定論イデオロギーの名のもとに予測を拒む人間の自由を抹消し、人間を自然（あるいは、大文字の歴史として時間性を与えられた自然）の法則に同化させようとするからである。

しかしここで疑問を呈しておかなければならない。それはどの程度新奇なのか、「非人間的力への自己放棄」の結果として遂行された大虐殺や集団殺害ならば歴史上に満ち満ちているではないか、と。一〇九九年にカルヴァリの丘を「罪を深く悔いて、膝まで血につかって」（アモス・エロンの言葉）行進した十字軍が思い浮かぶ。あるいは、アメリカを征服し、「神の大いなる栄光のために」先住民たちに前代未聞の殺戮を行なったスペイン人たちが[60]。われわれは古今の歴史を通じて、われわれよりも何か大きなもの、人間界の「非人間的な力」よりも大きなものの名のもとに（不幸なことに、しばしば神の名のもとに）他者の生きる権利を否定する意志を見出す。仮にアレントが収容所の根源的な悪を最終的にそのような「自己放棄」の結果によるものとしているならば、彼女は何か根源的に新奇なもの、本当に近代的なものを見出したわけではないように見えるだろう。

しかし今列挙したような例は、われわれをただ惑わすだけである。それらの例は「われわれ」と「彼ら」、キリスト教徒と異教徒、「文明」と「野蛮」という二分法の論理を基盤にしている。集団の同一性に乗じたそのような論理は全体主義体制下で、とくにナチ体制下で、疑いもなく大きな役割を果たした（普通のドイツ人が自分の人種の優越性に抱いた信念がホロコーストの原因となったわけではない。だが、その信念は政治的な悪と広範な共謀関係が生まれるために有効であったことは確かである）。しかしアレントによれば、そのような二分法の論理は本当のところ全体主義体制の特徴ではない。全体主義こそがこの世界の舞台にもたらすもの、それは、誰ひとりとして例外なしに適用される恐怖政治、全体主義を動かす原則が厳格に首尾一貫性を保って適用される恐怖政治である。その帰結として全体主義体制に顕著な特徴は、誰ひとりとして安全ではないことである。さまざまな「人間以下」の集団を抹殺することは、ほんの序曲にすぎない。その後に来るのは、その体制が崇拝対象とする運動の法則に従って、その法則の指図どおりにこの世界を適合させるというあの遠大な過程である。アレントが「根源的な」悪という観念を提示し、それによってわれわれに与える最も困難な課題は、まさしく次のことだ。すなわち、恐怖が続くその先にホロコーストのような出来事があるのではなく、ある過程の始まりとしてホロコーストがこれから来るべきことの示唆となるとしたら、そのような政治世界はどんなものかを想像せよ、と。というのは、ナチスの例で明らかかのように思われるが、全体主義の目標は「人間以下のもの」を抹殺することではない。むしろそれは、人間的なものを変容させることである。とはいえ、「超人《スーパーマン》」――伝統的な道徳の指図など無頓着なまま、自分自身の法を作る超人――に変容させるのではないことを注意すべきである。そうではなく、動物の一種に変容させる。そしてその動物の構成員たちは、自分自身が余計者であると冷酷な教育を施されて、（想定される）大文字の自然または歴史の法則の指図に従順に従うようになる。それこそが、全体主義を特異にする先例のない悪である――「すべての人がみんな一様に余計者になっている」組織体なのだから。そしてそれこそが、その悪に「絶対的」あるいは「根源的」という名を与えるべきだとアレントが感じる理由である。

結論――恐怖に思いをめぐらす

アレントが恐怖を全体主義体制の本質だと分析したこと、彼女が収容所を人間的性質を変化させる実験が最も進んでいた「実験室」と記述したこと、これらによってわれわれは二十世紀の政治的悪の概念を評価し直さざるをえない。さらにわれわれは、近代世界における人間的尊厳の概念に対する主要な脅威について、われわれの観念を修正せざるをえない。アレントの「恐怖に思いをめぐらす」で暗示される最も衝撃的なことは、この世界で誰にも必要とされない人々がますます多くなったという事実に対して収容所が「論理的な」解決を提供したという、そのことである。収容所に収容された人々が完全に余計者（に見える）とされたのは、その考えを生み出す基盤があったからに他ならない。すなわち、両大戦間に起こった経験として、膨大な数の人々が権利を失い、さらには故郷を失って、難民と化した。その人々が、政治共同体の構成員となる地位を剝脱され、それによって「権利をもつ権利」を奪われたことである。アレントによれば、「何か特定の権利を喪失したことではなく、たとえ何であれ何らかの権利を保証する意図を有し、その保証能力をそなえた共同体が失われたこと、それこそが、ますます増大する数の人々に起こった惨禍であった。人は、いわゆる「人間の権利」をすべて失ったとしても、人間としての本質的性質、つまり人間的尊厳を失わずにいられると判明する。政治体そのものが失われたときにのみ、人間は人間性の枠外へ放逐される[61]」。全体主義において、まず前提として難民の完全な権利喪失があり、しかるのちに「生ける屍を調達」するために三段階の過程が採用された。まず、国家の行動を通じて絶えず新しい範疇の権利喪失状態が考案される過程の進行とともに、政治体の構成員としての地位を法律によって剝脱された個人、そして（それゆえに）人類の構成員の地位を剝脱された個人が生み出される。この差し押え過程とでもいうべきものは、当初は諸権利をもつ権利、政治的な「安住の地」をもつ権利を手始めに手が付けられたが、やがてその過程が「論理的」な帰結を迎えたとき、ついに道徳的主体を破壊し、窮極的には個性を破壊することになる。

この視点から眺めるとき、あの全体主義的「解決」はかつて前例のなかったものであるとともに、これからもいつでも出現する危険がある。アレントは『全体主義の起源』のなかで全体支配に関する自分の記述を要約し、薄気味の悪い未来像を提示した。

死体製造工場と忘却の坑道が示唆すること、それは、至るところで人口増加とともに故郷喪失者《ホームレス》が増え続ける今日、われわれがわれわれの世界を功利主義的な見地から考え続けるとしたら、多くの人々が余計者となっていく危険である。政治、社会、経済におけるどんな出来事も、人間を余計者にするために考案された全体主義の道具類と共謀関係にある。一般大衆でさえ、功利主義の常識はそなえている以上、そこに暗示される誘惑は彼らにもよくわかっている。一般大衆はたいていの国であまりにも絶望的な状況にいるので、死に対する恐れをもち続けることさえ不可能である。ナチスもボルシェビキも、過剰人口の問題と経済的余計者で社会的根なし草である人間大衆の問題に対して、絶滅工場が最も迅速な解決策であることを立証した。ナチスとボルシェビキはそれらの絶滅工場が、警戒すべきものであるだけ、それだけ魅惑が大きいと、よくわかっている。たとえ全体主義体制が崩壊したとしても、全体主義的な解決法はおそらく強い誘惑にかたちを変えて継続されるであろう。政治的、社会的、経済的に不幸な状態を前にして、その不幸を人間にふさわしい方法で解消することが不可能に見えるとき、そのような誘惑はいつでも忍び寄ってくるからである(62)。

この発言の妥当性はつい最近の出来事で証明されたばかりである。再三にわたって、国家の崩壊や、政治的権力を強化する要請と関連して、とても考えられない事態——大量虐殺、強制収容所——が出現した。実際のところ、アレントの予言に不満を述べるとすれば、そのような「解決法」が誘惑になる場合に必要な強迫の力を過大に見積りすぎていることである。われわれはルワンダやかつてのユーゴスラビアで、大衆の恐怖を冷笑的に操作する様を目撃してきた。その結果は、考えられない事態に立ち至った——最後の手段としてではなく、まさに最初の一手として。継続される大量虐殺を背景にしてみれば、「けっして二度と再び」という掛け声が、なんと虚ろに響くことか。

かくてわれわれは、全体主義以後の経験における中心的逆説のひとつに突き当たるのである。一方では、人権を表明する今日の文化を生み出すにあたって、強制収容所のトラウマ的な経験と、文明国家がそのようなものを作り出したことに対する西洋の恐怖が大きな役割を果たした。根源的な悪との遭遇があった結果、人権の重要性の概念に永続的な変化がもたらされた。文明の前向きの行進が続けば人権が必然的にもたらされるなどと、もはやだれも考えていない。マイケル・イグナティエフが指摘したとおり、今日われわれわれが人権を重要だとみなすのは、希望を込めてではなく、恐怖心に起因する。[63] しかしその一方でわれわれは、このような遭遇が残したトラウマによって、収容所の悪がいかなる意味で「根源的」なのかを正しく見抜く能力を永遠に失ってしまったように思われる。新しい恐怖が現われるたびに、記憶をさかのぼっていつもホロコーストのパラダイムに回帰してしまうのであるから、アレントの理論的労苦が水の泡だったように見えてくるのである。

私が思うに、これに対しては説明が可能である。人が新奇なものに直面したとき馴染みのものの中に逆にそれを読み込む、そういう傾向にだけ還元しない説明である。[64] われわれはさきほど引用したアレントの予言的な言葉の助けによって、政治悪の目撃者としてのわれわれの現代的経験を成り立たせる認識と誤認の弁証法を理解するのである。現在のところ、全体主義体制下で実行されたような、「人間存在の概念を根絶する……組織的な試み」のようなものはない。あるいは、われわれの知る今日の犯罪的体制（ならず者国家）でも独裁的体制でも、どれも「全体支配」の達成をめざしているものはない。われわれは「すべてが可能」という崖っ縁から引き返して、「すべてが許される」というもう少し見憶えのある地獄に戻ったように思われる――国家や、国民の民族的アイデンティティや、宗教道徳の純粋性、これらを維持するために「すべてが許される」という地獄に。ところが、この「常態への回帰」に欺かれてはいけない。悪を実行する技術は確かに新しくなった。それだけではなく、その技術の多くが大量死の手段となっており、それらに比べたなら、ヒトラーのガス室でさえ実際のところ「悪童の悪戯《いたずら》玩具」に見えてしまうほどである。この技術的進歩と手をたずさえて、考えられないことを考えて実行に移そうという新しい意志が出現している。それは道徳的堕落の一種であって、バルカン諸国に巣食う凶悪犯ばかりでなく、（歴史認識においても）超大国のリーダーたちも狂わせている。この事態にかかわる悲しい事実とは、全体主義の遺産が二重に残っていることである。新しいほうはむろん、あの（恐れを抱くがゆえの）人権にこだわる社会である。しかし同時にまた、人間存在が余計者であるという新しい「常識」もある。その「常識」によって、民族浄化の思考が可能になったのであり、数千万人規模の人々が死ぬかもしれないと想定される「限定的核対決」の思考が可能になったのである。全体主義を経過してのち、人間の尊厳が主張されてきた。だが、その主張に影を投げ掛ける意識がわれわれにつきまとう。すなわち、残念ながら政治指導者たちの大多数が、その国の市民や被支配者を、どこまで踏み入っていくかはともかく、「人間という動物種に属し、交換可能な標本」とみなしており、政治状況が要請する場合にはどうにでも利用し、または殺害さえもできると考えていることである。全体主義それ自体はけっして「国家的理由［国是］」（*raison d'etat*）という通常の動機にのみ還元できるわけではない。しかし、地球上の国家であれば例外なく可能性として願望する事柄において、全体主義の経験があったことにより、その可能性の範囲は逆戻りできない変化を被ったのである。

この文脈で——つまり、無差別の大量死がいつも脅威として存在するという文脈で、アレントの言葉「恐怖に思いをめぐらす」が重大な意味をもつ。というのも、根源的な悪の省察と『全体主義の起源』全体を通じた課題としてアレントが明らかにしていることは、思考と生活における特殊近代的な傾向である。それこそ、人間の尊厳という考えに対し組織的な攻撃を可能にする傾向である。繰り返しになるが、これらの傾向は自己利益の倒錯的形式としての邪悪な動機という伝統概念とは何ら関係がなく、かえって、この世界のありさまにこそ深く関係する。すなわち、何百万もの人々がどんな政治共同体からも放擲されたままの世界、思考を絶したことの考察に必要な抽象思考を促進するためにただの数字が役立つことになる世界。そのような世界において、根源的な悪は、陳腐になったと言っては少し違うかもしれないが、近代的な政治生活においてつねに起こりうる可能性になったのである。プリーモ・レーヴィの言うとおり、「それは実際に起こった、だから再び起こりうる」。

第二章　良心、悪の凡庸さ、代表的実行者という観念

ダニエル・ゴルトハーゲンが『ヒトラーに従った自発的処刑者たち』で着手したのは、いくつかの「伝統的説明」の虚偽性を暴露することであった。彼がホロコーストの「歩兵たち」と呼ぶ人々について、その行動の背後にある動機をいかに説明するかということである。ゴルトハーゲンは次のように書いた、「実行者たちが大量虐殺に加担したのを次のような理由に帰する考えは擁護できない。すなわち、彼らは強制された、彼らは国家の命令に何も考えず従順に従う処刑者たちであった、社会心理学的なプレッシャーのせいだ、個人的な出世を期待していた、あるいは、彼らは自分のしていることを理解しなかった、責任を感じなかった、と」(1)。彼は、警察大隊や労働収容所にかかわり、死の行進でユダヤ人殺しに関与した個人たちを詳細な分析の俎上にのせて憎悪に満ちた人種的反ユダヤ主義を抽出したうえで、その反ユダヤ主義こそ「普通のドイツ人たち」がナチスの大量虐殺計画に自分の意志で熱狂的に参加することになる必要にして十分な条件であったとしている。

専門家以外のアメリカ人読者には「伝統的説明」として列挙されたものこそが当惑の種である。それらは彼らにとって伝統的説明ではない。ここ五十年間のアメリカで支配的なその実行者たちのイメージは、強制されたとか、あるいは不本意ながら加わった人々というものでないことは確かなのである。それどこ

ろか、ゴルトハーゲンのテーゼとは、ドイツ文化が根深い「排除主義」のかたちをとった反ユダヤ主義で特徴づけられ、その反ユダヤ主義が、ナチスが実行したような絶滅計画と容易に結びつくというものであるから、まさにそのゴルトハーゲンのテーゼこそ、ナチス時代のドイツ人に対する「常識的な」アメリカ人の見解を表わすものであり、無数の書物や、映画や、テレビ番組で表明されてきたものなのだ。つまり、ほとんどすべてのドイツ人が事実上ナチス党員であり、その人たちは第三帝国の最も非合理的で憎むべき側面を熱狂的に支持し、ヒトラーとその体制によって顕在化させられた恐るべき「隠された」憎悪を大多数が心に抱いていた、と。これらこそ何世代ものアメリカ人にとって常識だったのである。

このようにゴルトハーゲンの中心的テーゼがアメリカ庶民文化の月並みな考え方と酷似していることは事実であるが、そのテーゼが真実かどうかは、まったく別問題である。だが、疑問がわいてくる。いったい彼は誰に対して議論を吹っかけているのだろうか。彼がやり玉にあげている実行者の姿を擁護するのは、いったい誰なのか。数知れない「普通のドイツ人」たちが、あの殺戮行為にもかかわらず無罪放免されるように思われる姿なのだが。

攻撃対象の候補となりうる明白な事例はいくつかある。たとえば、ナチスと庶民の共謀関係を最小限にとどめておきたいと腐心するドイツ人の歴史家たち。あるいは、すべての現象を、それらがいかに複雑で前例のないものであろうと、「経済合理性」のありふれた一連の動機に還元しようとする実証主義的傾向の社会科学者たち。ところが、そういう人たちの著作は、アメリカ人の抱く実行者のイメージに与えた影響はほとんど皆無であった。しかしゴルトハーゲンは自分の戦っている相手が、狂信的愛国主義者の擁護論や忘却の彼方におかれた社会科学などよりももっと手強い何かだと信じていることは間違いない。彼が嫌悪するのは、実行者たちが「一次元的な人間」、「自分の任務を躊躇しつつ実行している思考能力のない存在」であった、という考え方である。[2] 実行者たちのこの姿こそアメリカ知識人の間で広く共有されるようになったものだとゴルトハーゲンは誤認している。彼の念頭にある告発相手が誰であるか疑いの余地はない。「このようなイメージをひろめた最も責任の重い人物」は、「もちろんハンナ・アレントである」とゴルトハーゲンは書いている。[3]

そういうわけで、『ヒトラーに従った自発的処刑者たち』の少なくともその一部は、アレントの『イェルサレムのアイヒマン』に対する反論という意図が込められている。つまり、アイヒマン書をめぐって湧き起こりつつある論争に参入した最新の一冊とみなせると言ってもあまり歪曲にはならないであろう。この書物は、この論争に加わった多くの書物と同じように、アレントがその「裁判報告」において言おうとしていることについて、その本質の誤解に基づいて書かれているのである。ゴルトハーゲンは、アレントの試みが自分の場合と同じだと仮定する。つまり、実行者たちの動機に包括的な説明を加えようとした、そして典型的な（あるいは私の言い方で「代表的な」）実行者たちを駆り立てた動機を、歴史学的、社会学的に説明しようとする計画に従事した、と。

アレントはそんな試みに携わったわけではないのである。彼女が用いる「悪の凡庸さ」という観念は、一九七一年の論文「思考と道徳的配慮」で彼女が説明したとおり、けっしてホロコースト全体の特徴や実行者たちの行動や動機を概括的に性格づけようとする試みの核心ではない。むしろ、その観念は「使用せざるをえなくなった」記述用概念であり、イェルサレムで開かれた一九六一年の裁判でアイヒマンの風貌にじかに直面したときの彼女の反応であった。言い換えれば「悪の凡庸さ」とは、彼女がアイヒマンという特殊事例に対する判断結果の産物であった。この再帰的判断（カントの用語）から、彼女は次のような結論を得た。すなわち、個人が無限の悪の実行に加担するために、極悪さも病理もイデオロギー上の信念も必要ない、ということである。(4) アイヒマンを弁別するひとつの特徴は、彼の「異常な奥行のなさ」であった。それに直面してアレントは、例外的な邪悪さも堕落も必要とせず、ただ思考力と判断力の深刻な欠如があるのみという、そういう悪に何とか名づけを試みなければならなくなった。「悪の凡庸さ」はアイヒマンの悪を名づけたのであって、実行者たちやホロコーストの悪を包括的に名づけたのではなかった。(5)

しかし、「悪の凡庸さ」という語句が一般化されやすく誤解を招きやすいという理由だけでも、ゴルトハーゲンの告発をそう簡単に却下するわけにはいかない。アレントが当初その語句で何を意図したにせよ、読者の多くがその概念を安易に拡大解釈することになった——とくに、アメリカ人青年読者層が。彼らは、リベラル派の技術者出身行政官たちの主導でヴェトナム戦争が始まり、その戦争の不道徳性に直面させられた。その結果彼らは、道徳的恐怖と聞けば、顔のない官僚たちの行動と反射的に直ちに同一視するまでになったのである。(6) この一般化の議論がさらにほんの少し展開されるだけで、その概念は死のナチス組織という過去へ投影されることになった。すると、大量死をもたらしたその組織は、道具としての合理性が暴走を起こした例としての見方が強まる。つまり、アメリカの殺人官僚組織、ドイツの死体製造工場、どちらの背後にも近代性の問題がある、特殊ドイツ文化の問題ではない、と見えてくるのである。(7) アレントがこのような傾向に拍車をかけたことは認めなければならない。なにしろ彼女は、アイヒマン書において「管理殺戮」と「新型の犯罪」に言及しているのだし、一九六三年にゲルショム・ショーレムと交わした有名な書簡では、アイヒマンの悪を特徴づけた自分の言葉をそのような悪を意味するものに拡大しているからである。(8)

ナチスによるヨーロッパのユダヤ民族絶滅に作用した力学を十分に説明しようとするならば、文化と近代化の両方の次元を考慮に入れる必要がある。仮に近代化のみを分離するとしたら、アウシュヴィッツを近代化の負の側面に対する隠喩にすることになろう。前者にのみ無闇に焦点を合わせるのは（ゴルトハーゲンの場合だが）、規模においても手法においても前例のないものを、特別に非合理な種族とみなしたドイツ人の文化的特異性に帰すことになる。(9)

好むと好まざるとにかかわらず、これらが両極に置かれてホロコーストをめぐる議論は規定されてきた。これらは両極に位置する対照物である、というのが学者たちの見解である。実行者たちを研究することは、これらのどちらか一方のテーゼにいやおうなく支持を表明することになるとみなされる。アレントは新奇な（しかも特殊近代的な）政治現象としての全体主義に関心があり、説明上の範疇として「民族性」を持ち出すことには懐疑的であった。そのせいであったのだろうが、社会学者や歴史家が絶滅の「構造的」説明と呼ぶものに、なぜか彼女が固執しているように見えたのである。つまり彼女が、原因となる要素として文化の役割を劇的に矮小化しているように見えたのである。(10)

この論点は最近もリチャード・ウォリンによって強調された。彼は、『全体主義の起源』でアレントが提示した「構成要素に縮小された人々の集団」に関する「機能主義的」で擬似トクヴィル的な説明と、彼女のいう「思考の欠如した」「凡庸な」アドルフ・アイヒマンの肖像が、たやすく結びつくとみなすのである。(11)ウォリンによれば、彼女がそのような取り扱い方をしたため、その論理的帰結として「ホロコーストはどこにでも起こりえた」ということになる。(12)同様な考え方でいけば、アレントがアイヒマンの凡庸さに焦点を合わせたことの暗示として、どんな人でもアイヒマンになりえた、と言うことができるであろう。これこそ、実際のところ、「悪の凡庸さ」を受けとめる多くの人々の解釈である。(13)この解釈は間違っているとはいえ、アレントのテーゼを拡大解釈したものとしては許容範囲内にあるように見える。アレントのテーゼとは、「二十世紀を代表するその大犯罪人」が、政治的過激派集団の一員ではなく、むしろ普通の人間であったということ、その人間は、たんに自分の家族を養うためであったとしても、自分の行動を最も凶悪な行為にさえ進んで順応させた、ということである(14)。

このような考察がアイヒマン論争そのものの後味の悪さと結びついた結果として、一部の人々が「悪の凡庸さ」テーゼはその書物の核心ではなく、その書の道徳的な核は別のところにある、と主張することになったこともわからないわけではない(15)。たとえばセイラ・ベンハビブの例。彼女がわれわれに注意を喚起したいと願っているのは、アレントが用いた「人道に対する犯罪」という範疇であり、人間の尊厳に対する普遍的主張であり、ナチスが絶滅を試みた人々の特殊性に対するアレントの公平な取り扱い方である(16)。

われわれはベンハビブにならって、『イェルサレムのアイヒマン』に新しく別の中心を探そうと試みるべきであろうか。私としては、それは間違いであろうと考える。「悪の凡庸さ」は確かに難しい考え方であり、ひどい誤解にさらされる可能性がある。しかしそれはアレントの中心的な考え方である。しかも、『アイヒマン』論争が間違いなく証明したように、その誤解の大部分はアレントの読者の側に責任があるのであって、彼女の凝縮された表現様式のためではない。

本章では、一般庶民や学者の誤解には触れないことにして、アレントの中心的テーマに焦点を絞る。すなわち、アイヒマンの良心の問題である。私はこのテーマに照らして「悪の凡庸さ」の考え方を読み解いてみよう。とくに私が問題にしたいのは、アイヒマン個人に対する判断としてその考え方にそなわる特殊性の次元、そして、悪の性質に関する省察でアレントがその「悪の凡庸さ」という用語を用いるときには、関連性はあるものの明確に異なる用い方になること、この二つである。判断の次元と、悪の性質をめぐる哲学的省察の次元——これら二つの次元に区別がなされなかったからだと考えれば、「悪の凡庸さ」をめぐって湧き起こった混乱の大部分は説明がつくことになる。私は次に「代表的な」実行者——絶滅行為を実行した人物の理念像——を記述する試みにどんな意味があるかという問題に少し目を移してみる。そのような肖像を提示することにどんな弊害があるのか。アレントはその課題設定そのものに異議があると態度を明白にしているが、それはどうしてなのか。われわれは『イェルサレムのアイヒマン』と『ヒトラーに従った自発的処刑者たち』の間で問題意識にずれがあることを見て、いったい何を学ぶことができるのか。

・・・・・

『イェルサレムのアイヒマン』をめぐっては、擁護者もあり、誹謗者もいるが、どちらの陣営にも共通しているものがひとつある。それは、アレントの口調にはだいぶ改めて欲しいところがある、という見解である。ショーレムとウォルター・ラーカーから、ベンハビブとエリザベス・ヤング゠ブルーエルまで、敵意ある批評家も同情的な批評家もすべて話題にするのは、彼女が用いる耳障りにして横柄しかも皮肉な声である。(17) 二十年前にもラーカーは、アレントが「(論争において) 彼女の言った内容よりは、その言い方のせいで攻撃された」と示唆した。ごく最近になってからも、アレントは「見通しも、判断の平衡感覚も、賢明な表現力も驚くほど欠いている」として、ベンハビブがわれわれの注意を引いたばかりである。(18)

このように批評界で見解が一致していることによっても、なぜアレントがそのような書き方を強いられたのかを忘れないようにすることが重要である。『アイヒマン』冒頭の数ページは厳しい批判で満ちている。イスラエル政府がアイヒマン裁判を教育の機会として利用したことに対するアレントの強い不満から出たものであった。イスラエル政府の意図は、イスラエルの青年層に (ダヴィッド・ベン゠グリオン首相の言葉を借りれば）「世界史における最も悲劇的な事実」を教えることであり、しかも、その青年層が教訓を吸収するような教え方をすることであった――すなわち「ユダヤ人が屠られるべき羊ではなく仕返しのできる民族である」[19]という教訓を。アレントに言わせると、ベン＝グリオンがその裁判を教育事項に含めたことで、アイヒマン裁判は「裁判ショー」に転化させられたのである。結果として、ある個人によって遂行された行為に対する法の施行が焦点にならず、むしろ、ナチスの手によるユダヤ人の受難が、実際のところ、歴史上のユダヤ人の受難全体が主要な焦点になったのである[20]。この教育的使命にたとえどれだけ緊急の要請があったとしても、それを法廷で追及するのは場違いではないかとアレントの目に映った。ところが、その裁判が絶好の教育的機会であって逸することはできないとする見方は、最初から最後まで一貫して検察官の陳述を支配していた[21]。

このように法の要求と政治教育の要求が激しく衝突した影響が、アレントの語調ににじみ出ている。彼女は刑事訴訟の場において法により何が要請されるか、彼女なりの考えがあったので、ベン＝グリオンと首席検察官ギデオン・ハウスナーに対する批判を行なった。厳格に実行者の行為に的を絞り続けるべきだ、と[22]。アレントが書いたとおり、「審理にかけられたのは彼の行為であって、ユダヤ人の受難ではなく、ドイツ人でも人類でもなく、反ユダヤ主義や人種主義でさえもない[23]」。この主張は、彼女の「エピローグ」で強調された。「審理の目的は、法の裁きを下すことであって、その他の何ものでもない。それ以外の目的は、いかに崇高なものであれ……法の本来の務めからはずれるだけである。本来の務めとはすなわち、被告人に対する告発を考量し、判断を下し、そして適正な罰を与えることである[24]」。

というわけで、アレントが当初から『イェルサレムのアイヒマン』で焦点にしたのは、特殊性であった。すなわち、アドルフ・アイヒマン、およびその人物の行為である。そのように厳格に焦点を合わせることこそが、なおさら緊急の要請となるべき事情があった。というのも、検察側は、アイヒマンがユダヤ人移送と殺戮の過程におけるほとんどあらゆる側面で、西ヨーロッパでも東ヨーロッパでも指揮をとったという根拠の疑わしい主張をしたからである。アレントは確かに裁判官の有罪判決を全面的に支持したのであるが、彼女は、アイヒマンが絞首刑になるとすれば、彼が行なったこと（実に凶悪な犯罪であった）を理由とすべきであって、「最終的解決」の計画段階から実行に至るまで、すべての側面で全面的な権限があったなどという想像にすぎない理由に帰すべきではないと考えた。(25) 彼女の語調が読者に横柄な印象を与えたとすれば、彼女が自分の立場を法の要請と完全に同一視したからであった。なにしろその裁判の場合、多くの人々が、法は個人を超越すると考えたり、あるいは、法は二義的な重要性しかない（少なくとも、ホロコーストの性質や規模に関し、イスラエル人や世界の世論を教育しなければならない必要性に比べた場合）と思ったからである。『イェルサレムのアイヒマン』は、アレントが繰り返し強調したとおり、ある個人の動機と行為のみにしぼって作成された「裁判記録」であって、（多くの人々が想定したような）ホロコーストの簡略版歴史書でもないし、犯罪者集団の動機を説明したものでもない。(26)

このような文脈において、その審理にかかわる道徳的、法的、哲学的な中心的諸問題が生じた。というのも、その被告ときたら、まったく怪物などとはいえない存在であったので、悪鬼とか、精神病質者とかの決まり文句は当てはまらない。すると、アイヒマンが自分の殺人義務を遂行した動機は何なのか、その問題が実際のところ全体として複雑化した。アイヒマンに対する刑事告発の暗示するところによれば、あれほど多くのユダヤ人を死に向けて移送した際に、「彼は明確な意図のもとで行動したばかりでなく」、「卑怯な動機に基づき、自分の行為が犯罪的性質のものであると十分認識して」行なったことになっている。(27) ところがアイヒマンは、その「正常」が数名にとどまらない複数の精神科医の鑑定によって証言されたあと、自分のしたことがその当時においては犯罪にあたらないと主張した。さらに彼は、心の奥底ではけっして自分が「汚い下衆《げす》野郎」ではないと確信していたし、自分がユダヤ人に対して狂信的な憎悪を抱いているとも考えなかった。さらなる困惑の種となったのは、彼が次のことを「きわめて明晰に」記憶していたことである、「もしも自分が命令されたことを実行しなかったら、そのときにのみ、自分は良心の呵責を感じたであろう――全身全霊を込めて、細心の注意を払って、数百万の男や女や子供たちを死に送り込めという命令である[28]」。

その審理に立ち合った者は、裁判官も含めて、誰もアイヒマンの提示した自己像を信じるという選択をしなかった――彼は自分が狂信的な憎悪など身に覚えのない、法を遵守する市民であり、自分の行動に犯罪性があることなど考えてもみない者だというのである。アレントの言葉を借りると、

> 検察官は彼の言葉を信じなかった。なぜならば、それでは検察官の仕事が成り立たなかったからである。……裁判官たちは彼の言葉を信じなかった。なぜならば、彼らはあまりにも善良すぎたし、自分たちの専門職の基盤に触れることをよく承知していたので、普通の「正常な」人物が、精神薄弱でも狂信でも世をすねたわけでもないのに、正邪の判断においてまったく無能でありうることなどとうてい認められなかったからである。彼らは時たま明らかになった嘘言から判断して、彼が嘘つきであると結論づけることを選択した――その結果、その裁判全体が提示した最も大切な教訓と法律上の挑戦さえも彼らは見逃したのである。彼らの言い分は、その被告がすべての「正常な人間」と同じく、自分の行為の犯罪性を知っていたに違いない、という仮定に基づいている。そして、アイヒマンは「ナチス体制内において例外的人物ではない」というかぎりにおいて、実際のところ正常であった。しか

しながら、第三帝国の状況下では、「正常」に行動することが期待できたのは「例外的人物」だけであっただろう。その問題にかかわるこの単純な事実は裁判官たちにとってディレンマを生み出した。裁判官たちはそのディレンマを解決することも、それから逃れることもできなかった。(29)

アレントが言及している「ディレンマ」とは良心の欠如のことではなかった。むしろ、アイヒマンの良心が、道徳性と合法性を合わせて成り立っていたために、通常なら期待されるとおりの機能を果さなかった事実であった。結果として彼は、善き行ないをせよという誘惑に心を動かされると、そのときだけ思い悩んだ。すなわち、第三帝国という犯罪体制下の法制度のもとで、自分の義務を無視して「慈悲深く」あれと誘惑されたときである。

道徳と法律のディレンマとは、良心がそれ本来の役割を果たさない事例において刑事責任の概念をいかに見直せば、その刑事責任の概念の有効性を保てるかということである。ただし、邪悪を行なうより強固な意志とか、ある種の道徳的「狂気」が問題ではない。そうではなく、刑事責任の内容が「法を遵守する市民の義務」と同一視されるときに、ディレンマが生じるからである。アイヒマン書をめぐる白熱した論争がかえって、実際のところ何が問題なのかを曖昧にするのに一役買った。問題はすなわち、ナチス体制によってもたらされたような全面的「道徳崩壊」のさなかにあって、道徳的能力としての良心のたどる運命である。アイヒマンの事例はそのような文脈において良心もいかに過ちを犯すかを証明した。もはや良心は、何が正しく、何が間違いかを個人に対し教えてはくれない。しかし、完全に沈黙させられるわけでもない。というのは、アイヒマンのような人々も、自分の「義務」が何かを良心によって教えられ続けているからである。

エリザベス・ヤング゠ブルーエルは、真実の半分しか見ていない。というのは、「判断不能、判断拒否こそが、『イェルサレムのアイヒマン』における［アレントの］テーマであった[30]」と述べるからである。実際のところアレントの主要テーマとは、伝統的な（そして通俗的な）とらえ方による良心の理解は不適切である、ということであった。少なくとも、アイヒマンが代表するような「新しい型の犯罪」を理解しようとしたら不適切だということである。このテーマの所在によって『イェルサレムのアイヒマン』は、少なくとも暗示として、道徳哲学の書となっている[31]。しかもそのテーマはけっしてたんに理論的な関心だけにとどまらない。というのはそのテーマが関わるのは、良心と「卑俗な動機」の葛藤がもはや真面目に（あるいは正しく）提起されないような環境において、行動に対する責任をいかにまっとうすべきかという問題だからである。そして、二十世紀の政治悪の性質をみればすぐに証明されるとおり、そのような環境がますます常態となりつつあるからである。

・・・・・

アイヒマンはなぜ「正邪を区別できなかった」のであろうか。アレントは、思考力のない自動人形として彼を見ていないことは確かである。どんな目的にも手段を提供する心構えのできた官僚組織内のロボットのような歯車というわけではない[32]。あるいは彼女は彼が良心を欠いているとして、ロボットでないとすれば、共通の人間性の枠からはみだした野獣だと考えたわけでもなかった[33]。むしろアレントは、アイヒマンに人間性があり、良心をもっていることを主張した。ただその良心が、裁判官から期待され、法において想定されるような「正常な」働きをしなかった、というのである[34]。この良心の特殊な機能を把握するときにのみ、われわれは初めて理解可能になる——なぜ彼が正邪を区別できなかったのか、そしてイェルサレムにおいて神の目を意識して罪を感じた彼が人間の目に対してなぜ罪を感じなかったのか、と。[35]

『イェルサレムのアイヒマン』で中心となる数章は、アレントが「アイヒマンの良心に関する報告」と呼ぶもので成り立っている。[36] アイヒマンは自分が何をしているか（すなわち、数百万の人々を「虐殺人」に引き渡していること）を知っており、自分の行為の極悪非道性を判断できる立場にいた（彼はトレブリンカ、ヘルムノ、ミンスクで移送が最終的にどこに行き着くかを見たことがあり、「途方もない衝撃を受けた」）。残される唯一の疑問は、ユダヤ人殺害が彼の良心に反することだったかどうかであった。[37] 法的な観点から見て、最初にあげた二つの要素だけでも十分極刑に値する。しかし、道徳的疑問、すなわち、アイヒマンの良心に関する疑問こそが、アレントの最も強い興味を引いたのであり、また彼女が悪の凡庸さを考えるに至る理由となったのである。

アレントが詳細に述べているとおり、一九四一年の九月、アイヒマンは彼にとって最初の移送任務にあたった。彼は二万人に及ぶライン地方のユダヤ人と五千人のジプシーたちの目的地をロシア領内に指示せず（そこに送れば、殺人を任務とする特務部隊（*Einsatzgruppen*）がその人々をたちどころに銃殺していたであろう）、代わりにロッツのユダヤ人居住区域を指定した。彼らはそこに行けば、その居住区域の環境は惨状そのものであったとしても、即座に処刑されることはなかった。この決定はアイヒマンが異例に大きな主導権をとった例であって、結果として彼にとってかなりの痛恨事となった。三週間後のプラハでラインハルト・ハイドリヒ（実際の「最終的解決の指揮者」）によって召集された会議の席上、アイヒマンはロシアの共産党員が拘禁されていた収容所をユダヤ人絶滅計画のためにも利用するよう提案した。アレントはこれら二つのエピソードが、「普通の人間が犯罪に対する生来の嫌悪感を克服するのにどれくらいの時間を要するか[38]」を示唆するとみなす。彼女はその短い記述を次のようにしめくくる、「［いまや］われわれは多分ランダウ判事の疑問に答える立場にいる——それはこの裁判の成り行きを追ってきたほとんどすべての人の脳裏で最大の難問であった——すなわち、被告に良心があったかどうか。答えは、そのとおり、彼には良心があった。彼の良心はほぼ四週間のあいだ期待されるとおりの働きをしたが、その後はまったく逆の働きをするようになった[39]」。

実をいえば、アイヒマンの良心が期待されるとおりの働きをした短期間にも、その良心は「かなり奇妙な限界内で」働いた。アイヒマンは特殊機動部隊がポーランド系ユダヤ人の絶滅を実行していることについて心を煩わされることはなかった。だが、「ドイツ系ユダヤ人が殺害されつつあるという考えに彼の良心は反発を抱いた[40]。」「東方」の「動物同然の群衆[41]」を殺戮することと、「われわれと同じ文化環境出身の」人々を殺すことは、まったく別のことであった。一九四一年九月の出来事は、そのような態度がわれわれにとっていかに不愉快に映ろうとも、彼に良心があったこと、「犯罪に対する生来の嫌悪感」があったことの重要な証拠を提供してくれる。

アイヒマンがその嫌悪感をそれほど迅速に克服したとすれば、それはいかにして可能であったのか。彼の良心はいかにして平静を取り戻したのか。狂信的反ユダヤ主義を仮定の外に置くとすれば、殺人を規範として正当化できるかどうかは、アイヒマンのような個人にとって「まともな社会」が支持するか、許すかに関わることであった。かくて、アイヒマンの心において決定的な転換点となったのは、ヴァンゼー会議であった（一九四二年一月）。それはハイドリッヒが各省および公務員の代表者を召集した会議であり、そこに集まった代表者が積極的に協力することこそが「最終的解決」の遂行に必須の条件であった。アイヒマンによれば（彼はその会議で事務局長をつとめた）、そこに集まった人々に「ユダヤ人問題」の「根本的な」解決の必要性を説得することが最も大きな困難であると、ハイドリッヒは予想していた。提案された絶滅計画は、しかし、参加者すべての「異例の熱狂」で迎えられた。アイヒマンにとってそれは「忘れられない日」であった。アレントは次のように書いた。

彼はその最終的解決に協力すべく自分にできるかぎりのことをしていたのであるが、それでも、「暴力によるそのような血なまぐさい解決」には依然として疑問を抱いていた。それらの疑問は、いまや払拭された。「その場の会議の間に、もっとも傑出した人々が意見を述べたのであった。第三帝国の最高権威のお歴々である」。今や彼は自分の目で見、自分の耳で聞くことができた。ヒトラーだけでなく、ハイドリッヒだけでなく、……親衛隊と党だけでなく、公務員のなかのエリートたちもまた、これら「血なまぐさい」事柄において、率先して名誉を得ようと互いに競い合い、闘っていた。「その時点で私はポンティアス・ピラトのような感情を抱いていた。というのは、私はどんな罪も感じなかった」。いったい彼が誰を裁けるというのか。いったい誰が「この事柄で［自分の］考えを持てるというのか」[42]。

「最良」の人々が熱狂的に反応するのを目の当たりにして、アイヒマンの「良心の危機」でかすかに残っていたものまでもが即座に消え去った。「アイヒマンが語ったように、彼は最終的解決に反対する人を実際のところ誰ひとりとしてまったく見ることができなかった――その単純な事実こそ、彼自身の良心を慰撫する最も力強い要因であった」[43]。これはゴルトハーゲンが暗示するようなこと、つまり、ドイツ社会には一様に根深い反ユダヤ主義が浸透していたので、原則を基に倫理的な根拠から反対した人は誰もいなかった、ということだろうか。そうではなく、反対した人々はごくわずかであり、大体において沈黙を守ったのである。アイヒマンがハインリヒ・グルバー牧師と接触するようになったときでさえ、グルバーが「別のドイツ」を代表した主義を貫く人物であったにもかかわらず、アイヒマンは移送方針全般に対するいかなる反対の声も聞くことはなかった。アイヒマンが回想するとおり、「彼［グルバー］は私のところに来て、苦痛を軽減するように求めた。だが、私の義務そのものを遂行することに実際のところ反対はしなかった」[44]。アレントが指摘するとおり、ユダヤ人退役軍人を代弁したグルバーのように特殊な事例の嘆願者がいたことにより、アイヒマンの行動の拠りどころとなった規則にかえって正当性を付与する結果を生むことになった。

かくてアイヒマンは、その信じ難い告発内容にもかかわらず、「私の良心を目覚めさせる外部からの声はなかった」と正直な心で主張した。社会的上位者たちから満場一致の同意を得て彼の良心はすでに気楽になっていたというのである。アレントによれば、アイヒマンは「判決に書かれているように『良心の声に耳を閉ざす』必要などなかった。彼に良心がなかったからではなく、彼の良心が『尊敬すべき声』で、すなわち彼の周囲の尊敬すべき社会の声で彼に話しかけたからである[45]」。

・・・・・

この事実によって導かれ、われわれはアイヒマンの良心をめぐって提起された問題に対するアレントの分析の核心部分にたどりつく。もちろん、ゴルトハーゲンが非常に異なる方針の説明計画で取り組んだ課題と共通する重要事項である。ゴルトハーゲンは、実行者たちが「薄っぺらな人間たちで、自分の任務をしぶしぶ遂行した」という論旨に真っ向から攻撃をしかけているが、アレントは彼がその攻撃で示唆していることに反対して、ドイツ社会全体が圧倒的にヒトラー支持に傾いていた事実を強調するとともに、アイヒマンが自分の義務を実行したその熱心さを力説する。(46) しかし、ゴルトハーゲンが納得できる原因の説明を求めて文化的に根深い反ユダヤ主義を取り上げるのに対し、一方のアレントは「国民全体の道徳的瓦解」に焦点を当てる。ナチスによって提起された新しい価値体系を進んで受け入れた国民のことである。(47) アイヒマンの良心がいかに容易に安心を得たかを理解するためには「ナチスがもたらした道徳的崩壊の全容」という文脈がなければならない——ドイツ国内だけにとどまらず、ヨーロッパ全域の「尊敬すべき社会」で起こったこととして。(48)

アイヒマンのような個人を理解して裁くには、したがって、彼の行為の本質が悪魔的または狂信的な反ユダヤ主義であるとして、それが表出されたものとみなす誘惑に抵抗する必要があった。同時にまた、彼が自分の行なったことを認めたこと、自分の行為がその当時は犯罪にあたらないと主張したことを、両方とも真剣に受けとめる必要があった。さらにまた、この裁判において動機を考慮する余地はほとんどなく、刑事法によってもゴルトハーゲン流謎解き社会科学によっても動機をきちんとは認めがたいかもしれず、動機不認定の可能性はありうるとしておく必要があった。というのも、法律と社会科学どちらの場合でも、明らかに犯罪となる行為と知りつつ命令に服して実行する兵士がいた場合、その兵士の日常的経験による合法性の観念（およびそこに内在する道徳性）を凌駕するほどの動機が作用し、彼を駆り立てたに違いないと仮定する方針だからである。アイヒマンが自分の下す命令の上に翻る「黒旗」に気づかなかったとすれば、そのアイヒマンを説明するには狂信的な反ユダヤ主義しかありえないと、イェルサレムの検察官たちとゴルトハーゲンは同じように考えるのであろう。

一方でアレントの考えでは、アイヒマンが合法性の観念を彼なりに経験し彼が「法を遵守する市民の義務」を深く内面化したということが、彼が良心的に自分の義務を遂行した理由を説明するのであり、もちろん、自分が「告発された意味[49]」で罪はないとする奇妙な彼の主張をも説明するのである。アイヒマンに関するかぎり、彼はたんに命令に従っただけでなく法にも服従したのであった——アレントの「報告」を理解するためには、これは絶対に重要である[50]。

この論点を十分に理解するには、公判におけるさらに奇妙な契機のひとつに立ち合うアレントの姿を追ってみる必要がある。すなわち、アイヒマンが「カントの道徳律、とくに義務に関するカントの定義に従ってこれまでの生涯を生きてきた」と、突如として語調を強めて宣言したのであった[51]。この断言は表面上あまりにも滑稽すぎるように見える。だが、アイヒマンが念頭においた簡略版カントの内容を理解するならば、その言葉はもっともらしく見えてくるのであり、彼の良心が特殊な働きをしたことを解明するのにおおいに役立つことになる。

アレントが述べるとおり、アイヒマンは公判の途中でカントの「定言命令（Categorial Imperative）」を比較的正確に述べてみせたので、立ち合ったすべての人が驚きを隠せなかった。「私がカントについて発言したのは、私の意志の原理がいつでも一般法の原理となりうるようにしなければならないという意味です[52]」。彼は付け加えて、カントの『実践理性批判』を読んだことがあると述べ、「自分が最終的解決を実行することを課せられたその瞬間から、自分はカントの原則に従って生きることをやめた」ことを知っていたというのである[53]。彼はこのことに思い悩み、自分がもはや「自分自身の行為の主人」ではなくなったと考えて自分を慰めた。

この認識は、カントの道徳律だけでなく、自分がその道徳律に違反したことも含む認識であるから、不思議としか言いようがない。しかし、アレントが指摘するとおり、実際のところアイヒマンは終始一貫しており、最終的解決の実行の過程で「義務感から行動した」のであった。

彼〔アイヒマン〕は法廷で申し立てることはなかったが、彼が今や自らの言葉で名づけた「国家によって犯罪が合法化されていた時期」において、彼はカントの公式をもはや適用不可として破棄しただけでなく、それをゆがめて次のように読んでいた。すなわち、立法者の定めた法または国土の法に依拠する行動原理と自分の行動原理があたかも同一であるかのように行動せよ、と……。(54)

そのような歪曲がカントの精神に反することは確かである。カントが強調したのは、すべての人間が「実践理性」の所有者であって、あらかじめ与えられた義務のたんなる臣下であるわけではなく、むしろ道徳の立法者であることとであった。ところが、「アイヒマンが『平凡な人間のための家庭用普及版』カントと自ら呼んだ」ものは、彼の歪曲と実によく符合したのである。「この家庭用普及版でカント精神が残っているとすれば、せいぜい次のような要請であった――すなわち、人間は法に従う以上のことをせよ、たんなる服従の呼び掛けを超えてその先に進め、自分自身の意志を法の背後にある原理と同一視せよ、法はその原理を源泉として生まれたのだから、と。カントの哲学では、その源泉は実践理性であった。ところが、カントの家庭用普及版を用いたアイヒマンの考えでは、それは総統の意思であった(55)」。

総統の意思が理論でも実践でも実際のところ法の源泉となる体制の場合、義務と遵法精神がこのとおり「カント的」に物神化されると道徳的帰結は重大であった。アイヒマンは、殺人を法として制定し殺人を法的な（だから「道徳的な」）義務に変えた体制下において法を遵守する市民であった。ヴァンゼー会議の前後にアイヒマンの良心が「特異な働きをした」理由については、道徳的義務と遵法精神をこのように合成することで説明がつくのである。その合成による説明は、戦争の最終年において「彼が自分の義務を遂行しようとした非妥協的な態度」においても同様に当てはまる。その年に彼は、ヒムメルによる最終的解決計画の中止命令を「犯罪的命令」とみなし、その中止命令を無効にしようとしてできる限りの手を尽くしたのであった。[56]

アイヒマンが国土の法律を固守したとするかたくなな態度を示したことで、イェルサレムの裁判官たちはその態度が反ユダヤ主義的狂信の決定的な証拠だと受けとめた。結果として彼らは「まったく彼を理解するに至らなかった」のである。というのは、「戦争の最終年に彼が非妥協的態度をとり続けたのは、彼の狂信によってではなく、彼のまさに良心によってうながされたからであった——これこそが、たぶんこの事柄のまさに不愉快な事実である」[57]。アレントは続けて、この時期のアイヒマンの行動が例の兵士に不快な類似があることを指摘する。すなわち、通常の法の秩序の中で行動しながらも「合法性に対する自分の通常経験に反する命令の実行を拒否する」兵士のことである。[58]すぐれて法を遵守する市民であったアイヒマンにとって合法性に関する「通常経験」によって要請されたのは、ヒムメルの「犯罪的な」命令を覆すために自分に可能なことをすべて行なうことであった。それによって、法が——つまり最終的解決の実施命令が——まさに最終段階まで履行されるべく取り計らったのである。

・・・・・

そうすると、アレントが「新しい種類の犯罪」について書くとき、彼女は官僚機構における歯車のことを念頭に置いているわけではなく、アイヒマンのような個人のことを考えている。つまり、国家により合法化された犯罪に自らの意志で手を染める個人のことである。(59) いかなる実行者にせよ、自分の行動に対するその人の責任範囲を判断することに話が及ぶと、アレントはゴルトハーゲンと同じく、激烈な語調で「歯車理論」を拒否する姿勢を示す。(60) しかし同時に彼女は、その裁判において最も道徳的困惑の種となる側面にわれわれの注意をうながす。すなわち、アイヒマンに「まったく動機がなかった」という事実、「事情をくだけた言い方をするならば、彼は自分が何をしているか全然理解しなかっただけのことだ」という事実である。(61)

これは実に心に残る言い方だが、その意味は明確にしておかなければならない。アイヒマンは自分のしていることが何か、事実としては知っていた。すなわち、ユダヤ人を「虐殺の実行者へ」送り届けていると知っていたのであり、アレントにとってそれは疑問の余地がない。(62) しかしその彼も、それらの行動が犯罪的であり、(それゆえに) 間違っているとみなすことができなかった。そのようなことが実際にありえたのである。というのは、彼の良心と道徳的感受性が法律によって、さらには「尊敬すべき社会」の世論によって、完全に封じ込められていたからである。第三帝国の状況においては、道徳的想像力が欠如し、自分で考えて判断する能力が欠如した人がいても、それに対して法律も「尊敬すべき」世論も、それらの欠如を補完することなど不可能であっただろう。そのような状況下で、「曖昧さのない良心の声に頼ること」を言い出しても、それは「論点をたくみに避けることになるばかりか、道徳、法律、政治上で今世紀の中心的現象を直視せず意図的に拒否することにもつながるのである」。(63)

アイヒマンに代表される「新型の犯罪者」は、党派的な狂信者でもなければ、マインド・コントロールされたロボットでもない。むしろ、彼は自分の意志で犯罪体制の活動に参加しつつ、その際に自分は組織体と法律によって保護され、自分の行動に対するどんな責任も免れるとみなしている――彼はそういう個人である。個人はそのような自己欺瞞（およびそれが促進する「現実からの遊離」）に陥ることにより、自分の行動における道徳性の問題にいささかも直面せず、うまく回避することに成功する。アイヒマンの事例が十分に証明しているとおり、「どんな法律でも法律は法律なのだ」とされるところでは――換言すれば、思考停止が幅をきかせるところでは――判断力および道徳的想像力が萎縮して、やがて消滅することになる。(64)

「悪の凡庸さ」が指すのは、この思考停止であり、この遊離性であり、この動機の欠如であり、「悪党であろうとする意志」である。アイヒマンの行為は明らかにしている、そのような自己欺瞞と判断力の欠如が「おそらく人間に内在するだろう邪悪な本能をすべて一緒にしたよりもさらに大きな破壊をもたらすことができる」と。アレントによれば、これは「実際のところ、イェルサレムで学ぶことができる教訓であった(65)」。体制そのものが犯罪的であるところでは、動機など余分なことであり、悪魔的な性格も不必要である。虚言癖と遵法精神だけが必要とされる。そこから、凡庸な執行者の行為が極悪性を示すという「逆説」が出現する。

・・・・・

アレントが「現実からの遊離」および「思考停止」としてアイヒマンについて指摘したものは、裁判において彼女が直接彼を目撃したところからの判断であった。だが、それらにはさらに広範囲の暗示がある。(66)彼女は前者をアイヒマンのみならず、ドイツ社会全体にもあてはまる特徴だと見ている。その一方で、思考停止――判断能力の欠如――はどこにでも発見される。それは、アレントが近代西洋文化に影響を与えているとみなす広範囲に及ぶ「判断力の危機」を反映している。「尊敬すべき社会の道徳崩壊」――ドイツのみならず、ヨーロッパ全体における――は、道徳がたんなる習慣の集積に堕落したという悲しい事実を物語っている。(67) ここでいう習慣の集積が交換可能なものであることは、ナチスがその「新しい価値」とともに登場したことにより目もくらむほど明らかになった。アイヒマンにおける思考停止、新しい規則と新しい価値に対する彼の適応力、これらはしたがって、互いに無関係な現象ではない。この意味において――しかもこの意味においてのみ――アレントが彼を典型的あるいは代表的とみなすのである。

> アイヒマンに似た人が非常に多くいたこと、そういう多くの人が倒錯的でもサディスティックでもなかったこと、そういう多くの人がものすごく恐ろしいまでに正常であったし、依然として正常であること、まさにこれらがアイヒマンにおける困惑の種であった。われわれの法制度を観点に据えたとき、さらにはわれわれの判断力の道徳的基準から考えたとき、このような正常性には、すべての残虐性を加算しても及ばないほどの恐ろしさがある。……というのは、そこに暗示があるからである……この新しい型の犯罪者は……自分が間違ったことをしていると知ることも感じることも、ほとんど不可能となった環境でその罪を犯している、と。(68)

アレントがここで直面しているのは、「道徳、法律、政治上の、今世紀における中心的現象」であり、そこに付随する最も大きな哲学的難問である。アレントの論点は、ゴルトハーゲン、およびウォリンの仮定とは対極にある。だから、普通の個人が階級構造内の自分の位置から「分離させられ」て「大衆《マスマン》」に変容させられ、全体主義イデオロギーの憎むべき虚言に取り込まれたという趣旨ではない。(69) むしろ彼女は次のような事実を強調している。すなわち、ナチスドイツのような犯罪体制がとにかく出現するものだという事実、それらの体制は人々の恐れの気持ちを利用して、洗脳という手段に訴えることなく人々のエネルギーと支持を動員することができるという事実、かくて、そのような体制は自ら制定する法律と政策に見せかけの正統性を付与でき、その正統性は国民の目に十分な現実味をおびているという事実。

そのような状況では、何か刷新を計ろうと試みて、あるいは体制に押し流されるのを真面目にくい止めようと試みて、良心の声とか、伝統道徳の基準に期待を抱いても、自己欺瞞にすぎない。ホロコーストは「どこにでも」起こりえたわけではないだろう。しかし一方で、「普通の」――サディストでも狂信家でもない――ドイツ人たちの大多数が体制の指示と基本方針を受け止めて考量し、それらが道徳的に正当化されうると考えなかったならば、ホロコーストなど起こりえなかったことでもある。そのような環境で、「新型の犯罪者」といわれる人々が、「自分が間違ったことをしていると知る、または感じる」ことなど、およそ不可能であろう。(70) 仮に発達した道徳的判断力機能が欠如していた場合、神が与えた道徳的羅針盤または「実践理性」がその欠如を補うことができると想定するのは擁護できないことは明らかである。アレントが主張したのは、そういう可能性に対しわれわれがきちんと向き合うべきであること、すべての人々において同じように作用する「内面の声」など誤ったものに慰撫を求めるべきではないことである。

ホロコーストは類例のない歴史的出来事であった。しかし、ボスニア、ルワンダ、コンゴにおける最近の出来事は何を証明するだろうか。それらの政府が、なんと安易に民族と文化の生き残りをめぐる言語を操作することだろう。結果として、集団虐殺《ジェノサイド》に手を染める人々は、その虐殺を防衛上の必要行為とさえ受けとめるようになる。ゴルトハーゲンが明らかにするとおり、絶滅に手を染めた普通のドイツ人たちも自分たちの活動をそのように見る傾向があった。一部にサディストや狂信者がいたかもしれない。しかしわれわれはその「新型の犯罪者」——基本的な動機に欠けており、正邪の区別ができない人——が、ますます数を増やしつつある種族であって、いつか近い将来に歴史の舞台を去る気配はないという事実に目をそむけてはならない。

二十世紀の政治悪は、何千、いや何百万という普通の個人が加わることがなければ実行されえなかったであろう。あるいは、制度面で体制がある程度整ったあと、その社会全体に共謀の意識が広がることがなければ起こりえなかったであろう。これらの基本的事実を直視すれば、「戦争犯罪」を裁く法廷がたとえいくつ設置されてきたにせよ、政治悪に対する道徳的責任という考え方のまさに存立自体そのものが脅かされているように思われる。アイヒマンの正常さは「恐ろしい」。というのも、究極の悪事が行なわれるのに別に怪物がいなくてもいいという事実をまずわれわれに突き付ける。のみならず、自分の任務を遂行したあとで責任を転嫁するという、ぎりぎりの環境においてさえも発露される「人間的な、あまりにも人間的な」傾向が浮かび上がるからである。

アイヒマンは何百万というユダヤ人を虐殺者のもとに運んだ移送責任者である。そのアイヒマンでなくとも「だれでもよかった」とか、「われわれのなかにアイヒマン」が少しずついるなどと主張したら、それが間違いであることは明らかである。アレントが強調するとおり、アイヒマンの文化的な環境は特異であったし、彼の自己欺瞞と思考停止の程度もまた、ドイツ人の基準から判断してさえも例外的であった。彼が代表者だと言えるとすれば、「正常な」人間が二十世紀の政治悪と道徳的恐怖にあずかった事実において、その代表的な人物だというだけのことである。しかし彼はけっしてその実行者たちの「典型」ではない。というのは、その実行者たちの中には（アレントが繰り返して記しているとおり）「机上で殺人を計画した者」はもちろんのこと、狂信者、サディスト、悪党、けだものなどもいたからである。[71]

アレントは思考停止したアイヒマンの「正常さ」を目の当たりにしたあと、より広範な哲学的問題について省察する結果になった。たとえば、悪の性質や、個人の道徳的破局を避けるために思考が果たす役割について。そのときにアレントは、道徳的勇気がなければできないことだとして、素朴な非関与主義を評価している。市民共和主義という最新のトレードマークでしかアレントを知らない読者はきっと驚くに違いないのだが、彼女は「独裁政権下における個人の責任」(一九六四年)、「思考と道徳的配慮」(一九七一年)において、関与を続けることが——それが自分の仕事を続けるだけだとしても——悪と共謀することにつながる場合には、公共的生活から身を引くことの重要性を強調した。ある人が政治的責任を拒絶しなければ道徳的にも法的にも犯罪責任からどうしても逃れられない、そういう状況があるのである。たとえばナチス体制。そこでは、「道徳的行為はいずれも違法であり、合法的行為はいずれも犯罪であった」[72]。そのように政治的責任を拒絶するには、道徳的な問題を明晰に認識する必要がある。その認識の獲得見込みは、道徳的な事柄において自分独自の思考と判断力に従った人々においてきわめて高いのであって、規則や伝統的価値に従った人々ではない[73]。

この種の思考力——手すりの助けを借りず、出来合いの範疇に頼らずに道徳的判断を行なう能力——は、最良の知性や性格に天性恵まれなければならないわけではない。そうだとしてさえも、不運なことにあまりにも稀である。その思考力には、ある種の勇気、またはアレントの言い方を借りれば、ある種の頑固さない。が必要である。自分の力で判断する、判断に関しては権威を拒否する、そういう頑固さである。[74] すべての環境において「法を遵守する市民」であること、義務を道徳的範疇として物神化することは、自分独自の判断力を維持するために必要な頑固さと、(結果的に) 道徳そのものを先験的に拒絶することにほかならない。

ここからわれわれが導かれる問題はこういうことである。アレントがアイヒマンを観察することでいかにして自分の悪の観念を修正することになったか、と。すでに私が指摘したとおり、悪の性質に関するアレントの省察は彼女が裁判報告をしたことを契機に生まれたが、報告書には含まれていない。かくて、彼女が『イェルサレムのアイヒマン』において、「筆舌に尽くしがたい、想像を絶する、恐るべき悪の凡庸さ」について書いたとき、彼女が語ったのは、何か「厳密な意味の事実……裁判に立ち合った人に自分の顔を凝視するものがあると言わしめた現象」[75] であった。ショーレムが「悪の凡庸さ」について述べて、それがただの「スローガン」、「標語」に過ぎないと決めつけ、彼女が『全体主義の起源』で展開した「根源的な悪」の概念よりも劣ると批判したのに対し、アレントは哲学的な水準へと移動して応酬し、「悪の凡庸さ」がたんにアイヒマンの記述に関連するだけでなく、「道徳哲学ないしは哲学倫理」(ショーレム) にも関連する概念であるとして、「悪の凡庸さ」を擁護した。[76] 彼女の言葉は次のとおりである。

あなたの言われることはまったく正しい。私は考えを変えた。だから「根源的な悪」については、もはや語らない。……今や私はこういう見解に至った。悪はけっして「根源的」ではありえず、ただ極端なだけであり、悪には深さも、いかなる悪魔的な次元もない、と。悪ははびこることがありうるし、まさにそれが菌類のように表面に広がることによって世界は荒廃に導かれる。それは私が申したように「想像を絶する」ものである。なぜならば、想像力はある程度の深さに到達しよう、根っこに向かおうと試みるが、想像力が悪と関わりあうやいなや、たちまち挫折してしまう。なぜなら、そこには何もないからである。それが悪の「凡庸さ」である。深さがあるのは善のみであって、善こそが根源的でありうる。(77)

最近の注釈者たちの何人かは、ここに表明される「考えを変えた」ことの衝撃をなんとか和らげようと試みた。そして、たとえば「根源的な悪」の観念が「悪の凡庸さ」と両立しうるとか、あるいは、全体主義のもとでは根源的な悪が凡庸なものに、すなわち日常的な出来事になる、などと論じた。(78)たしかにこれら二つの観念を調和させることは可能である。たとえば、「根源的な悪」は、全体主義やホロコーストの悪を哲学的に概念化したものとし、それを補うものとして「悪の凡庸さ」を用い、アイヒマンのような「人間的な、あまりにも人間的な」犯罪者の記述概念とする場合がある。(79)しかし、そのような戦略は、われわれがアレントと同じように悪の性質を哲学的レヴェルで省察するとすれば、あまりにも現実離れしたものになる。しかも、「根源的な」悪と「凡庸な」悪の観念の間に矛盾が――少なくとも緊張が――実際に存在する。この緊張の性質は何か、そして、アレントが以前の（しかも強力な）悪の概念化を放棄した理由は何か、私が次に考えてみたいのはそのことである。

なぜアレントはショーレムを相手にあのような反応を示したのであろう。どういう動機があって彼女は全体主義の悪を「根源的」と記述することを放棄して、悪それ自体は決して根源的でなく「凡庸」だという、ずっと理解しにくい見解を採用したのであろうか。つまり彼女は、アイヒマンを記述する自分の判断を哲学的な一般論のレヴェルに引き上げて、わざわざさらにひどい誤解を招くようなことをしている。何ゆえに彼女はそうせざるを得なかったのだろうか。

これらの疑問には簡単な回答は出ない。彼女はショーレムに対する返事のなかで悪の哲学的考察をするつもりだと示唆したが、実際のところそれを書いてはいないから、そこに手掛りは得られない[80]。しかしわれわれは、彼女が残した著作と書簡にちりばめられた発言から一定の回答をまとめるところから始めることはできる。それらの発言は明らかな軌跡をたどっている。すなわち、深淵のような悪には、それに釣り合う同じような深さをもつ元凶（人間であれ、人間を超えた存在であれ）が必要であると、彼女はしだいに考えないようになっていった。

悪の問題についてアレントが「著しい変貌《シーチェインジ》」を遂げたとすれば、その変貌の一側面は、彼女が抱いた願望と関連があった。すなわち、あの実行者たちの行為を、人間的判断力と人間的法律で処理可能な地平内に取り込みたいという願望である。彼女は自分の考え方の転換を説明して次のように書いた。「私にも責任がないとは言えない広く普及したある仮説がある。これらの犯罪が、人間的判断力が扱う可能性を拒絶する性質のものであり、われわれが築き上げた法制度の枠組みを破壊するものだという仮説である」[81]。彼女の変貌のもうひとつの側面は、アイヒマン裁判が彼女にとって意味したところの「後々の心配」（*cura posterior*）と密接な関連があった。その裁判を契機に、彼女はとても耐え難い考えから逃れる手掛りを得たのであった。すなわち、死体製造工場の背後には、あまりにも巨大であまりにも途方もない悪があるので、ユダヤ人を滅ぼそうという試みがこれだけで終わりになるわけはなく、同じ悪魔的な力が必ずや別の、たぶんさらに壮大な表出によって継続されるに違いない、という考えから逃れられたのである[82]。アレントがそのような悪に悩まされる悪夢からついに解放されるときがきたのは、二十年の時を経過して、彼女がアイヒマンの凡庸さに直面してのことであった。

これらの側面はしかし、その事例の哲学的核心には触れていないのであって、その核心が初めて明確に述べられたのは、アレントが一九六九年にロックフェラー財団のケネス・トムスン宛に送った書簡であった。問題になっているのは、と彼女は書いた、「われわれが宗教とまったく関わらずに悪の課題といかに取り組むことが可能か」(83)ということであった。同じテーマを彼女はそれよりずっと以前の一九四五年に、ドニ・ド・ルージュモンの『悪魔の役割』を書評した際にすでに見出していた。ド・ルージュモンはその書で最近のヨーロッパ史における悪の問題を取り上げる課題に取り組まざるをえなくなったものの、結局は悪魔が話題にのぼってしまい、「現実を逃避する」結果に終わった。(84)ド・ルージュモンは、アレントの判断によれば、「人間に真実にそなわる悪の能力が奏でる音楽」に直面することを怠ったのである。悪の能力は、キリスト教的原罪に還元できるものではないし、善と悪が演じる目的論に解消できるものでもない。その目的論に依拠するかぎり、最後に善が勝利をおさめることは神によって保証されているからだ。

悪の性質についてアレントが心変わりをしたとすれば、それは、彼女は(少なくとも『全体主義の起源』のなかで展開した)「根源的な悪」の概念が神学的なものでしかありえないと意識したに違いない点である。心変わりはその意識を反映していると私は信じている。悪は根源的でありうるし、形而上学的な深さとリアリティをもちうる。ただしその言い方は、悪や善に尽くして働く超人間的なもろもろの力を想定したうえで、神学的な枠組みの内部でのみ可能なことである。アレントは、強制収容所が表わす悪を、究極的とせずに「根源的」と記述した。それによって、全体主義とは近代における人間の内面に流れる虚無的な思潮の表われという考え方を認めたことになった。その思潮は、すでに人間の尊厳の破壊を一定の期間続けてきた果てに、全体支配の体制においてその論理的到達点《テロス》に達したが、その全体的支配下で、何百万という人間存在が余計者として、抹殺されるべき屑として取り扱われたのである。アレントは『全体主義の起源』のなかで、収容所が全体主義体制の「精粋」であると解釈しているが、その解釈は非常に示唆に富むものの、疑惑の残る（そして擬似ハイデガー流の）思考の進め方に依拠している。つまり、虚無的な悪はそれだけで充足して終わりとならず、人間的地位そのものを脅威にさらすにいたる、と。[85] かくてアレントは、収容所において全体主義の目標が明白になったという言い方を繰り返している。あたかも、人間性の概念と人間性のリアリティをどちらも破壊するために計画された明確に示しうる全体主義の事業があるかのようである。この新奇な形態の体制がそなえる究極の意義は、実際のところ、そのことなのだろう。しかしながら、そのような形而上学的な野心がその体制そのものにあると仮定するとしたら、ひどい誤解を招くことになるのである。[86]

アレントの根源的な悪の概念は、そのような「全体主義の事業」を観点に据えて考えてみなければ理解することはできない。近代の大衆時代において人間存在の余計者的性格をさらに加速するものとしての全体主義の事業である。アレントは結局その悪の概念を放棄することになった。というのも、その全体主義体制にファウスト的崇高さ（そして形而上学的意味）を、ほとんどそれに値しないにもかかわらず、付与していたと理解したからであった、そう私は提案する。彼女はそのような放棄をしたが、悪が「究極的」でありうる、「無限」でさえありうる、という可能性を否定したわけではなかった。一方で、彼女がたしかに否定したのは、極悪非道な行為の背後に極悪非道な行為者または超人間的行為者がいると想定することであった。その行為者とはつまり、何かの力とか作用とでも言うべきもので、個人としての人間を超越するものだとか、あるいは、西洋において隠然と存在する思潮を表現するものとされるのである。アレントの政治思想は全体として、ニーチェの「神は死んだ」という宣言から少なからぬ暗示を得ている。[87] 彼女は『イェルサレムのアイヒマン』およびショーレム宛て書簡において、悪魔にお引き取り願う用意がある

こと、悪の問題に宗教とまったく関わらずに直面する用意があることを明らかにしたのであった。(88)

『イェルサレムのアイヒマン』が提示しているのは、アレントが「ヨーロッパ戦後知識人の生活における根本的な問題」と呼んだもの——悪の問題——であるが、その提示の仕方が間接的である。アレントは厳密にアイヒマンとその行為だけに焦点を絞り、もっと一般的な疑問は意図的に排除している。(89) 彼女はかくて誤解を受けた——彼女の敵対者たちは、その「裁判報告」の副題がホロコーストの無限の悪を否定していると受けとめた——それは別に驚くにはあたらない。彼女が明快な説明を怠ったからに他ならない。「悪の凡庸さ」の概念が、アイヒマンの特殊性に根拠をおいていかにして生まれたか、その経緯もだが、自分がその概念を、実行者たちの動機づけに関してではなく、悪の性質に関する哲学的省察において一般論として展開するように導かれた理由説明を怠った。結果として彼女の批判者たちは、省察による判断として考えられた「悪の凡庸さ」と、哲学的な命題として考えられたそれと、両者の区別を把握できずに終わった。

しかしアレントは、ゴルトハーゲンが告発するように、「机上の殺人司令官」アイヒマンを原型的な実行者の姿で提示したのだろうか。いや、彼女にそのような責任を負わせることはできない。だがゴルトハーゲンを含めてそれほど多くの人々が、彼女のしたことをそのように解釈したのである。「代表的な実行者」の姿を求めたいという必要性がいかに深く根ざしたものであるかを立証している。この必要性の背後に何があるのか、これを簡単に述べて結びとしたいと思う。

実行者たちが一般に「任務を不本意ながら遂行する薄っぺらな人間」という姿で広まっていることに、ゴルトハーゲンはアレントが多少とも「責任がある」と言う。それはまったく間違いというわけではない。だが、彼のその言明が事実であるとしても、それはアレントが『イェルサレムのアイヒマン』で論じたことや記述したことと、まったく関係がなく生じた事実である。むしろ、別の事実から生じたのである。すなわち、彼女の（称賛を惜しまぬ）読者たちが、文化の違いを超えてあてはめることが可能で、しかも一般化が可能な人間の類型を欲したという事実である[90]。顔を持たない官僚という実行者の姿も、読者たちがその書物との（格別に注意深いとは言えない）出会いから作り出したものである。読者たちは、独裁社会主義化という、現代に特有の形式を強調したいと切に願っていたのだから。

一方でゴルトハーゲンは、「普通の」ドイツ人、すなわち代表的なドイツ人として実行者たちの姿を描いている。それでは、多次元のホロコーストがある国民文化の特異性に還元されてしまう。そのドイツ人の姿は、多くのアメリカ人やヨーロッパ人読者が生みだしたステレオタイプを追認することになる。それによって読者は、究極の政治悪という考えを自分に縁のないものとして遠ざけておくことができる（「大量虐殺も強制収容所も、われわれのような大衆には何の関係もない」）。さらに、その姿を受けとめたドイツ人の若者のなかには、自分が犯したわけでもない行為に対して罪の意識を抱く者もある。そういう罪の意識が道徳的なことかどうか、疑問の余地があるが[91]。

アレントを読む場合に、アイヒマンを「独裁主義的人格」の象徴に転換したいという欲望を抱いたらどうだろう。それでは、その書物の存在理由、つまり特殊性の次元が破壊されることになる。アレントがあの人物とその行為に焦点を当てていることが忘れ去られ、結果として「われわれひとりひとりのなかのアイヒマン」について、それだけになおさらナルシシズムに満ちた憂慮を抱くというわけである。一方で

『ヒトラーに従った自発的処刑者たち』の場合、「代表的な」実行者の肖像を提供することを実際に目標とする書物である。だから、排除主義的反ユダヤ感情が大多数の「普通のドイツ人」における「常識」であったという考え方に導かれ、われわれに慰撫を与える距離感が生まれることになる。ゴルトハーゲンが冒頭で提供する人類学的類推がぴったりと当てはまるさまは、うまくできすぎている。すなわち、ドイツ社会は諸形態の魔術的思考に影響を受けやすい根本的に異質な社会であるから、その社会はわれわれ啓蒙主義の後継者にとって原始的アマゾン部族と同じくらい縁遠い、とされるのだから。(92)

身近すぎるものと縁遠すぎるものを両極に据えて行なう弁証法を頑固に忌避する姿勢、『イェルサレムのアイヒマン』がホロコーストの歴史編纂に何か寄与すべきところがあるとすれば、その姿勢にほかならない。「代表的な実行者」の肖像はどんなものか見てみたいという欲望は理解できる。その人の気分、政治信条、経歴によって違うにせよ、そのような肖像は自己満足を打ち砕くことも、耐えがたい恐れに直面する人に安心感を提供することもできる。しかし、その欲望は、複雑なはずの主題をどうしても改竄することにつながり、理解力と判断力の正常な働きを助けるよりは、むしろ阻害する。これは特殊性にこだわり続けることで『イェルサレムのアイヒマン』が教えてくれる教訓であると私は思う。その書物を注意深く冷静な時間をとって読むことができる人々だけが納得できる教訓である。

第三章　影響の不安――アレントとハイデガーの関係について

序

ハンナ・アレントはマルティン・ハイデガーの学生であった。その事実はけっして秘密ではない。彼の哲学が全体主義の分析や政治に関する思考で彼女に与えた影響も秘密ではない。秘密であったのは――少なくとも一九八二年にエリザベス・ヤング゠ブルーエルの伝記が出るまで秘密であったのは――アレントが一九二四年から二九年の時期にかけてマールブルクで彼の学生であった間、二人が恋仲であったということである（彼女は一九二六年になって、カール・ヤスパースと仕事をするためにハイデルベルクに転居した）[1]。

ヤング゠ブルーエルの暴露には、一部で驚きがあった。しかしその暴露は、めざましい伝記物語の文脈のなかにその一部として置かれたものであった。しかもそこには、アレントの知的展開が記述されているし、二十世紀の政治思想に対する彼女の主要貢献も説明されている。結果として、いかなる論争も起こらなかった。実際のところ、ハイデガーとの関係に関するその暴露がもたらした結果を総合すれば、すでに多彩で知られていた生涯がますます劇的なものになったことであった。

一九九五年になって、事態は急展開を見せた。エルジビェータ・エティンガーが二人の関係に関する小さい書物を発表したからであった。アレントとハイデガーがかわした書簡は長いあいだ学者が目を通すことができなかったが、エティンガーはその書簡に年代を追って目を通すことができたので、何か新しいことが明らかになりつつあると主張できたのである。すなわち、アレントには一見して自己否定とも受け取れるハイデガーへの傾倒があり、その傾倒はアレントの生涯に一貫しているという「事実」である。エティンガーによれば、戦後のアレントはその傾倒ゆえに合衆国におけるハイデガーの「代理人」となり、彼の著作の翻訳出版に奔走し、ナチスと彼の共謀関係の性質ならびに関与の程度を「とりつくろった」というのである。少なくともそのようなことをエティンガーは資料から結論として引き出していたが、それらの資料は、最終的に一九九八年になってドイツで出版された(2)。

アレントに敵意を抱く書評家たちはエティンガーの書物を見逃さなかった。そこには、ヤング゠ブルーエルが以前に明らかにしていた基本的事実が、心理学的に再解釈された言葉として見出されたからである。書評家たちはその細いアシにすがりつき、アレントを告発したのである。アレントは、「自分の属する民族」であるユダヤ人よりも、ドイツ的精神《ガイスト》とその代表者（ハイデガー）に惚れ込んだドイツ系ユダヤ人の知識人スノッブである、と。リチャード・ウォリンは、『ニュー・リパブリック』に寄稿して、隠された符合があると指摘した。ひとつは、『イェルサレムのアイヒマン』でアレントが「凡庸な」アイヒマンに無罪放免の措置を与えているとされること、もうひとつは、彼女が一九六九年に生誕記念の賛辞として送った「八十歳のマルティン・ハイデガー」において、ハイデガーの「無実証明」を行なったとされること、それら二つの間の符合である。アレントの道徳的および知的評価に傷がついたとされる議論になり、やがてその議論は一般向け出版物にまで飛び火して、関連記事があいついだ。記事を掲載した最も有力なものだけをあげても、『ニューヨーク・タイムズ』、『ネーション』、『高等教育年報』などがあった。

私はいわゆる「ハンナ・アレント・スキャンダル」について、詳細をここで繰り返すことは控えることにしよう。しかし、その論争によって広く流通した考えの中心にあるのは、アレントがハイデガーの弟子であって、師匠の思想に対していかなる批判的距離ももたない頭脳だという考え方である。私は、それに異議を申し立てたいのである。この考え方はエティンガーの記述を支える基礎となっており、アレントが（ウォリンの言葉で）「左翼のハイデガー追随者」であって、民主主義と立憲政体に対しては、その師匠と同じくらい敵意に満ちた思想家であるという言い掛りが再燃するきっかけとなった。その考え方はまた、エティンガーが唱えてウォリンが広めた主張にも、何かもっともらしさを与えた。すなわち、一九五〇年代と一九六〇年代に、アレントのエネルギーの大半はひどい傷を負ったハイデガーの名声を修復することに捧げられた、という主張に。

私はアレントが人間ハイデガーに対して距離を置いた、しばしば懐疑的な見解をもっていたことを伝記に添って詳述することはできない（そのような説明が欲しい読者は、エティンガーよりもヤング＝ブルーエルのほうが二人の私的ならびに学問的な関係における起伏について、はるかに信頼のおける道案内であることがわかるだろう）。本章で私が目論むのは、思想家ハイデガーに対するアレントの批判的見解がどう変化したか、その全体像を提示することである。この全体像は二部に分かれる。第一に、私はアレントの公表されたハイデガー評価がどう変わったか、一九五〇年を境にして調べることにする。その年に（エティンガーを信用するならば）アレントとハイデガーは完全な和解をしたとされているからである。第二に、アレントの仕事でハイデガーの哲学的遺産が最も強く感じられる二つの契機を吟味することにする。

その二つとは、まず『人間の条件』（一般的に最もハイデガーの影響が濃い著作とされる）であり、続いて彼女がハイデガーの「無実を証明した」とされる論文、「八十歳のマルティン・ハイデガー」である。

これらの文書類や、彼女がカール・ヤスパースと交わした多くの書簡からわれわれが見出すハイデガーに対する態度は、アレント批評家たちが認めたよりもはるかに複雑で批判的である。『人間の条件』では、プラトンやマルクスに対する批判と同様に、ハイデガーに対する独自の批判があらゆる面でみられる。それと同様に「八十歳のマルティン・ハイデガー」は、結局のところ、弁護を行なっているというよりはむしろ「異例な思考」の危険性について思いを巡らしているのである。アレントはハイデガーを思想家として真面目に受けとめている（真面目すぎたかもしれない）が、その著作や行動を無批判に取り扱ったことはなかった――彼の哲学的業績に賛辞を送っているときでさえも。

一九五〇年以前と以後

エティンガーの物語と、その物語からウォリンが引き出した道徳的判断、これらの両方で無条件に核心となっている考え方は、アレントが戦後の一九五〇年にハイデガーと会ったことで、彼女が「メスキルヒ出身の魔術師」の個人的魔力にひれ伏した、というものである。この時以後、その人について、あるいはその思想について、ましてやそのナチスとの関与について、彼女は客観的な判断力を行使する能力を喪失した、とわれわれは聞かされる。一九五〇年に彼女がハイデガーの罪を即座に許したのは、エティンガーの言い方を借りれば、「忠誠心、同情心、あるいは正義の意識からというよりはむしろ、自分の自尊心と威信を保とうとする自分の必要性からであった(3)」。あるいはウォリンの言い方では、「一九五〇年に彼女の口調は完全な変容を遂げた」(4)。彼女がかつて一九四六年に『パーティザン・レヴュー』に掲載した論文「実存哲学とは何か」で見せた厳しいハイデガー批判は跡形もなく消えていた。その代わりに現われたのは自己欺瞞に満ちた弁護論の数々であり、それらはやがて「八十歳のマルティン・ハイデガー」で頂点に達し、その論文でアレントは、ウォリンによれば、「戦いのさなかにある自分の師匠の身代わりとなって罪に服した」(5)のである。

愛から幻滅へ、そして(知的な自己犠牲のことはさておき)新たな自己欺瞞という物語になるならば、実に整然としたものである。だが、それらの歳月に著されたアレントのハイデガー関連の著作や省察を調査してみればよい。そんな物語には疑念が生じてくる。たしかにアレントのハイデガー批判が最も辛辣だったのは戦争直後の頃である。しかし、その批判的な姿勢は一九五〇年以後になって消えるわけではなく、むしろ、実体と、深さと、力をさらに増大させて変化を遂げている。一九五四年の講演「最近のヨーロッパ思想における政治への関心」を始まりとして、死後出版された『精神の生活』の一章を割いたハイデガー批判で終わりを迎えるまで、ハイデガーに関するアレントの公的発言には、その行なわれた環境を顧みるならば、めざましい公平さと言えるものが表われている。ハイデガーに対する一九五〇年以後の彼女の態度には、彼の仕事に対して条件つきの尊敬を示しながらも、同時にその人の人間的弱点と政治的愚劣の程度に対しては透徹した意識があった。

一九四六年にアレントは、マックス・ヴァインライヒ著『ヒトラーの教授たち』についての書評も執筆した。その書評をまず読むことで、同年に書かれた『パーティザン・レヴュー』所収の論文が、よりいっそうわかりやすくなる。ヴァインライヒがその著書で基本に据えたのは、「ドイツの学問こそが空前絶後の殺戮への道を開き、しかもそれを正当化する考え方や技術を提供した」という論点であった。それは、アレントが簡潔に述べるとおり、「大きな問題を含む言明(6)」である。アレントは「ドイツの教授たち大多数」が協調したのは、「自分たちの仕事確保のため」であると論じる。一方で彼女は、「考え方や技術をナチスに提供しようと最大限のことをした(7)」少数の「卓越した学者たち」に焦点をあてる。そのなかには(法理論家カール・シュミット、神学者ゲアハルト・キッテルが含まれ)、「実存主義哲学者マルティン・ハイデガー」が数え上げられている。

　アレントはヴァインライヒの著書が学問的な凡才に注意を集中するあまり、それらの「卓越した」学者たちから注意をそらしていると批判する。しかし同時に、彼女が特記しているとおり、シュミットやハイデガーのような思想家は、ナチスにとってどうにもならない無用の長物であったのである。というのも、ナチスは自分たちが「世界精神《ヴェルトガイスト》」の最先端に位置する集団として認知を求めることに対する関心よりは、むしろ、自分たちの人種理論に「科学性」という虚飾を得ることにはるかに大きな関心を抱いた。アレントが次のように書くのは、のちに彼女が『全体主義の起源』で行なう役割イデオロギーを先取りするものである。

> かなりの数の尊敬すべきドイツの教授たちがナチスに対する奉仕を自由意思で申し出たことは、事実まったくそのとおりである。と同時に、そういう彼らの「考え」をナチスが活用しなかったことも、同様に事実である――それらの方々ご自身にとっても、それはかなりの衝撃だったのである。ナチスは自前の考えを用意していた――だから、彼らが必要としたのは技術と技術者であった。考えなどまったくもちあわせていないか、もしくは最初からナチスの考えだけで教育された技術者である。ナチスが最初に切り捨てたのは、自分たちにとってどちらかと言えば無用な学者たち、ハイデガーのよう

な時代遅れのナショナリストたちであった。その彼が「第三帝国」に熱狂したとしても、彼は自分が本当に何を話しているのか自分自身まったく無知であった。だからこそ、そういうことができたのである。[8]

この一節は、彼女が彼女の経歴を通じて見事に一貫して筋をとおしていた見方をよく言い表わしている。[9]彼女はハイデガーやその他の「傑出した学者たち」が自分自身で行なった政治的選択にきちんと責任を負うべきだとみなしているが、一方で、ハイデガーの考えがナチスのイデオロギーを形成する、あるいはそれに貢献するという点で、いささかなりとも役割を果たしたかどうかについては疑問を提出している。そういう考えは彼女の見方によれば、低俗な夢想家のいだく幻想であって、ナチス体制およびそれを主導する考え方に対する、ほとんど完全な無知を想定しなければありえない発言だとしている。確かに、ハイデガーやシュミットその他の人々はその体制に影響力をもとうとした。おそらくその体制において、プラトンのいわゆる哲人王になることを希望していたのであろう。[10]しかし、そのような希望を抱いたことによって明らかになったのは、ドイツ再生の大義名分をかかげて指導者を手引きしたいと願った「時代遅れのナショナリスト」（ハイデガー）の精神構造と、ヒトラーの全体主義的な大衆動員の現実の間に横たわる途方もない溝の存在であった。アレントは一九三三年におけるハイデガーの熱狂が、「自分が本当に何を話しているのか自分自身まったく無知であった」ことによってのみ可能であったと言明しており、それは無罪の弁明ではありえない。[11]彼女はある種の政治的な愚かさとともに、道徳的な愚かさを指摘している。すなわち、その当人の責任が問われなければならない判断力の欠如のことである。

これらの指摘を脳裏に刻んだうえで、われわれは「実存哲学とは何か」に取り組むことができる。これはその表題が示唆するとおりほとんどが哲学的記述であって、ハイデガーとヤスパースによる実存主義の展開にいたるまでカント以後の思想の流れを追ったものである。アレントはこの論文においてハイデガーの『存在と時間』をとりあげ、それが「唯我論」的な実存主義であるとしたうえで、彼女の究極の関心は、ヤスパースにおけるコミュニケーションの焦点化とそれを対照させることである。ヤスパースは、コミュニケーションこそが真実と人間的自由を求める探究において欠かせない手段であるとしているからである。

アレントがこのようにハイデガーを批判してヤスパースを称賛したことは、多くの点で注目できる。第一に、彼女がハイデガーを批判する理由として提示するある種の急進的な人間中心主義。『存在と時間』における「実存的分析」とは、手段は別であるとしても、実際のところは哲学的観念論であると主張するのである。アレントによれば、ハイデガーは「存在の意味」としての時間性に着目したことで、人間的実存の否定的な、つまり虚無的な側面に焦点をあてる結果を招いた。ここでいう時間性とは、存在するもの（what is）の存在の性格（is-ness）を人間存在が理解しようとする際に用いるべき、消去不能の地平ということである。思考と存在の間にはあらかじめ確立された調和はないとすれば（カントの批判哲学によって、そのような幻想はすでに破壊されていた）、そして私とは別のものである「存在」は動かしがたい所与である、すなわち、私が創造したものではない何ものかであるとすれば、そのような事実性を溶解ないしは否定するための手段は、人間的実存の「虚無的性格《ナシングネス》」によって提供される。アレントは、「存在は実際のところ無である」という考え方がカント以後の哲学にとって「測り知れない価値」があったと論じている。というのは、「この考え方から始めることで、人は存在に対する自分の関係について、創造主が世界の創造に着手する前の状態と同じ関係にあると想像できるからである。世界は、知られているように、無から（*ex nihilo*）創造されたからである」[12]。アレントによれば、ハイデガーは伝統的に神に与えられた場所に人間を置いただけではなく、存在論的には機能主義の罪に陥るという別の罪をも犯している。すなわち、人間を世界内における存在様式に、つまり機能に還元しているのである。[13] そのような存在様式をもつことは抽象的な「自己」でなければ可能でないにもかかわらず、ハイデガーは、カントが述べたような人間の規範的概念を無視することにより、そのような存在様式に関する存在論的記述を行なっている。アレントの視点からみると、ハイデガーは根本的存在論の記述戦略において、「カントが自由、人間的尊厳、理性と暫定的に定義したところの人間的なるものの特徴をすべて述べないで済ましている。それらの特徴こそ人間的な自発意志から生ずるものであり、その理由により、現象学的な証明が不可能なものであるのだが、……」[14]。もっと直接的な言い方をするならば、ハイデガーは人間の性質をその実存と別のものとして措定することを拒否しており、その結果として、人間的な自由と自発意志を拒否する結果になっている。これはアレントに言わせれば、観念的ないしは本体論的な自己を放棄して実存的ないしは現象学的な「自己」に移行したことにより彼が支払った代償である。

これらの批判を総合すれば、カントにおける人間主体の概念にすでに見られた精神分裂病的な特徴をハイデガーがさらに急進的に推し進めることになったということであり、つまるところハイデガー非難である。すなわち、一方で、ハイデガーのいう「現存在（*Dasein*）」は、カント的な自律の観念をさらに数歩進んで徹底させたもので、神のごとき特徴をそなえている（ドイツの観念論者たちもそうしていたように）。その一方で、根本的存在論において、人間の「品位低下が起こる」。人間が、（「自然の機制」内における）現象面の実存に還元されるからではなく、「恣意的な」存在の諸様式の集合体に還元されるからである。様式の集合体となった人間は、それぞれの様式をどう位置づけるかも、どれを選べばいいのかも、決めるべき方法は持ち合わせない。[15] アレントは次のように書くとき、自分が行なった批判に暗示される逆説を強調しているのである。すなわち、「ニーチェを除外すれば……ハイデガーの哲学こそ、絶対的に妥協の余地のない最初の世俗の哲学である」としながら、すぐに付け加えて、ハイデガーの純正な「自己（Self）」は、世界からも、周囲の人間からも、事実上の孤立を要求される、すなわち「その自己の本質的特徴は、その絶対的な自己性であり、その周囲の人間すべてから根本的に孤立することである」と述べるのだから。(16) ハイデガーは、他者とともにあること（*mitdasein*）が人間的実存の構造的特徴であることを強調するのだから、アレントがここでその強調の事実を無視しているではないかと非難することは容易であろう。ハイデガーが人間存在を「世界内存在」として記述したことは重要であるにもかかわらず、実際のところアレントはその記述を過小評価している。彼女の議論によれば、ハイデガーは「自己」を述べるにあたって、世界内的および間主体的な次元を顧みないまま、その次元が非純正な領域として、あるいは「頽落（*Verfallenheit*）」の領域として見捨てられている、というわけである。『存在と時間』をこのように解釈することには問題があり、いくぶんかの歪曲もあり、アレントはのちにその解釈を修正することになるであろう。アレントは、ハイデガーの初期哲学にみられた傾向を誇張して議論を挑んだのであって、道徳と政治に関してそこに込められた彼女の論点は、たとえば次の引用において明らかである。ここで彼女は、カント的な人間概念からハイデガーの「自己（Self）」を切り離す。

この絶対的な孤立から生じることとは何か。人間と対極にあるものとしての自己の概念である。カント以後において、ひとりひとりの人間存在がすべての人間性を表象することとなり、人間の本質とはどの人間存在のなかにも存するものになったとしよう。またフランス革命以後と人間の権利宣言以後において、ひとりの人間の堕落と高揚が、すべての人間性の堕落と高揚につながるものだとしよう。にもかかわらずその自己の概念によれば、人間は人間性とまったく独立して存在する個人のことであり、その人自身だけしか表象することのない人間である。その人自身が無であること以外には何も表象しないという人間概念、それがハイデガーの自己である。……意識《コンシャンス》というかたちをとったその「自己」が人間性に置き代わったのであり、自己であること(being-a-Self)が人間に置き代わったのである。(17)

この文章から、アレントが真意として背後に本当のところどんな批判を込めて解釈しているかが明らかになる。ハイデガーは「最後の(と願いたい)ロマン主義者」である。彼にこのあだ名が与えられたのは、ただたんに天才ゆえの妄想を指してのことだけではない。『存在と時間』には、個人と社会的実存に関し、主観をまず優先させる取り扱いが見出されるからである。カント的な人間性や「人間」の概念は、たとえいかに問題をはらんでいようとも、少なくとも実世界における指示対象を失うことはなかった。ロマン派の自己概念から生まれ出た、あの誇大妄想によって汚されていない現実意識である。このようにアレントは、その「実存主義」論文で、「世界からの疎外」に手を貸しているとしてハイデガーを非難しているのである。のちになって(『人間の条件』において)アレントはその疎外を、近代を定義づける特徴のひとつであると記述することになるであろう。

ロマン主義、機能主義、主観主義の不気味な混在——それをアレントはハイデガーに嗅ぎつけている。彼女がヤスパース版の「実存主義」哲学を取り扱う際に強調することは、それとはまったく対照的なことで、その哲学が実存という範疇よりも人間的自由に優先的地位を与えていることはもちろんのこと、「哲学的参加の顕著な形式」としてコミュニケーションに強い関心を持続させていることである。ヤスパースの思想では、アレントによれば、「実存は人間の所与としての存在そのものではない。むしろ『人間は、現存在（*Dasein*）における可能性としての実存である』[18]」。ヤスパースにとって、われわれの世界－内－存在、および他者－と共にある－存在が「投げだされた」、あるいは、状況に組み込まれた性格があることによって、われわれの実存的自由に対する障害になるのではなく、むしろその自由が保証される[19]。存在と思考の間に広がる深い亀裂、人間的実存のまったくの偶然性、まさにこれらがあるからこそ、自由のための空間がもたらされる。そしてこの空間を否定したのが、（存在の秩序に固着した）思弁哲学の伝統であり、そして、ハイデガーにおける純正な自己の観念であった。

ハイデガーの政治関与は世に言われる彼の唯我論的実存主義と無縁でないとされるが、アレントが彼の政治関与の問題について直接言及したのは、「実存哲学とは何か」につけた注があるだけである。その注全体を引用してみよう。というのも、アレントがハイデガーの哲学と政治的関心について両者の関係を公的に述べたのはこれが最初だからである。（さらに、これをきっかけとして、ハイデガーがナチスを支援し信服した問題について、アレントとヤスパースの間に重要な意見交換が生まれることになった。これについては後述することにしよう。）アレントはこう書いた。

もうひとつの疑問は、たしかに議論の価値がある疑問である。すなわち、非常に真面目な問題を取り扱っているという理由で、ハイデガーの哲学はあまりにも真面目に受けとめられすぎたのではないか、ということである。いずれにしてもその政治行動によりハイデガーがわれわれに十分すぎるくらい注意を喚起したとおり、われわれが彼を真面目に受けとめるべきであることは確かである。よく知られるとおり、彼は一九三三年にナチ党員になり、大きなセンセーションを巻き起こした――その行動は、同じ学識をそなえた同僚たちの間でも、彼を独特の非常に目立つ立場に置くことになった。さらに彼はフライベルク大学長の資格において、彼の恩師であり友人でもあったフッサールに、自分がその講壇を受け継いだ立場にありながら、その教授団に名を連ねることを禁じた。フッサールがユダヤ人だからという理由であった。最後に、彼は国民の再教育を願ってフランス占領軍当局の処分に自らの身をまかせたと、これはうわさとしてずっとささやかれ続けている。

この展開には本当に喜劇的な側面があること、ドイツ大学人の政治思想がそれに劣らず紛れもない底知れぬ絶望的な状態にあることを考えてみれば、これら一連の出来事がただの幻影だったのではないかと言いたくもなる。だが、そんな無責任なことをしてはいけない事情がある。とりわけ、これらの行動様式全体がドイツロマン主義と紛れもない類似関係にあるとしても、その類似の原因をたどり、両者に性格破綻が共通しているからだとして純粋に個人的な原因に帰すことができるとは、ほとんど信じられないことである。ハイデガーは最後の（と願いたい）ロマン主義者である――言ってみれば、途方もなく才能にあふれたフリードリヒ・シュレーゲル、あるいはアダム・ミューラーのような人であるが、なんと、その人に責任感が完璧に欠如している。その欠如の原因をたどるならば、天才ゆえの妄想があり、絶望感があり、これらに由来する精神的な遊びが根底にある。(20)

これは辛辣な非難であるが、多くを語りすぎているとも、あまりに言い足りないとも受け取れるのが印象的である。一方で、アレントはハイデガーの哲学上の重要性を認めることを拒否する。この「途方もなく才能にあふれたフリードリヒ・シュレーゲル、あるいはアダム・ミューラーのような人」という言葉を真面目に受けとめるべきであるとしても、表に現われた彼の政治的な立場がその二人に匹敵するというようにすぎない。だとすれば、彼の哲学と彼の政治信条の関係はどうなのか、それが実際のところ問題になってくる。その関係については、「精神的な遊び」、「天才ゆえの妄想」、節制のない絶望感などの言葉が用いられており、ロマン主義の青臭い政治姿勢による作用にすぎないとしているからである。

アレントはハイデガー哲学の偉大さをわざと矮小化しようと試みているが、あまり説得力をもたない。彼女自身でさえも承知しているだろう。しかしながら、エティンガー、ウォリンらがその一九四六年論文の重要性を強調するのは、その中で、ナチス支持者、反ユダヤ主義者、フッサール背信者としてのハイデガーが透徹した眼で非難にさらされていると見ているからである。エティンガーとウォリンはともに、アレントが彼女の生涯のこの時点でハイデガーを「潜在的な殺人犯」と考えていたことを強調する。そして、彼らの視点から見れば、彼女のその見解がのちになって修正されたことは道徳的な背信行為を表わすとしか考えられない。

「潜在的な殺人犯」は、アレントが一九四六年にヤスパースに送った書簡に記された言葉である。「実存哲学とは何か」の草稿はそれ以前にすでに彼に宛てて送ってあったので、ヤスパースからは「ハイデガーに関する注にあった事実は厳密に言えば正確ではありません」[21]との指摘があった。ヤスパースはその注の内容におおむね同意見であったのだが、フッサールが大学から遠ざけられた経過についてはアレントの記述に誤解を招く部分があると示唆した。すなわち、ハイデガーはたしかにフッサールに宛てて彼を教授会から排除することを通告する書簡を送った。だが実際のところその書簡は、ハイデガー個人の自発的意志から生まれたものではなく、むしろ「すべての学長が政府の方針で［法律により大学から］排除された当事者宛てに書かねばならない」回状であった[22]、と。ヤスパースに宛ててアレントは次のように返書を送った。

ハイデガーの注に関して、フッサール宛て書状をめぐるお考えはまさにそのとおりで間違いございません。私はその書状が回状であることは承知しておりました。また私は多くの方がその理由によって許しを与えていることも存じております。私の脳裏にはいつもこういう思いがあったのでございます。つまり、その書面に自分の名前を記すことを余儀なくされたその時点で、ハイデガーは辞任すべきであったのだ、と。あの方がいかに愚かであったとしても、それが理解できないわけはございません。われわれはそういうかぎりで彼が自分の行動に責任があったとみなしうるのです。そこにある署名が誰か別の人のものだったとすれば、フッサールはその書簡を受け取っても別段気にもとめないで済ませただろうと、あの方はご存じでした。でもそのことは事務処理に忙殺される最中に起こったことだとおっしゃるかもしれませんね。そしたら私はおそらくこう答えることでしょう、本当に取り返しのつかない物事とは、しばしば——それとわからないまま——ほとんど偶然の出来事のように起こるものだ、本当に人と人を隔てる壁ができあがる際にも、そのきっかけはほんの無意味な線が引かれただけで、もはや取るに足らないことだと勝手に思い込んで無造作に通り越してしまう場合がある、と。別の言い方をしますと、私は学問の面でも、あるいはお人柄についても、フッサール翁に対しいかなる愛着もございませんでしたが、この事例に限っては連帯を維持するつもりでございます。私はその書状とその署名が翁にとってほとんど命取りになったことを知っておりますゆえに、私はハイデガーが潜在的な殺人犯であるとみなさざるをえないのです。(23)

アレントの判断は、この文脈のなかに置いて読むとき、エティンガーやウォリンが紹介しているよりもずっと微妙な言い回しになっている。ハイデガーに対する道徳的な糾弾は厳しい。しかしそれは、イデオロギーの宣伝者とか、あるいは狂信的な反ユダヤ主義者を糾弾しているわけではない。ひとりの教授が、転がり込んだ学長としての新しい権力に目覚め、ナチス体制下で開かれた大学改革の可能性に有頂天になり、自分の友人であり恩師でもあるフッサールに対して最も深い意味での個人的な裏切りとなる書面に自発的に署名をしているさま、それが糾弾されているのである。ハイデガーが「潜在的な殺人犯」であると名指しされる。それまで隠蔽されていた「絶滅」支持の反ユダヤ主義がフッサール宛ての書状で顕在化したからではない。むしろ、学長としての自分の義務によって要求されたときに、一見したところ些細な線を越えることを自らに許してしまったからである。（大学人の生活や、あるいは行政組織一般をよく知っている人であれば、この人間的な、あまりにも人間的な道徳的責任回避の実態はだれでもおわかりになるであろう。）アレントがヤスパース宛ての書簡で明確にしている道徳的判断は、やがてハイデガーにおける「品性の欠如」として彼女が言及することになるだろう。彼はその欠如ゆえに、その体制と自分の協調（*Gleichschaltung*）の範囲に、友情を考慮して明確な限界を設けるべきであることが理解できなかったのである。(24)

　アレントとヤスパースの間で交わされた書簡は、アレントのハイデガーに対する見解の性質と変化に関心を抱く者にとって測り知れない貴重な資料となっている。概して言えば彼女は、ハイデガーの政治的無知と品性の欠如について見事に終始一貫した判断を下していることが明らかである。アレントもヤスパースも、ハイデガーが虚言癖と自己欺瞞におちいりやすく（アラン・ライアンの言葉で）「政治的に無知」であったとみなしている。彼らは彼と（しばしばきわめて不自然な）友情を結んだけれども、彼らの批判の眼が曇ることはなかった。(25)しかし、彼らはハイデガーが信頼に足らないとする十分な個人的理由を提示できたけれども、両者ともに認めた明白なことがあった。すなわち、二十世紀の偉大な思想家のひとりがそこにいる、と(ハイデガー批判の先鋒に立つレオ・シュトラウスのような人でも共有する判断である)。かくてハイデガーに対する両価的感情が帰結することになるが、その感情は、一九六六年にヤスパースが書いた書簡にきっちりと表現された。彼は次のように書いている、「私がこの今の時点で思うことであるが、ハイデガーには何か興味をそそるものがある。これは今までにも経験してきたことであり、そう思い返すと、郷愁を感じるとともに恐怖にも襲われる。彼には何かがあり、それは本物である。しかし、彼に何かを信頼してまかせることはできない。そうすれば恐ろしいことが起こるのである[26]」。

『往復書簡』から明らかになるのは、二人がハイデガーの魔力にかかって手も足も出ないというのではなく(トマス・マンのファシズム寓話「マリオと魔術師」に登場する不運なマリオではない)、アレントもヤスパースも、かなりの時間を割いて格闘していたということである。焦点となったのは、ハイデガーの個人行動に露呈する問題、国家社会主義と彼の連携、彼の哲学的著作の質さえも脅かしかねない低俗性や放縦に流れる傾向であった[27]。ヤスパースの持論は、哲学的活動とはその思想家の実存(*Existenz*)を直接表現するというものであった。だから、彼がハイデガーにおける個人と哲学の関係にアレントよりも深く関心を寄せていたとしても、格別驚くにあたらない(『往復書簡』で彼はしばしばハイデガーの生涯と思想を主題とした著作の構想を持ち出しているが、それと匹敵するくらいの頻度で、その課題の延期を表明している)。アレントにとっては、ハイデガーにおける品性(あるいはその欠如)の問題が重要であった。その品性が著作の内容に直接的に表現されたからではない。彼が自分自身の天才に贈られた礼賛に安易に乗じたことで、彼の哲学分野における執筆活動に質の低下と奥行の欠如をもたらしかねなかったからである。エティンガーとウォリンはアレントが一九五〇年に二人の「和解」の再会を果たしたあと、ハイデガーに対して気づかっていると指摘するが、それは正しい。しかしその気づかいは、昔日のロマンスに対する郷愁から出たものではなく、むしろハイデガーの「情熱的な思考」の運命に対する不安から生じたものであった(28)。

アレントのハイデガーに対する態度がいわゆる「変容」を起こしてから四年後、すなわち一九五四年になって、彼女はアメリカ政治学協会で講演を行なった。「最近のヨーロッパ思想における政治的関心」と題されたこの講演は、彼女の公的なハイデガー評価の変遷において重要な里程標になった。例の実存主義論文におけるハイデガー評は(ヤング゠ブルーエルの言葉で)「たかぶった口調で辛辣」であった。だがアレントのこの講演は政治学にとって彼の哲学がもつ重要性を考察したもので、冷静ではあるが、批判的である。この講演を読むと、彼女がハイデガーに対して一定の距離を置くようになっていた事実が明らかになる。彼女はこの距離ができたことによって、彼の哲学上の仕事が伝統および現代思想の両方との関連でそなえる意義について評価することが可能になったのである。

アレントの講演は最近の(戦後における)大陸の思想が「著しい変貌」を遂げていることに焦点を当てる。かつての西洋哲学の伝統が人間的事象の領域全般に異議を唱える高踏的な態度をとることを顕著な特徴としていたとしても、そのような姿勢を維持すること自体すでに不可能になっていた。というのは、世界大戦を二度も経験し、全体主義体制が生まれ、核戦争の予感が現実問題になっていたからである。かくて、人間的事象の領域である政治学が、「本当の哲学的問題が生じる」はずの領域として注目を集めることになった。伝統哲学がその領域から超越して「賢者」または叡智(*sophos*)の視点に固執し、絶対者と交わることを気取っているかぎり、そのような問題には答えられるはずもないからであった。時間を超越した「存在」に代わり「出来事」が表に出ることで、哲学的思考に新境地が切り開かれることになった。それは本質的に思弁哲学とは異なるものであった(29)。

アレントが述べているとおり、この革命的な転回へとつながる道を準備したのはヘーゲルの歴史概念であった。ヘーゲルによって、「人間的事象の領域がそれ以前の哲学でけっして獲得しえなかった威厳」が与えられたのである(30)。しかしヘーゲル自身は哲学者の伝統的な瞑想姿勢（いわゆる「絶対者の視点」）をとり続け、より大きな思弁的真実が姿を表わす媒介として歴史を見た。ハイデガーの重要性は、ヘーゲルの歴史性（*Geschichtlichkeit*）の概念に根本的な改革を加えたことにある。その改革の結果として、「いかなる超越的精神もいかなる絶対者も」傍観的哲学者が確認できるものとして歴史のなかに出現することはなくなった。この点に関して、アレントはハイデガーの論文「物」から、「われわれはすべての絶対者の傲慢を背後に捨て去った」という文章をひとつ引用している。これは、彼女の述べるところによれば、「自らを『賢明』であるとする主張も、人間の都市で生起する滅びゆくべき出来事に評価をくだす永遠性の基準を知っているとする主張も、哲学者がどちらも放棄したという意味である。というのは、そのような『賢明さ』の正当化は、人間的事象の領域外という立脚点に立つ場合にのみ可能であり、そのような『賢明さ』を考えるのは、哲学者が絶対者に近接しているという前提がある場合にのみ、可能である(31)」。

ハイデガーによる歴史性の概念が提示されたことにより、哲学的思考に根本的な方向転換がもたらされ、可能性としてありうる政治世界に目が向けられた。アレントは「賢者」の立場をこのように放棄することを称して「哲学が新しく政治に関心を抱くことで生じる最も重要で最も実り大きい成果」と述べている。その理由は、

> 哲学が叡智を主張することを拒絶することで、政治領域における人間の基本的経験とはいったい何なのか、その観点から政治領域の全体をあらためて吟味できる道が開かれるのである。さらにその拒絶

の暗黙の前提として、伝統的な概念や判断の放棄がある。それらは、政治とまったく異なる種類の経験に起源があるからである。[32]

しかしアレントは急いで付け加える、「そのような展開は、いつでも順調に進行するわけではない」と。ハイデガーの場合では、ポリス（*polis*）に問題ありとされ、昔からの敵意が幾度となく表明される。彼が、頽落した存在様式としての *das Mann*（「彼ら」、世間）と *Offentlichkeit*（公共性または周知）を現象学的に記述するときである。アレントはもはや例の「実存哲学」論文で表明した立場とは違い、このような現象学的記述の価値を完全に否定するわけではない。一歩譲ってそれらの記述を認めておいても、真正の（または哲学的な）自己と「頽落した」日常世界の間の埋められない間隙は生じないからである。かえって、ある特定の視点から見れば、それらの記述から実際のところ「社会の基本的側面のひとつに対する透徹した洞察」が生じる。すなわち、公共的意見をめぐる手順に関する洞察である。[33]

先行する論文から見れば、これが大転換であることは間違いない。しかし「最近のヨーロッパ思想における政治的関心」と題された論文がハイデガーのために行なった転向の試みであるとみなすなど、ほとんど不可能である。アレントはハイデガーの歴史性の概念に焦点を合わせつつも、彼の思想が「新しい政治学」創設に向けて何か十分に役立つものを備えていると言っているわけではない。二十世紀になって未曾有の政治的出来事が起こったことで、そこに要請される「新しい政治学」のことである。というのは、ハイデガーの歴史性の概念は、社会や公共的意見を越えて視野を拡大させ政治そのものの領域を分析する段になると、残念ながらたちまちその限界が明らかになるからである。

ハイデガーの歴史性の概念は、それ以前にヘーゲルが唱えた歴史観念と同じように政治領域に接近することはするが、その際にアレントが「政治の中心にあるもの——行動する存在としての人間」と呼ぶものが、いつでもきまって見逃されてしまう[34]。たしかにハイデガーの概念は思想と出来事の結びつきを強調しており、それに比肩しうるほどの強調は、ヘーゲルやその他の思弁哲学の伝統には見出されない。しかし結局のところそこに生み出された概念的枠組みは、「歴史を理解するには都合がいいけれども、新しい政治哲学に基盤を据えるには不十分であった[35]」。かくて、ハイデガーの哲学は「時勢全般に対しては非常に敏感」である（たとえば、「世界に浸透する専門化、惑星規模で出現した単一世界、個人にかかる社会的プレッシャーの増大、それに付随して起こる社会の断片化」）。だがその一方で、アレントが「政治学におけるもっと恒久的な問題」すなわち「政治とは何か、政治的存在としての人間とはどんな人間か、自由とは何か」と呼ぶものは、ハイデガー哲学から抜け落ちたままなのが気にかかる[36]。

これに関してアレントは、そのような問題に対しより有益な問い掛けをし続けてきたのは、エティエンヌ・ジルソン、ジャック・マリタンらカトリック教徒哲学者や、エリック・ヴォーゲリンら新プラトニストたちだと考えており、多少驚きを禁じえない。ヘーゲル哲学や歴史主義にとらわれないそれらの思想家たちは、「政治哲学における古典的で恒久的な問題がすなわち今日的課題であるという意識」を呼び覚ます。彼らが宗教や伝統に回帰するのは、最近の出来事がトラウマとして動機になっているからである。ところが、全体主義体制が犯した罪が前例のない新奇なものであることを否定しなければその回帰は成り立たない。そしてそれゆえに、これらの罪に普通の個人が加担することにつながった道徳崩壊の大きさを否定しなければ成り立たない。アレントは、このようなかたちの不誠実を避けている点で、伝統を否定し行動に焦点を置いたサルトルやカミュのようなフランス実存主義者たちの反応を称賛しているが、その彼らに対しても、アレントはきわめて深い不信感を表わすことになる。というのも彼らが、「哲学的難問を解決するために政治に」期待する傾向、「行動によって思想からの解放」を求めようとする傾向があるからである。

アレントは大陸の思想がたどったこれら代替路に限界を見出したあとで、その講演の結びにおいて、もう一度彼女の恩師ヤスパースとハイデガーの実存主義に話を戻している。アレントは「実存主義哲学」の論文と同じように、ヤスパースがコミュニケーションに焦点を当てることに賛辞を贈る。哲学は、思弁哲学の観点からとらえるのではなく、むしろ特別な種類のコミュニケーション実践とみなす場合には、「多くの真理を結びつける媒介となる。哲学がすべての人間に当てはまる唯一の真理を保持するからではない。そうではなく、それぞれの人間が他のすべての人から孤立した状況で信じていることが、理性的なコミュニケーションを通じてのみ、人間的にも実際的にも真理になるからである」[37]。そのような考えに従えば、「人間が過ごす普通の生活」に対する哲学の尊大な態度は根拠を失う。しかし、ヤスパースのいうコミュニケーションのパラダイムは哲学の活動には適切かもしれないが、政治に対する関連性では限界がある。そのパラダイムの現象学的起源をたどると、行き着くのは、「公共的な政治圏ではなく、我と汝の個人的出会いである。この純粋な対話の関係に近いのは、他のどんなものでもなく、思考の始原的経験——孤独のなかの自分自身との対話——である」[38]。アレントは彼女が「実存主義哲学」論文で行なった判断を逆転させて、今やこう言うのである、ヤスパースのいう対話パラダイムは「われわれの通常の日常的生活におけるほとんどどんな関係よりも特殊政治的な経験を含まない」。

ハイデガーの哲学はこのディレンマに対して、とうてい手掛りにはなりえない。ひとたびあの思弁という立脚点を放棄したのはいいとしても、政治的経験についてそれ独自の用語を用いていかに考えられるのか、そういうディレンマである。ところが、彼の哲学にはヤスパースの試みには見出せないひとつ顕著な利点がある。ヤスパースの場合、個人間のコミュニケーション経験と、思考のそれ自身との対話、それらを通じて間主観性に依拠する政治形式を創出しようと試みた。その際に生じる「困難から抜け出す」可能性は見出しうる、そして政治の領域をあい変わらず孤独な思弁を観点に考えたがる哲学者たちの傾向からは脱却できる、アレントがそう考えて注目したのは、ハイデガーの「世界」の概念であり、「世界内存在」としての現存在（*Dasein*）の概念であった。ハイデガーが存在の実存的構造を記述したところによれば、存在とは他者とともにある存在、すなわち本質的に「世界内存在」である。その記述において彼は、「哲学的意義も日常生活の構造」から生まれるとしており、その日常生活の構造は、「人間が第一義的に他者とともにある存在として理解されないとしたら、まったく理解不可能[39]」である。ここでアレントは初めて、ハイデガーが引き受けた哲学上の課題について、あることに気づいたことを表明しているのである。すなわち、主観が世界と他者から切り離されているとするのはまさにデカルト的先入観にほかならず、ハイデガーの課題は、そのようなデカルト的先入観を基礎からまるごと覆そうとすることである。したがって、いかなる政治理論であっても、世界性と人間の複数性が政治的経験そのものをつくりあげる根本的な要因であるとみなすならば、そのハイデガーの課題は最も大きな関心に値する、と。

アレントはヤスパースとハイデガーの方法が政治的思考にとって相対的な価値があると考え直したのである。このことから判断すれば、彼女が人間の複数性という自分自身の考えた概念に相当する何か哲学上の前例がないかと探し、孤軍奮闘していたことが明らかである（その概念を彼女は『人間の条件』に至って、公共的領域の必須条件（*coditio sine qua non*）と称することになるだろう）。戦後の哲学者たちは、哲学の伝統に根強く残る思弁を重んじる偏見を克服しようと試みていた。しかし彼らが提示したさまざまな代替策も、結局のところは、その伝統に特徴的な欠陥を再生産したにすぎなかった（政治的経験を孤独な哲学的経験の観点から解釈しようとする傾向、真の新奇性を認識し理解する能力の欠如)。戦後の哲学者たちは「同時代に起こった政治的出来事の戦慄性」を放置できず、政治を取り込もうとして駆り立てられる思いであった。だが、彼らの誰も、その戦慄を前にして何らなす術を見出せなかった。結果として彼らの思考は「伝統的な拒絶」を表明し続けるだけに終わった。「すなわち、人間的事象の領域に対しあの奇蹟(*thaumadzein*)を付与できない、あるがままの現状に対しあの驚嘆を表明できない、そういう拒絶である。プラトンとアリストテレスによればいかなる哲学にもその始まりに驚嘆があるのだが、その彼らでさえも、政治哲学の前提条件にその驚嘆があると認めることは拒絶したのであった(40)」。

人間的事象の領域を目のあたりにして驚嘆を経験する能力が欠如していることが問題なのである。驚嘆であって、戦慄でもないし、呆然として軽蔑することでもない。戦後の哲学者たちはその能力が欠如しているゆえに、政治哲学に新しい土台を提供する能力に限界があるのである。そのような努力の根底には「叡智を気取ることの拒絶」が必要であり、その拒絶があるならば、原理としては道が開かれてしかるべきだったろう、つまり「政治の領域内で人間が出会う基本的経験の光のもとにおいて政治の領域全体を再検討する」方向への道が。ところが、アレントがその講演のなかで論じている哲学者の誰も、ヤスパースとハイデガーも含めて、そのような再検討を実際に遂行する能力はないことが判明したのであった。

アレントはその講演の結末において、「もしも彼ら[先に触れた哲学者たちのこと]がわれわれを裏切るとしたら、[真実の政治哲学を創出することに]他に成功する見込みがあるのはいったい誰なのか」と、修辞的な問い掛けをしている(41)。アレントは誰かの回答を期待したわけではない。というのは、彼女はすでに政治的経験における根本問題の再検討を自分自身で始めていたからである。実存主義哲学によって示唆はされていたがけっして直接は手をつけられていなかった再検討である。その再検討の結果は、もちろん、

『人間の条件』である。ハイデガーの思想とアレントの対話における第二段階であった。

『人間の条件』におけるハイデガーの活用

エティンガーのおかげでわれわれはアレントが『人間の条件』をハイデガーに献呈する考えであったことを知っている。実際のところ彼女はその趣旨の書簡をハイデガーに宛てて書いた。そして、「その書物はマールブルクで過ごした最初の日々が直接のきっかけになって生まれましたので、すべての点でほとんど何もかもあなたに恩義を受けております(42)」と記した。これはたしかに弟子の立場にある者なら行なうであろうと思われる種類の言明のように聞こえるし、表向きの意味だけで受け取れば、アレントが「左翼のハイデガー哲学追随者」にすぎないというウォリンの論点を支持するようにも思われる。

『人間の条件』がハイデガーの影響を強く受けた著作であることは疑いを容れない。本当の疑問は、その影響がどんな性質のものなのかということである。アレントは、師匠の反動的な政治指向と文化的感受性だけにはさすがについていけなかったとしても、師匠の足跡を奴隷のようにたどっているのだろうか。あるいは、彼女はハイデガーを歪曲して利用し、彼が容認も是認もできなかったと思われるような方向に彼の思想をねじ曲げ、自分の恩師を克服しているのだろうか。たとえばレオ・シュトラウス、ハンス゠ゲオルグ・ガダマー、あるいはヘルベルト・マルクーゼのような、他のハイデガー研究者が行なった創造的な活用に近い方法のことである。

ハイデガーの思想は、「政治の領域内で出会う基本的経験の光のもとにおいて政治の領域全体を再検討する」というアレントの課題にいくつかの点で役立っている。第一に、『存在と時間』における「実存的分析」によって、世界に対するわれわれの関係の根源について修正概念が暗示されただけでなく、人間的自由の問題について再定式化の可能性が暗示された。というのは、『存在と時間』が、デカルトとカントの主観／客観という問題提起に対する反論だったからである。ハイデガーは、認識主体と実践主体という世界に相対して超然と立つ抽象的な存在の代わりに、「世界内存在」としての人間存在の概念を提示した。ハイデガーは、そのようにして代置した行為し理解する存在としての現存在（*Dasein*）が、本質的に巻き込まれた性格があることを強調する。これが革命的転換としてアレントにとって重大だったことは明らかである。というのもその転換により、一元論的で主観を中心に据えた自由の概念が打破されることになったからである。哲学と政治の思想で西洋の伝統を支配してきた自由の概念は、意志（あるいは「実践的理性」）の自由とされてきたのである。[43] ハイデガーにおける現存在は、根本的に「世界内存在」であると同時に「他者とともにある存在」という概念であり、彼女はそれを活用することによって、世界内－性と人間の複数性を、人間的自由のぎりぎりの周縁ではなく、まさに中核に位置づけた。

第二に、『存在と時間』後になされたハイデガーの仕事では、自由に関する伝統的な見解の根底に潜む権力や支配への意志が問題になり、その意志とは、本質的に目標に向けられた活動として、主権と行動の一形式であることを明らかにした。ハイデガーはその伝統が、人間の条件が有限であり脆弱であることに対し連綿と抵抗を続けた伝統であることを洞察したのであった。アレントはその洞察からヒントを得て、プラトンからマルクスに至る西洋政治思想の伝統を批判的に読むための出発点を確認したのである。この伝統は、政治的行動を一種の作り事、あるいはでっちあげであるとして誤った解釈に終始してきたので、公共的領域における行動の「脆弱性、偶然性、偶発性」とアレントが呼ぶものを克服しようと試行錯誤を繰り返した。そうして、道徳的にも政治的にも悲惨な結果がもたらされることになった。その伝統では、

「根拠の科学」（形而上学）に依拠して「存在（Being）」を支配しようとする意志が働いた。ハイデガーはその意志に対して批判を行ない、アレントがその批判を受け継ぐとき、西洋政治哲学を批判するために図式が提供されるのである。すなわち、西洋政治哲学では人間の複数性および人間の自発性が、正義に基づく社会を実現するために障害になるとみなされるのが特徴的であり、それらを抹消しようとする傾向がある。アレントが批判したのは、その傾向である。（この点に関しては、道徳心の不統一が徹底的に貶められたことを考えてみよう。プラトン、アリストテレス、アウグスティヌス、ホッブズ、ルソー、ヘーゲル、そしてもちろんカール・マルクスも同意見であった。）

第三に、ハイデガーが近代の病理に対して下した診断のことである。その診断は文化的保守主義が色濃く、牧歌的全体調和のイメージが基調となっているが、アレントが『人間の条件』において近代性批判を彼女自身で行なうにあたって批判の枠組みを提供したのである。ハイデガーの説明によれば、知識を獲得し意志を持つ主体が構造的に神の地位に置かれたのが近代という時代である（リアリティは、そのような主体が知りうるもの、そのような主体によって表象されうる次元にまで格下げされた）。アレントはその説明を受けて、近代の科学技術におけるプロメテウス的傾向に疑問を呈することができた。それとともにアレントは、リアリティが完全に「人間のものになった」場合において疎外そのものがなくなるという考え方にも疑問を呈することができた[44]。近代の科学技術を駆り立てているのは「人間の条件に対する憤り」であるとみなされている。ところがそれら科学技術の力こそが、アレントの見解によれば、われわれがますます政治的行動から疎外され、「世界から疎外される」状況へ追いやられるよう、大きく寄与しているのである（政治的行動とは、アレントにとって、人間の活動のうちで最も世界内‐性が強い）。

『人間の条件』においてハイデガーの影響がはっきりしているのは、これら三つのテーマである。しかしそれが名著の地位を得たのは、ハイデガー哲学の難解な観念をより理解しやすい言語に書き換えたからではない。その書の驚くべき独創性は別のところにある。アレントが採用した手法である。ハイデガーをハイデガー自身に対決させ、彼自身が糾弾したであろう考え方を彼自身に擁護させるという手法。ハイデガーの思想を覆すアレントの様子は、哲学で彼女が彼から受けた恩恵に匹敵するくらいに細部にわたって深遠である。

かくてハイデガーは、より世界内-性を考慮した自由の概念を生み出す道を切り開いた。だがその一方で彼は、自ら人間存在の概念を組み立てる際に真正の（*eigentlich*）実存と非真正の（*uneigentlich*）実存という大まかな区別を観点としていたので、その人間存在の概念と政治との関連はひどく希薄になった。人は与えられたものと日常性に執着することによって自分の生を生きることができる。あるいは人は、公共的なものや既定のものに依存する虚偽の慰めをすべて断固として忌避し、自分自身の実存の根拠のなさに直面することができる。真正の実存といえども、みずからを「頽落」の状態から引き離すことはけっしてできず、実際のところその状態にあることでその実存が成り立っている。しかしハイデガーにとって疑いのないのは、公共的世界とは非真正性が特別に幅をきかせる場所だということである。「公共性という光がすべてを曖昧にしてしまう」。なぜならば、その光が、人間的実存の基本的特性――根拠がなく、有限で、根本的に開かれて未決定である――を覆いつくしているからである。

『人間の条件』においてアレントは、ハイデガーが用いた露出された状態という人間的実存の概念を利用した。あらかじめ与えられたいかなる審級の目的とも切り離され、開かれた可能性としての実存のことである。そしてアレントは、その概念を裏返しにする。すなわち、公共の領域はハイデガーにとって現存在の日常性を意味したが、その領域こそがアレントの現象学においては、人間の超越性と自由を獲得するための闘技場となった。つまり、真正な実存の場となったのである。アレントによれば、公共の舞台上における政治的な行動と言論を通じて、人間存在は独自のアイデンティティを獲得し、さらに「人間の考案物」に意味を付与する。意見と公共的討論の領域、すなわち、ハイデガーにとって「くだらないおしゃべり（*Gerede*）」の領域であったものは、アレントの見直しによって、すぐれた開示の空間そのものとなった。すなわち、人間存在が社会入門としての間主観的な活動の一形式に従事する空間である。さらにそれは、独自の自己と、意味深い「人間の考案物」としての世界が両方ともに開示される場所である。

アレントはハイデガーのいう露出された状態という実存の概念を、このように批判的に変容させた。ハイデガーが伝統を脱構築したことについても、アレントは同じくらいの批判を込めて取り上げ、ハイデガーの脱構築結果に変容をもたらした。ハイデガーが伝統脱構築のために作り上げた物語は疑似観念論的な前提に立って構築されたもので、プラトンからニーチェに連なる系譜（「内的な論理」）があると主張した。アレントはその疑問の余地のある系譜に根本的な修正を加えたものの、彼女の主張はずっとささやかで限定的であった。彼女は実際のところ、それら偉大な思想家たちの言葉に影響を受けて、言語が「存在の宿命（*Seinsgeschick*）」に逢着したとは考えない。それらの偉大な思想家たちは、ハイデガーの組み立てた哲学のメタ歴史学においては、隠された「本質部分の」西洋の歴史を映し出すいわばエックス線画像のようなものを提供している(45)。彼女のほうでは、現象学者たちが唱えたと同じ具体的な経験と出来事に対する焦点を継承した。ということで、彼女が理論で用いられる言語に対して関心を抱いたとき問題としたのは、理論が人間的事象の領域に外から押しつける異質の隠喩のことであった。たとえば思考や制作は人間的活動に属することは確かであるが、そういう活動では人間の複数性はほとんど、あるいは全然役割を果たさない。そういう異質の分野で用いられる隠喩の集合が、人間的事象の領域に構造を付与する結果になることである。

　公共的な政治世界の概念化がもとはといえば思弁と制作の経験のうえに培われた伝統のなかで行なわれてきた——その事実は、アレントにとって次の二つのことを意味した。すなわち、その領域における本質的とすべき現象（たとえば、人間の複数性）が理論的注目を受けないままで放置されたこと、さらに、政治思想家や政治参加者が行動とは制作の一形式であるとする解釈を繰り返したので、人間存在までもが、公正な国家を構成する「質料因」とみなされたことであった。その結果はどうなったかといえば、行動と暴力を同じものとみなす破壊的な結果をもたらした（「卵は割らなければオムレツは作れない」）。そして、最高の人々が最低のことを行なう誘惑が途方もなく増大する結果となった。そういう最高の人々が、人間を材料にして、何か秩序だった美しい無傷のものに「仕上げる」という試みをするからである。プラトンからマルクスに至る、あの哲学の伝統をさかのぼってみればいいだろう。それらの理論家たちは政治的な経験と判断力を把握するに際して、審美主義または生産効率に基づく用語を用いて把握する傾向があり、その傾向についてなら証拠は十分すぎるくらいそろっている。その結果は、今もなお続くとおりの道徳的な戦慄であった。

　近代の科学技術が自然に働きかけて人間の考案物の全体性を損なう過程を推進したことについて、ハイデガーは戦慄を覚えていた。アレントもその戦慄感は共有したものの、彼の提示した解決策にそのまま同意したわけではない。ハイデガーにとって、西洋の形而上学、科学、技術に見出せる「権力志向」から逃れるためには、解放（*Gelassenheit*）の態度にこそ、その糸口が見出せるはずであった。われわれが、「意志をめざす意志」を——人間が自己主張しようとする意志、自然を支配しようとする意志を——放棄しなければならないというのである。アレントはそれと対照的である。近代科学の発達を駆り立てる実存的憤怒によってもたらされる危険とは、その近代科学が、自然や、あるいは人間性さえも、客体と化すこと（だけ）ではなかった。むしろ、近代科学がわれわれを世界からますます疎外させ、それによって、政治的な関与を伴う（あるいは道徳的な関心を抱いた）「世界に対する配慮」があるべきところに、ますます大きな権力への意志が置き換わってしまう、それこそが危険なのである。(46) かくて、近代性の病理を診断した後年のハイデガーは、「意志を放棄する意志」、そして強硬路線の「熟慮のうえの退却」への道を歩んだ。一方でアレントの場合、彼の診断を批判的に継承したうえで、政治的行動、道徳的判断力、人間の自由、関与と世界内－性、これらの重要性をあらためて強調することになった。さらに彼女はその批判的継承に立脚して正気の政治行動を保証する枠組みとして、法に基づく政府、または共和制の政府の重要性を繰り返した。のみならず、彼女が力説したのはまさに人間的な能力への信頼である。かつてハイデガーが、真実たりうる行動形式は思考以外にありえないという誤った信念から、その人間的な能力の可能性を拒絶していたからである。(47)

しかし、アレントにつきまとう非難は、エリート主義、「政治的実存主義」というものであり、ウォリンもまた、エティンガーの書評でそれを繰り返している。その非難はいったい何なのだろうか。『人間の条件』が讃えているのは、結局のところ、より協調的な形式の政治関与というよりは、英雄的でアゴーン的な行動ではないのか。それに、ハイデガーに触発されて彼女は「偉大な」行為の開示的または啓示的な性格に焦点をあてるが、正義および権利や、より民主的形式の連帯がそれで犠牲になっていないのか。最後に、彼女は公共的領域の相対的な自律性を主張するが、その結果彼女は行動のための行動という実存主義的要請を信奉することになっていないか。

『人間の条件』がギリシャ贔屓になっていることは否定できない。また、アレントは社会的、経済的、およびその他の活動から、政治的なもの——空間および行動様式——を区別するために精力的な努力をしているが、それは、カール・シュミットが『政治的なものの概念』で行なった努力に大筋で似ていることは否定できない。さらにまた、アレントが行動を記述するにあたって、公演芸術とくに演劇から持ち込んだ隠喩の助けをかりていることで、政治行動に「美的基準を設け」ていることも否定できない。

しかしわれわれは彼女を民主主義者の衣を着たエリート主義者（もっとひどい言い方もある）といって非難する前に、彼女の理論がどういう動機に起因するのか、明確にしておく必要がある。アレントがギリシャに目を向けたのは、理想化された過去に対するある種のゲルマン的な渇望があったからではなかった。ギリシャ哲学やキリスト教が、あらかじめ決定された（自然な、あるいは神によって定められた）目的を達成しようとして、その手段として政治を見ていたのに対して、彼女は歴史上それらよりも前の政治行動の理解方法を探ったのである。そこに見出したのは、市民的平等の領域内、法によって区画が決められ保証された領域内における自由な政治活動の経験であった。アレントは自分の政治理論を築くことで、まさにそのような領域が現代にも欲しいと願ったのである。表向きは道徳的な目的をたてているとしても、政治が主として手段として理解されるところ——そういうところではどこであろうと、人々が相互に平等でありながら複数的である経験は、完全に否定し去られるわけではないとしても、どうしても価値が低く見られる。政治的行動があらかじめ確定した目的のための手段として考えられる場合には、善良な人間でさえも、自分の仲間を対等者として見なくなる誘惑に駆られる。終末論的正義という究極の目的に奉仕する手段として見たくなるのである。かくてアレントは、プラトンおよびキリスト教が創始した解釈、すなわち道徳的観点から行動を解釈することを拒絶する。しかも、道徳的な理由から拒絶するのである。（カントとの対比、およびリベラリズムとの対比は明確なはずである。）

これと同じ理由によって、すなわち、人間の複数性を尊重し守りぬくという道徳的願望によって、アレントは行動に美的なものを求め、さまざまな形式の合理主義を拒絶する。彼女の「実存主義」とは、根深い西洋的前提を拒絶することに他ならない——人がいかに生きるべきかという問いかけにただひとつの正しい答えがある、あるいはありうるという前提の拒絶、理性とは、その答えをわれわれに届けるであろう心的能力のことだという前提の拒絶。アレントはアイザイア・バーリンらのリベラリスト、マイケル・オークショットらの保守主義者とともに、合理主義は政治で何か役に立つのか、理論は実践を変容させるための導きになるのかという深い懐疑心を共有している。プラトンの「理性の横暴」に始まって、フランス革命の恐怖政治、スターリニズム全体主義体制下で起きたマルクス主義の破局的成就まで、政治における合理主義は宗教やロマン主義的ナショナリズムにも劣らず道徳的恐怖を生み出す可能性があることを明らかにしてきた。アレントは政治における理性の役割そのものに「反対」しているわけではない。むしろ彼女は、意見（オピニオン）がわれわれの重要な合理的能力のひとつであるとみなすことをわれわれに要求する。そうみなすことによって、道徳的ないしは政治的な真実をひとつだけに限定しない審議を中心とする政治を促進させようというのである(48)。もう一度繰り返すが、市民の平等、（人間の尊厳に基づく）人間の複数性、これらを守り抜かねばならないのである。そこから『人間の条件』で示された公共的領域についての彼女の見解が生まれる——複数の役者たちが登場し、協力的行動だけでなく精力的な議論に従事する一種の舞台として。

最後に、アレントは政治の領域を相対的に自律したものと見たいと願っている。しかしその願望とて、その領域に優先的地位を与えたいということではない。シュミットが提示したホッブズ的実存主義では、生と死をめぐる闘争が敵と味方に分かれて繰り広げられる場として政治の領域は紛れもない優先的地位にあるのだが。彼女にとって、政治と政治行動は「実存にとって最高の地位に」ある。その理由は、何かを開始する人間的能力、何かを創始する人間的能力にとって、政治と政治行動が最も満足すべき手段を提供するからである。政治の領域を相対的に自律しているものとして——すなわち、経済学的、生物学的、歴史学的必然性の指令に耳を貸さない領域として——捉えるとき、政治の領域は人間的自由の領域として目立つ地位を占める。この事実をわれわれに思い出させることこそ、アレントが『人間の条件』やその他主要な理論的所説で使命としていることである。その事実を覆い隠した責任は、合理主義の歴史哲学、経済学的決定論の諸学派、そしてリベラリストの（自由が主としてプライベートな範囲だけに限られるという）「消極的自由」礼賛にある。(49) アレントはその論文「自由とは何か」で、「自由とは政治の存在理由《レゾンデートル》である」と書いた。それは、「手にとって触れられる自由」をもたらす潜在的空間としての政治の領域に対する彼女の希望を簡潔に要約しているのである。このような希望と、ハイデガーの哲学および政治学の間に、大きな距離があることは明らかである。

「八十歳のマルティン・ハイデガー」は「ごまかし」か

アレント／ヤスパース書簡が示唆しているとおり、ハイデガーは自分の思想が『人間の条件』において（批判が暗示されている）歪曲に近い継承のされ方をしたのを見て好ましく受けとめなかった。ドイツ語版を一部受け取ったとき、彼の反応は冷たい沈黙であった。アレントは彼とその周囲の人々から「敵意の集中砲火」を浴びせられ、その矢面に立つことになった。彼女が一九六一年にフライベルクを訪れた際、ユーゲン・フィンクから受けた冷遇はあからさまであった。(50) アレントとハイデガーの接触はかくして事実上一九六七年まで途絶えることになり、やっとその年になって、彼女の友人J・グレン・グレイの仲立ちにより、フライベルクにおいてアレントは講演を行なうことになり、ハイデガーとの仲に「新しい融和」が始まった。[51] これに引き続きその一年後に、彼女はハイデガーが八十歳を迎えるにあたって誕生日を祝う『記念論文集』に寄稿することに同意した。この寄稿論文はのちになって一九七一年の『ニューヨーク・レヴュー・オブ・ブックス』に「八十歳のマルティン・ハイデガー」として翻訳掲載された。

エティンガーとウォリンはこの論文が恥知らずなごまかしであったとする見解で一致している。「師匠」をその政治的過去から解放し、責任を免れさせたいというアレントの願望が典型的に表われたものだ、というのである。エティンガーはこう書いた、「アレントはハイデガーの第三帝国加担と支援の範囲を最小限に抑え、それを正当化［原文のまま!］しようと恐るべき苦心をした。……アレントがハイデガーに捧げた賛辞は、ほぼ半世紀前に始まった芝居の最終幕として、開幕当初から彼女が示したのと同じ無条件の寛容、忠誠、愛情を開示することになった」。[52] ウォリンは彼女の「戦陣にある恩師」に対する弁護と解釈したものを、「盲目的な傾倒」として攻撃する。ウォリンによれば、その弁護は、「ハイデガーの思想とヒトラー支援の間の本質的な関係」を否認して成り立つもの、ナチズムが「貧民街生まれ」のイデオロギーで、たとえばハイデガーのようなドイツ文化の代表者は何も貢献していないと抗弁して成り立つというのである。[53]

テオドール・アドルノがハイデガー哲学について「最も細部の構成要素に至るまでファシスト的」であると断じたことについてアレントが同意しなかったことは確かである。実際のところ、ハイデガーの七十巻あまりに及ぶ『全集（*Gesamtausgabe*）』を公平な眼で読んでみるならば、彼の哲学全般に政治と無縁な姿勢がいかに断固として貫かれているか、印象を深くすることであろう。（私は彼が一九三三年にフライベルク大学長としての役目で行なった哲学と関係のない一般向け演説を故意に除外している。それらはもちろん臆病心まるだしの熱弁であり、その新しい体制に擦り寄ろうとする露骨な試みである。）しかし、ハイデガーの思想と政治との「本質的関係」がきわめて論争含みの（しかもけっして明確でない）問題であるとするならば、アレントがハイデガーと国家社会主義との関与を最小限に縮小し正当化したのは「ごまかし」であるという非難はいったいどうなのだろう。アレントは実際のところその寄稿論文で何をしているのか。

　アレントが大がかりに「弁護的な」言明をしている個所を探そうとしたら、そういう読者はあてがはずれることだろう。アレントは次のように述べているが、それは長文の注釈の一部で、しかも括弧に括られている。「ハイデガー自身、のちになって彼を断罪する立場になった多くの人々よりもずっと素早く、ずっと徹底して自分の『過ち』を改めた――彼はこの当時のドイツ学界、大学人で一般的であったよりもかなり大きな危険を背負ったのである」(54)。彼女はこのように述べ、学長職を辞任し、その後帝国下で行なった哲学界での活動の性格について、ハイデガー自身の説明をそのまま容認している(55)。ヒューゴ・オトとルディガー・ザフランスキーによる伝記を参照して顧みるならば、アレントはその点に関してあまりにも無防備であったと非難されても仕方がない(56)。

　アレント論文に擁護の部分はほとんどなく、その大半は、若きハイデガーが教師としてすでに著名であったことの説明や、彼の「情熱的思考」の性質をさらに詳細に記述することに費やされている。アレントは彼の思考に関して、ハイデガーの実践した思考の道具主義とは無縁で経験的認識論と異なる性質を強調している。その思考には「他には見られない特有の探究的性質」があり、（思弁と対照的な）活動的な思考、けっして結果に行き着くことのない絶えず始まりつつある思考であった(57)。

そのような情熱的思考は、哲学的教義に関する学問研究とも、哲学的「問題解決」ともまったく異質であって、あるがままのものに対して抱く驚嘆から始まる。そしてその思考には、そのような驚嘆を経験し敷衍することが可能となるために何らかの場が必要である。アレントが述べるように、「思考の場」とは世界から絶対的に隔離された場であり、その一方で思考そのものは「その場にないものとのみ関係を結ぶ」[58]。「存在の退去」にまつわる有名なハイデガー哲学のテーゼがある。アレントによれば、思考にはこの世界から身を引いたところに「静寂の場所」を創出する必要があるので、それに欠かせない思考の機能のひとつが「存在の退去」である。この世界では日常性が心に乱れをもたらす。思索にふさわしい孤独と驚嘆の経験が妨げられるからである。アレントの言葉を引用しよう。

思考の場という視点から見ると、「存在の退去」あるいは「存在の忘却」は、思考する人の住まいを取り囲む通常の世界、「日常的生活の……馴染み深い領域」の至るところで生起しうる。すなわち、思考とはその性質上その場にないものに結びつくことであるから、思考が関係を結ぶべきものは目の前から失われる。他方で、この「退去」をやめることになれば、その代償を支払わなければならない。つまり、人間的事象に満ちた世界から、かえって遠ざかる。しかもそうして遠ざかった事実は、それらの事象を隔離された静寂下に持ち込んで、まさにそれらの事象について思考しようとするときにこそ明白になる[59]。

アレントがこのような言葉を連ねて何を言おうとしているのかは見当がつくし、彼女をハイデガーの擁護者だと非難する人々にとって、これが格好の獲物になるだろうと察しがつく。彼女の見解では、ハイデガーの思考は、その純粋さ、「隔離された場」に引きこもって徹底した思考をすることにこそ、その偉大さがある。世界の出来事がその思考者をその場から連れ出したならば、人間的事象に満ちた領域に戻ることになり、思考の方向は見失われる。それは、プラトンの『国家』で有名な洞窟の寓話に記述される状況に似ている。結果として、政治的判断に言語道断の「過ち」が起こるであろう。アレントはその賛辞をしめくくるにあたって、プラトンの『テアエテトス』から、ソクラテスよりも前の哲学者ターレスが登場する物語を紹介している。その先哲は、「より高尚なものごと」を瞑想するために上を向いていたところ、つまずいたはずみで井戸に落ちたので、その思索家が転落するのを目撃したトラキアの少女がたいへん面白がった、というものである。ハイデガーもそうだったのだ、とアレントは言いたいのであろう。彼もまた、誘惑に負けて「自分の住まいを取り替え、人間的事象の世界に巻き込まれ」てみようとしたときに、「つまずいた」のである。[60] しかしアレントによれば、「彼はまだその転落の衝撃から教訓を学べるだけ十分に若さがあったので、三十七年前、あの熱に浮かされた短い十ヵ月を過ごしたあと、彼は自分の住まいにまた戻り、落ち着いて自分が経験したことについて考えた[61]」。

その「転落」が十ヵ月以上続いたこと、それをわれわれはヒューゴ・オトのおかげで知っている。十二年間と言ったほうがより事実に近いだろう。アレントは国家社会主義とかかわった期間が学長任期と重なるとするハイデガーの言い分を受け入れているのであるから、あまりにも慈悲深くてばか正直すぎると、またもや非難されそうである。しかし、ハイデガーの関与を「過ち」と記述していることのほうに、もっと落ち着かない気分にさせられる。この言葉こそ、ナチス支援の期間を間違えて言明したことよりも、エティンガーとウォリンが非難している言い繕いだとする見方を支持するように思われるのである。

しかし、うわべだけを見ては欺かれる。アレントの寄稿論文を、『精神の生活』を締め括る章のひとつ前の章に収められた長大なハイデガー批判と読み比べてみよう。そうすると、一見して弁明と見えるものが、実際のところ告発であるとわかるのである。というのは、アレントが両方の個所で注意を引いているのは、ハイデガーの思考がその場にないものに焦点を合わせるところである。すなわち、日常性の（「頽落した」）リアリティによって隠されて退去した状態の存在。ハイデガーの情熱的な思考は、その結果が具体的な有益な結果に結びつかない点でソクラテスの思考に似ている。しかし、ひとつ決定的な違いがある。ソクラテスはその思考を古代ギリシャのアゴラ（集会）において実演して見せた。対話のなかで懐疑的な議論を展開するのは、「市民集団の中にまじった」ひとりの「市民」なのである。ソクラテスの思考がめざすのは、ごく当たり前の通常の思考であり、われわれはそれをすべての人に要求できるはずである。反省を試みて、因習に基づく道徳的な忠誠心や社会的に決められた規則を溶解させる能力があればいい。それによって、判断能力や良心の声をより生き生きと活性化させるためである。アレントはそのような「通常の」またはソクラテス的な思考と対照的なものとして、ハイデガーの通常からはずれた思考の例を取り上げる。その思考は現われ〔外観〕の世界から完全に分離されて行なわれるが、その現われの世界こそ、アレントにとって、政治の世界なのだ。

「通常の」ソクラテス的な思考と「通常をはずれた」ハイデガー的思考、この区別をすることにどんな影響力があるだろうか。答えは、思考と判断力との関係を考えることで見えてくる。アレントにとって、カントにとってと同じく、判断と思考は二つの異なる能力である。判断は、反省的様態であれば、特殊性から普遍的概念に上昇する。思考は、判断力の一形式でもなくいわんや認識の一方法でもないのであって、現われを超えたところに意味を探究することである。ソクラテスの場合、思考の活動に導かれることで、手近なできあいの基準や行動の手順はすべて無効になる。とはいうものの、ソクラテス的思考はアゴラ

（集会）において実演されるのであるから、現われの世界——複数の人間存在がつくりあげる公共の世界——とつながりを維持している。かくてアレントはこう主張できるのである、ソクラテス的思考では、いかに判断すべきかは知りえないし、判断力を働かせずに済むかもしれない近道を見出すこともできないので、かえって判断の能力が刺激される。なぜならばその思考に従うことによって、われわれがあらかじめ確立した規則から日常の行動を導き出す道筋に混乱が生じるからである。ソクラテスの「無効化する」思考で困惑が誘発されると、それが前兆となって、真実に反省的な、すなわち道徳的な、判断力の訓練に導かれるのである。「緊急事態の状況」において、多くの人が大衆的人気を得た政治体制に熱中したり、ある集団と自分を一体化して思考停止に陥ることになった場合、そこから救いを提供できるのは、自分自身で考えるという、その能力である——すなわち、「手すりに頼ることなく」判断することである。(62)

「八十歳のマルティン・ハイデガー」、および『精神の生活』におけるハイデガー批判でアレントが主眼としたこと、それは、思考活動が現われの世界の「汚れ」を洗い落とされて純粋になってしまうと、思考活動と判断活動の結びつきは失われる、ということである。純粋な思考は判断力の死につながる、それが彼女の驚くべきテーゼである。このテーゼは彼女がハイデガーの政治的な愚かさを考察して得た結論であり、人間的事象の領域を前にして哲学が伝統的に示してきた態度に対する彼女の懐疑とも呼応している。さらに、『イェルサレムのアイヒマン』で彼女が描く「思考停止した」アドルフ・アイヒマンの肖像とも呼応するのである。彼女はアイヒマンとは、すべての新しい状況において思考を停止して決まり文句や「言葉の規則」を当てはめたことの作用であるとみなしている。ハイデガーとアイヒマン、二人は結局つながっているのである。純粋思考、思考停止、これらは同じ現象——判断能力欠如——の二つの側面にすぎない。ハイデガーの「過ち」はけっして判断力の過ちではなかった。彼が国家社会主義に加担したことも「間違い」などではなかった。むしろ、それが証拠だてているのは、アレントの見解によれば、判断力の欠如である。

これは衝撃的で、大きな影響を及ぼす主張である。ハイデガーに対する告発としては、ずっと深手を負わせる、より客観的なものである。それに比したら、エティンガーが腹黒い敏腕家という男の話をこしらえ、ウォリンがアドルノの非難を繰り返したことなど、ものの数でない。もちろん、ハイデガーはアイヒマンではない。つまり、殺人機構の一部ではなかった。さらに彼は、エティンガーとウォリンが主張するとおり、党イデオロギーの宣伝担当ではなかった（むろん、国家社会主義の革命がソクラテス以前の思想に回帰することで精神的方向感覚が獲得できるであろうという、単純でばかげた彼の考えが提出されたことはあった。一九三三年の話である）。彼は真正の――アレントの見解では、偉大な――哲学者であった。その生涯は、純粋な思考が政治的視点から見ると最悪の思考停止と区別がつかなくなる場合もありうる、という客観的な教訓を体現している。

思想と、思考停止と、判断の欠如、これらを主題として私は以上のとおり素描してきたが、これによってハイデガーがナチ体制を支援したことの責任や、アイヒマンが大量虐殺で果たした中心的役割の責任が、いささかでも減ずるわけではない。アレント一流の独創性に導かれつつ、われわれは国家社会主義下に現われた二人の代表的なドイツ人を凝視する。彼女が引き出した教訓にわれわれは動揺を禁じえない――道徳的および政治的な判断力は、思考停止の場合はもちろん、通常をかけはなれた思考によって消失することもある、と。彼女が試みているのは、市民としての責任から天才を免除することでもなく（ウォリンはそれを非難の材料にした）、ハイデガーが加担したことを「正当化」することでもない（エティンガーはそういう間違った断定をした）、まったくそんなことではないことをわれわれは納得した。アレントに何か罪があるとすれば、彼女がハイデガー、思考の性質、そして、道徳的、政治的判断力について行なった省察の間に、それら相互の関係をもっと明確にしておかなかったことである。彼女がそれを怠ったことにより、批評家たちは文脈と無関係に彼女の言葉を取り出して、彼女のハイデガー弁明らしきものをでっち上げた。実際のところそれらの言葉には、「哲学者のなかの哲学者」ハイデガーについて、世界内-性を考慮した賢明な道徳的判断が見出されるというのに。

・・・・・

アレントとハイデガーの関係を扱う物語は、昼メロ仕立ての作品や追従的な弟子の物語類に仕立てることはできない。一九四六年以降の彼女は、理論的著作においてはもちろん、公人としてあるいは私人としてハイデガーについて考えたときも、自分がかつて親密な感情を寄せた思想家に対して公平な判断を下せるという超人的能力のあることを明らかにした。アレントにとって、カントにとってと同様、距離の置き方と公平さこそが判断力を保証する。アレントがハイデガーの哲学的業績を高く評価しつつも、その内容に批判的な目を保つ能力があったこと、彼女が彼の人間としての欠点と政治的役者としての愚かさを見抜く透徹した眼を持っていたこと、彼女が彼の情熱的な思考に尊敬を抱きながらも、その思考が根本的に世界内-性を欠くことに恐れを抱いたこと——これらすべてのことが、「メスキルヒの魔術師」に面と向き合ったときでさえも、いつも濁ることのなかった判断能力の存在を証明している。

第四章　思考と判断

何かと関わることで人はいつのまにか何も考えなくなることがしばしばありうる、私はそう思う。(1)

（ハンナ・アレント）

序

ハンナ・アレントの思想のうちで、彼女が思考と行動に厳格な区別をしたことほど多くの批判を呼んだ問題はなかった。理論と実践を結びつけたいと願った多くの政治理論家が、「思考と行動は同じではない」、「それらは全然異なる二つの実存的位置を占める」という彼女の主張を聞いて苛立ったのである。(2)アレントを批判する立場からは、それが場違いな古典主義の主張だとみなされる。彼女の根本的な区別としての「活動的生活（*vita activa*）」と「観照的生活（*vita cotemplative*）」に刻印された古典主義だというのである。彼女が唱えた人間的活動の現象学はこの区別を基盤としており、『人間の条件』における活動的生活の考察、『精神の生活』における精神的活動の考察も、その区別が基本構造となることによって行なわれている。

アレントは行動とは他者を伴ってこの世界のなかで起こるものであると確信していた。一方で、思考とは「私と私自身の間の内的な対話」を行なう孤独の場所に世界から退却することを意味した。彼女に対して同情的な批評家たちは、このように思考と行動の間の間隔が制度化されたことを発見して、彼女が判断力について断片的に未完成のまま残した考察に目を向けることになった。判断の能力を彼女がどう分析しているかがわかれば、きっと市民の生活と精神の生活の間をつなぐべき「見えない結びつき」の手掛りになるだろう、彼らはそう期待したのである。アレントが判断の能力について「人間の精神的能力のなかで最も政治的なもの」とか「政治的能力そのもの」とか言及した言葉は、さらにその期待を強めた。[3] 実際のところ、彼女は一九六一年のイェルサレムにおける裁判で「思考停止した」アドルフ・アイヒマンを目の当たりにしたことで、思考と判断力の間に最も親密な関係があるらしいと考えるようになった。アレントはアイヒマンの「異常な浅はかさ」について一九七一年の論文「思考と道徳的配慮」で熟慮した結果、次のように問題提起せざるをえなかった、「われわれの判断能力、つまり正邪、美醜を区別する能力は、われわれの思考能力に依存するのではないか、考える能力の欠如は、われわれが良心と普通呼んでいるものの破壊的な機能不全のことではないか[4]」と。

そのような言明と合わせて、一九六〇年代以降のいくつかの論文で散見される政治的あるいは「代理－表象としての（representative）」思考を記述する際に彼女が用いた言葉を取り上げてみるとき、彼女は思考と行動の間に判断の能力を措定して、ある種の橋渡しのようなものと見ているらしいのは確かである。しかしアレントは思考と行動の二つを峻別することに頑なにこだわった。彼女はまた同時に、思考とその「副産物」である判断力の区別に、判断力と行動の区別と同様に固執したのである。[5]

本章の目的は、これらの区別の意味を理解すること、アレントにとってその区別をすることがなぜそれほどまでに重要だったのか、その答えを得ることである。政治理論家の間では、彼女の判断力の理論が彼女の政治哲学における最終的な統合の契機であるとみなす傾向がある。思考と行動の間隔が最終的に埋められた、つまり止揚された（*aufhebung*）契機であるというのだが、私はそういう傾向に歯止めをかけたいと思う。私の意見では、アレントはそれらの区別を守りぬくことに非常に強い理由があったのだ。思考と行動の区別があり、それと関連する区別として、一方に判断力を置き、他方に行動または思考を置き、それらに区別をする。彼女はたしかに「思考は行動に何かしら影響がある」と認めており、この影響をどういう性質と特定すべきなのかに多大なエネルギーを注いだのであるが、彼女は思考と行動（または理論と実践）の統一という理想には強い懐疑を抱き続けた。マルクス主義をはじめ、その他の理論主導、イデオロギー主導の運動が追い求めた理想のことであった[6]。

アレントの見解によれば、この理想はギリシャ神話のキメラのような怪物であり、しかも危険きわまりないものである。その怪物は理論と実践が手段と目的に配置された途端に姿を現わし、姿を現わすやいなや、今度はそういう配置を力ずくで押し付ける役目をする。それはプラトンが創始した配置の方法であり、理論によって措定された目的を実現するための手段として行動が組み立てられるので、判断力はどこに見出されるのか、判断力の自律性が危ぶまれた。そのような認識論を基盤とする記述では、判断力の役割は縮小されていき、ついに、理論的に導き出された普遍の下に特殊を包含させる活動ということに落ち着く。その際に、省察を重ねて独立した判断力を行使するために必要な「開かれた空間」が抹消されることになる。判断力が演繹作業にまで縮小されてしまえば、判断とは、あらかじめ与えられた真理や、理論的に導かれた基準を「人間的事象の領域」にあてはめればいいだけである。そういう傾向がついに不条理な究極（*reductio ad absurdum*）に達したのが、全体主義のイデオロギーであった。そこでは、思考と独立した判断力の双方にとって最も基本的な必要条件が消し去られて失われており、リアリティそのものでさえ、全体主義が生み出したフィクションの一画を占める先験的《アプリオリ》な「真理」として取り込まれているのである。(7)

思考と行動が手段と目的として配置され、判断能力の地位が格下げされたこと、これらをアレントはどう受けとめたのだろうか。彼女は、思考、行動、判断を相互に非常に異なる現象学的領野として、それぞれに焦点を当てたのであった。とりわけ彼女はこれらの活動の基本的経験にあたる部分が不明確にされてしまった、それは哲学の伝統において、理論と実践、普遍と特殊の間に演繹的な関係があると主張されてきたためだ、そう明らかにしたいと願った。それゆえに彼女は、哲学的思考および議論を、政治的思考および判断力と比較対照させようとして大きな労力を費やした。彼女の見解によれば、前者は哲学者の孤独な理性の働きの過程から生まれ、最終的に真理をめざす。一方で後者は、いつでも人間の複数性という文脈に彼自身または彼女自身が置かれていることを見出している政治的演技者における意見形成に関係するのであった。一九六〇年代以降、彼女はこの対照に光を当てる論文(「文化のなかの危機」、「思考と政治学」)に場を借りて、同時に「代理 - 表象的思考」および「拡大された心性」という観念について思考を展開することになった。孤独や真理というよりは、人間の複数性と意見に適合させられた特殊政治的な思考様式のことである。

アレントの言い方からすれば、このような方法の政治的思考が最終的に行き着くところは、政治的な議論と討議において必要欠くべからざる部分として理解されるべき判断の活動であることは明らかである。アレントは判断の能力を理論的叡智、科学的知識、イデオロギーの支配下から「救出」した。それゆえに多くの人々は彼女の判断力の理論が、彼女の政治的行動の理論というコインの「裏側」にあたるとみなした。つまり、理性と思考(一方にはこれがある)、他者を交えた討議と行動(他方はこれ)、これら両者をつなぐ橋をかけるのが彼女の判断力の理論だ、と。[8] リチャード・バーンスタインが指摘したとおり、これらの論文を通じて判断力は政治的行動のひとつの形式——おそらく唯一の形式——として浮かび上がる。[9] 思考と行動の間にこのような明らかな和解が成立することになれば、アレントの思想をたとえばハーバーマス流の批判理論に見出されるような擬似的な合理主義政治学と同類のものにしたいと願う人々にとっては、その理論はとりわけ魅力的に見えてくる。

しかし、そのような見せかけは人を欺くものであると私は主張することにしよう。アレントにとって好ましい判断力とは、結局のところ、政治的行動の一形式ではない。またその判断力と、他者とともに行なう議論や意思決定を結びつけるような「思考方法」など、ありえない。それどころか、判断の準備段階において思考は主として否定的な働きをするものである。つまり、われわれは思考することによって、「固定した思考習慣、硬化した規則や基準」そして「紋切型で規格化した表現規範」から逃れるのである。思考の破壊的な活動によって判断の能力が解放されることになり、結果として（ロナルド・ベイナーの言い方を借りれば）「道徳的または美的な識別および洞察が行なわれる開かれた空間」が生まれることになる。[10] そのような開かれた空間が「思考の風」の働きによって生み落とされて存在することにより、われわれはある特殊な出来事や現象が新奇なものであることを見抜くことができる。そしてそれができることによって、（カントならば、「手引きする紐」にとらわれることなく、と言うだろう）本当に自立した判断が可能になるのである。

批判的または「ソクラテス的」な思考（アレントはそれらを交換可能な語として用いる）は、特殊に対する判断を行なうことを通じてこの世界へと参入する。その思考の過程で否定的「結果」が出れば、判断力によってその結果は「現われの世界」に関係づけられる。[11] アレントの非常に印象的な言葉によれば、

「その［破壊的な］思考の風の現われは、知識とはまるで違う。それはすなわち、正邪、美醜を区別する能力である」[12]。そのように理解すれば、思考と判断は実際のところ政治的である。しかし限定的な意味で政治的なのであって、公的意見が思考と判断に及ぼす拘束から個人が逃れようとしたら、その思考と判断が役立つということである。そういう拘束に押し切られて、政治的な悪が許容され承認されることは頻繁にあることなのだ。思考と判断は、政治行動の世界における予防的能力なのである。その能力は、「ごくまれに訪れるいざという時に、少なくとも私の身に対して大災難を防止する」ためにに役立つことだろう[13]。思考と判断によってわれわれは、必然的で、疑問の余地がなく、抵抗できないという装いで目の前に現われる政策や物語に対して、個人として市民として、否と言うための心構えができるのである[14]。

判断力は本質的に討議における能力（討論や意思決定の過程で顕著な能力）にあたらないとするのがこの議論であった。これに対して反論があるとすれば、その主たるものは、アレントが「代理－表象的思考」と呼ぶものは「批判的思考」に還元できないはずだとするものである。思考がいかにして判断力の準備になるのか、アレントの著作には二つの異なる説明があるように思われる。それら二つの説明は、この「神秘的な」能力をめぐって彼女の思想に二つの区別される局面があることに対応している。ベイナーが提案しているように、判断力についてアレントはひとつでなく、二つの理論を持つというのはどうやら十分にありそうなことである[15]。第一の（初めの）理論では、判断力は「活動的生活」の観点から考察される。後からの第二の理論では、精神の生活を視点として考察される。というわけで、アレントを一九六〇年代の論文から一九七〇年代の著作へとたどっていくと、判断力を説明する際に彼女の強調点の置きどころが「移動している。最初は、代理－表象的思考、政治的人間の拡大された心性。それがやがて、歴史家と物語作者における傍観者的立場と回顧的判断力」[16]となる。

私はこの強調点の移動論を否定したいというわけではない。移動はベイナーとバーンスタインが明らかにしたとおり、彼女の言葉を引用して証明が可能である。しかし私はこう主張したい、すなわち、自立した、または自律した判断力を強調するのはたしかにアレントの後期の著作に顕著であるかもしれないが、実際のところ前も後もどちらの局面でも根底にそれがある、と。「自分自身で思考する（そして判断する）」という観点から見るならば、政治的および批判的思考に関する彼女の発言内容はしばしば想定されているよりもずっと密接に関連している。実際のところ、「代理－表象的思考」に公共的な場における討議と意思決定の方法も含まれると考えたら、それは誤解もいいところで、アレントの意図を根本的に歪曲することになる。その思考が個人の判断を助長することを明らかにすることこそ彼女の意図であった。

その判断力とはきっと演技者、「市民の間にまじった市民」のそれであろう。あるいは（空間的に、あるいは時間的に離れた）観察者のそれであろう。しかしその判断力によって表現されるものはいつでも共通しており、世界とその中の事物（行動、出来事、現象）が私にどのように見えるか、ということである。関与を意識して「拡大した思考」を実践する者としての私に、あるいは、離れたところから公平な判断を行なう者としての私に。判断とは「最も重要な活動ではないかもしれないが、他者と世界を共有することにつながるひとつの活動」であるとすれば、それはまたわれわれの道徳的「審美眼」[17]を、すなわち識別と洞察の能力を表現する活動でもあるし、われわれの付き合う仲間を選ぶ活動でもある。アレントの場合では、彼女が自分の道徳的「審美眼」を表現することによって多くの人々とあつれきを生むことになった。それらの人々は、連帯こそが政治的な美徳の頂点に位置するとしたからであり、政治的関与の基本には自立した判断力という特権を放棄する行為があるとみなしたからである。アレントはその特権を手放すまいと懸命になった。いやしくも人間の尊厳をとなえる場合、擁護できるいかなる考え方の中核にもその特権があるとみなしたからである。[18]

思考と行動を直接的に結ぶことの危険

アレントは思考と行動がともに相対的に自律していることを強調して、相互に区別すべきことを主張した。われわれはその理由を理解するために、『全体主義の起源』の最終章で彼女が取り組んだイデオロギー分析に目を向けてみなければならない。そこで彼女は次のように書いている、

イデオロギー（ideology）とはまさに文字通りその名称が示すところのものである。すなわち、考え方（idea）の論理（logic）である。歴史が主題となり、その歴史を対象にしてある「考え方」が適用されると、それはすなわちイデオロギーである。そして、この適用の結果は、何か厳然として存在するものに関する陳述の集合ではなく、絶え間なく変化する過程を明らかにすることである。こうして扱う出来事の経過について、それがあたかも同じ「法則」に従っているかのように、つまり、ある「考え方」の論理的な展開であるかのようにして扱うと、それはすなわちイデオロギーである。それぞれの考え方に内在する論理を打ち出すことで、歴史的過程の全体像に謎はないかのように、つまり、過去の秘密、現在の複雑な事情、不確定な未来をまるで知っているかのようにふるまうこと――それこそイデオロギーである。[19]

イデオロギーの作用とは、単一の考え方（たとえば、人種間、階級間闘争の考え方）が自明の前提であ

るかのように断定し、その考え方を展開することにより、その考え方が歴史過程の全体像をあたかも包含するかのように思わせることである。この展開がそなえる最大の特徴は、最初の前提から歴史全体を論理的に演繹することに存在する。アレントは全体主義イデオロギーを支えるバックボーンとして、論理のそなえる威圧的な力があると確認している。まさにその力が源泉となって、膨大な数の人々に対し明らかに説得力をもちえたのである。ヒトラーとスターリンは、人種主義の教義やマルクス主義のイデオロギーの内容に何か新しいことを付け加えたわけではなかっただろう。しかし彼らはそれぞれのイデオロギーがそなえた威圧的な論理を完璧に仕上げたのである。すべてを説明し尽くす演繹の過程を進行させて、慈悲のない、しかし紛れもなく論理的な究極にまで突き詰めたのだから。(20)

全体的説明の道具としてのイデオロギーは、それを信じる者に経験からの解放を届ける。リアリティに暴力を加えて、錯綜する現われの背後に働く「内的論理」に還元してしまうからである。イデオロギーによる思考では「さまざまな事実の間に秩序づけが行なわれ、絶対的な論理的手順だけが残る。……［そのような手順は］現実にはどこにも存在しない(21)」。論理がいったんその前提を確保すると、その論理は暴君と化し、イデオロギーに基づく思考は、けっして経験に煩わされることもリアリティからの指令を受けとめることもなくなる。

全体主義のイデオロギーが要求したのは、論理がそなえる強制力に無条件降伏せよということであった。やがてその要求は、理論と実践の関係にも及ぶことになる。過去と現在を結ぶ説明が演繹的な推論によって進行するのとちょうど同じように、未来を志向する行動の理由づけも、粗雑なかたちの三段論法が実践に適用されて組み立てられる。アレントはこのような例をあげる。「たとえば『滅びゆく階級』のようなものがあることには同意を表明しながら、その階級の構成員がいたら殺すべしという論理的帰結を引き出さない人がいたらどうだろう。または、生きる権利は人種と何かしら関係があることに同意を表明したとして、『不適合人種』は殺すべしという論理的帰結を引き出さない人がいたらどうだろう。明らかに、愚か者か、臆病者か、どちらかである」[22]。全体主義体制においては、このとおり積極的な行動志向がある。というのもその体制には、すべてを説明し尽くすという計画があるため、その計画に内在する論理的命令に従えば必然的に行動が生まれるからである。すなわち、「Aと言うためには、当然のこととしてBと言わなければならないし、Bを言うためにはCと言わなければならない。Cと言うためには……というように、結局殺人に至るまでアルファベットはずっと続いていく[23]」。

イデオロギーによって与えられる前提から厳格に演繹して行動を導きだすのであれば、判断力の必要性は失われるし、精神の習慣のつねとして、思考のための空間が閉じられるのである（思考こそ、アレントが「人間の活動で最も自由で最も純粋なもの」、「演繹という強制的な過程の正反対」と言うものである[24]）。個人が全体主義イデオロギーの論理的強制に降伏するとき、その個人は「内面の自由を放棄する。［ちょうど］外部の弾圧に屈伏するときに、行動の自由を放棄するのと同じように[25]」。イデオロギーという手段が用いられることで、人間存在はその自由と自発性の主要な源泉をはぎ取られる。人間が全体主義の考え方やその帰結の「論理的必然性」を内面化した段階において、その人間は行動の予測が可能な従順な存在と化す。

全体主義のイデオロギーが、過去、現在、未来の全体を説明し尽くすという主張をした。この主張は比較的新しく、近年になって出現した。ところが、ある考え方から行動が導かれるという、その間の関係は古くから語られてきたことである。実際のところ『全体主義の起源』以後のアレントは、全体主義的な自由否定の系譜をたどることに仕事の大半を費やし、西洋政治思想それ自体のまさに基本的範疇にまでさかのぼっている。『人間の条件』でアレントは、関与者の複数性が原因となって生まれる「偶発性、偶然性、道徳的無責任」を克服したいという欲望に目をつけた。そしてその欲望がプラトンからマルクスに至る西洋政治理論の伝統において、自由、行動、判断力の定式化に大きな影響力を行使したとみなした。

この系譜学における中心的契機は、アレントが「行動に代わり作ることを置き換える伝統的な作業」と呼んだものの（『人間の条件』における）分析である。プラトンは民主主義政治の「混沌」に直面して嫌悪感を抱き（ソクラテスの裁判と有罪判決によって根深くくすぶっていた）、少数者の叡智が獣のような民衆（*demos*）の感情と意見を支配することにしたいと、方法を模索した[26]。人間的事象の領域を制御するために哲学者だけが知ることができる不易の基準があると、もしも人々にそう納得させることができたら、どんなにいいか。そうすれば、多数派のぐらぐらして定まらない意見や信念よりも、少数派の叡智が優先することになるだろう。真理が意見に置き換わり、道徳的確執は消え去り、論争が絶えない混沌とした複数性が後退して調和的な統一が出現するだろう[27]。

アレントによれば、プラトンがかかえた課題とは、哲学者のソフィア（叡智 *sophia*）が市民世界に適切な関連があるように見せるにはいかなる方法を創出すべきか、ということであった。彼のとった方法は、自分のイデア理論を応用することであった（イデアとはもともと「最も輝いて見えるもの」、美しいもの、ということである）。そして、そういうイデアを、人間的事象の領域において不変の「ものさし」にしたかったのである[28]。職人との類比がここでもちだされる。職人は理想的なモデルを、できあがったときの自分の作品としてまず「心の眼で見る」ことにより、それに導かれて制作過程を方向づける。プラトンはその制作過程と同じものとして、政治的行動を提示することができた。その行動は手段であって、その手段を通じて実現されるのは、どこか別のところでまったく独自に決められた正しい都市国家《ポリス》のモデルあるいは基準である。(29) 職人がモデルを想像すること、その「イデア」を職人が実地に適用すること、この区別が基礎になって、やがて知ることと行なうことは完全に切り離されることになった。その区別がなされたおかげで、複数で構成される平等な人々が過渡的な意見《ドクサ》を出し合って果てしなく討議を続けることは排除された。そして、命令と服従の関係がとって代わったのである。

プラトンは行動を排除して作ることに置き換えた。その置き換えは西洋の伝統に根本的な影響を残すことになる。西洋の伝統では、「意識的にせよ無意識的にせよ、作り出すとか、制作するという観点から行動の概念が解釈されるからである」。(30) このように行動（*praxis*）が作ること（*poiesis*）の内に包含されたとき、行動に対して理論が覇権を握り支配するという関係ができあがる。この関係は、その伝統のなかでさまざまに表現されてきたが、けっして根本的な変化を遂げることはなかった。政治思想の全歴史を通じて、正義のイデアまたは目的《テロス》を見出して確認するために、あるいはそのイデアが世界で具体的にいかにして実現されるかを明らかにするために理性の能力が必要だとされているのである。プラトン、ホッブズ、ヘーゲル、そしてカントらが行なった「理論的分析」は、まず（理想的な、イデアの）目的を特定することから始まり、その後で、それが産み出すであろう――あるいは、産み出した――手段を明らかにするという手順を踏む（哲人国王、権利と義務を定義する君主、世界歴史、プロレタリア革命）。

ジャン＝フランソワ・リオタールが指摘したとおり、理論と実践をこのように配置することは本質的にミメーシスの論理に依存している。すなわち、理論の科学（認識論 *episteme*）によって、正しい社会あるいは人間性の「真理の存在」が正確に記述され、そこから派生してさまざまな行動規範が生じる。これらの規範を守れば、おそらく、不完全なリアリティといえども、「自然」や「歴史」が要求するものと調和に至らせるであろう。(31) そして――アリストテレスとバークからガダマーとアレントに至るまで正義の認識論に敵対した先人たちが気づいたとおりだが——そのような論理においては、判断の能力が入り込む隙間はまったくありえない。すなわち、理性によって普遍が解明される。その普遍は続いて特殊（現在の状況）に応じた理論主導の行動によって実地に適用される。かくてできあがる図式においては、三段論法により演繹的に行動が導きだされるため、判断力は完全に周縁に追いやられる（カントの定言命令 Categorical Imperative という仕組みがそのよい例であり、大筋で善意を前提にした場合の例にあたる）。これこれの特定の状況ではいったいどんな実際的美徳が適切なのか、あるいは、この特定の文脈ではいったいどんな好ましい行動や判断がわれわれを導くことになるのか、こういう問いかけは余計なお世話なのである。(32)このような骨の髄までしみ込んだ傾向においては、複数性も判断力も、討議も文脈も、抹消されてしまう。やがてその傾向が殺人をもたらすまで究極に達したのが、全体主義体制におけるイデオロギーに冒された演繹であった。

　このように直接的に思想と行動を結びつけると——手段としての行動——そこに生ずる危険は明らかなはずである。もしも政治的行動が手段であって、理論によって導きだされるあるべき正しい物事の状態がその手段によって生み出されるというのが本当だとするなら、人間的事象における「偶発性、偶然性、脆弱性」をもたらす主要原因を特定し、それらを除去することが絶対に必要である。アレントが繰り返し指摘しているとおり、この特別な脆弱性の根源に横たわるのは人間の複数性である——「単一の『人間』ではなく複数の人間たちが地球上に生活し世界に住み着いている」という事実である。かくて、行動は思想や理論の「手段」でありうる。ただし、条件がある。もしも、関与者《アクター》－演技者が複数であるために絶えず起きる予期不能で混乱をもたらす効果によりその思想が裏をかかれることがなければ、という条件である。もしわれわれが行動に対して判断をくだす際に、その行動が目標達成に成功するかどうかを基準に判断するとしたらどうだろう。それらの効果を制限し、それらの効果を生み出す複数性を制限するためには、過激な手段でさえも視野に入ってくる。このような見方をとるならば——その見方がすなわち伝統であったわけだが——目的が手段を正当化することになる。プラトン、ホッブズ、ヘーゲル、そしてマルクスの意見がみんな一致するところである[33]。それゆえに、ほとんどすべての偉大な理論家たちが（アリストテレス、マキャヴェッリ、ミルという傑出した例外はあるが）、複数性、党派、あるいは多様な道徳について何も言うべきことがなかったことも、相異を容認するのはただ国家の機能に必要なときだけであったということも、ほとんど驚くにはあたらないのである。たとえばアリストテレスのように、政治共同体は異なる種類の個人によって構成されており、叡智（*sophia*）ではなく判断力（*phronesis*）が政治的に最高の美徳であると主張した人々でさえも、人間の複数性の意義、独立した判断力の及ぶ範囲について最終的には根本的な制限を課すことになる[34]。

哲学的思考から、政治的（または代理‐表象的）思考へ

アレントは判断の能力が理論やイデオロギーの増長により忘れ去られたとして、それを忘却の淵から救い出すことにした。彼女はまず思想と行動を先に見たとおり手段と目的として配置することをやめることから始める。彼女は人間の複数性こそ自由と行動のみならず判断力の現象学的基盤であるとして、自覚的に伝統に対決する姿勢をとる。その伝統において執拗に悪意の標的となった能力、すなわち複数性に基づく能力である意見の復権をはかることで、彼女は理性が導きだすという真理が横暴にも政治思想を締めつけている状態を打ち破ろうと試みる。

アレントの見解では、判断力と意見の価値切り下げは相互に関連がある。もとはといえば、プラトンが複数性と多数の支配に敵意を抱き戦いを挑んだことに起源がある。アレントは「哲学と政治学」という論文（一九五四年に執筆されたが、その年には発表されなかった）で、プラトンを論じた。プラトンが「えらい剣幕で意見《ドクサ》を糾弾し」、哲学者による都市国家《ポリス》支配を可能にする絶対的な基準を望んだのは、ソクラテスの裁判と有罪判決を受けて即座に導き出した結論であった、という主張である。その裁判を契機として、哲学的真理を伝えるための媒介として言論による説得は適切でないことが劇的に明らかになったからだ[35]。イデアなるものを時間を超越した行動基準へと変容させたのはプラトンである。そこには、孤独な思考と理性の働きにより生まれる哲学者の真理が、人間的事象の領域でもまた疑問の余地なく適合性があるという主張を擁護しようという意図があった。それ以前には、人間的事象の領域では個別の視野および意見に相対性を認める立場こそが主流であったのだが。

　アレントが述べるとおり、「プラトンが真理と意見を対立させたのは、ソクラテス裁判から彼が引き出した最も反ソクラテス的結論であった[36]」。ソクラテスの哲学的活動は、引きこもった思索家としての活動ではなかった。それは、「他者がともかく自分で考え温めていることを外に生み出せるよう助ける産婆役」を試みる「市民のなかの市民」の活動であった[37]。ソクラテスの弁証法は、意見を踏みにじることや別のものにすることを目標にしなかった。そうではなく、「何かを話し尽くす」ことによって、対話の相手が自分の視野を明確に意識し、その意見をより洗練させることが目標であった。そのようにして、それらの市民は自分の意見のなかに真理を見出すことになる。かくて集会所における市民の会話としてのソクラテスの弁証法は、「ドクサすなわち意見をつぶすのでなく、まったく反対に、意見の真理としての姿を明らかにする[38]」。

アレントが一九六〇年代に書いた一連の論文で繰り返し取り上げるのは、ソクラテスの「産婆役の」活動によって明らかにされる、真理、視野、意見の間の連続性である。「文化のなかの危機」、「真理と政治」、「レッシングに関する思考」——これらすべての論文で彼女は、公共の領域とは意見の領域のことだと主張している。つまり、この領域における真理はけっしてひとつに限られずむしろ個々の視野に依存すること、意見形成の過程と判断力は、思考する公共的存在である人間活動のなかで嘆かわしいことに最も無視された理性の活動であることを主張している。アレントはそれを『革命について』で次のように述べる、「意見と判断力は明らかに理性の能力に属する。しかし、問題の核心はこうだ。つまり、両者は政治において最も重要な理性の能力であるにもかかわらず、哲学思想はもちろん政治思想の伝統においてまったく顧みられないままになっている」[39]。哲学において意見は顧みられなかった。なぜならば、哲学者は意見と都市国家《ポリス》が衝突するのを目の当たりにして、理性と論理は哲学者の孤独な思考過程にのみ見出されるはずだ、と確信したからである。これらの論文でアレントは意見に威厳を取り戻すべきだと主張して、プラトンが付けた序列に異議を申し立てる。またその一方で、次のような疑問を提示する、すなわち、哲学、数学、科学はそれぞれの「理性的真理」の「正しさを主張する様式」で共通しているとしても、その様式とやらは、公共的、政治的領域でどこか占めるべき場所がありうるのか、と[40]。

アレントはこのような反プラトンを旗印に掲げた議論の過程で、意見形成と判断力に特有の合理性と妥当性とはどんな種類のものかを記述している。政治的な（哲学的と対立する意味での）思考は、ある主張を厳格な論理に従って展開することを特徴としない。その特徴はむしろ、想像力あふれる流動性であり、他者のさまざまな視野を代表する能力である。意見を（合理的に）形成するには、アレントが「代理－表象的思考」と名づけたものの能力が基盤にならなければならない。「真理と政治」論文から、次の一節はしばしば引用される。

政治の思考は代理者としてなされる。私が意見を形成するとき、異なる複数の観点から特定の問題を考え、そこにいない人々の立脚点を私の心に思い浮べる。すなわち、私はそれらの人々を代理する。この代理するという過程は、どこか別のところにいる人々の実際の見解を盲目的に取り入れ、世界を別の視野からながめることではない。問題は、同情のことではない。誰か他の人になる、あるいはその人のように感じるというのでもなければ、あるいはまた、頭数を数えることでも、多数派に加わることでもない。問題は、私が実際には身を置いていない場所にあたかもいるかのようにして、私自身の主体性を生かして考えることである。私がある特定の問題を考えるときに、より多くの人々の観点を自分の心の中に置くことができれば、そしてもし自分がその人々の立場にいたらいかに感じていかに考えるかをよりよく想像できれば、それだけますます私の代理者としての思考能力は強くなるであろうし、私の最終的結論、つまり意見は、ますます強い妥当性をそなえるであろう。(41)

リチャード・バーンスタインが主張する言葉を借りれば、この一節から明らかになるのは、「意見形成は孤独な思索家が行なう個人的な活動ではない」こと、その際には「異なる意見との真の出会い」が含まれること、そのような出会いは「平等な人々の政治共同体」においてのみ起こること、平等な人々は、だから、他者の見解を代理できるだけの想像力をそなえ、「自分の意見を公共の目にさらして試験を受ける勇気」をもつことである。(42) このようにアレントを解釈すれば、代理者としての思考は理想的形式の公共的議論と切り離しては行なえないものとして見えてくる。公共的議論に意見を提供することで、他者もその判断に参入し、その結果として判断が形成されるのである。[43] 意見あるいは判断にはそれらに特有の妥当性があり、その妥当性が決まるのは、公共的対話の過程において起こる「コミュニケーション、吟味過程、純化」の機能である。

バーンスタインの解釈の正しさはアレントの他の論文からも確認できる。「真理と政治」および「教養の危機」の両方でカントの「拡張された心性（*eine erweiterte Denkungsart*）」という考え方を援用している部分である。「教養の危機」論文で、彼女は次のように書いた。

判断の力があるかどうかは、他者に同意を得られるかどうかにかかっている。そして、何かを判断するときに働く思考過程は純粋理性の思考過程とは異なり、自分と自分自身の間の対話ではない。判断の思考過程においては、決心するときにこそまったくひとりきりの状態であるとしても、他者とのコミュニケーションがいつも期待されており、大きく心を占めている。私が最後には何らかの同意に至らなければならないと知っている他者のことである。この同意の可能性に応じて個々の判断の妥当性が決まる。ということの意味は、一方で、そのような判断に際しては「主観的で私的な条件」と縁を断ち切らねばならないということである。それはつまり個人特性のことであり、私的場面で個々人の物の見方を当然ながら決定づけるもので、私的に抱いている意見であるかぎりは正当であるが、市場に入り込むのはふさわしくなく、公共的な領域ではまったく妥当性を欠く。この拡張された思考方法は、その一方で、判断に際してそれ自体の個人的限界を克服する方法を心得ているが、まったくの孤立や孤独状態では機能できない。つまり、その思考方法には他者の存在が欠かせないのであり、「他者の場所」で考えなければならないし、他者の視野を考慮に入れなければならないし、他者がいなけ

ればそもそも考えが考えとして作用する機会がえられない。……判断が妥当であるためには他者の存在が不可欠である。(44)

バーンスタインの評価によれば、この一節は「行動と政治に関するアレントの思考が頂点に達した」(45)ものである。ここにおいて、政治生活に不可欠な特別な種類の思考がどういうものかが明らかにされるだけでなく、判断力の活動それ自体が政治的行動のなかで究極の形式であるのはどうしてかが明らかになる。判断の過程が「代理-表象的思考」と「拡張された心性」という観念の枠組み内に置かれて進行するときには、複数性は損なわれずに残り、意見は救い出され、討議による道理の追求は政治的能力そのものとして最高の価値を付与される。判断することは、道理にかなった公共的対話に従事することであり、私が最終的に合意や決定にたどりつかなければならない他者を相手にして討議をすることである。それこそ、判断と討論の政治学として見られた民主的政治学のアレント的未来像である。その未来像における正当性の原理は、強制されない公共的対話という考え方のなかに見出される。(46)

判断の準備段階としての思考

しかし、思考が判断力の準備段階になるとは、本当にこういうことなのか。それに、思考が準備をして行なわれるという判断は、公共的討議と意思決定の本質的一部とみなすべきなのだろうか。

バーンスタインが記しているとおり、アレントが判断力をギリシャ語で *phronesis* と述べるのは、あたかもアリストテレス的記述にいちばん近づいたという印象を与える。だが、まさにそのとき、彼女は一転してカントの名を持ち出すのである。そして、カントの美学で非常に重要な、趣味、距離、公平性、傍観者という諸観念が出現する。バーンスタインにとって、そしてベイナーにとっても、これは判断力をめぐるアレントの思想に基本的な部分で緊張があることを示唆する。つまり、同じ精神能力について二つの非常に異なる視点が存在するということである。アレントは判断力についてよく考えれば考えるほど、それがますます「他者の立場で考える」という政治的能力と別ものになっていったので、やがてそれを慣習、規則、習慣に依存しない自分で考える能力と同一視するようになった。先に引用した一節は、判断力が「常識《コモンセンス》」（カントが『判断力批判』の四十節で述べる *sensus communis* のことである）に依存することを示すのだろうか。その常識をもつことによって、関与者としての判断者は自分の仲間たちを説得するとか、あるいは「口説く」ことができる。だとすれば、アレントの後期の著作では、「政治が機能しなくなったときに本領を発揮する」能力として判断力が提示されているように思われる。(47)

ここには緊張があるのだろうか、それとも（もっとひどいことになるが）「目に余る矛盾」があるのだろうか。(48) 私はそうは思わない。もちろん判断の能力も、われわれが関与者－演技者の視点か、あるいは観客の視点か、どちらをとるかによって異なる様相を見せる。アレントは当事者として関わる人々には「常識」、説得、合意を助言し、当事者でない人々には批判的思考、公平性、自律を助言したのであろうか。そんなことはありえないだろう。少し身を引いて、前に引用した一節を文脈に戻して検討し、さらに別の箇所でアレントが説明していることと関連させてみよう。すなわち、彼女が「哲学と政治」、「思考と道徳的考慮」で批判的思考としてのソクラテス的思考を説明している部分、そして彼女のカントに関する講演である。するとわれわれは、判断力に関する彼女の思想には基調となる連続性があることを見ることになる。(49)

初期アレントは関与者《アクター》－演技者を中心として判断力を説明し、後になってからは批判的または歴史的に説明した。バーンスタインやベイナーらの批評家がそれらの間に埋めることのできないギャップを見出すのには理由がある。アレントは、近代における公共的領域の破壊、喪失、衰退に関して全体像をとらえる物語を提示しているのだが、彼らはこの物語を十分に考慮していないということである。その物語は『人間の条件』で詳細に展開されているもので、その物語から了解する限り、共同体の存在を想定して判断力に訴えることが（アリストテレス的な *phronesis* であれ、カントの審美眼に基づく判断力であれ）、紛れもなく反語的ではないとしても非常に複雑化していることがわかる。自分を世界に適応させるために「常識」がもはや頼りにならないところでは、その間隙を埋めようとして、主観、イデオロギー、あるいはさまざまな種類の道徳的客観主義が試みられる。そうすると、疑問はこんなことになる。どんなものが「よりよい公共的論議」なのかについて、カントの言う常識（*sensus communis*）も一致した基準もない世界において、私心のない公平な判断はいかにして維持されるのか。別の言い方をすれば、道徳の多様性が解消する見込みのない時代において、アレントが考えるところの複数性を見失わないためには、どうすればいいのか。

この疑問は簡単な答えがでるわけではない。しかし、その疑問を抱くことで、われわれはアレントが判断力について述べたさまざまな言葉をもう一度考え直さなければいけない。それらの言葉を『人間の条件』の物語で暗示される「判断力における危機」という文脈においてみるならば（その危機については、「理解と政治」および「教養の危機」の二論文で明確な考察対象となっている(50)）、アレントが判断力を演技の一形式であると述べたことがかなり暫定的なものであることが明らかである。アレントはまさに始めから――実際のところ『全体主義の起源』までさかのぼる頃から――近代ヨーロッパにおいて道徳的基盤が崩壊していることを強調していた。「われわれの伝統における断絶」や「常識《コモンセンス》の喪失」と名指しされた出来事で、それに伴う愚かな行動の続発はめまいをおぼえる（特殊カント的な意味で、判断不能の症状と理解された）。もしも、**phronesis**〔アリストテレスのいう判断力〕、代理‐表象的思考、そして「拡張された心性」がかつて活動的な市民の特徴であったとするならば、いまではもうそんなことはない。それらの特徴が可能となるような条件がすでに消滅しているからである。原因は、一方では「西洋社会における道徳的、精神的崩壊」であり、他方では、大衆文化の出現であった[51]。

こうして判断力について書くアレントは、紀元前五世紀のアテネでソクラテスが直面した状況に不気味に類似した歴史状況にいることになる。その当時にも、伝統的な道徳がばらばらに壊れ、あるいはぽっかり空洞になって、成功者が幅を利かせる粗雑な道徳が生み出された。ソクラテスが『ゴルギアス』でポロスとカリクレスに出会うところ、『国家』でポレマコスとトラシマコスに出会う場面から明らかなとおり、そのような状況では、「常識」とか、社会的に合意された美徳とかに頼ることは、まずできないことであった。それらはたんなる慣習や決まり文句になっており、丁寧なあいさつの言葉であり、意味も考えずに行なわれる行為であった。それらはまぎれもない幻想であると、トラシマコスやカリクレスのような「強い個性の」持ち主から告発の対象にされても、ほとんど驚くにはあたらない。彼らは代わりに、論理によって結論を導き、力を崇拝しているからである[52]。この状況から抜け出す道は、アレント、ソクラテスに共通する道であり、破損した伝統に回帰することでもなく、たんに行動を呼びかけることでもない。むしろ、かつて行動と判断力の「尺度」とされていたものを、すべて根底から疑うことであった。そのような状況で求められるのは、行動主義ではなく、自立した判断力であった。いわゆる「手すりをあてにしない思考（*Denken ohne Gelander*）」であった[53]。

判断力における近代的危機、めまいを覚えるほどの愚行続発、判断不能の症状、これらを目の当たりにしたからこそ、アレントはソクラテスを手本にしようとした。ソクラテスがはっきりと言及されているのは、「哲学と政治」、「思考と道徳的配慮」そして『カントの政治哲学──講演集』で、これらの著作のなかで彼女はソクラテスを提示して、彼こそが「批判的思考」または自立思考（*Selbstdenken*）のお手本であるとしている。その手本には、思考がどのようにすれば自立した公平な判断を準備するか、その消極的次元と公共的次元が含まれている。

これら三つの著作すべてにおいて、アレントはソクラテス的思考にその性質として浄化機能があることを強調する。ソクラテスは何かを教えたわけではなかった。むしろ、彼は検討未了の早まった判断を例の「思考の風」にさらし、偏見を解消するのである。しかし、その代わりに「真理」を提出するわけではない(54)。それゆえに──ソクラテス的弁証法として公共の場で演じられたような──「批判的思考」は、本質的に破壊的な活動である。その思考にそなわる「破壊的で有害な影響」は、「確立した基準、価値、善悪の尺度すべてに対して、つまり、道徳と倫理の話でわれわれが取り扱う慣習や行動規範に対して作用する」(55)。ソクラテスは自己満足したアテネ市民にとって「アブ」であるだけでなく（『ソクラテスの弁明』に登場する有名な人物がそう言っている）、彼はまた（『メノン』に現われる比喩から思い起こされるとおり）有毒のとげをそなえた魚「シビレエイ」のような存在でもある。彼の懐疑に満ちた議論が、彼の対話の相手に思考をうながし疑問をしかけて「麻痺」させ、その人々にとって当たり前なはずの日常活動を妨害するからである。そのような疑問がもしもずっと晴れないままだったら、通常生活のふるまいが不可能になってしまう。通常のふるまいが拠って立つところの一般規範や当たり前の観念が、すべて破壊的な思考の風にさらされたからである(56)。

ソクラテスの対話は、意思決定や行動を目標にした討議として特徴づけることはとてもできない。ソクラテス的思考とは「公共の場で理性を働かす」ことである。その一方で、その思考により行動に影響が及ぶ。その思考が暗黙裏に目標とするのは、人々の動きに歯止めをかけることである。しかしその種の思考はすべての「固定した思考習慣、硬化した規則や基準」を一時的な停止状態におく効果をもつので、まさにそれゆえに判断の準備段階になる。一九七三年に催された彼女の仕事に関する学会の席上で、アレントは次のように述べている。

……私が考えるところでは、この「思考」……——ソクラテス的意味の思考——は産婆的役割がある。産婆術である。つまり、あなたが自分の意見や、偏見や、何があなたをとらえているかをすべて明るみに出す。そしてあなたは、[プラトンの] 対話編のどこを見ても、ソクラテスが発見した [精神から産まれた] こどもたちがみんな無精卵であることを知っている。すなわち、思考を試みたあとの自分がある意味で空虚であることを知っている。……いったんあなたが空虚になると、言い方が難しいが、ある意味であなたは判断の準備が整ったことになる。すなわち、あなたは個別の事例を当てはめるための規則集を手にしていなくとも、こう言わざるをえない、「これは好ましい」、「これは悪い」、「これは正しい」、「これは間違い」、「これは美しい」、「これは醜い」、と。……いまやわれわれは現象そのものにいわば真っ向から出会う準備が整う。あらかじめ想定されたいかなる手順も念頭におかずに。[57]

判断を準備するための否定的姿勢が思考によって生まれること、それこそアレントが最も価値をおいたものであり、彼女がこの世界から消滅しつつあるのではないかと恐れたものであった。ある特定の現象または出来事に判断を下すことは、思考の「副産物」でありうる。とは言っても、判断とはいかなる意味においても思考の直接的結果だからという理由からではない。むしろ、思考によって、判断が可能となる空間が切り開かれるからである[58]。意見を試験し吟味すること、それはソクラテスが実行した（そしてカントが分析した）批判的思考の核心にあるもので、それをすることによって、独立した公平な判断を行なうために必要な心的空間が生み出されるのである[59]。

アレントによるカント講演を援用することにより、われわれはいまや代理－表象的思考と「拡張された心性」に関する上掲の一節を再検討する立場にいる。その一節は、判断が行動の一形式であるとみなす見解に対し、無条件の支持を提供するかのようにも思われる。しかし、実際のところは、講演から明らかになるとおり、「代理－表象的思考」と「拡張された心性」は、公共的討議と合理的意思形成の本当の手本にはまったくなりえないのであって、むしろ、批判的思考に必要な手段である。それらは精神の習慣であって、ソクラテスの弁証法やカントの批判から援護をえてさえも、学習することも、習得することもきわめて困難である。それらは、想像力の働きにより生まれるからである。つまり、「われわれの判断力に偶然的に付随する制限をいささかなりとも減ずる」ために、可能性として考えられる他者の観点や意見を頼りにすることになるからである[60]。アレントはその事情を『講演』で次のように述べた。

> 「精神の拡張」は『判断力批判』で決定的な役割を演じている。拡張が達成されるには、「実際の他者の判断でなく可能性としてありうる他者の判断を自分の判断と比べること、われわれ自身を誰か他の人間の立場においてみること」が必要だからである。これを可能とする能力が想像力と呼ばれる。

……批判的思考が可能となるのは、あらゆる他者が抱く観点が検討可能なものとして開かれている場合に限られる。したがって、批判的思考は依然として孤独なわざには違いないが、「あらゆる他者」から切り離されているわけではない。たしかにそれは依然として孤独のなかで進められるが、想像力の働きによって他者がそこにいることになり、かくて、すべての方面に開かれて公共的でありうる可能性のある空間で繰り広げられる。……拡張された心性を持って思考するとは、自分の想像力が他者の訪問に出かけるようにうながし訓練することを意味する。(61)

集会所《アゴラ》における対話、または「自らの理性の公共的な行使」は、自分の心性を「拡張する」、あるいは「自分の想像力が他者の訪問に出かけるようにうながし訓練する」ための好ましい方法である。しかし代理－表象的思考も、「拡張された」思考も、その存在理由として決定や行動が必ず伴うというわけではない。「偶然的制限を少なくする」ことによって、「総括的な観点」の獲得へとつなげるということである。それはアレントによれば、「視点であって、そこを基準にして、見たり、眺めたり、判断をしたり、カントが言うとおり、人間的事象を思いめぐらす視点」として特徴づけられる。(62) その観点を獲得しても、それは「いかに行動すべきかを教えてはくれない」のであって、むしろ、判断が可能になるだけである——公平で、独立した判断が。

代理－表象的思考、しかもなおいっそう「私心のない」場合の思考、われわれはカント講演でアレントのそういう言い方に遭遇すると、前に「哲学と政治」で言明された言葉を思い起こす。そこでアレントは、ソクラテスのいわゆる「何かを考え抜く」とは、個人それぞれの意見《ドクサ》——その人自身に「私にはそう思われる」というもの——から「真理を引き出す」という意図があることを強調していた。ソクラテスの弁証法とカントの拡張された思考は、アレントのなかで結びついている。それら双方が、唯一の真理を引き出すからでもなく、アルキメデス的観点を提供するからでもなく、それら双方ともに、いっそう公平な（したがっていっそう妥当性のある）「私にはそう思われる」に至らしめるからである。[63] 判断力に関するアレントの思想をなおいっそう広い視野の中に入れてみるならば、演技者と傍観者の観点は、二つの根本的に異なる種類の判断力（政治的関与対史的距離感）ではないように思われてくる。それらはむしろ、自立した判断力というさらに包括的な現象にそなわる二つの極と言うべきであろう。[64] たしかに、公平な判断をする者の「総括的な観点」は、「私にはそう思われる」という一見したところ強固そうな市民の観点とは別のものである。ところが、カントの不倶戴天の敵ニーチェでさえわれわれに思い起こさせてくれるとおり、「われわれがひとつの物を観察するために異なる眼を多く持てば持つほど、その物について持つわれわれの『概念』は、つまりわれわれの『客観性』は、なおいっそう完全なものになるであろう」。[65] アレントの考える公平な判断力とは、視野に依存するという性格がある。つまり、最も高度な形式の意見である。

最後に、アレントにとって傍観者の観点が演技者のそれよりも優先するとすれば、それは前者がよりいっそう距離を置いた公平なものなので、出来事や現象がそなえる特殊性に対してよく目が行き届くからである。さらに、ギリシャ的視点を当てはめれば、カント的傍観者は「私にはそう思われる（*dokei moi*）」を実のところ放棄している。それとともに他者にどう思われるかという欲望も放棄している。しかし、アレントはその放棄の代償を進んで支払う用意がある。[66] もしもこの世界でわれわれが「政治参加者」になる機会が、すなわち公共的な舞台で言葉と行動を共有する機会が劇的にせばめられたとしても、われわれには依然として選択の自由がある――メディアの作戦で制作された見世物を受け身で消費するだけに終わるか、それとも、公共世界と歴史という「見世物」の一部となる出来事に直面し自立した判断を下すことができる者になるか、と。

判断力の限界

判断力とは、そういうわけで、行動ではないし、行動の代替となるものを生み出すわけでもない。自分自身で思考し判断すること、「他者とともに行動する」こと、これらは互いに牽制し合う関係にある。われわれはまた、判断力が政治理論と政治実践の間をつなぐ架け橋になるかもしれないと期待するのも控えるべきである。しかし判断力は公共的領域で進行する種類の議論や討議と区別されるとしても、その判断力が明確に政治的能力であることに変わりはない。たんに「暗示として」政治的能力なのではない[67]。人は思考力を得て「自由になった」ときに、現在あること、あるいは過去にあったことについて、それが存在するかどうか、またはしたのかどうか、判断の能力を用いて確認することを自由に行なえる。すなわち、多少孤立したような市民とか、あるいは距離を置いた傍観者、そういう人々の判断力こそ、ある特定の現象や出来事がどんな特殊性や新奇性をそなえるか、きちんと認識して見逃さないものである。カントの主張によれば、フランス革命が世界史的な出来事、「忘れてはならない現象」だとして選び出されたのは、「行為者［＝演技者］」たちの行為や悪事のせいではなかった。そうではなく、傍観者たちから意見があり、熱狂的な称賛があったからであった」。アレントは、カントの主張は正しいと考える[68]。関与を逃れた傍観者は、そこに何があるかを述べる自由がある。ちょうど、歴史家がそこに何があったかを述べることができるように。

判断の能力とは、そこに何があるかを述べること（「批判的思考」か、歴史物語か、どちらの形式を採るかは問わない)、すなわち、「特殊に対して判断を下すこと、一般規則に押し込めないで判断を下すことである。それら一般規則依存には、教育と学習によって習慣に堕する可能性がある」。判断力は、そういう能力があるからこそ、「人間の精神的能力のうちで、最も政治的なもの[69]」となる。ここで関心の焦点になっているのは、事実を事実として確定することではない(判断の際にそれはそもそもの初めに絶対に必要不可欠ではあるが[70])。そうではなく、新しいものを識別し認識すること、「現われ」の個別性を守り抜くこと、決まり文句、普遍的規則、染み込んだ思考習慣を当てはめることをやめ、その個別性を抹消しないこと、これらが行なわれる実際の過程である。そのような判断力が行使された最も優れた一例として、全体主義という現象と、アドルフ・アイヒマンが犯した悪の性質に関するアレントの仕事がある。私は本章を締め括るにあたって、「悪の凡庸さ」について彼女が提示し論議の的になったテーゼが、いかなる政治的暗示があるかを多少なりとも考察してみたいと思う。その概念は、彼女がアイヒマンの「異常な皮相性」に「生身の姿で」直面したときに、「もたざるをえなかった」ものであった。

『イェルサレムのアイヒマン』の最終章につなぐ章で、アレントはアイヒマンが絞首台に登ったときに発した喜劇的で自己矛盾に満ちた科白を記述した(そこに立った「神を信ずる者」(*Gottlaubiger*)は、自分の死刑執行人たちに向かって、そこにいる人々全員が「まもなく再会する」だろうと告げた)。アレントはその記述の最後にこういう文章を置いた、「この最後の時になって彼はまるで、人間的邪悪の限りを尽くした長い経歴がわれわれに教えてくれる教訓を要約しているかのように思われた——恐ろしくて言葉で表現することも考えることもできない悪の凡庸さという教訓である」[71]。彼女がこれらの言葉を用いたことにより、二十世紀の殺人官僚組織に特有の邪悪さを把握しようとする際には、それ以来欠くことのできなくなった概念の流通が始まった。二十年後彼女は次のように書いた。「悪の凡庸さ」で意味したのは、

「理論とか教義ではなく、何かきわめて事実に即したこと、巨大な規模で行なわれた邪悪な行為という現象である。その現象はその行為者の邪悪さ、病理、イデオロギー上の信念に帰することはできない。その行為者の唯一の人間的特徴といえば、たぶん異常な皮相性である」[72]。官僚組織の悪の場合には動機などは余計なことになる。「困ったことはまさに、大きな悪をもたらすために邪悪な心など必要ないのである。邪悪な心は比較的稀な現象なのだ[73]」。

アイヒマン書をめぐっては怒りが沸騰した。ゲットー内のユダヤ人リーダーの中に事情を知らないでナチスに協力した者たちがいたこと、それを少しだけアレントがとりあげて論じたことが大きな要因であった。同時に、悪の凡庸さという概念もそれに劣らないくらい論争の的になった。彼女がアイヒマンを思考停止に陥った人物として悪魔と無縁の姿で描写したことは、多くの人にとって理解を超えていた。犯罪と人間の間にそのような落差を設けることで、恐怖をやわらげ罪状を軽くしているように見えた[74]。怪物としてのアイヒマンでなければ、そのような極悪な犯罪行為に及ぶわけがなかったのである。

アレントの概念が新奇で逆説的な性質があること、彼女のその判断に対し憤激の反応が起きたこと、これらはどちらもここで興味深いことである。第一に、「悪の凡庸さ」とは、距離を確保し個人的考慮を除外した判断の完璧な一例である。つまり、傍観者の判断である。悪の性質に関する何か出来合いの考え方を、特殊なもの——つまりアイヒマンのこと——にむりやり押し付けていない。そうではなく、アレントが実践しているのは、反省的な判断の一形式である。特殊なもの（生身のアイヒマン）から抽象度を高めていき、ひとつの概念に到達している。「悪の凡庸さ」というこの概念によって、彼女はアイヒマンの悪に固有の特徴を明らかにできただけでなく、ますます広く浸透した悪の現象をも明らかにすることができた。その悪の現象は邪悪さとは関係がなく、きわめて通常の、または「普通の」人々が犯す悪であり、それらの人々はイデオロギーの狂信者でもなければ、人間の姿をした獣でもない(75)。このことを明らかにするためには、ある前提条件があった。すなわち、伝統的な神学と哲学が用意した悪についての考えを捨て、その悪を行なう者にそなわる罪深く、高慢で、嫉妬深い性格に根をもつ現象ではないものとして悪を考えよ、と。それによってのみ、悪の概念が（いってみれば）凍結状態から解凍されたときにのみ、新しい現象を認識してそれに名称を与えることができるのである(76)。

しかしわれわれは忘れてはならない。まさにこの判断を聞かされた人々の反応の激しさたるや、憤激の嵐として沸き起こったのである。アレントはカントの格言に従い、大きな圧力に抗して自分の判断を世に問うていたのであった(77)。ところが、「公表」によって支払われた代償は、事実上の破門宣告であり、「試練を経過して清浄化へ」ではなかったのである。彼女がその判断をしたことで、彼女の道徳的意識、道徳的「眼識」が世にさらされたが、この事例において、他者の「同意を求める」ことなどほとんど問題外であった(78)。アレントの判断によって暗示されたのは哲学的および道徳的な挑戦であり、その挑戦はあまりにも大きかった。彼女の精神の自立を示したことが、「倒錯」のそしりを受け、（ゲルショム・ショーレムの言葉で）「ユダヤの民を敬愛する心」（*Ahabath Israel*）の欠如が映し出されているとされた(79)。

実際のところ、アレントは自分の判断をするにあたって自ら意識的に外部者の視点を採用した。その裁判の関係者でないことは確実だが、その裁判過程が及ぼす直接的な政治的利害に関しても、彼女は外部者であった。彼女の見解によれば、「われわれの世紀の道徳、法律、政治における中心的な現象」に焦点を当てることが、はるかに重大だったのである。それと比べれば、その裁判における訴追手続きの物語（および戦略）に連帯して自らが加担することなど重要性が低かった。しかしアレントはソクラテスと同じように、大勢の人々を納得させるための説得術にかけてはあまり得意ではなかった。（今日に至るまで『イェルサレムのアイヒマン』は彼女の著作では最も論争が多く、絶えず誤解にさらされた書物である。そこに示された判断が、決まり切った従来の範疇に適合しないことが大きな要因である[80]。

ソクラテスは公共の席で演じた思考によって、「若者を堕落させる」という告発を受ける結果になった。ちょうどそれと同じように、アレントが公に示した判断は、自分の属する民への裏切りとみなされた。もしも人が、公共の場であえて本当の考えをして本当の判断をしようとする場合には、いかなる人もそのような危険を冒すことになる。誰にも避けられない危険である。だが、その危険があることをうまくごまかした人々がいる。「自分の理性を公共のために利用する」という公式をつくったリベラリストたちはもちろんのこと、判断とは荘厳な形式の討議であると提示したネオ・アリストテレス派である。判断力がより真正なものであればあるだけ、あらかじめ与えられる「尺度」に対してはますます無関心になる。そういう尺度は、「常識」が負け戦になってから頼りにするものなのである。自立した判断力を行使するとは、「歴史の本筋にさからう」ことである[81]。そのような判断は創造的な活動であるから（アレントはカントと同様に判断力において想像力が役割を果たすことを強調しており、判断が創造的活動であることに疑いはない）、誤解を受け、憤慨の対象となるのは仕方のないことであろう。

このように言っても、真に自立した判断をする者が、ソクラテスのようにその判断に殉じて死ななければならないというわけではない。しかし、社会的なのけ者のような立場になるのは避けられないだろう。とくに、自分の判断を公にするだけの勇気がある場合には。実際のところ、「のけ者の視点」から物事を見るのは、アレントにとって生涯をかけた使命であった。それは称賛すべき使命である。だが、その意識からは（理由は明らかだが）、政治的行動に必要な基盤は生まれないし、理論と実践をつなぐ橋をかけることも不可能である。

そうすると、もしわれわれが思考と判断と行動の相互関係に関するアレントの洞察を正しく評価したいと願うのであれば、われわれは実存主義的関与か、哲学的退却かという、双子の誘惑から逃れなければならない。というのは、結局のところアレントが教えているのは、ゲームに参加しつつ、ゲームから距離を置かねばならない、どうしても両立させよという必要性である——時代と状況の要請に応じて、さらに、個人の才能が及ぶかぎりにおいて。

第五章　アゴーンを民主化する――ニーチェ、アレント、そして最近の政治理論におけるアゴーン的傾向

貴族と庶民の葛藤を批判する者たちは、ローマの自由をもたらしたまさにその主要因であったものを糾弾している、私にはそのように思われる。彼らは、そのような争いによって引き起こされた騒音や叫び声にばかり注意を払って、そこに生じる好ましい効果には関心を払わないように見える。彼らはどの共和国においても、一般の人々と上層の階級、二つの互いに異なる傾向があることを考えないのである。また、自由を好ましいとするどんな法律も、それら二つの傾向の間の葛藤があってこそ生まれたことを考えないのである。……

（マキャヴェッリ『政略論』第一巻第四章）

どんな才能も、闘いの過程で自らを開花させなければならない……

（ニーチェ『ホメロスの闘い』）

政治とは葛藤を意味する。

（マックス・ヴェーバー『議会と政府』）

序

リベラルな民主的文脈が趨勢となるなかで、争論的《アゴーン》政治の話をすることは懐疑心を呼び起こすもとである。道徳的な怒りの感情が引き起こされること、好悪に関して対立する見方が浮き彫りになること、複数者が構成する社会の市民たちを分裂におとしいれることは、リベラリズムの伝統においては不安視されるからである。「民主的アゴーン主義」について話をすると、たぶん、この懐疑心はさらに紛れもない不信にまで高まる。とくに、フリードリヒ・ニーチェとハンナ・アレント両者が言明した理想的なアゴーン（論争の意）の場合、英雄的／貴族的な美徳と切り離せないという伝統があるからである。ところが、今日の政治理論家の多くが（なかんずく、シェルドン・ウォリン、ウィリアム・コノリー、チャンタル・ムフ、ボニー・ホニッグ）、民主主義の根本的議題を提案するための唯一の方法として広い意味のアゴーンモデルを政治学にとりいれた。それというのも、これらの理論家が表明する次のような憂慮に裏打ちされている。近代民主制がほとんどまったく民主制の名に値しないこと、国家という官僚主義組織が政治的なるものの空間を侵略してしまったので、市民は決定された政策の受け身の受容者に成り果てていること、リベラリズムの理論が司法／行政を核心にした政治概念を助長することによって、そのような事態に至る過程に手を貸していること、その政治概念のもとでは、力強い民主主義政治の活力源である闘いと論争は、根絶とまではいかないまでも、縮小させる方法が探られていることである(1)。

最後に述べた点に関して、アゴーン民主主義者の憂慮は次のようなことである。すなわち、ジョン・ロールズを含む広い意味で手続きを重視するリベラリズムの擁護者たちが、葛藤を避けることにあまりにも躍起なのではないか、その結果として、公的制度がととのい公的議論や公的正当性主張のために規範ができあがるのはいいとしても、政治行動における人間的自発性や自己表現のための空間はなきに等しくなるのではないか、と。[2] ロールズの言う「政治的なるものの領域」は、きわめて厳密に境界を画定されたものとみなされるので、実質的な道徳的議論はおろか、経済的権力や政治的アイデンティティという本質的な疑問でさえも、その領域には含まれないとされる。アゴーン民主主義者たちに言わせれば、マイケル・サンデルが言うように、「リベラリストたちが立ち入るのを恐れる場所に、原理主義者が突入してくる」恐れがある。さらに彼らは彼と同様に、ロールズの政治的リベラリズムが（おそらく）依拠するのは、公と私の硬直した区別なのではないか、と怪しんでいる。[3] アゴーン民主主義者たちは、サンデルが提唱した市民共和制という救済策（および、公共の場における本音の道徳的会話を提唱したこと）には疑問符をつけているが、一方で彼の基本的主張には同意する傾向にある。すなわち、政治的リベラリズムにおいて、人間（*homme* あるいは *femme*）と市民（*citoyen*）が残念ながらあまりにもうまく分離されすぎてしまった、という主張である。[4]

何が好ましい生活かという論争に関してはとにかく中立を守り続けたい、それがリベラリズムの願望である。リベラリズムのそういう立場を背景にする以上、政治理論にどうしても必要なのは活力とリアリティを取り戻すための矯正案である。すなわち、アゴーン主義に立脚するしかないと思われるのである。われわれは今日のアゴーン主義者に耳を傾けることにより、公共圏とは葛藤と自己表出の舞台でもあることを改めて思い起こす。公共圏とは、たんに平和を守り公平を奨励し合意に達することを意図して編み出された一連の手続きと制度というにとどまらないのである。アゴーン主義者はまた（ロールズの見解とは反対に）、政治と文化が連続体であることを主張する。彼らによれば、その政治と文化一体の場においては、究極的価値がつねにすでに生きており、基本的権利の内実や政治的連合の目的が、摩擦のない「合意の積み重ね」の対象としてあるのではなく、目のくらむほど多くの場で毎日の争論の対象にされるのである。「絶えざる論争」をスローガンにする政治的アゴーン主義は、民主的な政治において真髄たるべきものとしての葛藤に回帰をもたらすのではないかと思われる。

しかし、政治におけるアゴーン主義に対しては、リベラリズムの立場から数々の異論が発せられている。無視するわけにはいかない異論である。抑圧されてきたものへの、歓迎すべき回帰である。行動重視、むき出しの感情、イデオロギー対立の政治よりは、法、利益、恩恵に基づく政治のほうが、はるかに好ましいのではないか。公共圏において拡大を志向し感情表出を目指すことになれば、究極の価値判断や集団のアイデンティティがすぐに問題になってくるのであるから、社会内部の亀裂がさらに深まるのではないか、それによって、リベラリズムの世俗主義がまとっていた脆弱な表皮など破れて吹き飛んでしまうのではないか。最後に、アゴーン主義の政治では、たとえそれが「根源的な民主主義」を標榜するものであれ、味方と敵という区別が生活の政治的側面の中核となってしまうのではないか、それでは、われわれがすべて、カール・シュミットとはいわないまでも、ラッシュ・ランボーになってしまう恐れはないか、と。(5)

少なくともアメリカ人について、彼らの生活が政治から深く疎外されていることについて同感する意識はもつとしても、「絶えざる論争の政治」(そしておそらくいっそうイデオロギー的な政治)の結果が果してどうなるか、ロールズやマディスンならずとも不安になるのは当たり前であろう。実際のところ、アゴーン主義の政治を主張する最近の論調には困ったものだ。というのは、彼らが葛藤であれ、個人や集団の政治的意見表明であれ、どれでも好ましいと言いすぎているからである。彼らがリベラリズムの理論と実践について診断を下し欠陥を指摘していることに、いくつかは同意できる(たとえば、合意、秩序、理性的討議に価値を置きすぎること）。むろん、彼らの対処法に全面的に同意するわけではない。自己表現にすぐれた市民を育て、その表現が公共の領域で聞こえるように要請するとしても、その結果として、市民が今より規則に従属的でなくなるわけでもないだろうし、「標準化《ノーマライゼーション》」に対する抵抗が強くなるわけでもないだろう（リチャード・セネットとミシェル・フーコーの分析から、少なくともその程度のことは暗示される）[6]。さらにリベラリズム陣営のなかからも憂慮の声が表明されなかったかと言えば、事実はほとんどそうではなかった。すなわち、民主主義であれ何であれ、法治体制下の市民が、しだいにその体制内の従順な被支配者としての思考や行動を身に着けてしまうだろう、政治的権威に対する油断のない監視者とはならないだろう、という憂慮である（『統治論第二部』のロック、「市民の不服従」のソーロー、『自由論』のミルを考えてみよ）。このことから示唆されるのは、反体制的であれ何であれ、いかに表現を奨励するか、いかに表現の場をつくるか、それは本当の問題でないということである。問題はむしろ、自立した思考と行動の気風《エートス》をいかにして助長するかである。しかも、道徳的真面目さと同時に公共的志向をそなえるために十分に非個人的な気風である。

ホニッグが主張するとおり、この点に関してニーチェから多くを学ぶことができる。しかし、さらに多くを学べる方法があると私は主張してみたい。同じニーチェではあるが、ハンナ・アレントが選択して活用したニーチェから学ぶことである。アレントは、ニーチェのアゴーン主義的姿勢が政治と深い関わりがあることを、他のどんな理論家よりも確実に立証しているからだ。それと同時にアレントは、古代ギリシャの政治経験を学び、ソクラテスとカントが残した教訓を高く評価することで、政治的生活を構成するアゴーン（葛藤）の在り方については、制度面でも政治家の資質の面でも、ともかく制限を課しておく必要があると鋭敏に気づいていた。アレントは政治におけるアゴーン主義の気風をどんなリベラリストにも劣らず擁護する姿勢を示しているが、今日のアゴーン主義者たちとは距離を置いている。彼女は、そのような気風における非個人的な次元の重要性を強調するからである。非個人的であるとは、市民としての仮面またはペルソナのもとで、その人の個性を抹消することを意味しない（多くの人が、アレントを何の飾り気もない市民的共和主義者に祭り上げてしまったようだが、彼女はそんな主義の擁護者ではない）。彼女のアゴーン主義が驚くほど個人主義的であることは、ニーチェと似ている。しかし、ニーチェと違って、格別に自己表現を重視しない。ここから、今日のアゴーン主義者たちの論法との間に、有益な緊張関係が生まれることになる。私としては、アレントの言うアゴーン的気風は、それが非個人的性格をそなえることにより、最近になって提示された議論よりも好ましいと思われるのである。

以下で私は現在行なわれつつある議論をふまえたうえで、アレントがニーチェのどこを選択して活用しているかを提示することになる。最初に、ニーチェおよびアレントのアゴーン主義に浸透する関心が何かを素描してみよう。それから、ニーチェの活用法において、アレントの場合と、「絶えざる論争」の擁護者たちの場合で、両者にいかなる違いがあるかを考察することにしよう[7]。最後には、今日の政治理論におけるアゴーン主義的な要素に含まれる限界について多少の見解を述べて締め括ることにしよう。

ニーチェとアレントにおけるアゴーン主義

ニーチェはその仕事全体を通じて、近代の「民主主義的」な文化に対峙し、その文化のもつ問題を問いかけ続けた。英雄的な行動や、あるいは個性を発現する行動に対して偏見を抱き、「奴隷の道徳」を遺産として受け継いだ文化のことである。このテーマについては、『善悪の彼岸』（一八八六年）と『道徳の系譜学』（一八八七年）が最も深い考察を行なっているが、すでに「生に対する歴史の利用と乱用」（一八七四年）という論文において、問題のありかはほぼ見抜いていた。影響力の大きな行動をするには、その人の視野が保護されて視野の一部が閉じられていることが要請される――それが彼の主張であり、歴史主義に対する彼の批判である。その批判には、哲学的懐疑主義を排し、宗教でも科学でも「禁欲的理想」を排そうという、彼が後に展開する論争を予兆させるものがある。実際のところ、「知識は行動を妨げる」というテーマは『悲劇の誕生』にまでさかのぼって見出される。真理を求める意志として理解される「ソクラテス主義」が、生を維持するために必要な幻想をかえって破壊する意志として最初から告発の対象となる。(8) しかし、後年の両著作を興味深くしているのは、ニーチェが特定する「健全」で行動をうながす道徳的視野とはいかなるものなのかが明らかになるからである。『善悪の彼岸』および『道徳の系譜学』では、「生の哲学」で採用されたような説教がましい修辞法は捨て去られ、その代わり、自立した行動を抑制する構造、さらには、自己を芸術作品として形成するのを妨げる構造に焦点を当てる。

『道徳の系譜学』においてニーチェは、「道徳における奴隷の反乱」により登場した道徳的認識論が、行動ならびに活動的な生活に対し本質的に敵対する関係にあることを主張する。古代ギリシャの貴族階級は、行為者とその行為の間、主体とその「外見」の間に念入りな区別を行なおうなどと考えなかった。というのは、彼らは貴族の男子のことを、その人の行為から切り離して別のものと考えることができなかったからである。存在することと行動すること、それらは彼らの視点から見れば同じことであった。(9) 主体をその行動や「外見」から完全に区別して、別のものとみなす虚構を生み出し、それで慰めを得なければならなかったのは、反応的人間――すなわち、「奴隷」、行動できない人間――だけであった。たとえば、小羊と猛禽が登場するニーチェの有名な寓話がある（『道徳の系譜学』I、13）。彼はそのなかで次のように書いている。「強者に対し、強者として自己表現するな、征服の欲望を抱くな、打ち倒す欲望、主人となる欲望、敵と反抗勝利を求める渇望を抱くなと要求してみたまえ。それはばかげたことで、弱者に対し自分を強者として自己表現せよと要求するくらいばかげている」。

しかし、ばかげているのは確かだが、われわれは「主人」か「奴隷」かどちらの立場にいるにせよ、行為者とその人の行為の関係をそのように考えるようになるのである。「強者」の行動、あるいは「弱者」の反応、いずれの「背後」にも中立的な主体があるという「虚構」のおかげで、人間という行為者は、自分のすべての行動に道徳的な説明責任を負うことになる。そのような説明責任は、行動を起こさない人たちの場合、かかる負担は比較的軽い。実際、行動回避がかえってある種の美徳に転じる。しかし、自分の美徳を行動で表わしたいとか、大きな行為や高貴な行為を遂行することで自分の個性を発現したいという傾向のある行為者にとっては、そのような責任が存在することで、行動の判断基準はその行動の美しさや偉大さと関係のないものになる。そして、社会全体に対する破壊的結果がどれくらい想定されるか、ということになる。主体という「虚構」は、「奴隷の道徳」の道徳的認識論の基本的要素である。その虚構のおかげで行動には道徳的な解釈が加えられ、行為者は社会全体に普遍的に適用される行動規範に従属するようになる。「活動的」でアゴーン主義的行為者も、自分の卓越性を証明しようとはせず、同輩の者たちと競い合うこともなくなる。彼らは、われわれその他大勢の者と同じく、「責任ある」主体となる。自己を監視し、何事も自ら起こそうとせず、「群れ」の行動規範を絶えず意識する者として。

ニーチェはホメロス時代のギリシャ人たちの国家がほとんど動物のような健康さであったとみなしている。だが、そのような国家を再び生み出すことが可能であるとも、あるいは望ましいとさえも言っていない。『道徳の系譜学』ではそのほとんどを費やして、責任の観念がいかにして生じたかという、長くて血なまぐさい物語が語られる。「社会的慣行による道徳」や「社会的な拘束服」は、たしかに凄惨なものであろう。だが、人間の道徳性獲得や内面性獲得とニーチェが呼ぶものは、「興味深い」動物、つまり、自律と、自制の能力をもった動物が生み出されたときに支払われた代償であることを彼は疑わない（『道徳の系譜学』Ⅱ、2）。しかし、われわれ多くの者は、良心のやましさをかかえるという中間的段階に立往生しており、それこそが問題である。その中間的段階では、持続的な自己監視が奨励されるとともに、自発的な行動にとって必須である激情は糾弾の対象となる。一般に唯一の道徳的生活と考えられるものの位置づけに変更を加えてそれを過渡的な局面とすること、すなわち、神が天から監視するという神話がなければどうしても成り立たない局面とすること、それが『道徳の系譜学』で試みられた道徳の唯物論的歴史記述のひとつの目的であった。

もちろん、リベラリズムの民主主義は、自律の事業においてきわめて大きな貢献をしていると自負している。ますます多くの個人が、自分で好む生活をするのみならず、以前には夢にも考えられなかったほどの道徳的成熟と判断の自立性をも達成する、そういう社会的空間を生み出したというわけである。リベラリズムのそのような自己像を打ち砕くこと、それが『道徳の系譜学』に収められた第二、第三の論文、および『善悪の彼岸』の大部分が達成しようとする目的である。責任の観念が出現するためには、社会的慣行による道徳が人間をして「ある程度まで必要とみなされ、画一的で、似た者どうしで、標準的で、結果として行動が予測可能」な存在にしなければならないとしよう。このような過程は、民主主義の時代においてかえって加速的に進むのである。逆の動きが生まれるどころではない。民主主義では、「自主独立《ソヴリン》の個人」のための条件など生み出されないのである。民主主義とは、まったく逆に、怨恨《ルサンチマン》の勝利を表わし、奴隷の道徳を特徴づけるところの同質性と無条件性を求める意志を表わす。ニーチェは『善悪の彼岸』で次のように書いた。

今日のヨーロッパにおける道徳は群れ動物の道徳である――換言すれば、われわれの理解するところでは、多くの型の人間道徳が、なかんずく高貴な道徳が、その他にも、それ以前にも、それ以後にも存在し、存在するはずなのに、それらのうちのひとつの型のみが今日の道徳となっているにすぎない。しかしその道徳は、そのような「可能性」、そのような「あるはず」が頭をもたげるのに対して、渾身の力を込めて抵抗するのである。その道徳は、執拗にそして容赦なく言葉を発する、「私が道徳そのものであり、私以外のものは何ものも道徳ではない」と。実際のところ、政治的および社会的制度においてさえも、その道徳がかつてなくよく目に見えるかたちで表現されており、われわれはそこまで到達してしまった。そこにまで到達するのに手を貸したのは、ある宗教であった――最も崇高な群れ動物の欲望を是認し助長した宗教のことである。すなわち、民主主義の運動はキリスト教運動を引き継いだのである。(10)

ニーチェによれば、民主主義的主体とは群れ動物そのものであり、「臆病の道徳」が生きた姿で具現化したものである。その主体の美徳は、「公共的精神、慈悲の心、配慮、勤勉、中庸、謙遜、寛大、憐愍」の美徳である。それらの美徳と真っ向から対立するのが、主人《マスター》がアゴーン的闘争において顕在化させる美徳であり、実際のところ、(それらの裏に秘められた激情とともに)民主的な共同体にとって最も大きな脅威とみなされる美徳である。(11)

奴隷的ではない、非同調的な美徳、それをニーチェはどのように心に描いていたのだろうか(いわゆる

「自主独立の個人」の美徳である）。その疑問に対する彼の解答は、民主的な感性をいささかも慰撫することにはならない。自己克服というニーチェ的精神《エートス》、道徳規範の普遍化に対するニーチェの敵意、それらによって彼は受動よりも行動を讃美するだけではない。彼にとって、「病い」から「健康」を区別するすべての特質が讃美の対象になる。激しい熱情、溢れる精力、自己と他者を支配する意志、自己と他者を喜んで犠牲にする精神、これらに「闘争を経た勝利の喜び」を重んじるギリシャ的な価値評価への称賛が加われば、すなわち男性的な美的感覚がどんなものか、その輪郭が浮かびあがってくる。その審美眼は民主主義における支配の拒否の対極に位置し、両者は考えうるかぎり最も大きな緊張関係にある。[12] ニーチェにとって、人生を肯定するためには、支配と階層区分と「相違がもたらす悲哀」を肯定することが必要とされる。[13] 人は最も厳しい鍛練を通じて自分のエネルギーを集中させることにより、自分を支配しなければならない。人は支配しようとする意志を抱くかぎりにおいてのみ政治における偉大さを達成することができる。論じるのが自己であれ政治であれ、ニーチェは絶えず芸術作品の隠喩を持ち出しており、かたちを与えられるべき「原材料」に対して（内的か外的かの）暴力があることを暗示している。[14]「自主独立の個人」つまり「自律して、道徳を超越した」個人として彼が列挙する例は、巨匠といわれる芸術家（ゲーテやベートーベン）か、偉大であるが冷酷なヴィルトゥの持ち主である政治的演技者（チェーザレ・ボルジア、ナポレオン）か、どちらかとなる傾向がある。

　ニーチェによる「責任ある主体」批判が長いあいだ顧みられなかったのはとくに驚くにあたらない。というのも、彼が民主制を「群れ動物」と一緒にした事実、そしてアゴーン的美徳を貴族的概念としてとらえた事実があるからである。そういう事態をすっかり変化させたのが、フーコーの『規律と処罰』であった。近代国家が「権力側の微細な技巧」をどんどん増殖させることで、「従順な主体」を生み出したことを明らかにしたからである。フーコーは民主制の時代のために、もうひとつの『道徳の系譜学』を提供しているのだと、自ら十分に意識していた。権利と規律が同じコインの両面であることを証明する試みであった。[15] フーコー的視点から言えば、われわれが表面的に大きな自由を手に入れたように見えるのは、規範をさらに深く内面化している事実を覆い隠しているにすぎない。実際のところ、その自由はわれわれが「自己を監視する」主体となることを前提としており、そのうえでやっと可能になるのである。

フーコーの提供した分析は、今日の多くのアゴーン主義者にとってどうしても無視のできない試金石となっている。彼らアゴーン主義者は、「抵抗」に目覚め、「過剰」を目指せと呼びかけている。それは、リベラル民主制が残念ながらあまりにも上手に市民を「手なずけ」てしまい、市民に潜在する政治的エネルギーを減退させ、あるいは方向を逸らしていると仮定するからである。繰り返すと、テーマ全般は決して新しいものではない。想起してみればいいだろう、マキャヴェッリとルソーがキリスト教的受動の態度を市民共和制の立場から批判していたし、ミルとトクヴィルが民主制に生じる順応的態度を予見して分析していたのである（なんといっても、「キリスト教的自己否定」という遺産の重荷に対抗するため「異教的自己主張」の強力な薬効を求めたのは、ほかならぬミルであった）。[16] このテーマに独自な貢献をしたのがフーコーであった。彼が提示したのは、権力が（規律というかたちで）日常生活に浸透していることだけではなかった。それとともに、「従順な主体」を生み出す過程そのものの作用として、それまでは政治的生活と対極の周縁にあるとされた場所（病院、学校、工場、刑務所）においてさえも、抵抗が生み出され、錯綜する闘争の場が生み出されることであった。かくて、アゴーンが最も古めかしい歴史に属するように見えたまさにその時になって、福祉国家そのものの隙間から再び出現したものとしてアゴーンが注目された。[17] アゴーン的な主体性――ニーチェの言う「主人」や、彼がエリートと目する「自主独立した個人」にそなわる主体性――が、抵抗の政治という民主化されたかたちで回帰したのである。

しかし、ニーチェを今日に蘇らせようとするフーコーの試みも、急進的な民主制の事業という視点から見るといまだに不十分なままにとどまった。たしかにその試みは「日常生活の政治学」を生み出したのではあるが、事実上の重心は倫理であって政治ではなかった。その試みにおける最大の関心事は、集団や個人にアイデンティティが押しつけられることに対する抵抗であった。そしてこの理由によって、「急進派の民主主義者」はアレントに目を向けたのであった。彼女が、ニーチェのアゴーン主義を明確に政治的に再定式化したからである。では、彼らにとってアレントの魅力は何なのか。

第一に、彼女がその政治的なるものの概念において行動に中心的な位置を与えていることである。そのことで彼女はリベラリストと対抗する関係になる。リベラリストたちは、制度、手続き、関心、「消極的自由」(政治にかかわらない自由)に焦点を当てるからである。[18] しかしアレントは、市民的な共和制の伝統でお目にかかる「公共的自由」や「公共の幸福」を是認するだけでなく、はるかにその先まで思考を進めていく。彼女は、ニーチェと同じように、すべての真正な行動には何かを新たに始めるという次元があることを是認している。行動の持つ急進的革新をもたらす性格のことである。[19] さらに彼女は、ニーチェと同じように、人間的な(なかでも政治的な)事象における偶然性の働きの存在を確認しており、目的論的秩序形成や功利的基準には、いかなるものに対しても軽蔑の念を表わす。人が生命の必要性や想定される歴史の必然性を、どちらも超越して行動できること、そのことからアレントにとって行動が自由であることは明白である。ニーチェの公式「行動こそすべて」は彼女にとっても妥当性を有する。というのは、人間は日常的なもの、繰り返し、反応にすぎないものから自分の身を引き離そうとしたら、行動を通じてするしかない――自発的に政治的な発言をして行動に及ぶしかない。[20] しかし彼女はニーチェと違うところがある。彼女は、行動が行動として適切に起こるには、平等な関係を特徴とする公共圏がなければならないと主張する。(21)彼女は古代ギリシャの都市国家《ポリス》を例に出して、自由とは(政治的な)平等と同一であるとまで言い切る。彼女にとって、人間の複数性——すなわち平等で多様な者の存在——とは、政治的行動の必須条件(*sine qua non*)である。(22)ニーチェの見解と異なり、支配者が存在することは政治的行動の終わりの合図に他ならない。すなわち、政治的行動が崩壊し、命令と服従という、手段としての活動や根本的に不自由な活動になることの合図である。(23)

第二に、急進派の民主主義者はアレントが「激しいアゴーン的精神」を是認していることに魅力を感じている。彼女はその精神こそが、すべての真正な政治的行動を活性化しているとみなすのである。ここでも彼女はニーチェと同じく古代ギリシャ人に目を向けており、特殊政治的な情熱として「不滅への衝動」、すなわち偉大さを求める情熱を確認している。(24)自分自身を識別したいという衝動、自分自身こそが最高であると証明したいという衝動、これらが根底にあってこそ、行動に随伴する途方もなく大きな個性発揮の力がもたらされる。しかし、ニーチェのアゴーン的姿勢が最終的には英雄の個人主義に行き着くのに対して、アレントの政治的と明示されたアゴーン主義の場合、彼女が「革命的精神」や抵抗の精神と呼ぶものにうまく適合するのである。(25)彼女が例としてあげるのは、敏腕の政治家ではなく、自発的な英雄的行動である。その行動が明らかに示された例として、アメリカ独立革命、一八七一年のパリ革命政府(パリ・コミューン)、一九〇五年のロシア革命、第二次世界大戦中におけるフランスの反ナチス抵抗運動、一九五六年のハンガリー反乱が列挙される。これを受けて今日のアゴーン主義者たちは彼女を「闘争と抵抗と修正をねらう行動主義的民主制政治」の同類に含めることが可能となり、またそれが本当らしく見えたのである。[26] 急進派の民主主義者たちはだいたいにおいて、アレントが社会的と政治的の区別をニーチェに示唆を得て用いたことについて、貴族趣味が表われた突出物であるとみなし、きわめて懐疑的である。だが、彼らは次のような宣言の背後にある精神を大いに称賛するのである（『人間の条件』より）。

ある行動の可能性がはじめに家庭で禁止されていた段階から、やがて社会のあらゆる階層において禁止されるようになる。この移行が決定的に重要である。その代わりにその社会の構成員のそれぞれは、ある種の行動を期待されるようになり、数えきれないほど多種多様な規則を押しつけられる。それらの規則はどれもこれも、その構成員に「規範を内面化」させる傾向がある。つまり、その構成員自身が、自発的な行動や突出した達成を禁止する行動に出るのである。[27]

ここでアレントはニーチェとヴェーバーの仲立ちをしていることになる。初めにニーチェは、個人が「飼い馴らされ」て「群れ」にとって有益にされる体制、すなわち禁欲的体制を批判した。後になってヴェーバーは、日常生活にまでも官僚主義が浸透することによって育てられる「秩序人間」（*Ordnungsmensch*）を残忍な筆致で描写した。そしてもちろん、『規律と処罰』におけるフーコーの基本的な主題となるものに彼女はここで先鞭をつけていることになる。

第三に、アレントはニーチェの超越的基盤の否認について、とりわけ政治に限って、それがいかなる帰結をもたらすかを示している。彼女は近代という時代になってさえ政治の外側に何か基盤を求めようとする意志は、虚無的で、反政治的で、反民主的でしかあり得ないことを明らかにした。[28] 政治に何か超越的な基盤を見出そうとする意志は、人間どうしが意見を出し合って到達する合意がどうしても相対的にならざるを得ない現実から逃避しようとする意志に他ならない。それはすなわち、揺るぎない権威を発見したいという意志であり、その権威が発見されれば、絶えざる議論と論争に終止符が打たれるであろう。すなわち、民主政治の終わりである。アレントは基盤を欠いたままであれ、「意見に基づく政治」の擁護に回ることによって、ニーチェの唱える反プラトン主義に政治的な（したがって民主的な）色彩を与える。彼女が擁護するそのような政治では、安定志向という人間的必要性があることは認識されているが、しかしながら（ホニッグの言葉でいう）「論争の対象にならない、修正を拒む法の中の法」があるとは考えない[29]。急進的な民主主義者たちがアレントのアゴーン的公共圏という概念にかくも強く魅力を感じるのは、その公共圏があることで何から何までが楽に可能になるからではない（公共圏が実現するには、相対的にみて堅固な法と永続的な制度がなければならない）。そうではなく、その公共圏の土台となる基礎的な制度の意味と権威が、相互に葛藤し合う解釈の衝突によって決定されるからである。そのように受けとめれば、公共圏とはまずなによりも、絶え間なく議論と論争が続くように制度として保証された場所である。

アレントは行動に焦点を当て、抵抗の精神を称賛し、政治的には「超越的基盤からの脱却」の立場をとった。これらに加えて、彼女が民主的な公共圏の必要性に応えるものとして、ニーチェの個別視点重視を念入りに取り入れたことを考えてみよう[30]。すると、「絶え間ない論争」の政治を提唱する人々がインスピレーションを求める源泉として、ニーチェと同じくらい頻繁にアレントを参照するのも容易に納得できるのである。しかし、彼らはアレントがアゴーン主義の貴族趣味的な衣裳を剝ぎ取ることに成功していると信じているかどうか、そこまでは言い切れない。ウォリン、コノリー、ホニッグらはまったく反対に、彼女が弁解の余地なくエリート主義的、あるいは本質主義的とみなせる区別を主張しているとして、彼女を非難している。たとえばウォリンの矛先は、アレントの社会的と政治的の区別に向けられる。彼女の欲望が、経済的な関心にも「大衆」の要請にも汚されない「純粋な政治」の実現に向けられており、その欲望の基底部には根強い反民主的な要素があると非難するのである。ウォリンによれば、アレント的政治学とは、らつ腕の行為者が演じる記憶に残る行為という政治学であり、民主的な政治学と両立することなどほとんど不可能である。民主的な政治学の要諦は、「通常の生活における広範な平等主義を公共的生活にまで拡大すること」なのだそうだ[31]。同様にコノリーは、彼女がカントの道徳的純粋主義に類似する「政治的純粋主義」を主張していると決めつけて非難している。彼女が公共的な領域から「社会的問題と身体」を取り除いているのだという。結果として、人間の複数性でさえも「漂白された貴族的な」ものとなっており、そのような複数性からは、「複数性を本来なら豊かにも強固にもするであろう多様性の次元」という重要な次元が失われているらしい[32]。

ホニッグは、アレントが一見して公と私を頑固に区別していることを多少異なった角度から攻撃目標にしている。その区別はホニッグの見解では、恣意的であると同時に自滅的であるという[33]。ホニッグによれば、アレントの公共圏の概念はあまりに形式主義に陥っており、さらに、公と私の区別を自然的なものとみなすかぎりにおいて、深いところで保守的でもある。その公共圏の概念は、人種、階級、ジェンダー、民族として残り続けるアイデンティティを封印し、論争と再検討の対象からはずすというのである[34]。ウォリンはアレントのアゴーン的行動の概念には必然的に社会的と政治的の区別がつきものであることを認めているが、ホニッグが暗示するところによれば、アレントが理論化して提唱したような行動はその本質において、安定を壊し、境界を消去し、予測不能な性質をもつ。その行動は、デリダ的な差延の運動をまざまざと見せつけるという。アレントはその公的と私的の区別を展開することによって、包囲できないはずのものを自分勝手に包囲していることになる。すなわち、彼女はもとの魔法のランプの中に霊魔《ジーニー》(破壊的で「過剰な」行動）を押し込めようとして懸命になっている、アレントは自分自身の見出した洞察に盲目である、急進的な民主主義者たちが彼女を彼女自身から救い出さなければならない。

政治的アゴーン、そのエートスと限界

アレントのアゴーン主義に対してなされたこれらの批判と修正は、彼女の著作を真面目に受けとめるすべての読者に思いあたるふしがあるだろう。結果としては、しかし、それらの批判はあまりにも安易である。彼女はニーチェを政治的に援用したが、その底流に流れる彼女の関心が考慮されていないからである。社会的なものと政治的なもの、公的なものと私的なもの、アレントはそれらに区別をしているが、その動機にはニーチェ的な欲望はない。健康で活動的な少数のものを、「病に倒れて」恨みを抱く大衆から切り離しておこうなどと、彼女にはそんな欲望はない。それらの区別はまた、彼女の説明する「破壊的」な行動を封じ込めて骨抜きにするために、「乗り越えられない」障壁を設定しようとする意図で行なわれたわけでもない。むしろそれらの区別は（劇作術の観点から見た行動の概念や、それらの区別により承認される公共圏とともに）、別のものに焦点を当てるために役立つのである。すなわち、（真正の）アゴーン的精神を維持するためには、非個人性と自己隔離化が主要な役割を果たすことである。彼女にとって重大なことは、政治的な行動がどこで起きて何に関係するかよりも、その行動を引き受けるときの精神である。説明を試みてみよう。

　行動することは、アレントにとって、対等で多様な人々を前にして公共の舞台に登ることを意味する。われわれはそうすることで、私的な自己を背後に置き去りにする。生理的欲求や、個人的衝動や、雑多な

方向に関心を向けた内面をもつ私的な自己のことである。われわれは公的なペルソナを身に着け、公的な自己を創出する。その自己が発する言葉や行ないは、われわれの仲間である市民を「観客」と見立て、彼らの判断の前に差し出される。アレントが社会的と政治的、公的と私的の区別にこだわるのは、らつ腕の政治行為者－演技者《アクター》がそのような自己を提示する際に想定される訓練、様式、因習があることを目立たせるためである。演技者と観客の双方が、自分たちの市民的・政治的自己と、物質的および心理的な欲求に駆られる自己と、両者を識別することに精通するならば、そのときにのみ、相対的に自律したといえる政治の領域のようなものがやっと存在可能になる。アレントの区別は行為者集団を政治的領域から排除することを意図するものではなく、ある種の心的傾向なり、公共的領域の取り扱い方なりに内在する危険を指摘することを意図している。行動が耐えがたい抑圧や物質的欠乏によって駆り立てられる場合もあるが、そういう直接的原因によって駆り立てられるかぎり、その行動は、政治的行動の特質となるはずのある程度の自己放棄にさえ到達することを望むなどとうていできない。そのように自暴自棄でしばしば暴力的な行動の場合、それを駆り立てる激情や欲求はアレントが「世界に対する配慮」と呼ぶものと何の関係もないのである。彼女がその言葉で意味しているのは、政治的に連携することで人間の間に生まれる「故郷《ホーム》」、そういう人為的な「故郷」に対する関心のことだからである。この「連携の仲介」について関心を抱くこと、つまり、どんな構造の慣行があり、その構造により必要とされる連携の条件は何かについて関心を抱くこと、それこそが政治的行為者たるものの刻印である。

　換言すれば、そもそも行動が政治的行動である資格を獲得するためには、アレントによれば、その行動は政体における対応物をもたなければならない。彼女の主張を公正に受けとめるために、われわれは「政体《コンスティテューション》」という用語を、限定的でアメリカ的な意味でなく、ギリシャ的な広い意味で受けとめなければならない。ギリシャ的な「政体」とは、生活様式の全体を意味する。民主制、少数独裁制、あるいは貴族制の生活様式は、いずれも政体の例である。[35] 民主的政体内における政治的行動とは、アレントの理解によれば、国家やその他の権力に抵抗する市民としての行動であろう。すなわち、その政体が設定した人間の複数性に基づく(政治的)平等主義による連携条件を国家やその他の権力が制限し、くつがえそうという不穏な動きをする場合に起こす市民としての行動である。もちろん、これら連携の条件が正確にどんな性質のものか、どんな道徳的な暗示があるかは、制限をつけずに継続される討論と論争の対象である。[36]アレントが理解する民主的な政治生活とは、アゴーン的であり、騒がしいことが多く、道徳的な立場の違いから激論が生まれる。つまり、偏狭な法律尊重主義ではなく、組織化された統制の機能はない。しかしその生活では、取り扱う問題と言説の言語が公共的なものに限定される、それが重要である。その生活ではまた、ゲームに勝つことよりも、ゲームに携わることのほうにより大きな関心が向けられている(それがアレントのいう公共的精神に満ちたアゴーン主義であり、彼女が「行動の喜び」と呼ぶものである)。もちろん、公共的な問題は石に据えつけられたものではなく、民主的政治の内実は、その大部分が費やされて、いったいどんな問題が公共的な(そして政体としての)関心かをめぐり議論が行なわれている。[37] しかし、民主的政治をして社会的正義を求める草の根闘争と同一視するウォリンは、アレント的な視点からみれば、「公共的」の再定義においてあまりにも限定的すぎるのである。同じようにホニッグがデリダに示唆を得て行動の概念を「根源的に把握」し、行動とは境界をぼやかす力そのものであるとしたのは、あまりにも不確定すぎるのである。

以上のとおり、アレントがニーチェを越えていかなる展開をしたかが際立つことになった。その展開はまた、彼女と今日のアゴーン主義者との違いを明らかにするものでもある。アレントは、公共的領域の境界を画定するもの、それが慣行と法であると理解している（アレントはこの理解を得るために、古代ギリシャ人とアメリカの憲法制定者に等しく恩恵を受けた）。また、彼女はこの「人間のつくる領域」が人為的であり相対的に脆弱であることを強調する。これらに対し、ウォリンやホニッグは民主制における流動状態を大切だとして称賛している。これは、際立った対照である。ウォリンにとって民主制下における行動の本質とは、違反を志向すること、変革をもたらすことである。その行動はまさにその性質からして、いかなる「安定した政体」にも対立して、ぎりぎりの緊張状態にあることになる。実際のところ、民主制は形式によって「限定を受け」、「活力を失う」というのである。すなわち、民主制はけっして政治組織のひとつの形式などではなくて、「存在の様態」、共同行動の「経験」であって、せいぜいのところ挿話的で刹那的でしかない(38)。ホニッグはこのような活力の注入に向けた議論の道筋をそこまでたどることはないが、ニーチェとアレントがともに「慣行に対する敬意」を共有していることをたしかに見届けて強調している。ところがホニッグによれば、アレントは偶発的で流動性に満ちた政治領域のただ中で「脆弱な安定」を生み出そうと契約する慣行の存在を自明とみなしているという。それはホニッグが意思重視《ヴォランタリズム》に基づいて断言していることである。そう断言することは、アレントがアゴーン主義政治を「相対的に永続性のある」公共圏の役割であるとして構想することを劇的なまでに貶めていることになる(39)。

アレントがルネッサンスと十八世紀における「世界劇場」（*theatrum mundi*）の伝統を重視することもまたニーチェと大きく異なる。彼女が敬愛してやまない古代ギリシャ人にまでさかのぼれるとみなす伝統である。彼女の言う政治的行動の劇場的次元とは、政治的行動に含まれる作為および因習のことである。公共的仮面を身に着けるとか、その人の公共的役割に応じた基準によって判断されるとか、人がそう言うことが可能となるのはその劇場的次元のせいである。彼女はその劇場的次元を高く評価する姿勢を貫いているので、政治における意思重視も、ロマン主義的な自己主張も、どちらにも厳しい批判を向ける。(40) 彼女はどちらの主義も公共的な共通世界を自分個人の自己のなかに読みとれるとする錯誤を犯しており、その公共的世界の自律性と相対的永続性を破壊していると考える。(41) 彼女は自己主張の重視とも、それが推進する「世界喪失性」とも、どちらとも闘いたいと願っており、それゆえに彼女は自由とヴィルトゥとを同一視する。つまり、自由とは、演技する者の役者としての手腕と同一のことであるとする。(42)

アレントのアゴーン主義に批判的な人たちはそろって、政治的行動——演技としての行動——に関する彼女の劇場モデルの政治世界における意義を黙殺してきた。(43) 彼女は先に述べたような（自己を対象化し、自己放棄的な）自由が劇場空間としての公共圏においてありうるとするが、彼らは例外なく、その劇場空間としての公共圏という彼女の用いる概念をまるで相手にしていない。というのも、アゴーン主義的行動を自己主張モデルの変異形態のひとつとして解消したいがためである。たとえば、ウォリンの主張では、真正な民主的政治の契機は「人間存在に共通の本質」の表出として生じる。一方でコノリーとホニッグはともに、アゴーン主義的行動が「複数の自己」が蓄えるエネルギーから生まれ出ると主張するのである。(44) ここでいわれる「共通の本質」と「複数者としての主体」は、それらだけに注目すれば相互に緊張関係にある（一方はデモス［古代ギリシャの市民］を再生させる計画に都合がいいだろうし、他方は広い意味でとらえたアイデンティティ政治学に適する）。だが、両者はともに政治的行動の世界内-性——政治的行動の非個人的あるいは劇場的性格——に価値はないときっぱり断ずる点において共通している。ウォリン、コノリー、ホニッグにとって、アゴーンを民主主義に適用することは、とりもなおさずアゴーン主義的行動を自己主張の行動ととらえることに他ならない。

それがなぜ大きな過ちになるのだろうか。アレントの劇場モデルで想定される因習の拘束を顧慮せずに、逸脱的傾向の強いニーチェ的概念を好ましいとすることは、いったいどこが間違いなのか。アレントの唱える公共的世界と公共的自己という強力な観念からアゴーンだけを抽出した場合にわれわれはいったい何を失うことになるのか。

ひとつとしては、われわれは「世界に対する配慮」の基盤を失う。まさにその配慮こそがすべての真正な政治的行動に活力を与える、それがアレントの見解である。その基盤を失うことになれば、代わって社会的正義に対する要求や新たなアイデンティティの承認要求がぞろぞろと出現するのをわれわれは見出す。そのような要求は、とても軽く受け流すわけにはいかない。そこで問題は、それらの要求が要求として出て来てしまえば、利益共同体の利益をめぐる駆け引きを越えてアゴーン主義的エートスを生み出すために何の役にもたたないことである。今日のアゴーン主義者たちもこの問題に気づかなかったわけではない。だから彼らも、「関与の心をもつエートス」や「アゴーン主義的尊敬」の態度が必要であると、どうにか指摘はしているのである。そのひとりであるコノリーはアレントとロールズをともに論敵としてとらえ、複数性が政治的形式として認知されることを求める。単一で共通の利益があるという神話にとらわれず、「人間」と「市民」の分裂のない、そういう複数性として。

そのような文化に一員として参加する者は公共的な領域に参入する際に、個人的な形而上学的思い込みや信念を捨てるように要求されるわけでもないし、同一国家内のすべての関係者によって是認される単一で共通の利益を追求するように要求されるわけでもない。宗教的および形而上学的な視点に公共の場でそのような複数性を許容することによって、後期近代世界に出現した文化的多様性にふさわしい民主政治が育まれるのである。ただし、数多くの選挙区の選挙民の相互に関与のエートスが生じ、

たとえ形而上学的信念や道徳的拠りどころが異なってもその違いを尊重し合うならばその時にという条件つきで。(45)

コノリーはニーチェが称賛した論争の美徳が民主制政治に適用された場合のようなエートスを考え、そのエートスを育成する政治文化を想像することによってアゴーン主義に対する非難を回避できると考えている。その非難とは、アゴーン主義が（a）むやみに争いを讃美することにより無責任で危険であるとか、（b）利益共同体の駆け引きにすぎないものをただきれいに飾り立てただけのもの、ということである。われわれはフーコー的な「自己の戦術」を用い、われわれの内面に巣くう嫉妬や憤りの源泉にたどりつき、それらを治療して溶解させることによって、「貴族的な」アレントやリベラリストのロールズが設定した境界を越えて自由に政治的領域を拡大できる、それに際しても、われわれの宗教、道徳、哲学における相容れない見解の間にある対立を悪化させる恐れはない、というわけである。(46)

以上のような意味のアゴーン主義的政治学にも問題がないわけではない。その政治学が成り立つ前提である。個人や集団の「根本的な形而上学的立場」が言葉に反してまったく根本的でないような文化を前提にしなければならない。というのも、ここで言う根本的とは、ある真理が他の究極的な価値とまるで相容れない対立関係にある、という意味なのだから。そのような文化は自分の信じる究極の価値に内在する真理の主張を進んで保留にしようという不可知論の文化、アゴーン主義的演技者としての悲哀《パトス》は問題にならない文化である。その悲哀とは、価値観の対立には悲劇的な次元があるという意識、「私はここに立っている、だから他の立場に立つことはできない」という意識である。コノリーは、重荷を負った自己でさえも「自己への働きかけ」を通じて存在の新しい身軽さを身に着けることができると示唆している。すなわち、「無条件なものへの意志」および怨恨《ルサンチマン》によって汚されない身軽な存在である。かくて、ロールズが政治的リベラリズムの出発点と呼ぶもの、すなわち、善なる生活とは何かについて異なる見解の間に「隠れている相容れない対立の絶対的深度」は問題とはいえなくなる(47)。

単刀直入に言わせてもらえば、ここには仮定の部分がかなりある。コノリーが「不純な」アゴーン主義政治学と言ったものは、アレントやロールズが示したような種類の「堅牢な」公／私の区別を基盤とせず、ある種の市民集団が想定されている。すなわち、かなりの割合にのぼる数の個人がニーチェ的な意味で自分たち自身を「克服した」と言えるような、そういう市民集団である(48)。そこでは、政治教育に対する古典的な関心に代わって「自己への働きかけ」が大切になる。コノリーは、一見して根絶しがたい道徳的および政治的な紛争の根源は、実際のところ、自分自身が身体をもつ存在であることに対する心理学的な根をもつ嫌悪感であるとさえ提示している。その嫌悪感が、呪われた「他者」へやがて投影される、というわけである。

そのような分析は、偏見のもつ基本的な機制《メカニズム》のひとつを明らかにすることは確かだが、公的なるものの意識を回復するためにも、あるいは市民的なアゴーン主義を培うためにも、ほとんど何の材料にもならない。実際のところ、その分析で最も目につくことは、そこにあるポスト構造主義的な仮定である。すなわち、可能性としてありうる暴力的な紛争はすべて、あまりにも限定された実体論的なアイデンティティ概念があるために生じる、という仮定である。これは、抽象的なテーゼとしては、あるいは正しいのかもしれない。しかし、コノリーが引き出す結論は、われわれが最も緊急的に「自己への働きかけ」を必要とするというものであり、その結論は治療の時代の主観論的前提にあまりにもぴったりとあてはまりすぎる。

アレントが提唱するアゴーン主義政治学は、今日の政治に蔓延する病理に対して下したまったく異なる診断に基づいている。彼女にとって公共的領域をめぐるたくましい意識が失われたこと、それこそが近代を近代として確認するための指標である。彼女はそのような意識を回復する試みにおいて、公共的な善とは何かについて単一の概念に固執することはない（コノリーとは対照的である）。むしろ彼女は、自分自身の政治的目的に合うようにニーチェの美学と個別視点重視を適合させる。そして彼女は、われわれが公共的世界と政治的討議についていかに考えたらよいか、その方法を提唱する。市民共和国的な伝統において唯一無二の「共通の善」に焦点が合わされてきた呪縛から解放をもたらす方法である。『人間の条件』において彼女は次のように書いた。

> ……公共的領域がリアリティをもつためには、無数の視点と無数のものの見方が同時に存在していなければならない。そのような同時存在のなかで共通の世界が姿を現わしつつも、共通の基準や標準は案出することはできないようにしなければならない。というのも、共通の世界とはすべての人が共通に出会う場所であるが、そこにいる人々はその場所内で異なる位置を占めているのであり、ある人の位置が別の人の位置と一致することはありえない。二つの物体が同一の位置を占めることがないのとちょうど同じである。他者によって見られ、声を聞かれることは意義深いことである。というのは実際のところ、どんな人もそれぞれ異なる立場から見たり聞いたりするからである。これこそが公共的生活の意味にほかならない。この公共的生活に比較するならば、家族生活は、最も豊かで最も満足すべき家族生活でさえも、そこに付随するものの見方や視点とともに、その人自身の立場の延長であり、増殖であるにすぎない。……物事がそれ自体の独自性に変化を被ることなく多くの人によってさまざまな見方で見られ、その物事の周辺に集まった人々は自分たちが同じ対象をまったく異なる方法で見

ていると認識する——そういうところにのみ、世界のリアリティが本当に信頼すべきものとして出現するのである。(49)

換言すれば、多数の利害関係があることでもたらされる「腐敗」に対抗し単一な「共通の善」を認め合うエートスを育くもうとか、具体的なおびただしい個別事例に拮抗するような単一で抽象的な普遍概念を併置させようとか、そういうことが問題になるわけではない。むしろ、アレントは悪戦苦闘して伝えようとしているのだ、「公共的世界」がわれわれに少しでもリアリティがあるためには、距離感が必要である、ある種最低限の自己疎隔が必要である、と。この世界をめぐって複数の視点がアゴーン的な戯れを繰り広げる、その世界を特徴づけて活気づける公共的な善をめぐり、それはいったい何かとさまざまな解釈が闘わされる——アレントが推奨するのはそういう状況である。しかし、「世界に向かって自由」であるためには——つまり、視点の戯れそれ自体を高く評価し価値を認めるためには、人は生活の最も差し迫った関心からある程度まで自由でなければならない。これこそが、社会的なものと政治的なものに区別をしてアレントが強調しようと意図する要点である。ところが、その区別が、かくも多くの批判を浴びる的になっているのである。もしも、ゲームに勝つことが自分自身や自分の属する集団の生存そのものにとって決定的に重要であったとすれば、「ゲームの戯れ」を評価しているなど、そんな暇はない。あるいは、基本的な身体的生存の問題が他の問題よりも大きくクローズアップされるとすれば、視点の戯れなど重視するわけにはいかない。アレントに言わせれば、暴力が侵入したら、あるいは身体の最も基本的な要請が侵入してきたら、そのときにはアゴーン的政治に終止符が打たれるのである。

ここでわれわれは、アレントがアゴーン的な政治行動における「もう一方の側面」と見たものに導かれる。すなわち、公平で自立した判断能力のことである。意見の対立こそがまさに政治生活に他ならないとしても、その対立がシュミットの定義した敵／味方の区別から生まれる闘争に転換しないためには、行動に判断能力が伴うことがどうしても必要である。個別性に敏感に反応し、規則類やイデオロギーによって縛られない判断の能力として。今日のアゴーン主義者たちは評価するのを怠っているが、アレントは広く見られる政治離れ現象を憂慮していることは確かであるとしても、彼女は（それにもかかわらず）イデオロギーの動員や、何かの世界観（*Weltanschauung*）を奉じることに基づく場合には、いかなる様式の市民的政治関与にも敵意を抱いている。[50] 意見の形成には（利害ではなく意見こそがアレントにとって真正な政治を生み出す素材である）、彼女が代理－表象的思考と呼ぶ能力が想定されている。その能力は、いかなるイデオロギーであっても、イデオロギーを信奉した途端に能力として力を発揮できなくなる。「教養の危機」という彼女の論文から、重要な一節をもう一度引用してみよう。

> 私はある特定の問題を異なる視点から考察することによって、目の前にいない人々の立場を自分の心に浮かべ、意見を形成する。すなわち、私はそれらの人々を代理する。この代理過程とは、どこか別の所にいる人々の実際の見解をやみくもに取り入れて、異なる視点で世界を見ることではない。すなわち、あたかも私が誰か他人になり、他人のように感じることを試みているかのような同情心が問題になるわけではない。あるいは、賛成者の頭数を数えて、多数派に加わろうという問題でもない。そうではなく、私が実際にはいない場所だとしても、私のアイデンティティを失わずに仮にそこに身を置いてみることで、その結果いかに思考するかの問題である。私が与えられた問題を考えている間に、私の心のなかにより多くの人々の立場を置くことができればできるほど、また、私がその人々の立場

にいたら私がいかに感じいかに考えるかをよりよく想像できればできるほど、私の代理としての思考能力はより強いものになるだろうし、私の最終的な結論、つまり意見は、より適切なものとなるだろう。[51]

これはアレントがカントの『判断力批判』に見られる「拡大された心性」（*eine erweiterte Denkungsart*）という観念に与えた解釈である。カントと同じようにアレントは、拡大された心性をもつ能力、すなわち代理‐表象的思考の能力が、意見形成および判断力に必須であるとみなしている。そして彼女は、これもカントと同じように、われわれが代理‐表象的な思考に見出す種類の想像力の実践にとって、私心のなさこそが決定的に重要な前提条件であると主張する。自分自身の私的な利害関係から自由であるという、私心のなさである。[52]かくて、アレントのいう政治的行為者は、自発的に物事に取り組むエネルギーのみならず、私心のない判断力をも発揮する（マックス・ヴェーバーがその講演「職業としての政治」のなかで「平衡感覚」と呼んでいるものにあたる）。同様に、彼または彼女の行動の個別の意味は——それらの行動が正義か不法か、栄光か下劣か、美的か醜悪かは——私心のない判断のできる人のみが見出すのである。

アレントは私心のない判断が道徳的に擁護できるいかなるアゴーン主義的政治学にとっても決定的に重要な構成要素であると強調している。この主張は、行動とエネルギーに焦点を当てるニーチェ（あの「権力への意志」）とはかなり隔たりがあり、代わりに、アリストテレス的慎重さ（*phronesis*）に近づいているかのように見える。実際のところ、彼女の判断力の理論は多くの解説者がそのように読んだのである。しかし、ニーチェがいかなる知的「客観性」が称賛に値し生活を高揚させると定義したかを考慮してみるならば、ニーチェはそれを、「自分で賛否を決めて賛否に決着をつける能力」と提示し、「さまざまな視点と情緒的解釈をいかに用いれば知識として活用できるかを知るようにすること」と言う。[53] アレントも政治的判断力についてそれに相当する規範を提示したいと願っている。そして、彼女は政治的行動において劇場的次元を強調したのと同じように、政治的判断力における距離をおいた私心のない性質に焦点を当て、それによって、アゴーン主義的理想をめぐる今日の定式化の基底には、自己主張主義が横たわっていることがくっきりと浮かび上がるのである。

かくて、アレントが提示したアゴーン主義的政治学の概念は、今日の（ニーチェに示唆を得た）アゴーン主義者たちによって提唱された概念とは決定的な違いがある。私が明らかにしようと試みたとおり、この違いはアレントがホメロス時代のギリシャ人に抱く称賛とは何の関係もない。その違いを招来するのはむしろ、行動と論争を彼女が次のように規定したことである――すなわち、行動と論争が称賛に値するためには、判断力と公的意識がみなぎっていなければならない、と。政治的関与というかたちでたんにエネルギーの表出がされるだけでは、彼女の心には響かない。もちろん、アレントのアゴーン主義的エートスが「私心のなさ」を要求する様子に接して、依然としてあまりにもやかまし過ぎる、あまりにも貴族趣味的（あるいは自己欺瞞的）だと思う人もいるだろう。不正や弾圧の犠牲者たちに向かって、彼女の要求する水準にまで到達せよと、自分たちの苦しみに対する怒りを忘れろと、いったい誰が期待できるというのか。回答はこうだ。彼女はそんなことを期待しない、と。しかし彼女は、そういう彼らが公共的領域から排除されることを望まない。彼女は、ほとんどだれにも道が開かれている、次のような可能性があると強調する。すなわち、政治的行動――討論や審議のこと――は、集団への帰属や集団の利害によって限定を受けない公共的精神を培うことができる、という可能性である。その公共的精神は、同じ問題に関する意見の複数性にこそ価値があると心底から評価し、市民的共和制の伝統では概して好ましいと思われないような精神の自立が特徴である。これらの効果は、利害に駆り立てられて動く政治行動ではひとつとしてもたらされない、それが紛れもない事実である。その事実によって、アゴーン主義的エートスといえども、非個人的次元が失われた場合、あるいは複数であれ何であれ自己を政治的行動の中心に据えた場合では、何の効用もないことが示唆されるのである。

結論

今日のアゴーン主義者たちは、アレントがニーチェのアゴーン主義的理想を政治に適用したことに拍手喝采を送っている。しかし彼らは、彼女が公共的領域として囲い込んだとみなすものの境界については、それがやたら狭苦しいとして非難する。彼らは、ジェンダー、人種、階級に基づく具体性を考慮したうえで自己を議論にもち込むべきだと主張する。もしそれを怠るならば、純粋政治学という実体もなく関連性もない貴族趣味的な幻想に浸ることになる、と。もしもアレントが政治にニーチェを適用する道を示しているとすれば、その適用を完結するためには、アレントをさらに「ニーチェ化」するしかない、すなわち、「境界のない」政治的な行動には、境界をぼやかす力がそなわることを強調するしかない、そのときにのみ、正義をめぐる今日の闘争がアゴーン主義的政治学において当然の評価を受けることになるだろう、と。

ひとつのレヴェルでは、これらの一般論には同意せざるをえない。しかし、私がすでに示そうと試みたとおり、不安を呼び起こす理由もないわけではない。「絶えざる論争」は、フーコーのいう「抵抗」と同じように、その本質からして反応行動である。論争の対象、あるいは抵抗の対象となるのは、官僚組織で成り立つ福祉国家や文化的表象作用に内在するところの、「規範を押しつけ《ノーマライズ》」、アイデンティティを押しつける手続きである。これは、それなりに、政治学や政治的論争を著しく窮屈に解釈することになろう。さらに、その論争が反応行動の性質を持つために、公共的な善に関して異なるさまざまな見解に対し「アゴーン的な尊敬」が——アゴーンの否認者は別としても——それほどありえないことは確実であろう。真正のアゴーン的なエートスは複数主義が前提になるのみならず、アレントのいう意味における複数性もまた前提になる。同じ対象あるいは問題について、多様な（距離を置いた）見解があるという意味の複数性である。アゴーン主義の政治学が個々の公共圏の個性を十分に評価することができない場合は、アゴーン主義の名において正義を主張しても、敵対者からはたんなるイデオロギーに満ちた独断だと解釈されるのはほぼ確実である。そうすると、政治学がたんに喧嘩を売ることにすぎなくなってしまう——マキャヴェッリとヴェーバーがそれぞれ現実政治《レアルポリティク》の解釈において提示したとおりである。

今日のアゴーン主義者たちは、アレントと同様に、行動が政治の核心にあるとわれわれに知らしめた限りにおいては称賛に値する。その意味は、アメリカ的な視点から言えば、合衆国憲法といえども、「ひとりでに動く」からくりではないと日々新たに認識することである。彼らはまたわれわれに、（これもアレントに共通するが）審議と合意が政治学の一部であるが、けっして政治学のすべてではないと思い起こさせてくれたのであって、それもまた称賛に値する。最後に、彼らは根本的に非政治的である文化を刺激することで、もっと政治的になるように、実際にもっと進歩的になるよう方向づけたいと試みたのであり、それも称賛の価値がある。

しかし彼らの処方箋には地域限定という側面があり、だからこそ、少し待てと思わせもし、彼らのアレント批判は本当に核心をついているのかどうかと、疑問を抱かせるのである。今日のアゴーン主義者たちの主張を読み進むうち、彼らは若き日のニーチェを書き直しているのではないかとの思いが、しばしば意識をよぎる。しかしそれでもわれわれは、歴史過多が生活を散漫にする結果にならないかと憂慮を覚えるどころか、「政治学における法律尊重主義（あるいは立憲主義）の利用と乱用」というテーマに変奏が加えられているのだとわかる。彼らの仕事に浸透する意識は、法律や規則に縛られて政治に動脈硬化が起きており、その症状が政治からアゴーン的なエネルギーを奪った、というものである。ネオ・ニーチェ派がわれわれの「病」と理解するものを理論的に表明した手近な例としては、ロールズがあげられる。すなわち、規準をゆるめる、規準に疑問を呈する、「抵抗」を鼓舞する、歴史的に虐げられてきた集団に力を与える、あるいは、「組織にもっと強力なくさび」を打ち込むなど、役立つものは何でも歓迎されている。ますます「規則主義《レギュラリズム》」に陥っていると受けとめられるリベラリズムにこそ、それらの矛先が向いている。

以上はたんに、今日の政治理論におけるアゴーン主義的要素がある特定の時代を映すもので、さらに限定された特定の場所を映すものであると指摘しているにすぎない。そういうアゴーン主義は、境界設定の考え方や、公と私の安定した区別そのものとも衝突する。極端なかたちになれば、民主制の「立憲主義」とさえも衝突しかねない(54)。しかし、アレントと違って（そして、実際のところ、円熟期のニーチェと違って）、そのアゴーン主義は、公と私に関する立憲主義的な大枠の区別をまったく当然のこととして受けとめているので、ディコンストラクションの場合と同じく、それ自身の生み出す「テクスト」に必然的に寄生していることになる。

この問題点は、全体主義の経験に裏うちされたアレントのアゴーン主義では克服されている。アレントがより大きな注意を払っているのも、それだけ大きな危険を冒しているからである。政治的行動に関する彼女の理論は、彼女の理論に批判的で、彼女よりさらに「急進的な」人々が想定するような種類の安全網など、何ら準備しないままに構築されている。かくて、彼女のアゴーン主義が焦点を合わせるのは、公共的精神、自立した判断力、自己に対する距離感、自発的な行動である。彼女はアゴーン主義的エートスには限界と制限が付随するとみなしており、それらによってわれわれが思い起こすのは、政治行動には危険がつきものであることのみならず、いかなる人道的な政治学にも、その核心には世界に対する配慮があり、公共的領域に対する配慮があることである。そのような配慮が存在するところでは、政治的意見の複数性によって生み出される「絶え間ない継続的な言説」によって、世界は実際に人間的なものになる(55)。そのような配慮が欠けているところでは、つまり、自己や集団の関心が突出しているところでは、政治はたんに争いにすぎない。それゆえにアレントは、反アゴーン主義者のロールズと同じように、「人間」と「市民」の区別を維持したいと願うのである。これら根本的に類似点のない理論家二人が、「政治的なるものの領域」の線引きを厳格に行なっているのは、排除や純化に熱心だからではなく、彼らがいかなる相異であれ、相異をきわめて真面目に受けとめているという、まさにその理由による。というのも、共有された制度や慣習、そして共有された市民意識によってそれらの相異が政治的に仲裁の対象になったとき、そのときにのみ、それらの相異はマキャヴェッリが主張したとおり、自由の「根拠」になりうるのである。

第六章　劇場性と公共の領域

序

ハンナ・アレントの政治理論において劇場性はどのような役割を果たしているのか。彼女はどうして一貫して、公共的空間を、その上で政治的「演技者《アクター》」が「言葉と行動で」自らを現わす一種の「舞台」として言及しているのか。なぜ彼女は、政治的行動と政治的自由に関する彼女の概念を表わす際に、演技と技巧の隠喩にあれほど頼るのか。もっと直截に言おう。アレントの劇場的隠喩の利用は、公共的空間の本質と、現代においてそれが抱える諸問題に解明の光を投げるだろうか。それとも、ギリシャの都市国家《ポリス》を強健な公共圏の規範的モデルとすることにより、それら諸問題をたんに不明瞭にするだけだろうか。

英雄的な個人が偉大な行為を成し遂げ、記憶に残る言葉を語る「現われ《アピアランス》の空間」として公共の領域を構想するアレントのヴィジョンは、『人間の条件』に提示されたギリシャを発想源とする政治行動概念に顕著である(1)。しかしながら、アレントの政治行動概念にはもうひとつの次元がある。対等な関係にある者たちの慎重な言葉と「協力して《イン・コンサート》行動する」能力を強調する次元である。この次元は、死後出版の『カントの

政治哲学についての講義』にも、『革命について』と、『共和国の危機』に収められた論文においても前面に出ている。(2)

アレントの政治行動観に見られる二つの次元の存在は、モーリツィオ・パセラン・ダントルヴその他の人々に、「[アレントの]理論には、表出的行動モデルと伝達的行動モデルとの間の根源的緊張がある」(3)と言わせた。この緊張は、われわれがアレントの、もっと広い政治概念を解釈しようとするとき、根本的な曖昧さを導き入れる。ダントルヴはこう述べている。

アレントの行動理論が、表出モデルと伝達モデル（あるいは行動類型）の不安定な組み合わせに依拠している限りは、彼女の政治に関する説明が、どちらに強調を置くかに応じて変化するであろうことは歴然としている。表出的行動モデルが強調されると、政治は、傑出した個人によって成し遂げられる高貴な行動と見なされる。逆に、伝達的行動モデルが強調されると、政治は、平等性と連帯に基づく熟慮と決断の集団的プロセスと見なされる。(4)

セイラ・ベンハビブが論文「公共的空間のモデル」（最近では『ハンナ・アレントの消極的近代性』）で論証しているように、アレントの内的に分裂した政治行動観は、際立って異なる公共圏の二つのモデル――アゴーン（争論）的と連携的――を産み出している。(5)公共的空間のアゴーン的モデル――公然たる劇場的モデル――は、「道徳的政治的偉大さ、英雄主義、卓越性が開示され、公示され、他者と共有される現われの空間を表わす」(6)。それとは対照的に、連携的モデルは、「強靭な道徳的勇気を具えていることもあれば具えていないこともあるが、自己組織化の過程で政治的判断力と指導力を修得する普通の市民が参加できるような民主的もしくは連携的政体」[7]を表わす。

アレントのモデルのいずれが適切であるかに関して、ベンハビブにはほとんど迷いはない。「アゴーン的モデルと連携的モデルの区分は」と彼女は書いている、「ギリシャの政治体験と近代の政治体験のそれに対応する」[8]。アレントの劇場的アゴーン的モデルは、表出的行為と演技者による「観客」の前での比類ない同一性の獲得を奨励する。それゆえ、ベンハビブの見解では、このモデルは高度の道徳的政治的同質性を前提とする。さもなければ、同輩集団間での卓越性を求める競合は、公共的領域ではまったく起こりえないからである[9]。

ベンハビブの見解によれば、もうひとつの欠点は、アゴーン的モデルは厳密な境界をもつ公共的領域、つまり、空間的に限定され、「実質的内容」が厳密に制限される場合にのみ「自由が現われうる舞台」になるという劇場機能を具えた領域を前提としていることである。狭義の政治的な事柄、つまり（ギリシャ語の広い意味での）政体の制度の創設と維持に関する事柄のみが、公けの場に現われるのに適しているのである。アレントの見解では、「家庭の事柄」――これには広範囲に及ぶ経済的社会的諸問題も含まれる――は必要性という汚れをもたらすので、自由が現われ「触知できる現実」となりうる「劇場」からは厳格に排除されなくてはならない。

「社会的なものと政治的なものとの区分は近代世界では意味をもたない」ので、そして、近代政体は純粋にアゴーン的な行動に必要な道徳的／政治的同質性を著しく欠いているので、ベンハビブは、アレントの劇場的政治モデルは廃棄しなくてはならないという結論に至る。「アレントのアゴーン的モデルは、正義を求める近代の政治的闘争にも、近代性という社会学的現実にも適合しない」[10]。公共的空間の連携的モデルが、近代性の諸条件のもとで唯一実行可能な選択肢として姿を現わす。

この結論は正当だろうか、それとも早計だろうか。公共圏に関するアレントの劇場的概念には、近代民主主義の市民が教わるべきことがあるだろうか、それともそれは、彼女の政治思想のうちもはや維持できない諸側面、つまり、ハイデガーの影響を受けたギリシャ偏重の「起源の哲学」の残滓だろうか。

アレントの公共的空間と政治的行動の劇場的次元の強調は、ベンハビブには失礼ながら、健全な公共圏の本質とその現代における衰退の理由について多くのことを教えてくれるというのが私の主張である。この衰退の理由は、ベンハビブがアレントの現象学的本質主義とハイデガーに見られる「懐旧的な衰退物語（*Verfallsgeschichte*）」への傾斜と呼ぶものとはほとんど関係がない。[11] アレントは、都市国家《ポリス》の公共的領域の劇場性に焦点を合わせることによって、われわれ近代人がそこより離反した純粋な起源を提示しているのではない。むしろ彼女は、世界内‐性（*worldliness*）の本質について――さまざまな社会さまざまな時代で盛衰を繰り返す世界内存在としての人間の特質について――われわれに教訓を与えようとしている。アレントが批判者に懐旧的反近代者に見えることが多いひとつの理由は、彼女が、近代はわれわれの世界内‐性の能力を、致命的にではないにせよ、はなはだしく損なう力（資本主義的収奪、「社会的なものの興隆」、テクノロジーの自動化、確実性の文化がそれに含まれる）を放出したと感じていたことである。真に政治的な行動と強靭な公共圏の劇場性を彼女が強調するのは、われわれの「世界に対する態度」が、もっと政治的な（つまり世界内‐的な）文化や時代とどれほど大きく異なるものであるかをわからせようとしているからである。

本章では、アレントの著作における劇場性と世界内‐性の密接なつながりが検証される。そうすることによって、彼女の公共的空間の「アゴーン的」モデルが依然として適切であることを論証したいと思っている。[12] 私の考えでは、アレントの政治的理論の中の死んでいる部分と生きている部分に関するベンハビブの忠告にあまりにも忠実に従うと、現代の諸条件のもとにある政治と公共圏に関する批判的思考に対するたぶん彼女の最大の貢献をわれわれから奪うことになるだろう。

私の議論は次のように進む。最初に私は、「世界内–性」によってアレントが意味することと、彼女がどのように公共生活の劇場性をその主たる、たぶん最も重要な表出とみなしているかを提示する。次に私は、アレントによって理論化された「劇場的」政治行動の際立った特徴という問題に移る。ベンハビブもダントルヴも主張するように、この概念は主として表出的目的に役立つのだろうか。第三節では、ハーバーマスの『公共圏の構造的変容』に記述された「ブルジョワ公共圏」の盛衰を、リチャード・セネットの『公共的人間の衰退』におけるまったく異なる視点[13]と対比する。私の目標は、公共生活の劇場性に関するわれわれの理解を広げることである。セネットの研究は、アレントの批判されることの多い「社会学的損失」[14]を補うような仕方で劇場性と公共性の関係を取り上げているので役に立つ。結論部において私は、公共的空間の連携モデルと民主主義の純粋に協議的な概念は、現代社会における「公共的なものとその諸問題」の診断のための適切な批判モデルとはならない理由のいくつかを提示する。

世界内–性と政治行動

アレントの政治行動に関するバーク仕込みの定義——「共に行動し、協力して行動すること」[15]——を、連携を基盤にした政治モデルとアゴーン的モデルの英雄的個人主義を並置したものと見なしたい強い誘惑がある(ダントルヴの引用が示すように)。しかし、この誘惑には抵抗しなくてはならない。アレント自身が政治行動の連携モデルにきわめて懐疑的であるという理由からばかりではない。もっと適切に言うと、このような単純な並置は、世界内－性の観念がアレントの政治生活に関する見解において果たしている重要な役割を不明瞭にするからである。この役割は、彼女の思想を公民的共和主義の伝統の一変奏に還元するや否や、あるいは、この伝統を社会民主主義的政治に適合させようとする試みに還元するや否や、われわれが見失ってしまう役割なのである。

この論点は、われわれが彼女の論文「暗黒時代の人間性について――レッシングをめぐる思索」(16)に目を向けると納得できる。アレントが一九五九年にレッシング賞を受賞したときに行なわれた講演であるこの注目すべき試論は、公共的領域がわれわれを強制的に排除する、あるいは公共的領域が恥辱と不安の源泉となる「暗黒時代」に、われわれの世界に対する感受性に起こることに焦点を合わせている。アレントは（君主の臣下として行動のための公共的空間を奪われた）レッシングの反応と、ナチス政権初期（全体主義以前）の迫害されたユダヤ人と疎外されたドイツ人の反応とを対峙させている。

レッシングを時代的にわれわれに近い者から区別する相異点は、彼が、さらなる自己退却によって、排除から意味を救出しようという誘惑にけっして駆られなかったことにある。公共の世界からの排除を、温情と友愛の感情を生み出すことによって補える犠牲となった「追放者」、あるいは、公共の世界を愚かしく卑劣で耐えがたいものとみなし、思考と感情の内的領域へ退却することができる人々、レッシングはそういう人々とは違い、「世界に対する忠誠心」(17)をもち続けることができた。思索と著述に限定されながらも、彼は、言説と議論とそれらが生み出す特有の「友情」によって、暗澹たる公共の世界を人間的なものにしようとした。彼は「世界に対して開放し」続けるために、退却、連携、親交という慰めを避けた。

アレントがこのように対照させて描く目的は何か。まず第一に、これは、排除に共謀しているという「追放者」批判ではない（もっとも、「内的移住」的反応――彼女の師であり友であるカール・ヤスパースの反応——に対しては両価的態度をとっているのはすぐにわかる)。むしろ、「暗黒時代」に対するこれらの反応の事例は、「世界に対する態度」における近代と近代後期との本質的違いを示している。近代初期のレッシングにとっては、私的な生活、あるいは親しい人々に範囲が限定された生活は、生きるに値しない生活だったのである。このような態度は、アレントが愛するギリシャ人の態度と、世界を介在させた友情(アリストテレスの「フィリア」*philia*)という人間関係を、親密さと連携という近代的形式よりも重んじている点で似ている。

ギリシャ人と同様にレッシングは、友情を、共有される人間性に基盤を置く親密さもしくは友情の表出としてではなく、共有する世界に関する言説から生まれる本質的に世界内-性の現象として見ていた(18)。アレントが彼の「暗黒時代」に対する反応に焦点を合わせるのは、彼の反応が、近代後期に見られる敵意ある公共の世界からの退却とは根本的に異なる世界に対する態度を示しているからである。レッシングの反応は、世界からの退却がわれわれの現実感覚に必ず支払う代価の直観的知覚に染めあげられている。論文の終わりに彼女はこう書いている。

レッシングもまた「暗黒時代」にすでに生きていた。彼は彼なりにその暗闇に破滅させられたのだ。そのような時代には、人々は密接さと温情と親密さに、公共の領域のみが投げかけうる光と照明の代替物を求める強い欲求を抱くものであることはわれわれはすでに見た。しかし、この欲求は、人々が、議論を避け、衝突するわけにはいかない人たちとできるかぎり交渉しようとすることを意味する。レッシングのような気質の人にとっては、そのような時代、そのような制限された世界に、いられる余地はほとんどなかった。人々が互いに暖めあうために集う場所で、彼から人々は離れた。しかし、喧喧腰と言ってよいくらいに論争好きな彼も、すべての差異を消去する友情の過剰な閉鎖性に耐えられないのと同様に、孤独にも耐えられなかった。彼は論争した相手と本当に仲たがいしたかったわけではけっしてなかった。彼は世界の出来事や物事について絶えず持続的に議論することによって世界を人間的なものにすることにのみ関心があったのである。彼は多くの人々と友人になりたかったが、誰の同輩《ブラザー》にもなりたくなかったのだ。(19)

世界からの疎隔がレッシングのような人物（少なくともアレントによって描かれた彼）を、ほとんど前近代的とも言える遠い時代の人とわれわれに思わせるのは何を意味しているのか。われわれは「追放人」を互いに引きつける温情を求める気持ちは容易に理解できる。「内的移住」という現象も難なく理解できる。しかし、非世界内的な生活という展望を直視するより、あえて自己破滅を選ぶほど強烈な世界への情熱はどう理解したらよいだろうか。「暗黒時代」に直面して、抑圧された者たちの連携や親密さの温情を退けて議論と言説の「友情」を選ぶ人をどう理解したらよいだろうか。

これらの疑問は、われわれを『人間の条件』と公共の領域――「共有する世界」――をめぐるその喚情的な一節へと導く。アレントが公共の領域に特有の現実――われわれにはますます捉え難いものになったが、レッシングはその痕跡に頑固なまでに固守していたもの――についての彼女の理解を抽き出しているのはここだからである。

『人間の条件』の第七節でアレントは、「『公共』という語は、相互に関連しているが、まったく同一というわけではない二つの現象を意味している」と述べている。第一の現象は「公けの場に現われるものはすべて、すべての人々によって見られ、聞かれ、そして可能なかぎり最も広範囲に知られるようになる」(20)

ということである。公共の領域では「現われが……現実を構成する」ということである。「公共」という語によって意味される第二の現象は「われわれみんなに共有され、その中の個人に所有される場所と区別されたものとしての世界それ自体[21]」である。アレントは「世界」によって地球や自然を意味しているのではなく、「人為的考案物」、つまり「人間の手による制作」でなった相対的に耐久性のある人為的考案物を意味している。

「公共」のこれら二つの意味が相互に関連していると言うのは、いずれの意味も何か共通のものを指しているからである。みんなに見られ聞かれる現われであれ、みんなに（広い意味で）住まわれる「客観的な」人為的考案物であろうと、何か共通のものを指しているからである。これら二つの意味の違いとそれが指示する現象は、公共の現われは、公共の領域が手近にあるということに依存しているばかりでなく、「人間を関係づけると同時に分離する」「人為的考案物」の存在に依存しているということである[22]。

『人間の条件』におけるアレントの主題は、「公共」という語によって指示されていた現象はいずれも、近代後期になって、その特徴的な機能を果たさなくなったということである。「現われの空間」としての公共的なるものは、それがかつての時代にもっていた「現実に対する感受性」をもはやわれわれに与えない。自己によって感じとられるもの、あるいは、親密な状況で体験されるものが現実の判断基準《ベンチマーク》になると、「すべての人々に見えるもの」は少しも現実的なものに思われなくなる[23]。しかし、アレントが指摘するように、主観的なもの、もしくは私的なものが、強烈な対照を示す語を奪われると、それはその力の多くをも失うことになる。かくして、現在の体験に伴う「不気味な非現実性」が生まれる。かつて「公共の明るい光」との並置がもたらした明瞭な輪郭が体験から失われるからである。

同様に、アレントによれば、人間によって作られた物の世界、つまり「人為的考案物」は「中間的存在」としての機能をもはや果たさない。大衆社会の諸条件のもとでは、公共の世界は、人間を引き寄せ、個人としてのわれわれを「関係づけると同時に分離する」役目をもはや果たさない。(24) 実際、人為的考案物がますます一過的な消費財によって圧倒され、生産と消費のリズムに従属させられるようになるにつれ、世界の「物としての性格」はますます感じられなくなる。(25)

アレントの意見は、なぜ「公共」(両方の意味での)は近代においてはその特徴的な役割をもはや果たすことはできないように思われるのかという疑問を明らかにかきたてる。今はこの疑問をあとまわしにして、公共の領域の議論におけるアレントの論点に焦点を合わせたい。『人間の条件』に明瞭に現われているのに多くの批評家に見落されることの多いのは、アレントの公共の領域の議論が、ある特有の現実の体験、特定の「世界に対する感受性」を中心としていることである。

鮮明な「現われの空間」と人為的考案物の相対的な持続性から生まれたこの感受性は、アレントが世界内－性と同一視するものであり、近代後期においてはますます希少なものになっていると彼女が見なしているものである。この感受性は、公共心、共同体意識、参加型政治に還元できるものではない。言うまでもないが、これらはすべて世界内－性の媒体であり、逃避的／ロマン主義的でもなければ搾取的／資本主義的でもない感受性を支えるものである。しかし、『人間の条件』のこれらの個所においてアレントにとって明らかに重要なのは、政治というよりは「世界に対する感受性」そのものなのである。実際、アレントが、政治的行動を実存的に至高の人間的行動と断言するのは、ぜひとも世界内－性を維持したいとする彼女の欲望に発するものと言える。このような意味で、政治的行動でさえもが、二義的重要性をもつもの、つまりそれ自体が目的ではなく、むしろ手段のようなものであることが判明する。(26)

政治的行動はどのようにして世界内－性を推進し維持するのか。この疑問に答えるにあたって、まず第一に述べるべきことは、すべての政治的行動が世界内‐性に資するわけではないということである。何が純粋に政治的な行動とみなされるかという問題に対するアレントのきわめて選択的な取り扱いは、場違いな純粋主義に発するというよりは、具体的な政治行動形態がどのように世界からのわれわれの疎外の原因となるかに関して鋭い意識をもっているからである。かくして彼女は、『人間の条件』と「暴力について」において、暴力、力、支配を、政治的関係の範疇としては排除している。『革命について』において彼女は、支配からの解放のための闘争や、現代の民主主義における市民と彼らの代表との間の「用具的」関係が正統な政治形態であることを否定する。

　政治のこれら「非政治的」形態すべてを結ぶ公分母は、アレントがカントにならって世界に関するわれわれの「共通感覚」と呼ぶものを際立たせる。暴力、力、支配は言葉を発しない。それらは公共圏を占有するために、そしてその中で見られ聞かれるものを統制するために使われる（われわれが挙げる例が旧体制《アンシャン・レジーム》であろうと、現代の独裁体制であろうとそうである）。人民の大多数を「現われの空間」への参加から排除することによって、暴力、力、支配は、世界からの疎外を強制し推進する。全体的支配——全体主義——という条件下では、恐怖が個人を個人へと投げ返し、個人から世界内‐性の幻影さえ奪い、「中間的存在《イン・ビトウィーン》」の可能性そのものを破壊する。[27] それ以上に驚くべきことは、解放闘争と代表民主制の政治もまた世界内‐性に何の寄与もしないというアレントの主張である。前者は「政治以前」であり、新しい公共圏の創設の序曲でしかない支配打倒にのみ関わることであり、他方、後者は、共有あるいは公共という意識を損なう利権集団政治を助長する。[28]

　「真の」政治行動をめぐるアレントの概念に目を向けると、劇場的／アゴーン行動が、他の一見したところ異様には思われない形態がなしえないようなやり方で世界内‐性にどのように寄与するのかが見え始めるのである。しかし、アレントの定式化は、ベンハビブとダントルヴによって投げかけられた疑念をやわらげるというよりも強める効果をもつことが時々ある。

アレントはエッセイ「自由とは何か」において、政治的行動において明らかにされる自由と政治的行為者《ア》―演技者《クター》の「名人芸」との間に強い結びつきを確立している。政治的演技者／実演者の際立った自由を例示するために彼女はマキャヴェッリを引き合いに出している。

行為に内在するものとしての自由をたぶん最もうまく例示するものは、マキャヴェッリの「力《ヴィルトゥ》」概念、つまり世界が「運命《フォルトゥナ》」の外観のもとで人間に開示する機会に対して人間がそれに拠って応える卓越性のことである。その意味は「名人芸」によって最も適切に言い表わされる。つまりそれは（制作という創造的芸術とは異なる）実演芸術に帰される卓越性である。実演芸術においては、完成は実演そのものにあるのであって、最終生産物にあるのではない。後者は、それを産み出しながらもそれからは独立したものになる活動よりも長く存在する。マキャヴェッリの「力」の名人芸、本人はまず気づいていなかっただろうが、なぜか次の事実、つまりギリシャ人は政治的活動を他の活動から区別するためにいつもフルート演奏、踊り、治療、航海の隠喩を用いたこと、つまり、実践の妙技が決定的な意味をもつこれらの技芸からその類比関係を引いていたということを思い起こさせるのである。(29)

この一節を『人間の条件』の行為についての章の諸節と結びつけてみると、アゴーン的モデルに対するベンハビブの反論を確証できるものが十分あるように思われる。われわれが政治的行動の劇場的もしくは実演的性格に焦点を合わせれば合わせるほど、名人芸（あるいは演技的卓越性）という特質は、ますますわれわれの政治的演技者の評価において高い位置を占めるようになる。ベンハビブが指摘しているように、このような視座——いかなる行為の結果もその背後の動機も、二義的基準の地位に格下げされる視座——は、高度の「道徳的同質性」を前提としている。というのも、演技の卓越性という問題が前景にくるのは、肯定的価値をめぐる実質的な同意を背景にした場合だけだからである。

政治的行動の自由の最も重要な表われとしての「実演の妙技」の強調にはもうひとつの欠点がある。このような強調が政治的行為を名人的演者間の競合的論争とみなすようにわれわれを促すかぎり、それはまた、行動を主として性格において表出されるものとみなすようにわれわれを促す。このような結果にダントルヴは気づいているし、多くのアレント批判者も同調している。(30) 彼女は(少なくとも『人間の条件』と「自由とは何か」においては)政治的行動を行為者《エージェント》の自己開示もしくは自己表出の最も重要な媒体として枠付ける見方に深く関与している。(31)

しかし、卓越性の表出もしくは、「比類ない自己同一性」の開示は、本当にアレントが劇場的比喩を用いる主たる理由なのだろうか。ベンハビブもダントルヴも、アゴーン的アレントを、公然たるロマン派的アレント、たぶんニーチェの影響の明らかなアレントと同等視している。しかし他の著作、たとえば『革命について』に目を向けると、アゴーン主義と表出主義の同一視は少なからぬ問題を含んでいることがわかる。政治的行動と公共の領域を論じるにあたってアレントが劇場的隠喩に頼るのは、実際のところ、行為の表出主義的モデルの諸前提を打ち壊す意図があるためなのである。

アゴーン的行動——非個人的か表出的か

『革命について』における重要ではあるがいくぶん不明瞭な議論の中で、アレントは、ロベスピエールの徳の政治と、それを活性化させている旧体制の偽善に対する憎悪を扱っている。(32) 何が偽善をロベスピエールにとってそのような怪物的存在にしているのかと彼女は問う。この悪徳の暴露がなぜフランス革命の政治において絶対的な優位を占めるようになり、そしてそれはどのような結果を伴ったのか。これらの問いに答えるにあたってアレントは、ロベスピエールがあれほどまでに罵った宮廷の「腐敗した」演技《プレイ・アクティング》に対して、劇場的自己提示の二つのモデルを並置した。彼女の挙げる例は、驚くべきことに、ソクラテスとマキャヴェッリなのである。

アレントにとって、ソクラテスのような道徳的誠実さは、演技の正反対にあるものではなく、ルターの「私はここに立つ、それ以外のことはできない」のギリシャ版である。むしろ彼女は、「現われの真理への揺ぎない信念(33)」からソクラテスは出発しているとみなしている。この枠組みにソクラテスは逆らったのではなく、その中で動きつつ対話者に「他人にそう見えることを望んでいるものになれ」と促したのであった。アレントによれば、この言葉によって彼は「他人にそう見えることを望んでいるものが自分自身に対してもそう見えるようになれ」ということを意味していたということである。(34) ソクラテス的良心は、自己一致の要請にあり、聴衆を自己の行動にうまく内面化するために意識の「二人でひとり」の現象を利用する。アレントによれば、ソクラテスにとっては、行為者《エージェント》－関与者と傍観者は「同一人物に内包されていた(35)」。

それとは対照的に、マキャヴェッリはキリスト教の諸前提の中で動いた。つまり彼は、現われ－外観《アピアランス》（同胞にわれわれがどう見えるかということ）と現実（神がわれわれをどう知覚するかということ）との間に裂け目を想定した。それゆえ彼は「そうありたいものに見えるようにせよ」と教えた。この言葉によって彼は（再びアレントの言い換えによれば）こういうことを意味していたのである。「あなたがどうであるかは気にかけるな。そういうことはこの世界と政治には何の関連もない。そこでは『真の』存在ではなく、現われ－外観だけが重要だ。他人にもあなたがそうありたいものに見えるようにすることができれば、この世の裁定者に求められるのはたぶんそれだけだろう(36)」。

アレントが強調する論点は、ソクラテスもマキャヴェッリも、たとえ他のすべての点において二人が根本的に違っていたとしても、自己の劇場的提示と偽善を同一視していなかったことである。「演技」——別個の公共の自己という概念、もしくは、内面化された観客のために演じる演技者として自らを見る見方——は、欺き、あるいは腐敗という内包的な意味をまだ帯びていなかった。そのような行動が自分自身を、そして他人を欺くためのたんなる手段となる場合にのみ、ルソーとロベスピエールがあれほど激しく攻撃した偽善が、公共圏を定義する特徴となる。アレントの提示するように、旧体制下の宮廷社会は演技——役割の意識的採用、公共の仮面の着用——の評判を下落させた。ルソーの理論とロベスピエールの実践に明らかな反応は、仮面を剝ぎ取る無慈悲な政治と対をなす「自然」人崇拝であり、真正の、もしくは役割をもたない個人の崇拝である(37)。

アレントが、偽善がフランス革命にとっての政治的主題《トポス》となるありさまに焦点を合わせるのは、演技、仮面着用、別個のものとしての公共の自己という概念が、歴史において比較的近年になって、おおむね否定的な内包的意味をもつようになったことを明らかにしたいからである。いったん役割の演技もしくは仮面着用が特定の真理の媒体——私的自己が防御的に隠されていながら演技者の声が「漏れ聞こえる」ようにする手段——とみなされないようになると、公共のペルソナという概念は永遠に取り消しようもなく汚れたものとなる。公共の領域の慣習性そのものが問題と化すと、自己の非個人的な提示が怪しげな、政治的にも自己欺瞞的なものとなるという結果を伴った。革命とともに、われわれは、公共の言葉と行為が、利己的な現われ‐外観（それゆえ虚偽）とみなされるか、あるいは演者の「真の」、真正の自己の表現とみなされる時代に入る。

アレントの主張するように、このような行動と言葉の見方は、ソクラテスやマキャヴェッリにとってはまったくありえなかった。両者はともに行動を、真理を不明瞭なものにするのではなく、むしろ真理を現出させる劇場的な意味で考えた。実際、良心に関するソクラテスの「劇場的な」概念の例は、良心的な道徳的行為と真正の自己という概念との間には必然的な結びつきはないということを示している（宗教改革の後継者であるわれわれにとってはこの結びつきがどれほど自然なものに思われようとも）[38]。良心でさえも劇場化し、神の声や真正の（自然な、有徳の）自己から切り離すことができるのである。

『革命について』の第二章における現われ、仮面、ペルソナをめぐるアレントの議論は簡潔なものではあるが、行動に関する彼女の「英雄的」もしくはアゴーン的モデルの、ベンハビブとダントルヴによる性格づけの根底にある前提を際立たせるものである。アレントがわれわれに伝えたくないものは、政治的行動と自己表現を同一視するような理論である。そのような理論は、ルソーが考え出した真正さの政治に由来するものである。アレントの理解では、そのような理論は、自己を公共の舞台上の演技者とみなす劇場的自己概念が促進する非個人性とは根本的に一致しない。われわれが、ソクラテスやマキャヴェッリとは違い、非個人性を偽善もしくは「たんなる」演技と同一視しているという事実は、われわれに、現代の政治的行為者‐演技者《アクター》が真正さの演技をすることを求めさせる。次に論じるように、その避けがたい結果として、公共の世界の現実性に対してわれわれが抱く意識をさらに損なう浅はかな冷笑的態度が生まれる。

　アレントが公共の領域の劇場的次元に訴えるのは、「自由とは何か」に戻ればわかるように、政治的行動の表出的モデルに反対しているからである。すでに引用した箇所のすぐ前で、彼女は、「原理によって行動する」とはどういう意味か、彼女の劇場的概念の立場から説明している。アレントによれば、自由な行動とは、「知性に導かれるものでもなければ、意志に命じられるものでもない」。それは「一方では動機から自由であり、他方では予測可能な結果としての意図された目標からも自由である」[39]。アレントは、知性や意志が行動の達成に必要であることを否定しているのでもなければ、動機と目標が行為者の計画において無視しうる程度の役割しか果たしていないと主張しているのでもない。むしろ彼女は、行動の自由は、これらの範疇、「決定」要因のいずれにもないと主張しているのである。行動の自由は、実践そのものに、そしてそれを鼓吹する原理に現われる[40]。

　原理の問題に関するアレントの霊感源は、カントではなくモンテスキューであることにここで注意することは重要である。『法の精神』の第三巻でモンテスキューは、統治の諸形態と、それぞれの形態を鼓吹する原理（民主制と徳、貴族制と穏健、君主制と名誉心）を分析している。この分析はアレントに、政治的行動の世界内‐的、劇場的特質に完全に適合する「原理により行動する」こととはどういう意味かを考える上で、ひとつの考え方を与えている。彼女の意味する原理とは、画定的自己概念、つまり人の「核にある確信」ではなく、「いわば外から鼓吹する」[41]ものである。そのような原理は、あまりにも広範囲に及ぶので特定の行動を規定することはできず、「実践的行動自体においてのみ」十分に顕示的となる。「原理の開示は行動を通じてのみ生じうる。行動が続くかぎり原理は世界に現れるが、それ以上には現われない」[42]。アレントはモンテスキューにならって、（決定原理というよりは）「鼓吹」原理の例として、名誉、栄光、平等愛、卓越、優秀さを挙げている。

「原理による行動」というこの特異な（明らかに非カント的な）表現によってアレントは何をねらっているのか。第一に、彼女は、演技そのものを少しも損なわないような仕方で「原理に基づく」行動を再定式化しようとしている。つまり、行動の意味を行為者の動機や目標達成に還元しないような仕方で、ということである。彼女の意味する「原理」は行為に内在する、つまり、原理は「外から」働きかけるかもしれないが、行動に具体化された場合にのみ十全な現実性をもつ。しかし、アレントが行動の自由と原理の「働きかけ」を結ぶ主たる理由は、政治的行動を脱個人化し、「独断的な意志、打算的な知性、情熱的な心、あるいは肉体や魂の衝動」[43]の内的支配から政治的行動を切り離す方法を探しているからである。

原理に基づく行動の脱個人的性質と公的自己もしくはペルソナの非個人的次元の二つをアレントが重ねて強調していることは、彼女のアゴーン主義の背後に表出的行動モデルを見ようとする解釈に対してわれわれに疑念を抱かせる。実際、「自己開示」は、ジョージ・ケイティブが、アレントが理論化した政治的行動の「実存主義的達成」と呼ぶものの否定できない一部となっている。しかし、この自己開示は、内的潜在力の外在化でもなければ、「真の」自己の表出でもない[44]。アレントが政治的行動の非個人的特質に焦点を合わせるのは、無私という概念を奨励するためではない。むしろ、公的自己と私的自己の区別を際立たせるためなのである。この区別は、統合された「全的」人間の達成を強調するルソーやロマン派に由来する表出モデルによって損なわれる[45]。アレントの理解する政治的行動の実践は、たしかに政治的行動を「比類ない同一性」の達成と結びつけるが、この同一性は、特定の公共の役割もしくは仮面を採用することから生まれる規律と非個人化によって形成されるのである。

それゆえ、ベンハビブによる行動のアゴーン的モデルと物語モデルの区別は少し誤解を招く。(46) ベンハビブがこの区別を利用するのは、表出的もしくは「本質論者的」アレントと、対話的もしくは論弁的アレントを区別するためなのである。ベンハビブは次のようにその対照を描いている。

……アゴーン的モデルの行動は、「人が何者であるかの開示」、「内部にあるものの外在化」といった観点から記述されるのに対し、物語モデルの行動は、「物語を語ること」と「物語叙述の網の目を織ること」によって特徴づけられる。第一のモデルでは、行動は、先行する本質、つまり、「あるがままの人」を明らかにする、もしくは開示するのに対し、二番目のモデルの行動は、「あるがままの人」は、事を成し、物語を語る過程で現われることを暗示する。第一のモデルの行動は発見の過程であるのに対し、第二のモデルの行動は創出の過程である。現代の用語で言うと、第一のモデルの行動は本質論的であるのに対し、第二のモデルは構築的である。(47)

この対比のもつ強みは、周到で多元的なアレント（意味と同一性を間主観的な物語構成の関数とみなす）とアゴーン的アレント（公共の場の行動を個人の比類ない同一性の表出とみなす）との間にくさびを打ち込んだことにある。ベンハビブは、すべての行動（アゴーン的行動も含む）は物語叙述によって構成される、つまり、「解釈の網の目」(48) という観点で分節化され、定義されるという事実に注目させる。彼女の論点は、アレントのアゴーン的モデルは、演技者の妙手による「稀有な行動」に焦点を合わせすぎて、この次元を故意に取り違えて不明瞭にしているということにある。

しかし、アレントの劇場的概念のもっと非個人的な次元に注目すると、アレントの公共の空間のアゴーン的モデルは、実のところ、ハーバーマスが「主観の哲学(49)」と名づけたもののもうひとつの表現に還元されるものではないことがわかる。アレントが役割、仮面、原理の重要性を強調していることは、劇場的慣例という特定の形式によってではあるが、「間主観性」の存在を示している。彼女は、きわめて特殊な「解釈の物語叙述的網の目」、つまり、公共の言葉と行動という際立ったひと組の現象に焦点を合わせたものへわれわれの注意を向けているのである。彼女は、社会的認識論、ベンハビブが言うところの「相互作用としての人間的行動の深層構造(50)」に関して一般論を述べようとしているのではない。ベンハビブは、彼女の洞察を「行動の物語叙述的構造化」に含め、ヘーゲル、マルクス、ミード、ハーバーマスの社会的認識論にうまく同化させるために、まさにこういうことをしているのである(51)。

いったんこの一歩が踏み出されると、アゴーン的行動に特有の性質——明らかな劇場的次元——が溶解して、「生活世界」の間主観的構成をめぐる大きな論点に道を譲ることになる。ベンハビブによると、「二十世紀哲学史へのアレントの根本的な貢献のひとつは、現われよりなる人間的空間は、『関係と実演される物語からなる網の目』によって構成されるという命題である(52)」。舞台に似た「現われの空間」は、かくして言語的に構成された「人間的事物の地平」へと戻されて読解される。アレントの不評を買っている政治的なものと社会的なものとの区別への疑問視まで、ここからは短い一歩の距離しかない。この区別は、近代の諸条件のもとで維持できなくなるばかりではない。いったん行動がたんに社会的相互作用と同一視されると、この区別は理論上重要な働きをすることをやめてしまう。ベンハビブによると、政治的行動のどのようなものも、包括的に見ると、それと他の「物語叙述的」様式の行動、「現われの空間」がなくても存在し活動する様式の行動と区別することはできない。

それゆえ、ベンハビブの提示においては、アレントのアゴーン的モデル——劇場もしくは舞台としての公共の領域——は、余剰的で不必要に制限的なものとして現われる。人間的行動の重要な点は、解釈の伝達の網の目によって物語叙述から構成されることにあるとするなら、現われからなる制限された視覚的空間の必要性は溶解する。そうなるとわれわれは、アレントの洞察を行動の物語叙述的構造に自由に利用して、社会的身体を通じて公共的／政治的空間を発見することができるようになる。ベンハビブが、たとえば、ラヘル・ヴァルンハーゲンの十九世紀ベルリンのサロンを原公共圏、つまり、さまざまな社会的類型（女性、ユダヤ人、知識人、貴族）を集合させ、彼らの間に擬似的言説平等空間を確立するサロンとみなすようにわれわれに求めるとき、まさに彼女はそういうことをしているのである。(53)

現代に戻ると、ベンハビブは、行動を相互作用とみなすことは、ジェンダー、賃金、民族的公平を求めるさまざまな現代の社会運動を政治的行動とみなすことを可能にすることを強調する。彼女の議論の強みは、行動のアゴーン的モデルから伝達的もしくは「物語叙述的」モデルへの転移は、たくましい公共圏はどのようなものに見えるかに関して、われわれの意識を根本的に変えてしまう点にある。公共的なものに対する強い意識を、「全体」もしくは劇場的公共圏の身近な存在に依存するものとみなす必要はもはやなくなるのである。むしろわれわれは、これらの社会的運動を、道徳的政治的形成《ビルドゥング》の過程、つまり、参加者をそもそもの初めに公共的領域へと駆り立てた狭い（個人的もしくは集団的）利害を超越させる過程を開始させるものとみなすことができる。ベンハビブの言うとおりである。

どのような階級もしくは社会的集団が公共圏に加わろうとも、そしてその要求が、起源において、階級もしくは社会的集団に特有のものであろうと、公共的政治的闘争の過程は、狭い自己利益的態度を、もっと広く共有される公共の、もしくは共通の利益へと変容させる。(54)

それゆえ、劇場的な公共空間は、重要な政治的機能をもはや果たさない。あるいはむしろ、「顔と顔を付き合わせる」社会にのみ適合する機能しか果たさない。つまり、それは、共同体が「共有する解釈蓄積《レパトワ》を通じて存在するに至り、自らを認識する」集合場所《ヴェニュー》を提供する。(55)ベンハビブは、公共圏に関するわれわれの概念を「非実体化」するために、熟慮と判断とカントの拡大された精神に関する彼女の見解を延長させて、アレントの一見して古めかしい共同体的自己表象願望を捨てるように提案する。公共圏を「行動のためのたんなる、もしくは主たる活動場所ではなく、意思伝達、情報、意見形成の非個人的媒体」とみなすことは、アレントの公共的領域に関する理論を、現代社会の諸条件と再結合することを可能にする。そればかりか民主制の正当性の問題に再結合することも可能にする。(56)ベンハビブによると、そのようなアレントの批判的改訂と利用は、ユルゲン・ハーバーマスの『公共圏の構造転換』ですでになされた。

現在の系譜――ハーバーマス対セネット

ハーバーマスによるブルジョワ公共圏の盛衰の研究は、アレント的であると同時に、彼女の著作の精神とぴったり適合しないところがある。十九世紀と二十世紀における公共的領域の衰退についてハーバーマスが語る物語が、社会的福祉国家と国民投票による民主制の興隆が果たした役割を強調している点においては、アレント的である。(57)彼はこの物語を語るにあたって、近代における「社会的なものの興隆」についてアレントの語る少し漠然とした命題に歴史的社会的肉付けをしている。(58)しかし、ハーバーマスが描く公共圏の盛衰は、アレントの描くアゴーン的、劇場的な公共的領域のそれとは決定的に異なる。

その相違の核心は何か。ハーバーマスの分析は一六四〇年から一九六〇年にかけてのヨーロッパの公共圏に焦点を合わせており、都市国家《ポリス》の公共圏には一顧だにしていないという点は明らかである。しかし、この時代の違いは、公共圏の起源、性質、役割の違いでもある。ギリシャ人の公共的領域とは異なり、ブルジョワ階級の公共的領域は、その発端から、国家からも経済からも離れた複数の場所を占める脱中心化された公共的領域である。財産を所有する私的主体（ブルジョワ階級）が、貴族の支配者階級が市民社会の領域のために定めた規制を疑問視し始めたときに、ブルジョワ階級の公共的領域は現われた。(59)そのような規制を合理的で批判的な公けの討論に従わせるというかたちをとったこの非政治的な挑戦は、しだいに拡大して、批判の公共性と民主的正当性という本格的なイデオロギーとなった。このイデオロギーにおいては、すぐれた議論の力と、議論により形成された公共の意見が、政治権力の行使を合理化した。それゆえ政治的に言えば、ブルジョワ公共圏は、権力と対峙するための歴史上前例のない媒体を導入したのである。つまり、「人民による自らの理性の公共的使用（*offentliches Rasonnement*）(60)」を。

『構造転換』の第一部は、批判的な議論をする自立的な公衆が十八世紀のコーヒー・ハウス、サロン、晩餐会（*Tischgesellschaften*）に現われる過程の記述にあてられている。公共の意志決定への参加から排除された私的個人が、文化や文学に関する事柄を、これらの場所で議論することを通じて、批判的判断力と公的議論の能力を開発し始めた。(61)文筆と文学的文化的討論の世俗的世界に起源をもつ批判の公共性という原理は拡大して、市民社会を統制する規則を含むようになり、抽象的で普遍的に妥当な規則の集成としての法という概念を生んだ。(62)

批判的な議論をする公衆が十八世紀に出現するとともに、批判的濾過装置、つまり、エリートたちの狭い利害と公益との違いを区別できる周到な合理性の担い手としての世論という概念が現われた。(63)「公共性」がすべての法律と法令の試金石となった。自由で率直な議論を切り抜けられたもののみが正当性を主張することができた[64]。政策の道徳的試金石としての公共性を説いた大理論家は、言うまでもなくカントであった。「啓蒙とは何か」におけるカントの系統的論述は、（その明らかな限界にもかかわらず）ブルジョワ公共圏の規範的理念としてハーバーマスに役立っている。「理性の公共的使用」が批判的な議論をする公衆、つまりその合意がすぐれた議論の力——道徳的政治的な事柄における今日で言う「真理の実用的な試金石」——に基づいてなされる公衆の形成に貢献することを最初に示したのはカントであった[65]。

自立した合理的市民の共同体によって配備される批判的公共性というカントの理念は、言うまでもなく、いかなる政治的社会においても、十分に実現されたことは一度もなかった。しかしながら、ハーバーマスの語る物語によると、衝撃的なことに、権力と対峙する力としての世論という理念は、またたくまに、経験的懐疑の対象となったばかりでなく理論的不安の対象となった。トクヴィルとJ・S・ミルにおいてすでに、「世論」の理念は、今日と同様の否定的な内包的意味、つまり不合理で順応主義的な力、たやすく操作できるが逃れられない力という内包的意味をもち始めている[66]。批判的で合理的な形式を剝ぎとられた世論は、またたくまに、「諸権力の中のひとつの権力」とみさなされるようになった[67]。

十九世紀の自由主義者が表明したこのような心配は、ハーバーマスに対しては、批判的な議論をする大衆という理想を廃棄させることはなかった。むしろ、このような懸念は、大衆社会という背景に起こった公共圏の「構造転換」と彼が呼ぶものを予期するものであった。ここでは、国民投票に基づく官僚化された民主制の道具性が、大衆文化のメディアと結びつき、「擬似公共圏」——批判的（合理化的、普遍化的）機能を奪われた公共圏——を生み出す。

ハーバーマスは『構造転換』の後半でこの変容を記述し、アレントの『人間の条件』の議論とホルクハイマーのエッセイ「文化産業」とアドルノの『啓蒙の弁証法』の議論を奇妙に統合したものを提示している。「文化的討議公衆から文化的消費公衆へ」と題された節において彼は、大衆文化の興隆が、ブルジョワ階級が「批判的合理的公共討議の技術」(68)を学んだ文化的討議と議論の場を破壊する様子を跡づけている。「十九世紀の中頃から」とハーバーマスは書いている、「それまで批判的討議の実体として公衆を結合していた諸制度の力が弱められた」(69)。「聴衆志向の主体性」を発達させた読書と討論の私的な領域は（サロンの場合のように）破壊されるか、もしくは大衆文化の受動的消費によって（そのような消費の主たる場となる家庭の場合のように）占有される(70)。その上、講師団による討論《パネル・ディスカッション》とメディアが媒介する討論の増加は、公的な議論そのものを、消費されるもうひとつの商品に変える。ハーバーマスが（アドルノ的口調で）記しているように、「今日、会話そのものが管理されている」(71)。「このように編成された」批判的討議は重要な「社会的心理的機能」を果たすかもしれないが（真に批判的な）評論家的機能はますます奪われる。

公共的なものが、批判的討論と議論の場から（一方では）あらかじめ梱包されたニュースの受動的消費と（他方では）娯楽へと移動するにつれ、われわれはもはや批判的公共性について語れなくなる。政治においては、公共性とは今や、特定の指導者や政策に対する大衆の支持を醸成するのに必要な宣伝努力、つまり、上からの（非合理的）総意製造所を意味する(72)。ハーバーマスは次のように述べている。

> 公共性はある立場に対する善意のオーラを作るために、いわば上から作られる。もともと公共性は、合理的批判的な公共的討論と、支配の行使の批判的監視を含む支配の法的基盤との間の結びつきを保証した。今日公共性は、非世論の支配によって行使される特異かつ両価的な支配を可能にする。つまり、公共性は、公衆の面前での合法化ための働きと同じくらい公衆の操作という働きをする。批判的公共性は操作的公共性によって取って代わられる(73)。

市民は、私的生活においてと同様に、政治的領域においても消費者に変えられる。公共圏は、批判的合理的機能を奪われた公共性はますます純然たる象徴的役割をになうようになるという意味で「再封建化」される。(74)最悪なのは、公共圏が「操作の目的」で設けられ、「通常は選挙の結果を決定する『不決断の』大きな少数集団のために直接演じられる」(75)一種の「ショー」となることである。世論は、その活発な、議論志向の性格を奪われると、政治の場において合理的役割を果たさなくなり、その結果、現代の民主社会において総意とされているものが、「普遍的利益という標準」(76)に含意されている公正概念となんの関係ももたなくなる。

ハーバーマスの語る衰退の物語は、今日ではきわめてありきたりのものになり、われわれが受動的に消費するまさにメディアの常套句に収まっているほどである。ここで私が強調したい点は、しかしながら、ハーバーマスがカントの「理性の公共的活用」という概念に焦点を置くと、それはアレントの公共圏の概念を形式的討議の次元へと還元してしまうことになるということである。これらの次元は、アゴーン的もしくは劇場的側面が時代錯誤あるいはたんなる「ショー」として誹謗されているかぎりは重要視される。そのような合理的論証的形式を奪われた公共性は操作であり、操作にしかなりえない。このような見解から、ハーバーマスは、民主政治を真理とは無関係の「たんなる」説得、集会に集まった聴衆の前で無節操な民衆扇動家《デマゴーグ》によって行なわれる感情的不合理的実践とする原初のソクラテス‐プラトン的批判を暗黙のうちに喚起する。(77)ハーバーマスは事実上、このような批判の民主的現代版を提示している。そこでは、もっと頑健で民主的な公共の領域の可能性は、われわれが、公共圏を「再合理化」し、もう一度民衆の意志の批判的で慎重な形成の場とすることができるか否かにかかっている。

もしハーバーマスが、この初期の著作において、アレントの公共の領域の概念の熟慮された核心部を、劇場性という外皮から切り離そうと努めていると言えるなら、リチャード・セネットは、劇場性それ自体が公共生活を構成するものであることにわれわれの注意を向けさせる。そのうえ同時に彼は、そのような劇場性は、ベンハビブが記述しているような「全体論的《ホリスティック》」公共圏には依存していないことを論証する。彼の歴史的分析は、ハーバーマスとベンハビブの両者によって立てられた議論対劇場の擬似純理論的対立をわれわれが疑問視することを可能にする。劇場性のすべてが見せ場であるわけでもないし、演技のすべてが操作であるわけでもないからである。実のところセネットの主旨は、ハーバーマスの指摘する劇場性の操作形式は比較的近年に発展したものであり、政治的領域の個人化の広まりの関数であるということである。

セネットの研究は、ハーバーマスのそれと同様に、一七五〇年から現代までの期間の公共生活の衰退をたどっている。ハーバーマスとは違い、彼は広い意味での公共的文化の健全さに関心があり、それゆえ、彼の調査する社会現象の範囲は限定されることがはるかに少ない。日常生活における自己の提示、直接的な文化の興隆、公的現実と私的現実の構成において「心理的想像による生活」の果たす役割、これらすべてがセネットの著作において中心的位置を占めているが、ハーバーマスの著作においては、たとえ現われるとしても、周辺的な位置にしか現われない。[78]

それゆえ、セネットの描く変化は、政治生活において世論の果たす機能の変化ではない。むしろそれは、自己提示の劇場的規準に基づいて築かれた啓蒙時代から、親密さ、感情表現の（公的な、そして私的な）直接性、共同体が奨励される現代西洋社会への大きな変化である。セネットも著書の末尾近くで記しているように、「心の温かさ《ウォームス》がわれわれの神[79]」なのである。親密さというイデオロギー、つまり、「すべての社会関係は、各人の内面の心理的関心に近づけば近づくほど、現実的で、信じるに足るものであり、真正のものである」ことを前提とするイデオロギーが、われわれの私的生活に劣らず公的生活をも支配しているのである。[80] 実際それは、公共的な領域もしくは自己という強く意識される独自性を溶解し、その結果、政治的行動は行為者の「性格」(彼の「真の」自己)へと慣例的にさかのぼって解釈され、政治的行動の価値評価は、行為者の人間的特徴と信頼性の一関数にされるまでになっている。親密さの文化の興隆は組織的に「政治的諸範疇を心理的範疇に」[81] 変質させる。

つねにそうであるわけではなかった。セネットは著書の前半で、十八世紀のロンドンとパリの大きな都市中心部における世俗的な「他人社会」の出現について記述している。他人どうしがひとつの土地へ前例のないくらい集中化したことは「観衆の問題」を生み出した。つまり、この新しい匿名の公共の場で出会った人々をどのように知り、その現われ－外観――言葉と行為――をどう判断するかという問題である。セネットによれば、十八世紀は、世界劇場(*theatrum mundi*)という由緒ある伝統、つまり、社会それ自体を劇場もしくは舞台とするイメージに依存して対処した。十八世紀の都市生活は、この類比を拡大して、舞台と街路の間を「橋」渡しして、(服装、発言、信頼性についての)一組の劇場的約束事と判断基準を都市の「劇場」に転移した。

十八世紀の都市の公共的空間の中を動くことは、ほとんど定義的に、行為者、演技者でいることであった。[82] 共有されるひと組の約束事が、他人に対する自己と感情の提示を統御し、当時際立った特徴であった「非個人的社交性」の成長を可能にした。これら(仕草、服装、言葉の)約束事は、行為者と彼の行動もしくは現われとの間に距離を設けることによって作用する意思伝達の空間を開く。この約束事によって画定された空間の中で、判断力と理解力は、行動、仕草、言葉の背後の動因というよりも、むしろ行動、仕草、言葉そのものに焦点を合わせた。もし「この世は舞台」であるなら、「行動の性格と行為者の性格は別のものであり、したがってこの世の人間は、『犯罪者に憤りを抱くことなく不完全さもしくは悪徳を非難することができる』[83]。公共生活の常識がこのような意味で劇場的であったのなら、人は反対者の人格を悪魔とみなす必要を感じることもなく（しばしば過激な喜劇的論争と化すほどに[84]）相手の立場に異を唱えることができた[85]。人にとって反対者とは、邪悪な、もしくは非難すべき役割を引き受けた一個人でしかない。要するに、非難されるのは人の本性ではなく役割であった。

十八世紀の「演技者《アクター》としての人間」という概念は、非個人的社交性の媒体としての仮面、役割演技、現われ－外観を奨励した。このような劇場的装置は「生来の」自己と社会的な自己との間に距離、非個人的ではあるが逆説的にもっと気楽でもっと表現力のある社交性を促進する距離を生み出した。セネットの言うように、「仮面を被ることは礼儀正しさの本質である。仮面は、仮面を被っている人の権力、体調不良、私的感情といった事情から離れた純粋な社交性を可能にする。礼儀は、自分自身という重荷をになうことから他人を守ることを目的とする[86]」。このような約束事の助けを借りて、十八世紀の都市空間は独特の公共の地図、つまり、その高度に人為的な性質、家と家族という「自然な」世界からの距離によってその大部分が定義される地図を形成した[87]。

啓蒙期の公共的空間は何から何まで約束事であった。コーヒーハウス——合理的言説の原－公共空間としてハーバーマスが挙げるお気に入りの例のひとつ——でさえも、ドアの内側で許される言説と社会性の形式を支配する厳密なひと組の約束事を確立した結果「機能した」。「［コーヒーハウスの中の社会的に身分の等しくない人々の間における］会話の技術は、一七五〇年代に服装が身分の約束事であったのと同じ意味で約束事であった。もっとも、そのメカニズムは逆で、身分の停止にあった[88]」。これらの劇場的装置によって可能になる非個人的社交性は、もはやわれわれの手には届かない。われわれは役を演じる技術を失ったからだ。ルソーから現代に至るまで、約束事と劇場性は、非人間的で反－平等的であるとして非難されている。十八世紀の世界からわれわれの世界への推移は、公共の劇場性と親密さとの弁証法を描いている。セネットの言葉を借りるとこうである。

劇場においては、役者のペルソナを信じることと約束事を信じることとの間には相関関係がある。演技、役割演技、実演、これらはすべて、表現力をもつためには約束事を信じることを必要とする。約束事はそれ自体、公共の生活の唯一の最も表現力のある道具である。しかし、親密な関係が信じるに値するものを決定する時代においては、約束事、技巧、規則は、自らを他人に開示する妨げとしか思われないだろう。親密な表現の障害になるからである。公共の生活と私的な生活の不均衡が大きくなるにつれ、人々は表現力が乏しくなった。心理的真正さを強調するにつれ、人々は日々の生活において非技巧的になった。演技者の根本的な創造力、自己の外的イメージと戯れたり感情を投与する能力を発揮できないからである。かくしてわれわれは、劇場性は親密さに対して特別な敵対的関係をもち、劇場性は強力な公共的生活に対して同じくらい特別な友好的関係をもつという仮説に至る。(89)

親密さの文化の興隆は（社会的）劇場性の衰退を意味する。十九世紀と資本主義の興隆により生じた分裂とますます世俗化する文化にセネットは焦点を合わせ、家族が「特殊な、非公共的領域」(90)であることをやめ、「理想化された避難所、公共の領域よりも高い道徳的価値をもつ独自の世界」になる過程を跡づけている。十九世紀の都市中心部における公共的生活が親密な生活よりも道徳的に劣っているとみなされるにつれ、公共的／政治的信頼感とは、私的なイメージを公共的イメージに重ね合わせることを意味するようになった。[91] 政治的演技者は依然として公共の場で演じたが、彼らが演じるのは、彼らの性格、感情、個人的信念の力であった。

セネットは、ラマルタンのようなロマン派的主観性をもった大家が、その個性とカリスマ性によりまったくの力づくで、街路の敵対的な聴衆に挑戦し鎮定した一八四八年の革命において、この推移は初めて現われたと論じている。約束事を信じていないそのような聴衆は、誰であれ公共の場で演説する人の主張の真実性は、最終的にはその人がどのような人物であるかに還元されると確信しているため、受動的な観客となった。[92] 政治家は「真の」感情を演じる――公共の場で私的な自己を顕示する――のが巧みになればなるほど、ますます信頼するに足る人物となる。セネットがラマルタンについて述べているように、「ラマルタンのような演説者の隠れた力は、彼が神秘化を統制していることにある。彼は草稿をもたないので、いかなる真理もしくは現実性の標準によって測定されることからも逃れる。彼は自分の意図と感情の特質を彼の支配の正当性の自立した基盤とすることができる……[93]」。

プロレタリア革命とロマン派的演技者の時代は終わるかもしれないが、この際立った認識構造は生き延びる。一八四八年の革命家にとってそうであったように、われわれにとっても、「信用できる公共的出来事は、信頼できる行為によってではなく、信頼できる公共的人間によって作られる[94]」。十八世紀の、点在する参加型の劇場性の終焉とともに、政治の演技的次元は、沈黙させられた観衆の前での個人の性格の計算された提示に限定される。「政治と芸術の出会いの真に美的な特質が消滅したあと、残っているのは『個性の政治』の反啓蒙主義の麻痺的効果だけである[95]」。現代の政治において非個人性は死を意味し、仮面の着用は詐欺を意味する。政治は（偽りの）親密さの文化において、十八世紀には言葉の矛盾であったであろうこと、つまり「公共の場での個性[96]」に縮小する。アメリカ人は、ニクソンがチェッカーズ演説をした頃よりはほんの少しものわかりがよくなっているかもしれないが、セネットが記述した鉄格子、彼が「公共的生活の終焉」と同等視した鉄格子の中に留まっている。

結論

セネットによる社会的劇場性の衰退と親密さと共同体（もしくは真正さと彼の言うところの「破壊的ゲマインシャフト」）のイデオロギーの興隆に関する記述は、アレントの言う近代の、世界からの疎外に関する見解と強く共鳴する。レッシングの「世界に対する態度」と、「追放者」によって求められる温情もしくはフランス革命で声高らかに布告された友愛《フラテルニテ》との間にアレントが立てた区別は、セネットの提供する背景幕の前に置かれると、よりいっそう鮮烈さを増す。親密さも連携も、失われた世界内-性の耐久力のある代替物を提供することはできないと彼女は主張する。(97) 公共圏はたんに政治、行為、熟慮の領域であるばかりでなく、還元できない文化的次元をもっている。アレントとセネットの著作のいずれもが提示する見かけ上の逆説がここにある。つまり、近代における民主制の普及と公共的領域の衰退との一致が起こりうるのである。

言うまでもないが、アレントもセネットも、いずれもトクヴィルに深く負っているにもかかわらず、このような事態の招来を理由に民主制を非難することはない。二人の共通論点は、公共的文化の衰退とさまざまなかたちの世界内-性の衰退は、民主制が約束するものを損なうということである。ベンハビブとハーバーマスも、公共圏の衰退に関心をもっているが、彼らの公共圏の見方はきわめて狭く形式的なので、「公共の領域の回復」は、より「思慮深い」民主制の達成と同一視されている。たしかにこれは大きな前進になるだろう。しかし、公共の場での熟慮と討議の機会の拡大それ自体は、より頑強な公共感の保証にはなれない。この点においてベンハビブとハーバーマスは、よくある迷妄、つまり、人々は討議と熟慮の機会をもてばもつほどその道徳的地平はますます広がり、彼らが（最後に）合理的な合意に到達する可能性はますます高くなるだろうという考えにとらわれているように思われる。

個人をたんなる私的で特異な存在から共通の、もしくは普遍的な存在へ引き上げる公共的言説の力への信頼は、西洋の伝統の深部に流れている。その痕跡はアリストテレスの『政治学』第三巻における公共的判断力の説明に見られる。ルソーとカント（前者の党派心恐怖にもかかわらず）において古典的な定式的表現がなされている。このような信頼は、J・S・ミルのような自由主義的な理論家の発想源にさえなっている（彼の多数派の専制に対する心配は別にして）。しかし（ベンハビブの定式的表現をもう一度引用すると）「公共的政治的闘争の過程は、狭い自己利益的態度を、もっと広く共有される公共の、もしくは共通の利益のそれへと変容させる」というのは本当に事実だろうか。チャールズ・ラーモアの言うように、「話し合えば話し合うほど、意見はますます一致しなくなる」[98]という可能性も同じ程度に高くはないか。最近公民的徳目の復活や合理的な形式の手続きに訴えるようになったのは、現代社会の多元主義と私中心主義の埋め合わせをしようという試みの表われである。しかし、新アリストテレス主義的手段によるものであろうと、新カント主義的手段によるものであろうと、合意を生み出すことができるという可能性は、われわれの失われた「世界への感受性」の埋め合わせにはなれない。これはアレントからもセネットからも抽き出せる教訓だと私は考える。この教訓を無視しなければ、われわれは賢くなるだろう。

セネットによって提供されたレンズを通してアレントを読むことは、公共圏の必要条件は「自分の理性を公共のために使用すること」というハーバーマスとベンハビブの主張に対してたんにわれわれを懐疑的にするばかりでない。アレントの「アゴーン主義」に対する反論の多くが結局はいかに的はずれであるかを明らかにする。アレントが妙技と「類稀《たぐいまれ》な言葉と行為」に訴えることが、場違いの英雄崇拝のたんなる一関数であるのなら、ベンハビブの言うアゴーン的民主制対連携的民主制の二者択一は意味をなすであろう。英雄主義的次元はたしかに存在する。しかし、アレントが政治的行為の非個人性（セネットの著作のおかげで際立つ次元）に焦点を合わせていることは、アゴーン的公共性は、ペリクレスのような「偉大な道徳的剛勇さ」を具えている人々の類稀《たぐいまれ》な行為に限定されるものでないことをわれわれにわからせてくれる。

ついでに言えば、そのような公共的空間は「全体論的」もしくは「視覚的」であってはならない。セネットが論証するように、劇場性は、合理的議論や情報収集と同じくらいに、たぶんそれ以上に、どこからどこまでも分散的になりうる。セネットを通してアレントの政治的行為の非個人的劇場的特質の強調を読むと、われわれは公共の場での競合と討論の多元的で流動的な場を思い描くことができる。実際、セネットの分析は、われわれの公共圏がつねにより「視覚的」になりつつあり、「全体論的」なまがいものになりつつあることをわれわれに警告してくれる。

それは、アレントもしくはセネットのいずれかが、われわれが少しも予想していない場に活発な公共的空間を見出すこと（政治と文化の理論家の間で現在人気のある活動）をわれわれに奨励しているわけではない。アレントもセネットも、世界内‐性と劇場性を文化と約束事に密接に結びつけることにより、迷妄を晴らすニュースをわれわれに伝達する。彼らはわれわれに、政治的公共圏の健全さは、公共的文化全般の健全さとは切り離せないこと、現代の社会運動や草の根政治に訴えても、西洋文化におけるこの根本的な変化を正すことはできないことを認めさせる。社会の民主制の（現在枯渇している）エネルギーは、フェミニズムや環境保護運動のような社会運動によって時おり刺激されるかもしれないが、多くの人々が市民社会の連携生活により生み出されることを期待している「政治の回復」は、考えられている以上に改革からは程遠い。

ひとつの問題を追う運動や人物本位の政治が、彼らが表明する利益を、少なくともベンハビブやハーバーマスが擬似ルソー的意味を込めて言う「より広く共有される公共の、もしくは共通の利益」に変えるのに役立つのかどうか疑わしいところがある。(99) そのような運動や政治は、主として同族的集団文化——道徳的政治的徳目を最も根本的な意味で「その人が何者であるか」の一関数とみなす傾向のある文化——を育成することにより、セネットの記述する弁証法に寄与する可能性が高いように思われる。ナルシシズムと共同体の修辞法との間に内的な結びつきがあることは、実質的にすべての形態の人物本位政治においてますます明らかになった。共同体が、自分に似た人々の観点によって、これまで以上に厳格に制限されるからである。共同体の修辞法によってみたされる心理的要求は、政治的反対者が、彼らが何者であるか、男か女か、同性愛者か否か、白人か黒人かに基づく悪魔化の過程から逃れられる可能性を低くするだろう。

このことはわれわれを、すでに引用した一節におけるアレントによるレッシングの性格づけによって引き起こされた窮地へと連れ戻す。アレントが提示するような人物をわれわれが理解できないのは、役者と役との間に重要な区別、セネットもアレントも世界内-的文化の基盤と同一視している区別をわれわれがたてられないからである。われわれは、「世界の出来事や物事についての不断の連続的言説によって世界を人間的にする」ことがどのようにして可能になるのかまったくわからないのである。親密さ／共同体の文化においては、討論と議論は人々を分裂させることしかできない。討論と議論は非個人的社交性の媒体を提供できないのである。「友情」にそれができないことは言うまでもない。

セネットが記述しているような意味でわれわれが政治的なものを個性化しているかぎり、言葉、行動、政策を人の本性、性格、「個性《アイデンティティ》」から区別する能力はわれわれの手には入らないであろう。親密さ／共同体の単純化の働きをする道徳的認識論の奴隷であるわれわれは、われわれの生活から世界内‐性の次元を実質的に排除してしまった。

ハンナ・アレントが、都市国家《ポリス》の公共的領域における「言葉と行動の」アゴーン的「共有」にわれわれの注意を向けさせるとき、彼女は英雄崇拝を奨励しているのでもなければ、共同体的自己表象の昔日を憧憬しているのでもない。むしろ彼女は、失われた世界内‐性の次元を、最も強烈に、劇場的政治的形式で提示しようとしているのである。彼女がロマン派的主観性（ブルクハルトもしくはニーチェ流の「傑出した個人による高貴な行為の遂行」）の誘惑に屈したと誤読されることがきわめて多いという事実は、近代の、世界からの疎外をめぐる彼女の診断が正しいことを証するものである。世界愛（*amor mundi*）は世界劇場（*theatrum mundi*）が可能にする「共通感覚」を前提としているのかもしれない。アレント（そしてセネット）に公共的生活の喪失、滅亡、終焉を語らせるのは、「懐旧的な没落物語」ではなく、世界劇場が「共通感覚」を可能にする可能性なのである。彼らがわれわれに教えようとする教訓は、政治化それ自体は、公共圏の回復と何ら特定の関連はないということである。これは辛い教訓であり、とくに歓迎したいという教訓ではないが、もしわれわれが本当に公共の領域の運命を気にかけているなら、学んだほうがよい教訓である。

第七章　哲学者対市民
——アレント、シュトラウス、ソクラテス

序説——問題

自由主義的政治理論の立場から見ると、ハンナ・アレントとレオ・シュトラウスには、多くの、たぶん多すぎるくらいの共通点がある。言うまでもなく、背景に明らかな類似点がある。二人ともワイマール時代に成人したドイツ系ユダヤ人の知識人である。二人ともハイデガーのもとで学んだ。二人ともナチスの恐怖政治からの亡命者であった。二人とも、新しいアメリカの安住地で高名な政治理論家となる前は、ユダヤの思想と政治に深く関与していた。

しかし、自由主義的理論家にとって目を引くのは、伝記的事実ではなく、アレントとシュトラウスが共有する根本の知的諸前提である。ジョン・ガンネルがそうしたように、二人は共通のパラダイムの中に住んでいると論じても説得力がある。(1) アレントとシュトラウスはともに、彼らが言う西洋政治思想の「偉大な伝統」、ソクラテスとプラトンとともに始まり、マルクスとニーチェとともに危機的な最終段階に入る

伝統という観点から思索している。(2) 二人とも、この伝統の危機を、より大きな政治的文化的危機――「近代の危機」――を反映するものとみなしている。二人とも、「伝統の終焉」は、古代ギリシャの政治思想と実践によって開かれた可能性――伝統によって不明瞭にされてきた可能性――への新しい洞察を逆説的に提供するという事実に希望を見出している。(3) 最後に、二人はともに、自由主義的民主制を激しく批判し、その根底にある快楽主義や効用主義を非難している。二人の著作に散見するアメリカの政治システムへの忠節のさまざまな表明にもかかわらず、二人は、ジョージ・ケイティブが「代表民主制の道徳的卓越性」と呼んだものの真価を本当に理解することはできない。

しかし、アレントとシュトラウスが、自由主義理論の視点からは、「反自由主義思想」の双子の典型であるとしても、もっと忍耐強い読者を深く印象づけるものは、彼らの違いの広さと深さである。どのような根本的問題に関しても、アレントとシュトラウスは、両極、実質的に対照的な二人であるように思われる。アレントは『人間の条件』を、「思弁的伝統」によって行なわれた政治生活の格下げを疑問視するために書いたのに対し、シュトラウスは、哲学的生活を最善の生活として擁護することをけっしてやめなかった。政治は、そのような高次の追求を可能にするかぎりにおいて価値をもっていた。アレントは、政治、政治的行動、「人間的事象の領域」を、最大の自律性をもった独自のものという観点で思索することに固執したのに対し、シュトラウスは、政治的行動と判断を、理性によって発見可能な道徳的にも確実な事柄に従属させる必要を主張した。アレントは多元的政治的行動の自然発生的、創発的性質を称賛したが、シュトラウスは、節制（*sophrosyne*）という古典的保守的徳目を支持した。

これらの違いはすべて、「健全な」政治をめぐる二人のそれぞれの（根本的な違いのある）イメージに表現されている。アレントにとって、健全な政治とは、けっして終わることのない開かれた議論が行なわれる討論《アゴーン》的政治、力や強制とは無縁の公共の領域で人間の多元性と市民的平等性の表現にふさわしい「舞台」で行なわれる政治のことである。シュトラウスにとって、健全な政治とは、紳士階級もしくは紳士たちが支配する政治であり、大衆 *demos* の情念が目上の者の徳目によって抑制されている政治であり、十分な秩序と自由が哲学の追求のために存在している政治であり、哲学者が政治的道徳的議論の潜在的「裁定者」になりうる政治である。(4)

本章は、アレントとシュトラウスの著作に現われる哲学と政治、哲学者と市民の争いに焦点を合わせる。この争いでアレントが選んだ立場は、哲学――不可視のものに関与する単独思考――は、まさにそのような性格から、政治と人間の多元性に敵対するであろうという懐疑に由来する。実際、彼女は多くの場所で、政治をめぐる哲学的思考と著作のきわめて多くのものが、明らかに反政治的（そして反民主的）衝動によって活気づけられていると論じている。シュトラウスはアレントに劣らずこの争いの事実を強調し、それを、人間が思考する存在でありかつ行動する存在であるという根本的に分裂した性格に根ざすものとみなしている。しかし彼女とは正反対に、政治を哲学的歪曲から救い出すためにではなく、哲学的政治の可能性を保持するために、彼は政治理論に向かうのである。

ここでとめると、哲学と政治の争いというテーマは、アレントとシュトラウスの根本的対立を強調するだけのように思われる。大衆と哲学者はつねに争わなくてはならず、行為の生活と思索の生活は根本的に不和状態にあり、アレントは市民に味方し、シュトラウスは哲学者に味方する、というわけである。しかし、二人の注意深い読者であれば誰でも証言できることだが、事態は、暗示される政治対哲学、もしくは思索対行動の両極性ほど単純なものではない。

アレントとシュトラウスの著作における哲学と政治の関係をめぐるわれわれの読解をさらに複雑なもの

にしたいというのが私の望むことである。二人にならって、これらの活動の対立を際立たせることから私は始める。それから、両者の可能な、しかし断片的にならざるをえない調和の問題に向かう。アレントとシュトラウスの政治理論には奇妙な交点があると私は論じることになるだろう。二人の理論は、哲学的もしくはソクラテス的市民形態の可能性、二人の著作の多くの構造的特徴である哲学対政治の二分法を弱める可能性を指し示している。しかし二人は結局、その可能性を避けている。そうすることによって二人はその最もすぐれた洞察を裏切り、一方では市民共和制の改訂版、他方では哲学的エリート主義という偽りの選択肢をわれわれに残す。

私の目的は、アレントとシュトラウスは、その外見にもかかわらず、シュトラウスが「ソクラテス問題」と呼んだものに関して、実際は意見が一致していることを示唆することではない。私の目的は、二人のいずれもが、「哲学者 - 市民」という人物像によって、「理論と実践」の統合を追求したと示唆することでもない。むしろ私が示したいのは、アレントとシュトラウスは、「政治」と「哲学」に対する二人の正反対の忠誠にもかかわらず、批判的で距離を置いた市民という際立った様相——私が他のところで「疎隔された市民」(5)と呼んだもの——を明示化するのに貢献しているということである。この章の最後に、そのような疎隔が、どのようにアレントとシュトラウスの理論を形成し、理論を育成すると同時に抑制しているかに関して少し考察する。

アレント——哲学と政治

マーガレット・カノヴァンがアレントに関する近著で述べているように、哲学と政治の争いに関するアレントの特徴記述には、少なからざる曖昧さがある。[6] 両者の長年の緊張関係はソクラテスの裁判と死をめぐる特定の出来事の結果だったのだろうか、それとも、思考と行為に内在する特徴に由来するものだったのだろうか。カノヴァンの提起するこの問題は、哲学と政治の調和実現をめぐるアレントの思索を枠づけているものであるので重要である。しかし、この争いが必然的なものであるのか、もしくは歴史上の偶然であるのかはともかく、アレントが、われわれの哲学的思想の伝統が根本的に反政治的であると信じていることはほとんど疑いがない。その理由を理解するためには、プラトンとアリストテレスによる都市国家《ポリス》の「公的‐政治的世界」の哲学的概念化（と歪曲化）以前の都市国家《ポリス》の「公的‐政治的世界」の本質を考察しなくてはならない。[7]

よく知られていることだが、アレントは、民主的なギリシャの都市国家《ポリス》に、明確な公共圏、つまり市民の完全な政治的平等性に特徴づけられる圏域を見出している。[8] この圏域においては、支配もしくは強制の関係は知られていなかった。政治的関係は話し合いと説得によって行なわれていたからである。集会場においてであろうと、公共広場においてであろうと、民主的なギリシャ市民は、手応えのある世界内‐的自由を知っていた。つまり、公共の場に現われ、同輩によって誰であるかを見分けられ、意見を交換し、討論し、説得し、共通の関心事の決定に参加する自由を知っていた。アテネの政治に関するアレントの見解の要諦は、公共の場での絶えざる話し合いにあった。[9] 実際彼女は、これがギリシャ人自身の理解する政治であったとまで主張している。「政治的であること、都市国家《ポリス》に生活することは、すべてのことが、強制や暴力によってではなく、言葉と説得によって決定されることを意味した。……それは、言葉、言葉のみが意味をもち、全市民の中心的関心が互いに話し合うことにあるような生活様式であった[10]」。

このような話し合いの政治は、対等な者どうしの間での慎重な話し合いは共通の世界に対する個人的視座に表現を与えるという点において、複数性という基本的な人間の条件を実現する。われわれの意見、われわれのドクサを表現するとき、われわれは、*dokei moi* つまりわれわれにそう見えるものを話すことによって意見を明確化する。[11] アレントによれば、このような無数の視座と局面（「それに対しては共通の尺度や分母が考えられないもの」）という観点からのみ、公共の領域は現われ、有効な現実性をもつ。[12] 討論と説得の政治は、理性的な言葉（ロゴス）によって行為と思考を結ぶ公共圏の「まばゆい輝き」を生み出すものである。

これらの観点から見ると、公共の領域は二方向から脅かされている。第一は過剰なアゴーン的精神であり、同輩の前で異彩を放ちたいという意志が、「公共の事柄」への関与を陵駕する場合である。第二は、ひとつの視座を、他のすべての視座を犠牲にして特権化しようとする場合である。第一の脅威が、名声と栄誉を求める際限のない競合へと移行するギリシャ政治の傾向を記述しているとするなら、第二の脅威は、哲学やイデオロギーが、意見の領域を越えて、真理に基づく政治を構築しようとするときに生じることを記述している。

死後出版のエッセイ「哲学と政治」（一九五四年執筆）の中でアレントは、真理とドクサを対立させずに市民各自にドクサを改善させることによって、意見のもつ特定の真理を市民に生み出させる哲学形式の発見の功績をソクラテスに帰している。[13] ドクサ自体の真実性を開示するこの哲学者の本質的に産婆的機能は、対話的にであれ、弁証法的にであれ、「何かについて徹底的に話し合う」ことによってアゴーン的精神の過剰を抑制する。アレントによれば、ソクラテスは、そのような対話を通じて「アテネの市民から友人をつくろうとした」。[14] 話し合いの政治にとっての最大の脅威が、アゴーン的政治演説が競合的な乱闘、そして（それゆえに）沈黙の暴力に堕落する傾向にあったとするなら、ソクラテス的対話とは、アゴーン的精神の平衡おもりの役割を果たし、多様な意見の表明の共通の場を提供する友人間の相互理解を生み出そうとした。「何かについて徹底的に話し合う」ことに深く関わることは、過剰なアゴーン的精神によって生み出される断片化と暴力を抑制するだろうとソクラテスは期待した。アレントは言っている、「ソクラテスは、哲学者の政治的機能は、友情による理解に基づく、支配を一切必要としない共通の世界を築くことにあると信じていたようである[15]」。

しかしながら、ソクラテスの企図は、対話による *philia*（友情）の育成に還元することはできない。アレントが「哲学と政治」で主張するように、ソクラテスは、市民の友情という概念を、個人の思考と自知の能力に基づかせることによって、際立ったひねりを加えている。アリストテレスの思索と異なり、ソクラテスの弁証法は、共有する目標、徳、性格の開示を目的とはしていない。むしろ、ソクラテス的な「徹底した話し合い」の主たる効果は、判断と行為の、疑問視されることのない徳、価値、原理からの日常的導出を中断することであり、われわれを「内的対話」、自分自身との思考の対話へ投げ返すことである。アレントは、『弁明』のソクラテスに従い、思考の体験、われわれの内的複数性の体験が、良心の真の基盤であり、それ自体が真正の市民の根拠であると主張した。「自分自身と話し合った経験のある者だけが、友人となることができ、もうひとりの自己を獲得することができる[16]」とアレントは書いている。他人と共に生きることは、自分自身と共に生きることから始まる[17]。

それゆえ、アレントの理解しているとおり、ソクラテスの企図は、連携の育成ではなく、思慮深さの育成を目的としている。思考における「ひとりの中の二人」の体験は、個人に世界の外的複数性、異なる視座と道徳的不一致という事実を肯定することを可能にする。その上、思考それ自体が、道徳的判断の能力の発達には重要である。と言うのも、ソクラテスが促す「立ち止まって考える」ことだけが、判断が共同体の常識によって示唆される方針にそって自動的に進行するのを妨げるからである。一九七一年のエッセイ「思考と道徳的配慮」においてアレントは、アドルフ・アイヒマンの特徴であり、前例のない規模で彼を悪行への加担を用意したものは思考の不在であったと論じている[18]。トゥキュディデスが『ペロポネソス戦争史』で描いている討論（紀元前四二七年のミュティレネ討議が古典的な例）には、異なる性格の無思慮が見られるが、無思慮であることには変わりはない。ソクラテスは、集団的熱狂の危険性を熟知していたので、思考を刺激するために「徹底的な話し合い」への関与を育成する。その「副産物」が良心と判断力なのである。それをアレントは他の場所で「規則なしで思考できる能力」と呼んでいる。合理的な発話における思考と行為の原初的調和は、良心をもった市民の育成によって深められる。その市民とは、公共広場でお互いに話し合うばかりでなく、「立ち止まって考える」個人のことであり、アテネ的な、執拗な栄光の追求においてお互いを牽制《スロー・ダウン》できる能力のある個人のことである。

ソクラテスの実験は言うまでもなく無惨に失敗した。アテネの市民は「友人」にならなかったばかりでなく、面倒を起こしたという理由でソクラテスを非難しようとしたのである。この出来事によって、都市国家《ポリス》の政治に顕著な行動と思考の原初的調和を保持したいという希望は潰える。プラトンとアリストテレスは、ソクラテスへの裁判と彼の死に応えて、複数的な政治的圏域に権威の原則を導入することにより、哲学にとって世界を安全なものにしようとしたのである[19]。そうすることによって彼らは、われわれの政治哲学の伝統を創始したのである。アレントの見解によると、政治哲学の大部分は「政治から完全に脱出するための理論的基礎と実践方法を見出すためのさまざまな試みとして解釈できるであろう[20]」。

アレントが権威の原理で意味しているものは何か、なぜプラトンとアリストテレスはその創始者なのか。この疑問に答えるためには、私が「哲学と政治」の姉妹篇とみなす一九五六年のエッセイ「権威とは何か」に赴かなくてはならない。

この広く議論の対象となり（非常に誤解されている）エッセイの冒頭でアレントは、「今世紀における近代的世界の発展には、権威の危機の拡大と深化が随伴した」と主張している。[21]この発言は多くの読者を、彼女は権威に郷愁を抱いていると推測させた。実のところ、これほど真相とかけ離れたものはない。アレントのエッセイは、権威一般の系譜学として意図されたものではなく、むしろ「長い間にわたって西洋世界全体で妥当性をもっていたきわめて特殊な形式[22]」の系譜学として意図されたものである。現在の危機のひとつの特徴は、われわれがこの形式との交渉を失うと、権威と権力または暴力とを混同しがちであるということにある。「権威とは何か」におけるアレントの目標は、この特殊な形式の本質を復元することである。

権威は権力と暴力から区別される必要があるが、説得（民主的政治の本質）からもまた区別される必要がある。


……権威は強制という外的手段の使用を排除する。強制力が使用される場合、権威そのものがすでに衰退したのである。他方、権威は説得と両立しない。説得は平等性を前提とし、議論という過程により機能するからである。議論がなされる場合、権威は停止される。説得の平等主義的秩序に対立するのが、つねに位階制的な権威の秩序である。かりに権威が定義されるとするなら、力による強制と議論による説得との対照に基づいて区別されなくてはならない。[23]

このように定義される権威は明らかに反政治的あり、「命令する者と従う者」との位階制的差異に基づくものである。アレントの論点は、とくに権威主義的な政治システムにおいては、この位階性は、共通の理性や権力に基づくものではなく、そのような関係そのものの正当性と合法性を両者が認めることに基づいていることにある。(24) 厳密に言って、権威の支配は力と説得のいずれもが余分なものであることを意味している。

しかし、なぜそのような概念がギリシャ世界、とりわけ民主制アテネに導入することができたのか。支配者と被支配者の区別の中心性を主張しようとする試みは、寡頭政治支配を支持する露骨に党派的な論拠、真正の政治の重要な前提条件である市民の平等性と両立しないことがあからさまに見てとれる論拠ではないだろうか。説得（*peithen*）だけでは不十分であるということを、ソクラテスへの裁判とその死がプラトンにどれほど確信させたにせよ、同胞市民に、支配関係《ルーラーシップ》は、政治的関係の破壊や前政治的形式(25)（たとえば家父長や暴君）以外のものにもなりうるということを納得させる単純な方法はなかったのである。

プラトンの解決法は、暴力の使用に基づかない強制形式、力に訴えない強制形式の発見であった。そのような強制は理性と論理的実証による真理に見出せる。アレントの言うように、「［プラトンは］その探究のきわめて早い頃に、真理、つまりわれわれが自明的と言う真理が精神を強制すること、そしてこの強制は、効力をもつために暴力を必要としないが、説得や議論よりも強力であることを発見したにちがいない(26)」。

しかしながら、そのような強制の問題点は、少数の者のみがそれに通じているということである。それゆえプラトンは、理性による強制の非暴力的形式を再生産するための何らかの方法を、あまねく同意が得られるようなかたちで見出さなくてはならなかった。アレントによると、この要請がプラトンに、彼のイデアの教義が人間行動の超越的基準になりうるようにそれを再解釈させた。もしそのような基準が存在するなら、そして、その人格と理性の発達が人間的事象という洞窟を超越することを可能にしている人々にのみもてるものであるなら、思考と行為、知識と行動は、一見自然な位階制の境界線に沿って分離しうるであろう。知者——哲学者‐王——は、これらの基準に基づいて指示を与えることができる。人民はたんに指示を実行に移すだけである。

アレントが強調するように、イデアを人間行動のための基準もしくは尺度に変えることはけっして当然の事ではない。イデアは原初の具現においては「最も光り輝くもの」、美しいもの（*ta kalon*）であった。プラトンはこの美しいものを、制作の分野の類比によってのみ「政治的道徳的行動と判断のための揺るぎない基準」へと変えることができた。制作の分野において職人は彼の制作品の超越的モデル、つまり制作過程を超越しているが制作のどの段階においても制作を導いているモデルに依拠しているからである。思考と行動の分離——哲学者を市民に対して命令的立場に置く配置——は、政治的行動と判断が、より一般的な原理の同様の演繹的応用による制作品とみなされるかぎりにおいてのみ意味をもちうる。

プラトンはアテネ市民に対して成功したとは言いがたいが、人間的事象の領域には絶対的基準——超越的「モデル」——があるという考えを植え付けることにおいては大変な成功を収めた。「アテネ人の無責任な意見《ドクサ》にソクラテスが自らの意見を従わせている光景」に駆り立てられてそのような基準を提示したプラトンが設定した規範には、その後のすべての権威主義的思想と統治が従った。権威主義的支配は、「行為は、人間によって作られたのではけっしてなく……少なくとも権力をもつ者によって作られたのではない規範《コード》によって試みられる」という事実によって暴制とは区別しなくてはならない。「権威主義的統治における権威の源泉はつねに自らの権力の外部に超越して存在する力である。権威者がその『権威』、つまり合法性を引き出すのはつねにこの源泉、政治的領域を超越するこの外部の力からである。……」(27)。

このような合法性の超越的源泉という考え方は、西洋の伝統においてきわめて強力な考え方であるが、けっして無時間的基準へのプラトン的訴えによって産み出された唯一の結果ではなく、主たる結果でさえもない。アレントによると、もっと長く続き、もっと深い影響を与えるのは、プラトンの制作の類比がこのような基準もしくは尺度と特定の行為、出来事、行動との間に設定した関係であった。アレントはこう書いている。「イデアと多数多様な具体的事物との関係は、物差しと多数多様な測定可能な事物との関係と同じである、あるいは理性もしくは常識の規則とその中に包摂される多数多様な具体的事物との関係と同じである[28]」。

その結果生じた判断と、特殊を普遍に包摂する操作との同一視は「西洋の伝統に最大の影響を及ぼし」、カントにさえ影響を及ぼした。カントの有名な、確定的判断（特殊を所与の概念に包摂すること）と内省的判断（想像力を働かせて特殊のために概念を見つけること）の区別は、彼が道徳的判断と確定的判断を同一視することをやめさせなかった[29]。正しいか間違っているかはともかく、アレントは「定言命令《カテゴリカル・インペラティヴ》」を、プラトン的／権威主義的な意味での絶対、つまり人間と人間的事象の領域を超越し、文脈、特殊性、あるいは「非人間的領域」の「根本的相対性」を顧慮することなく人間と人間的事象の領域を測定する絶対とみなしている[30]。

アレントがプラトニズムのこの遺産を強調するのは、プラトニズムは機械的無思考的判断の習癖を植えつけているとみなすからである。判断が規則、不変の基準または「尺度」の適用と同一視されればされるほど、われわれの判断力は萎縮し、ソクラテス的な意味で「立ち止まって考える」ことができなくなる。その上、判断がそのような基準に依存していると主張することは、基準が効力をもたないことが暴露される「判断の危機」に道が通じている。アレントによれば、この危機は近代の推移につれて起こることである。新しい前例のない道徳的政治的現象が、伝統がわれわれに差し出す「信頼できる普遍的規則」の空虚さと不適切さを暴露するときに起こるのである。この過程――権威の危機と呼ぶにせよ、ニーチェの象徴的表現である「神の死」と呼ぶにせよ――は全体主義の悪の出現とともに終結する。前例がないため「われわれの政治的思考の範疇と道徳的判断の基準を完全に破砕してしまう」[31]悪の出現とともにである。

過去から継承した叡知の機能停止、われわれの伝統の根源的断裂は、われわれを自らの問題解決能力《リソーシズ》へと投げ返す。アレントも記しているように、危機は潜在的に解放的である。プラトンのイデアやカントの「定言命令」のような客観主義的支配体制への従属から判断機能を解放するからである。アレントは「悟性と政治」でこう述べている。

たとえわれわれが測定のための尺度と、特殊を包摂するための規則を失おうと、始まりを本質とする存在は、あらかじめ概念化された範疇がなくても理解でき、道徳というひと組の慣習的規則がなくても判断できるほど、自分の内部に起源を多くもっているかもしれない。[32]

「権威の危機」は真に自立した判断力の再生に達するであろうという希望は、通常の人間は所与の範疇、規則、「尺度」から自らを切り離すことに実際困難を覚えるであろうというアレントの根深い意識と対立する。ソクラテスのような人(『メノン』の直喩を使えば、対話の相手を麻痺させ、立ち止まらせて考えさせる針をもつ魚)の存在がなければ、そのような危機から起こりそうな結果とは、何であれ旧来のひと組の基準を支えてくれるもの、あるいは見かけだけ新しいひと組の基準を提供してくれるものへの感謝の念である。彼女の著作をめぐる一九七二年の会議で、判断のための窮極的な形而上学的根拠の探究の再開を呼びかける哲学者ハンス・ヨーナスに答えてアレントは、「新しい神が現われるだろう」という彼女の悲観論を明言し、こう続けて述べた。

……もしあなたがそのような状況［全体主義］を経験すれば真っ先にわかることは、次のこと、つまり誰かがどのように行動するかはまったくわからないということです。あなたは自分が生きていることに驚くでしょう！　これは社会のすべての階層を貫く事実ですし、人間と人間のさまざまな区別を貫く事実です。もしあなたが一般論を求めるのなら、あなたはこう言えるでしょう、いわゆる旧価値を今なお断固として確信している人々は、新しいひと組の価値がもし与えられるなら、真っ先にそれと旧価値とを交換するだろう、と。私はこのことを恐れているのです。あなたが誰かに新しいひと組の価値——あるいはこの有名な「手すり《バニスター》」——を与えるや否や、あなたは即座にそれを交換することができると私は考えるからです。そしてその人が慣れている唯一のものは、「手すり」とひと組の価値をもつことであり、それ以外ではないのです。[33]

アレントは、通常の人間が権威主義的支配の崩壊に直面したときに示す自然な傾向は、ソクラテス的な検証と困惑（習慣的なもののさらなる溶解をもたらすのみ）ではなく、新しい規範、新しい「手すり」を求めての手探りであろうと考えた。思考、とりわけソクラテス的思考は、基盤を溶解するのであって、安定化させるのではない。アレントが言うには、それは「危険で結果のない企図」[34]、自立した判断と道徳的廉直の深まりに通じるが、容易にキニク主義とニヒリズムに通じうるものである。アレントはこの点において、カントの「啓蒙主義とは何か」における分析に一致する。つまり、大半の人間は自立した判断が要求する努力をすることをまったく好まないだろう、ましてや当然視されている自らの存在の道徳的諸前提を危険にさらすようなことはしないだろう、ということである。

しかし、この思考への嫌悪、あるいは「麻痺」がどれほど現実のものであろうと、通常の個人が「思考の風」に身をさらすソクラテス的可能性にアレントは固執する。個人が、大衆的政治体制によって判で押したようにもたらされる道徳的恐怖に巻き込まれないようにするには、このような検証によるほかないという点で、アレントとソクラテスは深いところで一致する。ソクラテス的思考——その仮借なき否定性において、すべての基礎的な、もしくは専門的な政治的思考と正反対のもの——は、判断力を規則と習慣の圧制より解放する。このようにしてソクラテス的思考は、個人が「何も考えずに、自分以外のすべての人がしていること、信じていることに押し流される」[35]ことを防いでくれる。自立した判断とは、アレントによれば、思考の解放的効果の「副産物」である。自立した判断は「現われの世界の中で」思考を「実現する」[36]。そういうわけで、思考はソクラテスの望んだようには市民を「友だちにする」ことはできないかもしれないが「少なくとも私にとっては、せっぱつまったとき、破局を防ぐことができる」[37]。

シュトラウス——プラトンかソクラテスか

ソクラテス的市民概念をアレントが取り入れていることは、彼女の政治理論が市民共和制的伝統の拡張もしくは修正であるという広く行きわたっている見解を制限する。[38]「思考と道徳的配慮」で提示されているこの考えの洗練された表現においても、われわれは、彼女が愛国主義、意志、義務よりも、距離、内省、抵抗に高い価値を置いているのがわかる。そして共有される目的よりも良心と自立的判断のほうに、絶えざる関与よりも一時的な介入のほうに高い価値を置いているのがわかる。たとえアレントが、純粋な哲学的思考が要請する世俗からの強制退去に依然として懐疑的であったとしても、それにもかかわらず彼女は、広場におけるソクラテスの思考過程の公開実践を讃美した。ここでソクラテスは、教師としてではなく針をもつ魚もしくは「シビレエイ」として、彼自身の困惑によって同胞市民を麻痺させ、彼らの無反省な意見という堅固な地盤を溶解させ、一般的規則や習慣的定義の適用を不可能にした[39]。ソクラテスは、同胞市民を思想に感染させ、彼らの歩みを減速させ、彼らがアゴーン的エネルギーを不正な企図（たとえばアテネ帝国主義）へ投入する可能性を引き下げることによって、彼らの道徳的健康のために奉仕したのであった。

シュトラウスに目を向けると、哲学と政治、哲学者と市民の葛藤の原因に関して、彼が全般的にアレントと一致していることにまず驚かされる。哲学的思考は現われの世界からの退却を要求する[40]。哲学的思考は、本質的に、全体の性質を把握しようとする思弁的試みである。このような行為は、政治的領域における栄誉や名声の活発な追求、つまり、政体の「慣習的な」世界からけっして離れることなく、哲学者の「それは何か」という問いかけの対象である「不可視のもの」にけっして関心をもつことのないそのような追求とは際立った対照を見せる。ギリシャ思想における「自然」（*physis*）と「慣習」（*nomos*）の緊張関係は（言葉と行動によって達成される）世界内－的不滅への市民の欲望とアレントが呼ぶものと、「人間的事象の領域の外部、人間の複数性の外部でのみ起こりうる」哲学者の外界体験との根本的対立を反映している[41]。

しかし、『人間の条件』におけるアレントの分析が、哲学者の永遠なるものへの関心は、「市民の生活の不滅を求めての奮闘努力と本質的に矛盾し衝突する」ことを強調しているとするなら、シュトラウスは

「洞窟」の世界と哲学者の叡知の追求との間に連続性を規定している。彼の見解では、哲学的企図とは、意見《ドクサ》の解体でも否定でもなく、意見もしくは常識から、たんなる慣習的なものではない「自然なもの」への（『国家』第七巻のプラトンの比喩を使えば）上昇である。シュトラウスの言うように、「ソクラテスでさえ、法から自然へ向かう道を歩み、法から自然へと上昇せざるをえない(42)」。ソクラテス的弁証法とは、「常識」からの上昇が達成される手段にほかならない(43)。

しかしながら、ソクラテスは必ず「常識」から始めると言うことと、彼の使命は特定のドクサから真実を産婆術により探り出すことであると言うことは別のことである。「哲学と政治」におけるアレントの論述は、古典的な政治哲学の目標と政治哲学そのものについてシュトラウスが抱いている考えとは正反対のものである。シュトラウスの論点は、複数性および衝突する意見の領域をまさに超越して、市民の「私にはそう見える」領域から遠く離れた包括的な立場へと弁証法的に移動することである。ソクラテス哲学と弁証法についてシュトラウスは『自然権と歴史』の中でこう述べている。

それゆえ、哲学は、意見から知識あるいは真理への上昇、それも意見に導かれてと言いうるような上昇において成り立つ。ソクラテスが哲学を「問答法（弁証法）」と呼ぶとき、彼が主として念頭に置いていたのはこの問答法である。問答法とは、会話あるいは友好的論争の術である。この友好的論争は真理へと導くものであるが、そのような論争が可能となり必要となったのは、事物が何であるか、ある非常に重要な事物の集団が何であるかなどについての、複数の意見の相互間に矛盾がみられたという事実によるのである。矛盾が明らかになれば、そのような意見を超えて、当の事物の本性［たとえば、正義、敬神、叡知、徳――ヴィラ注］についての無矛盾的な見解を目指さざるを得なくなる。その無矛盾的見解によって、相互に矛盾していた複数の意見が相対的な真理でしかなかったことが明らかにされる。無矛盾的見解こそ、包括的で総体的な見解であることが明らかになる。もろもろの意見はこうして真理の断片、それも純粋な真理のよごされた断片とみなされるようになる。[44]（塚崎智・石崎喜彦訳）

それゆえ、ドクサは「粉砕」されることはないが、その複数性という事実が、その価値を、哲学者にとっての素材の地位に限定することは明らかである。シュトラウスにとって、ソクラテスの目的は、多数（ドクサ）から一（真理）へ、人間の知識の限界を意識しつつ上昇することである。これ以上アレントのソクラテスとかけ離れたものはない。彼女のソクラテスは、「市民の中の市民」として、ドクサの改良、いちどきにひとつの意見をもつことを目標にしているからである。[45] この改良は、弁証法、つまり「何かについて徹底的に話す」ことによって生じる。

シュトラウスによるソクラテスの企図の定式化は「政治哲学とは何か」（一九五四―五五年）における政治哲学の本質と目標の定義に反響している。このエッセイの冒頭のシュトラウスはきわめてプラトン的である。つまり、彼の提示する政治哲学概念は、知識《クル・ド・サック》と意見の区別に完全に基づいて築かれているのである。哲学は「普遍的叡知、全体の知識の探究」と定義されている。政治哲学――ソクラテスによってその基礎が築かれたと彼が信じる学問――は、本来の哲学の一「分野《ブランチ》」である。それゆえシュトラウスは有名な一節においてこう書いている。

政治哲学は、政治的な事柄の本質についての意見を、政治的な事柄の本質の知識に置き換える試みということであろう。政治的な事柄は、その本質により、是認と否認、選択と拒否、称賛と非難を免れえない。中立であるのではなく、人々の従属、忠順、決断もしくは判断を要求するのがその本質である。もし人が政治的な事柄の、たとえば良さ悪さ、正不正という観点で判断してもらいたいという明示的な、もしくは暗黙の要求を真剣に受け止めないなら、つまり、良さと正しさの何らかの基準によって測らないのなら、政治的な事柄を政治的な事柄として理解していないことになる。妥当な判断を下すためには真の基準を知らなくてはならない。もし政治哲学がその主題を十分に表現したいのなら、これらの基準に関する真正な知識を得ようと努力しなくてはならない。政治哲学とは、政治的な事柄の本質と正しい、もしくは良い政治的秩序を真に知る企てである(46)。

それゆえ政治哲学とは「政治の基本要素に関する意見を、それらに関する知識に置き換えるための意識的な、一貫した、執拗な努力(47)」である。この政治哲学の定義は、ソクラテス的立場をプラトン的立場に同化させる。この定義は、政治的生活の根本的疑問と争点(たとえば、最良の体制とは何か、誰が支配するか、など)を合理的に裁定する何らかの方法がなくてはならないという要請によって動機づけられている。古典的作品が考える政治哲学者とは「立法者の教師」であった。しかし、シュトラウスにとってよりいっそう重要なことは、政治哲学者は、政治的な事柄に関するその知識により判断の特権的位置に置かれた者であるということである。「卓越した審判者が政治哲学者である。至上かつ永遠の重要性をもつ争点を彼は解決しようとする(48)」。

政治哲学者がこの仕事に適しているのは、彼のみが、政治家(49)や「政治思想家」や知識人とは反対に、党派にかたよらず、「今、ここ」に拘束されていないからである。「それは何か」の疑問(正義、敬神、徳とは何か、等）への彼の探究は、彼を良い生活と良い社会を知ることへと向かわせる。それは彼を、シュトラウスが言うところの共通の善の「本質的に争点となる」意味に、偏向的もしくは党派的にではなく、包括的に取り組むことを可能にする。(50)

シュトラウスの政治哲学概念は、西洋は「その目的に確信がなくな」り、相対主義のぬかるみにはまっているという意識に基づいており、マックス・ヴェーバーの価値多元論とマルティン・ハイデガーの根源的存在論の歴史主義への自意識的応答である。(51) 理性は価値の衝突に解決策を見出すことができるということをヴェーバーが否定したことが、シュトラウスのきわめて論争的で厳しい姿勢の契機になっている。(52) シュトラウスは、理性が本当にそのような衝突を解決できると教条主義的に主張しているのではない。むしろ彼の主な意図は、価値、善、「窮極的責務」の複数性を考えると、理性は、政治、哲学、芸術（さらに言うなら、国家主義、社会主義、自由主義）の「闘う神々」をわれわれが格づけ・選択するのに役立たないという教条を否定することである。同様に、彼の歴史主義批判、とりわけハイデガーの「根源的歴史主義」への批判は、良い社会とは何かという問いかけの歴史主義による拒絶と彼がみなすもの、そしてこの問いの答えはすべて歴史的に条件づけられている（問い自体が特定の運命的歴史的配剤の関数とみなされる）という歴史主義の主張に動機づけられている。(53) シュトラウスは、ヴェーバーの、包括的裁定的理性への軽蔑を、ハイデガーの、高貴なものと卑俗なものの区別のような「永続的なもの」への軽蔑に匹敵するものとみなす。シュトラウスの見解によれば、この軽蔑がハイデガーを、一九三三年の国家社会主義への参加に直接導いた。(54)

われわれはこの文脈において、シュトラウスの言う古典的政治哲学によって開かれる可能性への「必須の、試験的な、もしくは実験的な」回帰を理解しなくてはならない。(55)「社会科学的実証主義」と「歴史主義」は、ともに、洞窟からの脱出の道があることを否定する。[56] アレントの言う「権威の危機」の徴候として、彼らはともに、「人間は全体の光に照らし、起源もしくは終末の光に照らして自らを理解することはできない[57]」と主張する。デリダとローティによって大声で布告された「哲学の終焉」は、シュトラウスにとっては、ヴェーバーとハイデガーによってすでに十分に感知されていたことであった。シュトラウスの応答は、明らかに、事物を永遠ノ相ノモトニ見、慣習から自然へ上昇し、かくして全体の包括的把握を達成しようという哲学の伝統的野心を支持することであった。[58] この応答は、単純な古代人への郷愁に発するものではなく、古代人が現代の政治問題に対する解答をもっているという見当違いの信念に発するものでもない。[59] むしろ、時代の（歴史主義的／相対主義的）精神に対する意識的反乱とみなされるべきである。

診断と処方の両方の点でアレントと対照的であることは明らかである。アレントにとって、権威の危機——「神の死」——は、シュトラウスが彼のソクラテス的な「それは何か」の問いかけによって追求したいと思っていた本質もしくは自然の領域を、人はもはや手まねで示すことさえできないことを意味した。アレントは『精神の生活』の序文で、ニーチェの『悦ばしき知識』と『偶像の黄昏』における箴言に注釈を加えながらこう書いている。

終焉を迎えたのは、感覚的なものと感覚を超えたものとの区別であり、感覚に与えられていないもの——神あるいは「存在」あるいは「第一原理と原因（*archai*）」あるいは「イデア」——は、目に見えるものよりも現実的であり、より多くの真理と意味をもち、たんに感覚による知覚を超えているばかりでなく、感覚の世界を超越しているという、少なくともパルメニデスと同じくらい古くからある概念である。「死んだ」のは、そのような「永遠の真理」の場所ばかりでなく、そのような区別自体である。[60]

アレントは続けて形而上学と哲学の死によって提示される好機について書いている。「それは、伝統という重荷かつ案内人をもたない新しい眼で過去を見ることを可能にするだろう。……[61]」。この好機という感覚は、およそ二十年前の、政治研究へのハイデガーの貢献の評価（アメリカ政治学協会での講演）に反響している。ハイデガーの歴史性（*Geschichtlichkeit*）概念は、理論《テオリア》が、そこより全体が把握される立脚点を占めるというプラトン／ヘーゲル的仮定を彼に拒けさせたという理由で、アレントはその概念を称賛しつつ、この概念が哲学と（窮極的には）政治研究に対してもつ革命的含意を注記している。というのも、この概念によって「この哲学者は、人間の『都』がいつか滅びるという出来事のために永遠の基準を『賢明にも』知っていなくてはならないという要請を捨てた」のであった。この要請は、哲学者は、市民とは違い、「『絶対』の近辺に[62]」住んでいるものと理解されている間、力をもっていたのである。

実際ハイデガーとともに、哲学は「すべての『絶対』の傲岸さを捨てた」と主張することは正しい。人間的事象の領域は、哲学的理解と支配にふさわしい対象としてはもはや現われない。ハイデガーによる「叡知をもっているという主張の拒絶」は次のものへ至る道を原理的に開く。つまり、「政治の全領域を、領域内の基本的な人間の経験の光に照らして再検証し、まったく異なる人間の経験に根をおろす概念と判断を暗黙のうち要請する[63]」道を、である。

もちろん、シュトラウスの立場からすれば、ハイデガーの歴史性は、根本的な政治問題や現象への回帰を促すことはまずない。むしろ、それは、人間的事象の洞窟に一種の（シュトラウスの衝撃的なイメージを使えば）「人為的な穴」を穿つ原因となる[64]。これほど過激ではない他の形式と同様に、ハイデガーの歴史主義は、「基本的な問題の永続性」を否定することにより、「人間の思考の自然な地平」を忘却の彼方に追いやる。(65)古典的な政治思想への「試験的」で「実験的」回帰は、この「自然な地平」、つまり、政治的連想の世界、政治的生活への常識による洞察の世界の回復の手段として必要である。ハイデガーではなく、古典的な政治哲学者がわれわれを「事物そのもの」へと回帰させる。(66)洞窟への回帰、政治的な事柄の常識的理解の世界への回帰は、真理へと上昇するためには欠かせない序幕である。常識的体験、「権威をもつ意見」の世界は、この上昇のための基盤としての役を果たすことができる。なぜなら、この世界は、科学的知識や歴史的知識とは違い、全体の「自然な分節化」を、たぶんぼんやりとした断片的なかたちで反映しているからである。(67)

ハイデガーの挑発に対するアレントとシュトラウスのきわめて異なる反応は、二人の思想家の間の深淵を透写しているように思われる。一方には、政治外の根拠もしくは絶対へ訴えることに用心深く、歪曲的に働く哲学的立場とみなされるものを放棄したがっている公共的領域の現象学者アレントがおり、他方、「人間的事象」に関する哲学的叡知の可能性を開きたいと思っているシュトラウスがいる。アレントの視点に立つと、シュトラウスの「真の基準」の追求は、最悪の、プラトン的意味で権威主義的に見えざるをえない。『国家』のプラトンのイデアに関するシュトラウスの解釈は、プラトンのイデアは人間的事象の領域に真に適用可能な「尺度」を適用するために意図されたものであるとするアレントの前提をはっきりと疑問に付すものであるとシュトラウスは応じるかもしれないが（シュトラウスはプラトンのイデアを形而上学的確実性として解釈することは「夢想的……とは言わないが、信じがたい」(68)と言っている）、権威批判にはなるほどと思わせるところがある。

アレントが「権威とは何か」で論じているように、アリストテレスがプラトンのイデアを放棄したことは、彼の政治哲学が本質的に権威主義的なものになることを妨げなかった。彼の政治哲学は、表向きは平等な市民を、世代によって――教える者と教えられる者、支配する者と支配される者という具合に――分断するために年齢という「自然な」位階制《ハイアラーキー》を中心に据えているからである。アレントが反民主的かつ反政治的とみなすこの教育の隠喩は、政治哲学、政治家の能力、正しく解釈された政治（つまり、さまざまな体制によって異なる方法で行なわれる「徳の教育」[69]）に関するシュトラウスの見解の核心にある。アレントとは反対に、シュトラウスにとっては、ソクラテスとは「市民‐哲学者」ではなく、断然教育者、つまり、哲学者はさまざまな種類の人々に異なる仕方で話しかけなくてはならないという第一の政治的戒めを知っている教育者である[71]。その上、シュトラウスのソクラテス（きわめてプラトン的なソクラテス）は、「普通の市井人ではなく、何らかのかたちでエリートに属している人と対話する[72]」。哲学的叡知は徳の紳士教育に寄与する。今度はその紳士が、大衆のために適切な市民の徳を維持するのを助けるであろう[73]。

　シュトラウスは、哲学者の徳は、紳士のそれとは質的に異なる高尚なものであると強く主張する。同様に彼は、紳士の徳は、平均的市民の（たんなる政治的）徳とは異なる審級にあると主張する[74]。これは彼を、「哲学と市民との間の根本的不均衡」の強調と、「哲学者と非哲学者は真に共有できる討議はもちえない」という言明へと導く[75]。われわれが、この平等主義的な公共圏の可能性そのものの否定と、「政治的生活は、政治的生活を超越する何かからその威厳を引き出す」（その何かが哲学であれ、信仰であれ、自然権であれ[76]）という主張とを結びつけるとき、シュトラウスを、まさにアレント的な意味で「権威主義者」であると宣告できる証拠はすべてそろっているように思われる。

　しかしながら別のシュトラウスがいる。もっと真にソクラテス的なシュトラウスであり、奇妙にアレントに近いシュトラウスである。これは懐疑的なシュトラウスである。真の哲学は、人は何も知らないというソクラテス的自覚を要求する、「人間の叡知は無知を知ることである」、全体を知ることはなく、部分を部分的に知るだけである。その結果、「最も賢明なる人によってさえ、意見の領域を無条件に超越することはできない[77]」と主張するシュトラウスである。このシュトラウスは、哲学を基本原理のひとつの形態として提示しているのではなく、すべての形態の権威への最も厳しい挑戦として提示しているのである[78]。「自然の発見」は哲学の仕事かもしれないが、「自然」は（少なくとも道徳的政治的事柄において）一種の「規制的理念」、つまり、手近にある「尺度」や「手すり」の象徴ではなく、道徳と慣習の同一視を回避したい欲望の象徴である、つまり（間違った皮相な理解の）歴史主義が促す同一視を回避したい欲望の象徴であることが判明する[79]。

このシュトラウスは、すべての教条主義、つまり、真理の確実な所有に基礎を置くすべての道徳的政治的立場の敵である。シュトラウスは、そのような確信を、「政治的理想主義」、つまり、理論を政治的実践、社会改良、社会改造のための青写真として利用しようとする運動と同一視する。アレントと同様に――実際バーク、オークショットと同様に、それどころかリオタールと同様に――シュトラウスは、われわれの注意を、ハイデガーならば理論と実践の「技術的な」関係と呼ぶであろうものを前提とする危険性に向ける[80]。彼らとは違い、彼は、たんなる政治的行為を理論的前提から演繹することに対する警告は、プラトンの『国家』においてきわめて力強く表現されているとみなす。『国家』の議論は、われわれに、完全に正しい政体を達成することは不可能であることを認識させるためにまさに企てられたものである。それゆえ『国家』の議論は、われわれを、「われわれが今日政治的理想主義と呼ぶものの魅力から[81]」解放してくれる。

慣習主義と行動主義的「理論主義」をともに拒絶することによって、シュトラウスは、判断のための空間――歴史主義と「理想主義的」もしくはイデオロギー的思考の両者によって危険にさらされると彼がみなす空間——を開きたいと思っているのである。彼の恐れは、われわれがアレントの中に見出すものと同じである。つまり、判断はますます「自動的」になった、社会的規範と慣習のたんなる反映、慣習的規則の無思慮な適用になったという恐れである。アレントと同様にシュトラウスは、判断に特有の自律性を再生させたいと思っているのである。この点における彼らの主たる相違は、彼らの目的にかかわるものではなく、自立的な、もしくは自律的な能力としての判断力への主だった脅威に対する彼らの診断に関わるものである。アレントにとっては、脅威は規則に縛られた道徳と社会的慣習からやってくる。シュトラウスにとっては、危険は、道徳と規則の同一視にあるというよりは、道徳的規範の歴史主義的相対化にある。要点は、アレントもシュトラウスも、規則に縛られた道徳や無批判な愛国主義との無思慮な関係を醸成することに何の利点を認めていないことである。彼らのドイツでの体験が彼らに何かを教えたとするなら、それは、「わが国家とその義務」の道徳に対する深い懐疑である。

思考——アレント的意味でのソクラテス的思考であれ、シュトラウス的意味での哲学的思考であれ——は、判断力の解放のためにはこのように絶対的に必要である。しかし思考は、アレントもシュトラウスも強調するように、溶解させる性質をもつ。つまり、ソクラテス的対話はアポリアを含んでおり、堅固な地盤へ導くことはない。シュトラウスとアレントの本質的な相違は、公共圏においてそのような思考がもつ政治的含意に対する彼らの態度にある。すでに見たように、アレントにとっては、潜在的に虚無主義《ニヒリズム》的な帰結は、「立ち止まって考える」ことの価値によって、そして日常的な価値評価と結論の調子を狂わせることがもつ価値によって相殺される。シュトラウスにとっては、状況はもっと複雑である。通常の個人が思慮深くなりうるかという問題をわきにおき、彼は、そのような個人が、溶解的な、あるいは果てしなく批判的な合理性から引き出すかもしれない結論を心配しているのである。(82) すべての人々に真に開かれている広場《アゴラ》で起こる思考は、ソクラテス的な否定性によって引き起こされる方向喪失に耐えられるほど十分にその性格が有徳でない人々には、腐壊的な効果をもたらすであろう。

ソクラテスの人物像を通じて哲学と政治を調和させようとするアレントの試みに対する、これがシュトラウスの主たる応答であるように思われる。彼が、『弁明』の哲学者－市民のソクラテスよりも、『国家』と『ゴルギアス』のソクラテスを好むのはこの恐れに発する。哲学と詩および修辞学との関係に示す彼の強い関心は、哲学的洞察は市民のドクサから真理を引き出すことはなく、哲学的洞察は最も危険なかたちの非真理に変形されるという彼の確信を反映している。この点において、アレント的ソクラテスの展望は彼を恐怖でみたすと言っても誇張ではない。民衆《デモス》を哲学的にする試みからは何の望ましいことも生じえない。この企て自体が撞着語法である。(83) 判断力は（歴史主義／相対主義のドクサから）解放されなくてはならないが、平均的な市民の場合、引き手綱なしではけっしてできないことである。この点において、シュトラウスはアレントと対立するばかりでなく、カントとも対立する。多数者に対する不信から、彼は真に自立した判断力を少数者に限定し、多数者にはもっと教化的な（必ずしも、より真実に近い、というわけではないが）ドクサを期待した。(84) 思考と道徳的野心においてはソクラテス的なシュトラウスも、政治においては断固たるプラトン主義者である。民衆《デモス》は本質的に「哲学の魅力」に動かされない野獣である。(85)

疎隔された市民活動から根源的に疎隔された理論へ

「哲学と政治」と「思考と道徳的配慮」におけるアレントのソクラテスへの傾斜は、市民としての活発な行動が政治悪に対する最良の防御柵になるという彼女の根本的な確信を変えることはない。このような判断を下すとき、彼女はマキャヴェッリにくみし、哲学を、この世からの「男らしくない」退却として（カリクレスがそうしたように）懲らしめている。しかし「哲学と政治」も「思考と道徳的配慮」もともに、あらゆるかたちの（たんに）市民的な徳のもつ潜在的に深刻な欠陥に彼女が気づいていたことを雄弁に証言している。自分で考えるという自立的思考——*Selbstdenken*——は、政治的徳をたんに補うものではなく、まさにその基盤をなすものであることが判明する。(86)

同胞市民のためにソクラテスが広場で実践する「日常的思考」は、世俗世界からの退却が一時的なものではなく強制的なものである純粋に哲学的な思考とは区別されなくてはならない。ハイデガーの八十歳の誕生日の折のアレントの寄稿文が証言するように、彼女はそのような「非日常的思考」には深甚の敬意を払っている。(87)しかし彼女はまた、そのような思考を極度に非世界内-的なものとみなしている。不可視なものの追求は、現われの世界の根源的な価値の切り下げに基づくものであるからだ。非日常的な思考——プラトンやハイデガーのような人の思考——は、世俗世界の不在の禁欲的なかたちを示すものである。そして世俗世界の不在は「つねに野蛮状態《バーバリズム》のひとつのかたち」であることをアレントはわれわれに想起させる。(88)

思考を世界内-的なものにするための方法を見出すために、そして思考能力が実際に良心と判断という活動にとって重要なものであることを例示するために、アレントはソクラテスという人物像に頼る。「哲学者-市民」というソクラテス像に対するシュトラウスの非難めいた論評が明らかにするように、彼は哲学をこのように政治に役立たせようとすることにほとんど我慢がならないのである。(89)なるほど哲学者は政治に関心をもたなくてはならない。しかしそれは、哲学自体が追放されたり、滅ぼされたり、イデオロギーやプロパガンダに還元されたりしないようにするためだけなのである。(90)市民の生活、政治的行為の生活が最高次の存在形態であるというアレントの主張は、シュトラウスから見れば、明らかに馬鹿げている。「政治的生活はその威厳を、政治的生活を超越する何か」つまり瞑想的生活、哲学者の生活から「引き出す」[91]。

哲学的生活のみが政治的連携の目的である幸福を真に達成することができる。それゆえ、政治哲学の最高のテーマは、アレントの考えるような政治的行動の意味もしくは存在的意義ではなく、哲学的生活そのものである[92]。存在は、公共圏における言葉と行動によってではなく、理解の追求によって回復される[93]。アレントの「世界愛」に対してシュトラウスは叡知愛を代置する。かりに世俗世界を愛することが可能であるとするなら、世俗世界が哲学を可能にするかぎりにおいてである。われわれはアレントとシュトラウスの対立する世俗世界への忠義心が、より深い存在論的関与を反映しているさまを見る。アレントのソクラテス的共和国主義は、世俗世界のニーチェ的肯定の上に築かれるが、シュトラウスの古典的な合理主義は（いかにも哲学的な）存在の価値の切り下げを暴露している[94]。シュトラウスにとって、「理解の理解」のみが、アウシュヴィッツ以降、われわれを世界と人間の条件に和解させることができる。

われわれにはこの活動に内在するもの以外慰みとなるものはない。……この体験は、われわれが第一に理解しているものが楽しいか不愉快か、美しいか醜いか、とはまったく独立したものである。この体験はわれわれを導いて、すべての悪は、かりに理解というものがありうるなら、ある意味では必要であると認識させる。この体験は、われわれが、われわれの身に降りかかるすべての悪、「神の都市」の善良な市民であるわれわれを悲嘆にくれさせるかもしれないすべての悪を受け入れることを可能にする。人間の精神の威厳を感じることによって、われわれは、人間の威厳の真の根拠、それとと

もに、人間の精神の住まいであるがゆえに人間の住まいである……この世の善良さを認識する。(95)

存在論的態度におけるこの著しい相違は、アレントとシュトラウスの競合する理想を、アリストテレスによる生活（*bioi*）様式の位階づけよりも人為的でない観点で理解するのに役立つ。しかし、アレントによる偶然性の肯定と、シュトラウスの、大きな「世界劇」（カント）に必然性を認めようという哲学的努力を並置してみると、もっと頼もしいときのアレントとシュトラウスならば、われわれが克服するのを手助けしてくれるはずの分裂《ダイコトミー》へとわれわれを引き戻す。(96) 彼らが提示する窮極的な選択肢は、ソクラテス的なかたちの市民活動か、それとも哲学的な（懐疑的な、もしくは矯正的な）政治観か、ではなく、むしろ、生活の政治（*bios politikos*）の世俗世界性か、生活の理論（*bios theoretikos*）の瞑想的態度かである。要するに、アレントはわれわれに男らしい市民となるよう促すが、シュトラウスはわれわれを哲学へ誘いたいと思っている。『ゴルギアス』と、とりわけカリクレスが定めた条件は、プロクルステース的強引さで戻ってくる。

私は、アレントとシュトラウスを、このように制約的で相互排除的な見方で読むことに反対すべく懸命の努力をしなくてはならないと提案したい。彼らの、政治もしくは哲学に対する党派性を、「永遠の」、あるいは必然的な衝突の表われとみるのではなく、彼らの仕事の背後にある批判的動機に焦点を絞る努力をしなくてはならない。しかし、これも、言うは易し、行なうは難しである。政治理論に関して文脈主義的もしくは解釈学的な広い見方が支配的な知的世界においては――ジョン・ロールズがマイケル・ウァルツァーやリチャード・ローティと同じくらい歴史主義者であることが判明する世界においては――アレントとシュトラウスは、弁護の余地のないほど形而上学的であるか、あるいは超懐郷的に見える。自由主義の社会の「合意の重ね合わせ」に根拠をもっていないことが、彼らの批評を、全包含的でありかつ強烈なものにし、それゆえ理論的「袋小路《クル・ド・サック》」にあるよう思わせる。彼らは「批判的距離」をあまりにもとりすぎている。そういうわけで、チャールズ・ラーモアは、シュトラウスの確信的な政治的理想に特有の空虚さは、彼が「あまりに多くのものから退き、やることが何も残っていない[97]」という事実に発するものであると言う。同じような気分でジョージ・ケイティブは、アレントの、アメリカからの「精神的距離」が、彼女に、代表制民主主義を歪曲させ、誇張させ、戯画化させていると書いている[98]。

シュトラウスとアレントに対する自由主義者の懐疑的見方は、われわれが彼らを、哲学の理想の情熱的な代弁者あるいは新しい市民的共和主義の情熱的代弁者とみなすかぎりにおいて妥当性をもつ。ケイティブが彼らの「疑わしい影響力」と呼ぶものは、哲学者の生活であろうと英雄的な政治的行為者の生活であろうと、最良の生活が本当にあるのだという二人が共有する完璧主義者的確信に発する。

しかしながら、アレントとシュトラウスがしていることに対して別の見方がある。哲学と政治の一時的合流に関する彼らの省察が可能にする彼らの仕事に対する展望である。この展望の瞬間が証言するものは、疎隔された（あるいは哲学的な）市民活動、強固に支持されている公共的目的とそれらが協力を求めるさまざまなエネルギーに道徳的懐疑心を抱く市民活動、シュトラウスが愛国的共和主義の「利己性」と呼ぶ[99]ものによって拒絶される市民活動のもつ確固たる価値である。アレントとシュトラウスは「哲学的」市民はつねに少数派であろうという点で意見が一致する。にもかかわらず、そのような市民は、アレントの英雄的な政治的行為者よりも、またシュトラウスの紳士の哲学的家庭教師よりも、その政治的価値と道徳的価値は大きいことは明らかであるように思われる。われわれは少なくとも、「ソクラテス的」アレントと「懐疑的」シュトラウスは、自らの意図に反してこの教訓を提示していると読むことができる。

このような市民は、同胞市民のドクサに真理を見る能力（アレントの言う代理－表象的思考の能力）をもっているばかりでなく、こちらのほうが重要なのだが、「緊急事態」においてそのようなドクサを想像力によって溶解させる能力ももっている。言い換えると、ソクラテス的市民活動の理想は、意見のたんなる内的精査に還元することはできない。それは、「特定の共同体の伝統、特定の文化の合意」[100]を相対化もしくは超越する能力を伴う。それは、「われわれ」から上昇し、アルキメデス的立場に、ではなく、良心的な、非教条的な「私」へと達する能力をもたなくてはならない。

もちろんこれは『ゴルギアス』に述べられたソクラテスの中心的な教えである。「ひとりである私が自分自身と調和せず、自分と矛盾するよりは、私が弾く竪琴や私が指揮する合唱が調子はずれで、多くの人々が私と意見が一致しないことのほうが私にとってはよいであろう」(482 c)。これは真に世俗世界的良心の視座であり、ソクラテスによって発見された視座であり、彼が同胞市民の間に開発しようとした視座である。われわれは、アレントとシュトラウスの広範囲にわたる批判的企図を、それらが「われわれ」の立場を相対化する能力を強化するかぎりにおいて、そのような良心的市民活動の支えとみなすことができる。そのような能力は、「われわれ自由主義者」でさえ、手に入れずにすますことのできないものである。

アレントとシュトラウスのいずれかを、自立した世俗世界的良心の個人主義的闘士として提示することは、もちろん、少なからぬ誤解を招く。[101]他方、思考が良心の基底にあり、判断能力を解放するというアレントの主張は何を意味するのか。[102]歴史主義と慣習主義に直面して「自然権」の基準を復活させようというシュトラウスの長く続く、しかし「試験的で実験的な」試みの目標は何なのか。ある角度から見ると、アレントとシュトラウスの企図は、思考する市民がそれを育成するのを二人が手助けする距離――社会的政治的批判の内的性質に関する現在の合意がほとんど消去してしまう距離――ゆえに価値があるのである。[103]

批判的距離は危険を伴わないと言っているのではない。マイケル・ワルツァーがわれわれに想起させるように、「自分自身の社会への関与不足は、何らかの理論的あるいは実践的他者への過剰関与を助長する、あるいはそういうことがありうる」[104]。自由主義的な民主主義に対するアレントとシュトラウスの批判的視座を特徴づける極端な距離は、窮極的には彼らをそのような「他者」——アレントの場合はアゴーン的な「政治のための政治」、そしてシュトラウスの場合は、叡知と徳の貴族性への古典的な好み——へ関与させる。

しかし、市民と哲学者の「異質な」理想の追求が、「それら理想の挑戦によって近代民主主義を強化する」ことにほとんどならないとしても、アレントとシュトラウスは、今日のドクサを溶解させるわれわれの能力を高めると言えることは確かである[105]。彼らは産婆としてのソクラテスのようなお務めを果たすことはないが、ソクラテスがその「シビレエイ」としての能力によってもたらした「麻痺」に似た何かを提供する。彼らの仕事は実践への案内とはならないが、われわれの無思慮な想定、政治、道徳、政治的行動をめぐるわれわれの思考を形成する地平の境界を（必ずや方向を見失わせるかたちで）暴露する。

アレントとシュトラウスは、根源的に疎外された理論家、その仕事が、「コネをもつ」批判者の意識ではなく、亡命者の意識を反映している理論家であると論じたい。彼らの仕事は、われわれを、自由主義的な民主主義の「洞窟」から連れ出す異常な能力をもっている。アレント派とシュトラウス派の錯誤は、いずれもがわれわれを光へと案内することができると仮定していることである。いずれも光へと案内することはない。われわれは、アレントからもシュトラウスからも、政治的生活の「根本的な問題」に対する「包括的な視座」を期待することはできない。政治哲学者としての彼らから期待してよいものは、根源的に新しい視座からこれらの問題に照明をあてることだけである。

アレントとシュトラウスによって実践される政治哲学は、ワルツァーが定義したような「社会批評」ではない。政治哲学は、「現実に存在する道徳的世界」という表現に含まれている改革への案内を提供しない。それはまた、ロールズの表現を借りると、特定の伝統に含意されている「基本をなす直感的な観念や原理」の分節化でもない。[106] 政治哲学とは、われわれの地平の有限性、われわれの「直感的な観念や原理」の局所性、「歴史（もしくはイデオロギー）の終焉」の偏狭性をわれわれに執拗に想起させる試みである。政治哲学だけでは、ソクラテス的な「立ち止まって考える」ことの「救済力」を提供しない──「緊急事態」にあるわれわれを救出しない。政治哲学がすることは、自由主義的な市民に、政治的なものとは何かという問いかけ──ソクラテス的な問いかけ──をすることである。この問いかけを引き受けることによって（アレントとシュトラウスのおかげで引き受けやすくなる）、哲学者と市民の溝が埋まり始めるのである。

第八章　全体主義、近代性、伝統

序

ハンナ・アレントは全体主義をどの程度に際立って近代的な現象、つまり、われわれの時代の本質的な局面を開示する現象とみなしているのか。彼女の全体主義概念と『人間の条件』で提示された人間活動の現象学との関係はどのようなものであるのか。最後に、彼女がその本の中で提示する政治哲学の西洋的伝統に対する批判と、全体主義の「本質」に関する彼女の見解とのつながりはどうなっているのか。われわれの伝統の虚無主義的否定とみなされることがきわめて多い全体主義は、実はその伝統の偏った所産であるとアレントは信じているのか。[1]もしそういうことなら（一方では）プラトンとアリストテレスと（他方では）ヒトラーとスターリンとの間にどのような（もっともらしく思われる）つながりがありうるのか。

これらの疑問は明らかに大きく、複雑で、論争を伴うものである。一章というスペースで十分な解答を呈示できると言うつもりはない。その代わりに、最初の二つの疑問には手短に答え、章の残りを第三の疑問――西洋の政治思想の「偉大な伝統」と全体主義との間のありうべきつながりという問題――に割こうと思う。この問題に焦点を絞るのは、私が著書『アレントとハイデガー——政治的なものの運命』で示唆したことをより明確にしたいからである。

私の焦点は明らかに不安の所産である。アレントの思想をめぐる私の解釈を読んだ読者は、彼女が何か神秘的な内的論理がプラトンからマルクスへの連鎖の中に働いているのを見ている、「最高の価値の切り下げ」そして（それゆえ）二十世紀の恐怖へとつながる虚無的な論理が働いているのを見ているという印象をもつかもしれない。そのように見ると、アレントを、ニーチェ、ハイデガー、そして歴史的進歩のヘーゲル的メタ物語の考案者たち（たとえばホルクハイマーやアドルノやレオ・シュトラウスやエリック・ヴォーゲリン）といっしょくたにすることができるだろうか。(2)

アレントの、全体主義、近代性、伝統に関する見解を、精神史（*Geistesgeschichte*）というジャンルの境界内に居心地よく収まるものとみなすのは彼女に対してひどい仕打ちである。『全体主義の起源』から『精神の生活』に至る彼女の著作全般にわたって、彼女は、進歩のそれであれ、運命のそれであれ、ヘーゲル型の目的論と闘っている。その上彼女は、全体主義の因果論的説明のすべて、全体主義を「産み出」したと言われるひとつもしくはいくつかの決定要因を引き離して取り出す説明に対してきわめて懐疑的である。(3)そういうわけで、彼女は、全体主義が少しでも重要性をもつ意味において、プラトンやアリストテレス、マキャヴェッリやホッブズ、ニーチェやハイデガーの著作の「結果」であったとか、「啓蒙の弁証法」の「結果」であったとか、そのように考えることはまずなかった（この問題に関して彼女とシュトラウスとフランクフルト学派の間の距離は広大である）。(4)彼女は、そのような取り組み方の基底にある方法論的理想主義と歴史主義的決定論に、とても穏やかとは言いかねる侮蔑の念をしばしばあらわに示した。(5)

しかし、全体主義の出現には真に重要な「可能性の条件」となる要素——民族的差別主義、帝国主義、国民－国家の衰退、反ユダヤ主義――が、一種の論理的帰結として全体主義を生じさせたとも考えなかった。全体主義とは彼女にとって依然として奇怪な前例のない出来事であった。つまり、「政治思想の伝統的な範疇を爆砕し（全体主義的支配は、われわれの知っている専制政治や独裁政治のどのようなかたちとも異なる）、われわれの道徳的判断の基準を爆砕した（全体主義的犯罪は『殺人』と記述されるがきわめて不適切であり、全体主義的犯罪者が『殺人者』として罰せられることはまずない）」[6]。全体主義の主たる特徴は「いかに無理をして歴史的類似物をもってきても軽減することのできない恐ろしい独自性」[7]であった。全体主義を、原因となる諸力の配列の予測可能な結果とみなすことは、人間の自由の否定を永続化することである。アレントは人間の自由の否定を全体主義的イデオロギーと行為の必要条件と同一視している[8]。

しかし、このような警告にもかかわらず、アレントは、全体主義と伝統との間に、ちょうど彼女が全体主義と近代の精神との間に関連を認めたように、（たぶん因果論的なものではないが）関連を認めた。われわれはアレントを、実際の彼女とは違う何者か、つまりハイデガー流の哲学的理想主義者に変えるのを避けつつ、これらの関連を意味づけようとしなくてはならない。

全体主義と近代性

それでは、全体主義をアレントから見て本質的に近代的な現象にしているものは何か。まず第一に、全体主義は根本的に新しい何かである、つまり、専制政治、独裁政治、権威主義という伝統的な範疇では把握できない新しい形態の政治体制であるという彼女の確信の強烈さを誇張として扱うことはできない[9]。それゆえ、全体主義の「本質」もしくは性質を、専制政治の最新版（ドイツ特有のもの、あるいはロシア独特のもの）としてではなく、統治の一形態として理解しようとする彼女の探究が始まる。彼女が『全体主義の起源』とエッセイ「全体主義の性質について」と「イデオロギーと恐怖」で主張するように、全体主義的支配と専制的支配とは質的に異なる。恐怖《テラー》による支配と畏怖《フィア》に基づく支配とは本質的に異なる。(10)

畏怖は、臣民を根本的に孤立させ、孤独から生まれる圧倒的な不安感にさらすことによって、専制者の利益に供する。畏怖による支配は公共の領域を「砂漠」、つまり、孤立した個人が一致協力による行動と抵抗を諦め、日々無気力と無力感にさいなまれる砂漠に変えてしまう。(11) しかし、ここでもまだ行動は、戦略的応答として可能である。完全な服従とすべての「怪しげな」行動の回避は、生き残りの原理を提供する。そういうわけで、専制政治においては、畏怖がモンテスキュー的な意味で「行動原理」である。ちょうど、徳が共和政体を生かす原理であり、名誉心が君主政体を生かす原理であるように。(12)

しかしながら、恐怖による支配はもっと遠くへ及ぶ。それは、根源的孤立の人間的体験とそれがもたらす無気力を利用することで満足したりはしない。また、公共の領域から多元的個人を追放することで満足したりはしない。むしろ恐怖による支配は、人間存在から計測不可能なものを排除することを目的とする。つまり、それは、たんに公共の自由を抹消しようとするのではなく、自由そのものを抹消しようとするのである。(13) 恐怖による支配は、公共的なものと私的なものとを隔てる法律的境界を体系的に破壊し、行為と個性に必要とされる空間を破壊することにより、自由そのものを抹消しようとするのである。恐怖による支配は、人間の無気力を暴露するばかりでなく、人間のまったくの不必要さを暴露する。(14)

アレントは全体主義の中に、その原理（モンテスキュー的意味での）が恐怖である体制を発見したと信じた。彼女は、過去において他の政体が恐怖を利用したことは否定しなかった。しかしながら、恐怖を組織化原理、存在理由とした政体はなかった(15)。全体主義が根本的に新しいのは、恐怖が「そのような統治の本質そのもの」だからである。全体主義は、その支配的イデオロギーの論理に従って現実を作り変えることによって計測できないものを排除することを目指す政体である(16)。

全体主義的政体は、彼らのイデオロギーが「自然」もしくは「歴史」の審判と仮定するものを遂行するために恐怖を利用する。しかし、彼らがそうするのは、真の、もしくは潜在的な政治的抵抗をすべて排除したあとに、なのである。恐怖は「加速化の比類ない道具」として、つまり「自然」もしくは「歴史」の、彼らの言うところによると疑いの余地のない「運動法則」の加速化の方法として「配備される」。「退廃期の死滅しつつある階級」、「劣等民族」、「生存に適さない」個人、これらはみな、全体主義的立場からみると、歴史の灰置場へと行く先は定められている。恐怖の目的は「自然」もしくは「歴史」による死刑宣告を大至急遂行し、この運命に対して障害となるものを取り除きやすくし、かくして人類を、「自然」もしくは「歴史」の運動法則の「生きた形象」とすることである(17)。

しかし、このような定式表現は誤解を招きやすい。なぜなら、それはわれわれに、恐怖を伝統的な見方で、つまり政治権力のたんなる（嘆かわしい）手段として考えるように促すからである。アレントによれば、われわれが全体主義を、そのような効率主義的枠組みに適合させようとするかぎり、全体主義を政治的現象として理解することはできない。恐怖が手段・道具となるためには、恐怖を加える者にとってそれが利益とならなくてはならない。しかし、ナチスの強制収容所のような手の込んだ、費用のかさむ恐怖装置を維持することにどのような利益があるのか。ことに、政体の存続自体が減少する貯えから最大のものを引き出さなくては立ち行かないようなときに(18)。

この点においても、また他の点においても、「手段が目的と化した」というのは実のところ真相ではない。アレントによれば、この定式表現は「手段と目的の範疇はもはや機能しない、つまり、恐怖は明らかに目的をもたないということの、逆説を装った告白でしかない」[19]。恐怖は全体主義的統治形態の本質である。恐怖がそれ自体一種の目的としてあるからだ。その意味は、戦略的もしくは功利主義的観点からは、つまり、国家的理由《レゾンデタ》もしくは権力維持の観点から把握することはできない[20]。アレントのように恐怖は「比類ない道具」であると言うことは、現実とは終わりのない破壊過程であるという観念のために何百万人という人々が――そして政体さえもが、党、そして窮極的には国家自体が――犠牲にされたと言うことである。恐怖は「歴史」もしくは「自然」の「運動法則」を加速するばかりでなく、内奥にある殺人という本質を表わしている。恐怖とは、それにより御しがたい現実が単一の観念（階級闘争の歴史としての人間の歴史、人間という種の進化と完成化としての自然の過程）の公理的論理に従わされる「手段」である[21]。

アレントは、全体主義的恐怖は「政治哲学における統治の本質のすべての定義がそれを基盤に築かれている二者択一そのものを、つまり、合法的な統治と非合法的な統治の二者択一、恣意的権力と合法的権力の二者択一を爆砕する」[22]と言う。アレントが書いているように、「合法性が非専制的統治の本質であり、非合法性が専制政治の本質である」ならば、全体主義は、政治理論と、その本質が「法」に導かれた恐怖という謎めいた体制と突き合わせなくてはならない[23]。

ここで強調しなくてはならないのは、アレントの見解によれば、全体主義的恐怖は、恣意的なものでもなければ、利己的なものでもない、ということである。全体主義は、巨大に膨らまされた専制的非合法性ではない[24]。逆に、全体主義的政体は、実定法の上に屹立していると言われる「自然」や「歴史」の「法」への厳格で不変の信奉が特徴であると彼女は主張する。

全体主義的支配の奇怪な、それでいて一見反駁できない主張とは、全体主義は、「非合法」であるどころか、実定法がそこから窮極的な正当性を得る権威の源泉に訴える、全体主義は、恣意的であるどころか、かつて存在したどの政府よりも、人間を超えた力に従順である、全体主義は、ひとりの人間のために権力をふるうどころか、「歴史」の法もしくは「自然」の法と想定されているものを遂行するために、すべての人々の生活に関わる直接的利益までを犠牲にする覚悟が完全にできている、というものである(25)。

これらの政体が示す実定法(自らの憲法も含まれる)への侮蔑的態度が与える専制的非合法性という表面的な印象は、たったひとつの目的——窮極的には新しく美しい人種を生み出し、階級の区分がなく、劣等人種のいない世界を生み出す「運動の法則」を加速すること——をもっている不眠不休の積極的実践主義によって、それが誤りであることが示される(26)。全体主義は、非合法的であるどころか、特有の強烈な合法性によって区別される。この合法性は「地上に正義の支配を確立するための方法——実定法の合法性ではけっして成就できないであろう何か——を見出したと言い張る(27)」。

その目標が、そのような「法(則)」の恐怖の遂行により「完成される」人類を製造することにある政体として、全体主義は前例がなく、疑いようもなく近代的である。しかしそれは、時代を定義する精神、つまり、人間の力の無限性に対する傲慢な信念を誇張して表現しているという、より深い意味においても近代的である。アレントにとって、近代とは、人間の条件に対する怒り、人間存在を画定するすべての制約(寿命、労働、自然の欲求、重力に縛られていること、等)に対する怒りから生じた無限の自己主張の時代である。近代人は、自分自身が作ったものではないものは受け入れたくないので、近代科学とテクノロジーで現実を変える、つまり、その中で（ようやく）くつろげる完全に人間化された世界を作りたくて現実を作り変える。

アレントが『人間の条件』の中で、「道具を作る人《ホモ・ファーベル》の近代における勝利」と呼んでいるものが、かくして「すべてが可能である」――自然の過程を模倣し利用する人間の能力には限界がなく、したがってわれわれに成し遂げられる現実の作り変えにも限界はない――という近代主義的綱領を生む。「制作する人間」という全体主義的企図に表現されているのはこの驕り――ホモ・ファーベルの驕り、「すべてが可能だ」の驕り――である。この企図は、利用可能な人間という材料を過激に作り変えて、最後には、階級、人種、個人を消して、（完成された）種の見本のみが残るようにすることにある。[28] このような世界においては、計算できないものは本当に排除される。

全体主義の奇妙な点のひとつは、このように際立って近代的な驕りと同じくらい近代的な決定論が一対になっていることである。マーガレット・カノヴァンが指摘するように、アレントは、近代人は「非人間的な力を支持し、必然性に手を貸すという代価を払って無限の力を買う」ように誘惑されていると考えた。[29] 全体主義的な政体は、人間が無条件にこのような誘惑に屈するとき何が起こるかを実証する。人種差別主義的「自然の法則」（集団虐殺が不可避）や歴史的な「運動の法則」（資本主義の消滅を予言するばかりでなくプロレタリアートのすべての階級の敵の消滅を予言する）への屈服は、全体主義の先導者と追随者に権力を自覚させる。各人が、自分は超人間的な必然性、歴史的な運動法則やそれらがもたらす破壊に明示される必然性の道具であると自覚する。[30]

それゆえアレントは、全体主義的政体が、「人為的考案物《ヒューマン・アーティフィス》」――相対的に恒久的な政治的社会的構造をもつ文明社会――が「自然」や「歴史」の諸力の邪魔となるようなところに置いた障害物をすべて除去したいという有無を言わせぬ欲望によって生かされているものとみなす。ここに全体主義的政体において恐怖の果たす明確な役割が生まれる。なぜなら、「人間の作った法の境界を消去」し、「自然や歴史の力が人類の間に、自発的な人間行為に妨げられることなく自由に侵入する」のを可能にするのは恐怖だからである。(31) 法律的制度的に分節化された自由の空間の体系的な排除によってのみ、全体主義的政体は、人間的複数性という単純な事実に含意されている行動能力を破壊することができる。実際、アレントの分析によると、人間の複数性と自由は、(「巨大なひとりの人間」として理解された)「人類」が作り出されるためには克服されなくてはならない第一の現象である。(32) そのときにのみ、現実は、単純観念の論理と調和させることができる。(33)

これが全体主義的支配の目標である、つまり、「人間の無限の複数性と差異性」を「あたかも全人類がたったひとりの個人であるかのように」完全に組織化することが(34)。そのような全体主義的支配は、強制収容所と死の収容所によってのみ達成することができた。人間存在から自発性と自由を根絶することを目論む実験が起こりうるのは、「科学的に統制された条件」のもとに置かれたこのような場所においてであった。(35)

収容所において人間は、恐怖によって人間という動物の標本に還元された。人間の個性は「たんなる物」、動物以下の何か、「つねに変わらぬ反応と反射の作用の集合」(36)に変えられた。恐怖によって全面的に条件づけられ、独自性と自発性を奪われた収容者は、人間の力を加えることによって人間の性質を変えることができるということを示す瀕死の証人でしかない(37)。それゆえアレントは収容所のことを「全体主義的組織力の真に中心的な制度」、「すべてが可能であるという全体主義の根本的信念が実証される実験室」と言っているのである。(38)

全面的支配を現実化するのに必要な三段階の過程に関するアレントの分析はよく知られているが、その真価は理解されていない[39]。この過程――権利と市民の身分を剝奪されて法人格を殺され、次には良心がもはや機能しえない条件を作ることによって道徳的人格が殺され、最後に仕上げとして収容所によって個性の抹殺が遂行される――はその反復可能性が顕著であり、それ自体が、人間の「絶対的余剰性」の確立のための一体系を構成する。これだけの記述でここでは十分だろう。これは特定の集団（民族的、宗教的、政治的）に限定される過程ではなく、すべての人間が原理的に余剰であることを確立する移動・拡大可能な装置である。アレントの見解によれば、これが全体主義的権力の特異性（*differentia specifica*）であり、それは「人間に対する専制的支配」を目指すのではなく、「人間が余剰」であるので、必要な数だけの条件反射の束によって代置される「ひとつの体系」を目指す[40]。

かくして完全に全体主義的な社会においては（収容所がその典型だが）、恐怖が個人を堅く縛りつけるので、「意思伝達のすべての経路」は消滅し、自発性も個性も表出の余地がない。恐怖に凍りついた人間は、「自然」や「歴史」の運動法則――人間を最終的かつ根源的に脱個人的形態に暴力で作り変える終わりのない仕事を遂行する「人類を貫く熱狂」――に抵抗できない従順な原材料である。アレントが「人類と恐怖」に書いているように、全体主義の窮極目標は、「特定の人種に支配された社会であれ、階級や民族がもはや存在しない社会であれ、すべての個人が種の標本でしかない社会を形成し、維持する」[41]ことであった。換言すれば、種としての人類の「完成」は、概念としての人間性と、比類ない個人という現象学的現実としての人間性の抹殺を伴うのである。

全体主義と『人間の条件』

『人間の条件』において人間行動の現象学とのつながりが最も明瞭に現われているのは、「完成された」全体主義的政体――全体主義的論理が貫徹され、全面的支配という目標が達成されている政体――に関するアレントの省察である。もし全体主義が、近代の渇望の極限（「すべてが可能である」）が自由の根本的破壊に通じうることを誇張されたかたちで示しているとするなら、『人間の条件』のひとつの中心をなす目標は、自由の保持は、全体主義のもとではありえない相対的に安定した人為的考案物を必要とすることをわれわれに想起させることである。全体主義はアレントに、そのような安定した領域が絶対に欠かせないこと、無限の力動性（全体主義的運動の休みなき活動がその例）の原理がいかに破壊的なものになりうるかを教えた。

『人間の条件』は全体主義的力動性のもつ危険性から転じて、近代が解き放った「世界破壊的」諸力の考察に向かう。諸力の中には、資本主義の興隆によってもたらされた生産と消費の力の途方もない増大がある。この生産と消費の増大は、それがもたらす経済的関心が主導権をとることにより、他のすべての相対的に自立した人間活動の領域をも呑み込む勢いとなる。かくして、人間の複数性、自由、独自性の根絶が助長される。アレントは、相対的に安定した人為的考案物の防御柵の中でのみ、生存のための生活、生物学的再生産、生産と消費の終わりのない循環を特徴づける自動運動《オートマティズム》から人間的複数性を守り保持することができると深く確信している。人為的な法律と制度の枠組みの中でのみ、自然の自動運動を寄せつけず、自由の領域と必然性の領域を切り離しておくことができる。

自動運動の自然の過程に海のように取り囲まれた脆弱な「自由の島」というイメージは、アレントの中に繰り返し現われるイメージである。[42] 全体主義と近代テクノロジー資本主義は、人間の働く動物（*animal laborans*）への変形とともに、破壊あるいは再生産の過程にこの人為的考案物を埋没させるべく全力を尽くす。アレントがわれわれに行動、仕事、労働の違いを想起させようとするのは、個人の生活が人間的なものになりうるのは、自然もしくは擬似自然的諸過程を、限界があるとはいえ、どこまで超越できるかという可能性に対応していること、それを忘れることはいかに危険であるかを強調するためなのである。アレントの見解によると、行動——公共の領域における言葉と行動——は、われわれがそれによりこの限定的超越を達成し（かくして）比類ない同一性を獲得する媒体である。この機会——損なわれていない公共の領域により提供される機会——を奪われることは、十分に人間的な生活を生きる機会を奪われることである。[43] 全体主義の目標が人間をたんに種の標本に還元することであるなら、テクノロジー資本主義は、全体主義と相似的な、とはいえその恐ろしさは全体主義に遠く及ばない、論理をもっている。両者はともに人間の地位を侮辱するものである。それは両者ともに、われわれを絶えず自然と必然性のリズムに接近させて、人間的複数性と自発性を、一種の一体性（種のそれであれ、国家的規模にまで膨らまされた「家族」のそれであれ[44]）によって置き換えようとするからである。

『人間の条件』における「労働社会」に対するアレントの告発は、ヘルベルト・マルクーゼのような資本主義的近代に対する全面的批判者のひとりに彼女を位置づけるように思われる。たとえば、『人間の条件』の最後の部分の次の一節を考えてみていただきたい。

今日でさえ、労働というのは、私たちが住むことになったこの世界で私たちが行なっているもの、あるいは行なっていると考えているものを表現するには、崇高すぎる、野心的にすぎる言葉である。労働社会の最終段階である賃仕事人の社会は、そのメンバーに純粋に自動的な機能の働きを要求する。それはあたかも、個体の生命が本当に種の総合的な生命過程の中に浸されたかのようであり、個体が自分から積極的に決定しなければならないのは、ただその個別性――まだ個体として感じる生きることの苦痛や困難――をいわば放棄するということだけであり、行動《ビヘイヴィア》の幻惑され「鎮静された」機能的タイプに黙従することだけであるかのようである。……たしかに近代は人間の活動力の先例のない、将来を約束するような爆発をもって始まった。しかしその近代は、歴史上最も不活発で、最も不毛な受身の状態のままで終わるかもしれない。それは十分考えられることである。[45]（志水速雄訳）

ニーチェ、ヴェーバー、ハイデガーの反響音がここでは耳を圧するほどである。アレントが語っていることを一種の「ソフトな」全体主義として記述したい誘惑も強い。もし結果が同じ、つまり「共有世界の破壊」であり、公共の領域における言葉と行為として理解される自由の根絶であり、人間の、自然と必然性への同一化であるならば、実在するものと、その資本主義的テクノロジー的幻影との違いは結局何なのかという疑問が湧くからである。これに、前述したような、近代の企図と全体主義的企図のいずれにも共通する「人間の条件への遺恨」を加えると、人間の条件の中における近代性と全体主義の位置の理解を深めたというより、貧困にしたという理由でアレントを非難することは容易である。

　もちろん、アレント自身が、そのような混合を拒否したことであろう。彼女は全体主義の「戦慄すべき独自性」に十分すぎるくらい気づいていたので、それを何かもっと広い世界的歴史的運動にさかのぼって解読することはできなかった。ここでわれわれは、彼女の方法と、彼女の師であるハイデガーの方法との通分不可能な差異に直面する。ハイデガー独自の銘とも言うべき「存在の歴史」（*Seinsgeschichte*）は、マルクーゼのような弟子に混合を奨励した。アレントの見解においては何もない。全体主義、資本主義、テクノロジー的近代性を結びつけているものは、形態論的レヴェルにおいては全体主義的支配が専制政治や独裁政治と根本的に区別できるとするなら、それはまた、言うまでもないが、「国民の家」としての社会とは、その構造と活動においてまったく異なるものである。それらを結びつける唯一の点は（驕りという推進力は別にして）[46]、それぞれが、人間的考案物という終わりのない現実への脅威、したがって自由への脅威を表わしていることである。

アレントにとって、全体主義は人間性を危険にさらす。全体主義的企図とは、人類というこの上なく従順な新しい動物種を生み出すために、人間を根本的に脱自然化し、脱個人化することであった[47]。この脱自然化に比べれば、経済的に最も統合されている政治的にも従順な「国民の家」でさえ喪失はきわめて限れたものである。つまり公共精神と政治的行動能力の減少である。アレントによる、擬似アリストテレス的な、「生物」（*bioi*）の序列づけという視座から見ると、そのような喪失は依然として大きい。彼女の見解によれば、人生を生きるに値するものにする当のものを切り崩すからである[48]。しかしながら、それは、全体主義的体制と終わりのない恐怖の支配により築かれた「地上の地獄」に接近することはない。政治的もしくは経済的諸力によって相対的に「世界喪失者《ワールドレス》」にされることと、アレントが全体主義の核心と見なした「殺戮の法則」に従わされることとはまったく別のことである[49]。

マルクーゼ、ホルクハイマー、アドルノや一部のポストモダンの人々の言うこととは反対に、全体主義とは近代の比喩でもなければ、つねにすでに虚無主義的な時代の頂点でもない。アレントの見解によると、全体主義とは際立って病理的な近代的政治形態である。近代性を照射するが、結局はそれとは同一視しえない近代性の病理である（ジョージ・ケイティブが記しているように、たとえアレントが、近代ヨーロッパの歴史を、ナチスとスターリンの全体主義を「病理の頂点」とする病理の歴史と見なしていてもそうなのである(50)。『人間の条件』における彼女の近代批判の激しさにもかかわらず、そして、近代の大衆が根無し草であることが全体主義が根づく土壌を提供したという彼女の確信にもかかわらず、近代の「世界喪失性《ワールドレスネス》」と全体主義の「本質」、つまり恐怖とは内的につながっていない。

　われわれが言えることはせいぜい、アレントにとって近代は前例のない疎外と孤独を生むものということ、根源的な孤独もしくは根無し草的状況の体験は、人から「世界における居場所」を奪うばかりでなく、世界への帰属と共感の意識（「共有意識《コモン・センス》」）を奪うこと、人を世界と他者に関係づける意識を奪われると、近代の個人は、ひとつの前提（たとえば、世界の歴史は階級闘争であるという前提）からの演繹によって完璧なまでに論理的に過去・現在・未来を説明するイデオロギーと化す可能性があまりにも高いということである(51)。同胞と周囲の現実との接触（安定し活気にみちた公共の領域により保証される接触）を失うと、近代の個人は思考と体験の能力をともに失う(52)。こうして全体主義的虚構に対して感染しやすくなるのである。全体主義がその基盤を孤独に内在する世界喪失性、「人間の体験の中でも最も根本的で絶望的な体験である世界にまったく帰属しないという体験(53)」に置くというのはこの意味においてである。

　『全体主義の起源』における近代の大衆の「世界喪失性」に関する省察は、『人間の条件』における行動と公共領域の現象学へ道を準備したことは明らかである。アレントは、世界喪失性のきわめて病理的な表われ――深い孤独感と全体主義的虚構の容認――から、公共の場での政治的行動がどのように世界に意味を付与し、かつ個人に、公共の自己の創造により認知と主体性《アイデンティティ》の両者を獲得する機会を与えるかという記述へと移る(54)。『全体主義の起源』における彼女にとって最も重要なのは、触知できる世界の現実感の喪失によって開かれる病理的政治の可能性である。『人間の条件』において彼女を現象学的記述へと駆り立てるものは、公共の世界への強い意識が、どのように政治的行動に現われるか、そして政治的行動が原因となって生まれる物語、判断、理解にどのように現われるかを示したいという願望である。(55)

それゆえ、『全体主義の起源』と『人間の条件』は共通の恐怖感で結ばれている。いずれのテクストも、われわれの政治的健全さへの最も根本的な脅威を、きわめて多くの人々の、公共の世界、公共の現実という意識の喪失に位置づけている。われわれがこの「共有意識《コモン・センス》」の喪失の含意に向かい合わないかぎり、われわれは人種差別主義、帝国主義、反ユダヤ主義、全体主義が近代後期にかくも強く人の心を引きつけ、そして抵抗する力がかくも弱かったことの理由を理解することはできないだろう。そして両大戦間のヨーロッパ社会を特徴づけ、われわれの現代の政治文化を特徴づけている奇妙な騙されやすさと冷笑の混合態を理解することはできないだろう。(56)そしてついには、政治、公共圏、正義の要求を、市場、テクノロジー、「国民の」(現在は世界の)家の要請によりいっそう従属させながらも、「自分のしていることを考える」ことはできないだろう。

全体主義と伝統

『全体主義の起源』は、全体主義的イデオロギーとその正典的典拠との間の帰属関係への注目の欠如が著しい。これは、国家社会主義という、きわめて胡散臭い典拠から「常軌を逸した」観念を継ぎはぎした「生まれの卑しい《ガターー・ボーン》イデオロギー」に対するアレントの侮蔑と一部関係がある。そういうわけでアレントは、この本の初版の序文に、「西洋の歴史の地下水がついに表面に浮上し、われわれの伝統の威厳を簒奪しった。
説明するものは、その運動が表わすものに対して彼が抱いた幻想にしかなく、イデオロギーの内在的深みではなかった。[58] しかし、彼女がスターリン体制という事例を考えるとき、事態はそう簡単なものではなかった[57]」と書いている。たとえハイデガーのような一流の知識人がナチスを支持したとしても、その牽引力を

この場合の全体主義は、カール・マルクスの聳え立つ著作に根拠をもち、ヨーロッパの近代性の最も大事に育まれた道徳的願望のいくつかを具現する威厳のある知的系譜を主張することができた。そのうえ、たとえ知的な革命であれ、マルクス主義は「西洋の伝統的政治思想の主流の産物であることは疑いなかった[59]」。一九五〇年代におけるこの事実の含意の考察が、アレントを「全体主義ゆえにマルクスを非難することは、西洋の伝統自体を、それがこの奇怪な新しい統治形態に必然的に［!］帰着すると非難するに等しい[60]」という結論に導いた。この方向に沿った思索の結果、彼女は、「われわれの前例のない現在の状況と、政治思想の一般に容認されたある伝統的カテゴリーとの間の失われた環[61]」についてますます考えるようになった。

アレントは、右の引用の言葉が見られる一九五二年のグッゲンハイム財団への計画案でほのめかした「マルクス主義における全体主義的要素」について本を書くことはなかった。しかし、彼女の探究の仕事は拡大し、プラトンからマルクスに至る正典の再読へ彼女を導いた。この再読の諸結果は、『過去と未来の間で』を構成するエッセイと、言うまでもないが『人間の条件』に見出される。これらのテクストに向かうとき、私はアレントの疑問、つまり「政治思想の一般に容認されたある伝統的カテゴリー」と全体主義とをつなぐものは何かという疑問を再度述べたい。

この疑問に答えるには、アレントのようにマルクスから始めれば容易になるだろう。一八四四年の「経

済学哲学草稿」から『綱要』と『資本論』にかけてのマルクス思想の中心にあるのは、人間は労働を通して自らを創造するという概念である。アレントが『人間の条件』で強調しているように、マルクスは、労働《レイバー》（人間の生命を維持するために必要とされる生産と消費の終わりなき循環過程《サイクル》）と仕事《ワーク》（人間と自然の中間に位置する「物‐世界」に加えられる永続的な人工《アーティファクト》物の創造）を完全に混合している。[62] 労働を人類の歴史的自己創造の媒体（われわれがそれにより自らの「種‐本質」――*Gattungswesen*――を実現する手段）とみなすとき、マルクスは、人間の解放を人間の「自然との物質代謝《メタボリズム》」の進化に依存させ、人間によって作られる自由の領域（政治的領域）と自然によって決定される必然の領域（「家」の領域もしくは経済的領域）とを画すきわめて重要な一線をぼやけさせている。

それ以上にアレントにとって印象的なのは、マルクスが行動――*praxis*――を、仕事もしくは制作の一形態として構想していることである。さまざまな種の生命の大半にとっては歴史とは人間に起こる何かであったが、資本主義の出現は（生産のための社会的諸力と自然支配の手段のすさまじいまでの増強によって）社会進化の次の段階を（政治経済のマルクス主義科学が予言するように）早めるであろう政治的行動を可能にすると主張されている。それゆえ政治的運動としての共産主義が、意志と意図によって歴史を作る可能性を実現するものとしてマルクスにより提示される。マルクスの理論と全体主義的実践とを結びつけるまさに重要な環とアレントがみなしたのは、この行動と仕事との同一視と歴史の創造である。「マルクス主義は、政治的行動を歴史の創造として歪曲した、あるいは誤解したがゆえに全体主義的イデオロギーに発展することができた[63]」。

アレントが多くの場所で書いているように、製造もしくは制作のすべての過程には暴力が内在している。[64] つまり、予想される最終生産物の創造は生産者による原料への暴力的な加工を要請する。彼女の見解によると、歴史形成としての革命的実践というマルクスの概念から人類の制作という全体主義的企図までは、概念としては比較的に短い径庭でしかない。いずれの過程も暴力的――「卵を割らずにオムレツは作れない」――であるばかりでなく、いずれの過程も複数性という根本的な人間の条件（アレントにとっては真の政治的行動の根拠）を根絶することを目ざしている(65)。マルクスの一見温和な定式（国家の衰退と真の一般意志の開花に帰着する階級分断の克服）においてであれ、全体主義においてであれ、歴史の「目的《エンド》」の製造は、「多元的人間をひとつの目的という鋳型に暴力的に入れる(66)」ことを要請する。マルクスも全体主義も人間の複数性（そしてそれに由来する無数の目的、関心、視座）を、歴史の（あらかじめ決定された）目的《テロス》の最終的実現の大きな障害物と見なす。ここに両者が共有する行動を仕事とする「誤解」、個人、階級、その他の集団は、種の利益のために犠牲にされなければならないという考えの容認を促進する「誤解」が生まれる(67)。

「行動を仕事と見なす範型」は、マルクスとマルクス主義思想に固有の弧立した概念化とみなされることが多い(68)。アレントはそのようにはみなさない。アレントの見解によると、マルクスの「過誤」は、西洋の思想において、プラトンとアリストテレスの政治理論にさかのぼる長く厳粛な歴史をもっている。というのも、アレントが「制作《メイキング》を行動《アクティング》の代用とする伝統(69)」と呼ぶものの最初の創設的事例が見出されるのは、プラトンとアリストテレスにおいてであるからである。そして、西洋の政治哲学の伝統において行動、自由、判断の概念に大きな影響を与えたのはこの転位である。

『人間の条件』の中の行動にあてられた章においてアレントは、公共圏、つまり人間の複数性の文脈において遂行される行動はけっして最高至上のものではなく、影響の及ぶ範囲や窮極的な意味を統御することはできないことを強調している。行動は制作とは異なり、あらかじめ考えられた目的を成し遂げるために素材にかたちを与えるのではない。むしろ行動とは人間世界への一種の挿入、アレントが「人間的事象の網[70]」と呼ぶものに直ちにからみとられる挿入である。複数性から生まれるこの網は、行動の影響を無際限のものにし、むなしさという印象を、少なくともわれわれが行動を成功もしくは失敗という観点からのみ判断するときに生み出すものである。政治的行動が目標を達成するのは、かりにあるとしてもきわめてまれであるというのが真相である。そのうえ、「行為者は他の行為者たちの中で、そして彼らと関係しつつつねに行動するので、行為者はたんに『実行者《ドゥーアー》』であることはけっしてなく、つねに同時に受難者《サファラー》である。実行することと受難することとは、同じ硬貨の裏表に似ている。行動が始まるという物語は、結果として起こる行為と苦難から構成されている[71]」。

行動がむなしく、際限がなく、結果が不確かであることが、アレントが「人間的事象の脆弱さ」と呼ぶものを説明する。この脆弱さは、公共圏、つまり行動の舞台に境界とかたちを与える比較的に永続的な法律と制度の創造によって少し埋め合わせることができる[72]。しかし、人間の複数性が（民主主義や自由な共和政体の特徴である平等な市民の政治形態を通じて）尊重されるかぎり、この脆弱さとそのための欲求不満は排除できない。「プラトンが人間的事象（*ta ton anthropon pragmata*）、行動（*praxis*）の結果をあまり深刻に扱うべきではないと考えた[73]」のはこれが理由なのである。彼とアリストテレスが本当に政治を真剣に考えるかぎりにおいて、彼らはその政治哲学において法律制定と都市建設に焦点をあて、これらの行為を、政治生活の最高位に押し上げる。この場合、人間は「職人のように行動する、つまり、行動の結果は触知できる生産物であり、その過程は明確に認知できる目的をもつ[74]」からである。アレントの言うように、「まるで「プラトンとアリストテレスは」人間が行動の能力を、そのむなしさ、際限のなさ、結果の不確かさゆえに断念する場合にのみ、人間的事象の脆弱さに対して救済策がありうると言ったかのようである」[75]。

行動を一種の制作として考えたいというプラトンとアリストテレスの願望――政治的行動が製造行為と同じくらい人間の複数性という事実によって影響されないものに見えるように政治的行動を「言い換え」たいという願望――は、研究に値する政治的現象を選択することでみたされるものではない。逆に、その願望は彼らを、政治生活を見る視力の創造に導いた。その視力によって行動の自由、意味、目的は、人間の複数性の「不安定化」的影響（と民主的もしくは共和制的市民であること）がまったく排除されるのではなく包含されるように、再解釈された。プラトンもアリストテレスも、規則の概念を彼らの政治哲学の中心に位置づけている。両者ともに、政治に関するギリシャ思想に権威の概念に似たものを導入しようとしている。両者ともに、これらの革新（アテネの民主主義という観点からすれば好ましいとは言いかねるもの）を、正しい政治的行動と専門家的職人芸との間に類比関係を想定することにより「順応」させようとしている[76]。

この類比関係が最も体系的かつ確信的に表現されているのはプラトンの政治的対話篇（『国家』、『政治家』、『法律』）においてである。プラトンは、知識と実行の分離、知識と命令の同一視、行動と服従の同一視を、医者や大工（あるいは『政治家』では専門の「職工」）の専門家的知識を引き合いに出して正当化した。政治的判断が熟慮する市民の一般的能力ではなく、一種の専門家的知識もしくは技術《テクネ》と認められると、複数性のもたらす熟慮という効果に対する反論は勝利したも同然であった[77]。正しい支配者とは、たんに思慮や政治家的手腕によって結ばれているばかりではなく、道徳的真実、つまり「善」の構想において頂点に達する自然の秩序の知識によって結ばれている知識のエリート集団ということになった[78]。臣民は同様に、アレントがプラトンの「理性の専制[79]」と呼ぶものによって発せられる命令を従順に遂行することによって統合されることになった。

「専門家的知識」という議論は、生産技術から引いた類比をプラトンが使用することによってさらに説得力をもつ。ちょうど職人が製造の実際の工程の前に最終生産物をひとつの理念として構想するように、プラトンの政治の実行者は、正義や善などの形相によって与えられる理念的標準によって行動を方向づけた。プラトンの支配者は、臣民という可塑的な素材を、原型である理念をモデルにして、整序され統合された全体像へと彫刻する「人格の政治的芸術家」である。[80]

「ベッド一般の『イデア』が個々のベッドの適合性を形成し判断する標準であるのと同じ意味で、政治的道徳的行動と判断の揺るぎない『絶対的な』ひと組の標準を提供するために」プラトンが彼のイデアを再解釈したことは、制作の隠喩を行動の領域（複数的政治的領域）に導入したばかりでなく、権威と正統性に関する西洋の概念に範型を提供した。[81] アレントによると、権威の源泉がつねに「自らの権力の外部の上位にある力」であるのは（専制政治に対する）真に権威主義的な統治の際立った特徴であり、「権力者がその権威、つまり正統性を引き出し、権力がそれに基づき検証されるのはこの源泉、つまり政治的領域を超越する外的源泉である」。[82]

行動を制作とするプラトンの再解釈と超越的基準に権威を求める彼の訴えは、このようにきわめて決定的に相互に依存している。両者は相まって「人間的事象の脆弱さ」と政治的行動の特徴である「むなしさ、際限のなさ、結果の不確かさ」から抜け出す道を提供する。行動に制作を置き換えることによって政治は「『高級』であることを自称する目的を達成するための手段」に「格下げ」される。[83] この行動の道具化は、行動の制作への同化の不可避の結果である。「制作の過程そのものが手段と目的の範疇により完全に決定される」[84] からである。それにより理論と実践の間、第一原理と行動の間に「技術的」関係が築かれる。[85] この配置（と含意される人間の複数性の制圧）によって、最初の行動に明示される自由とは、実のところ一種の束縛であり、行為者《エージェント》は意図しない諸結果の網の中に引きずり入れられて逃れられなくなるということがこの哲学者に気づかれなくなる。

プラトンの天才――そして「生産者」の観点からの行動の再解釈が伝統全体にとって権威あるものになりえた理由――は、「行動の、制作による置き換え」が、政治的行為者の至上性を相対的に見ることを可能にしたばかりでなく、彼が考えた目的を実現するのに適切な手段が使用可能か否かによってのみ拘束される者として見ることを可能にしたことにある。プラトンとアリストテレスから、マキャヴェッリとホッブズを経て、マルクスとヴェーバーに至るまで、手段／目的の範疇は、西洋の政治思想において至上の地位を占めている。実際、アレントが記しているように、行動の、制作の一様態への変換が持続的に行なわれ成功したことは「政治理論と政治思想の用語全体によって立証される。手段と目的の範疇を使わずに、そして道具性という観点から考えずにこれらの事柄を議論するのは不可能に近いほどである」[86]。われわれの視座に立つと、政治的行動の問題とは手段と目的の問題にほかならない。自由の性質は支配と統御という概念とは分かちがたく結びついている。そして政治的判断は、道徳その他の専門家の特権的所有物と見なされる。人間の複数性という現実――アレントの見解によれば、政治的自由、行動、公共の領域のまさに根拠――が骨抜きにされた。

このことは全体主義とどのような関係があるのか。アレントが、カール・ポパーやアンドレ・グリュックスマンのように、プラトンが先駆的な全体主義者であると非難したいのでないことは確かである[87]。彼女のエッセイ「権威とは何か」は、プラトンを権威主義のある特定の伝統の創始者とみなすよう力説しているが、彼女の分析全体は、権威主義、専制政治、全体主義のひと組の厳密な区分によって組み立てられている。[88] むしろ、プラトンの範例の重要性は、人間の自由は公共の領域における自然発生的な制御されない行動に現われたという考えに深い懐疑を抱く政治思想の伝統に及ぼした影響にある。この伝統に立脚すると、政治的行動の自由（人間が根本的に新しい一連の出来事を始める——統制するのではなく——能力）は、たんに幻影でしかなかった。自由と非主権性が一致するという可能性は紛れもない不条理であった。プラトンによる行動の道具化は、主権もしくは統制として自由を解釈することが、西洋の政治思想の伝統において支配的になるのを可能にする。そのうえ、彼が超越的基準に訴えていることは、主権をもつ政治的行為者の側にあるかもしれない恣意性に対する嫌疑を排除した。政治的行為者の行動は、根本的に新しい発端を創始する人間の能力を体現しているのではなく、むしろ、存在のより大きな必然性もしくは秩序に対応する人間の能力を表わしているのであった。[89]

プラトン以降、「行動の概念が制作と製造の観点から解釈された」こと、政治的領域が「より高次にあると自称する目的を達成する」ための手段と見なされるようになったこと、人間の複数性という現象が制作という比喩への訴えと、全般的利益を体現する何らかの主権《ソヴリン》をもつ行為者《エージェント》という虚構（哲学者－王、ホッブズの主権をもつ代表者、ルソーの一般意志、ヘーゲルの理性的国家、マルクスのプロレタリアート、等）によって絶えず抹消されていること、これらのことにわれわれが注目するとき、われわれは、全体主義は伝統の否定を表わすのではなく、伝統の最も重要で基幹的な比喩のいくつかの徹底化を表わしていると結論せざるをえない。

複数性を抹消し、自然発生的な「偶然性」を克服し、自由と統制を同一視し、判断と認識《エピステーメー》を同一視し、合法性を「より高次の法則」と同一視しようとする意志は、（アレントの理解する）西洋の政治思想の伝統と全体主義の際立った特徴である。[90]「自然」の法則もしくは「歴史」の法則の遂行によって人類を制作し、種を「生産する」という全体主義的企図は、プラトンがわれわれの伝統の根底に据えた隠喩なしでは考えられない。「芸術品としての国家」という反政治は、人類という「可塑的な素材」に対する終わりのない暴力的な加工という全体主義的企図にその最も過激な定式化を見出す。[91]

形而上的「真理」との照応に基づく体制と「真理」を現実そのもののように何か製造されるものと見なす体制との距離、理性に基づく体制とイデオロギーもしくは神話の論理に訴える体制との距離は、言うまでもなく大きい。[92] 同様に、プラトン的抑制（『国家』第九巻の末尾［592 c］に明らかであり、そこでは理想的な正義の政体をこの世に実現するという目標が政治的企図としてははっきりと退けられている）と「すべてが可能である」[93]という近代的／全体主義的綱領との距離は大きい。しかし、人間の複数性、自発性、自由を、俗受け《キッチュ》する美学（醜悪で劣等な、もしくは歴史的に時代錯誤の種を取り除くことによって種を「美化する」こと）の名において全体主義が抹消することと「より高次の」法則についてのアレントの省察は、彼女を、西洋の政治思想の基本的範疇の再検証へ容赦なく導いた。この再検証の過程で、彼女は、フィリップ・ラクー＝ラバルトが西洋における「政治的なものの非政治的本質」と呼んだもの、つまり、複数性という人間の条件と闘う政治的共同体という理念に導かれた行動を制作とする解釈を発見した。[94]

不安と恐怖の間で

右に記述した省察のどれひとつとっても、全体主義は根本的に新しい統治形態であるというアレントの確信（彼女のエッセイ「イデオロギーと恐怖」の中にきわめて鮮烈に述べられているもの）を崩すことはなかった。権威主義的、専制的、圧制的体制とは異なり、全体主義は根本的に恐怖——手段としてばかりでなくそれ自体一種の目的としての——に依存していた。[95] 全体主義は、かつていかなる統治形態も試みようとは夢にも思わなかったこと、つまり個人とその自立的行動との間の空間そのものの完全な抹消を達成することを望んだ。換言すると、その目標は、たんに公的権力の独占（専制政治や一党独裁政治のそれのような）[96] ではなく、「巨大な『ひとりの人間』」、複数性がなく、それから生まれる視座の差異もない世界を実際に創造することであった。[97] 世界からすべての自発的自由を恐怖により根本的に排除すること（人類を「自然」もしくは「歴史」の「生きた体現者」とするという名目でなされる）が、全体主義と、他の過去および現在のすべての体制との際立った違いである。

一方では伝統（そしてそれが支持する傾向のある権威主義的そして擬似権威主義的統治形態）、他方では全体主義的体制、これら両者の間の減じることのできない隔たりにもかかわらず、アレントは、全体主義的衝動を、近代性の精神と伝統の核心にまでさかのぼって跡づける仕事に多くの理論的エネルギーと創意を捧げたという事実に変わりはない。われわれは、その洞察においては結局は片寄ったものであったもの野心にみちみちたこの理論的労苦を、われわれに「われらの世紀の危機」（アレントの言葉）は実際に「たんなる外部からの脅威ではけっしてなかった」[98] ことを想起させる有益な企図と見なすべきなのである。

なぜ片寄っていたのか。第一に、アレントの伝統への関与はきわめて選択的だからである。プラトンの制作の隠喩がわれわれの政治思想の伝統の中で反響し、さらにその反響を返す様を描出することに専念しながら、彼女は、それを活気づけている自由主義的な伝統と権利の理論にほとんど注意を払わない。その伝統の中の権利に基盤を置く個人主義（水平派、ロック、カント、ソロー、エマソン、ミル）は、言うまでもなく、政治の無限の道具化にとって、そして人間を（公的に押しつけられる）形態を必要としている素材として扱う傾向にとっては最大の障害である。その形態付与の企図がプラトン的な魂への職人的細工であるか、アリストテレス的な美徳への習慣づけであるか、共和制市民の美徳の植えつけであるか、全体主義が彫刻する「完璧に仕上げられた」統治体であるかは重要なことではない。権利に基盤を置いた個人主義は、複数性と「人間的事象の脆弱さ」を制圧したがる、理論か実践であるかを問わずすべての政治に対して最も有効な、わかりやすい反応として存在する。

なぜアレントはこのわかりやすいものに気づかなかったのか。一部は彼女の無知によるものであり（彼女は自由主義の理論の読解が最も弱く貧しい）、一部は彼女の偏見によるものである（彼女はワイマール時代の多くの知識人がそうであったように、自由主義と「ブルジョワジー」およびブルジョワ的偽善を混同する傾向があった）。しかしながら彼女の盲目性は、彼女の政治思想の一貫したテーマ、『全体主義の起源』で初めて明瞭に述べられたテーマのひとつの関数である。それは、近代が産んだ「過剰な大衆」が直面する遍く浸透した孤独（あるいは世界喪失）体験である。

資本主義的収奪、安定した階級構造の崩壊、国民国家の衰退（人間の技術への近代科学による擬似自然力の投下は言うまでもなく）、これらが世界喪失感とそれに対応する無意味感の体験を醸成しているとアレントは確信していたので、われわれを再び世界内的存在にしてくれると考える行為に彼女は焦点を定めた。その行為とは、言うまでもなく、政治的行動であった。その言葉によりアレントが意味したことは、公共の場で言葉と行動を共有することであり、自由のための空間を創始し維持するために同輩と一緒に行動する体験のことであった。

アレントにとって政治的行動とは、責任をもつ個人が、全体主義のような不幸を避けたいと思う場合に強いられるたんなる悲しむべき必要ではなく、むしろ、人生を生きるに値するものにするもの、個人の人生に意味、同一性、一貫性を付与するものであった。[99] ぬきんでて世界内的な行動である政治的行動によってわれわれは人間性を実現する。他のいかなる行動も意味を創造し、人間の考案物に意味を付与する同じ能力をもたない。他のいかなる行動も「行動の喜び」[100]に見出されるような幸福を与えない。

アレントの全体主義の前提条件の分析に（否定的に）素描され、彼女の円熟した政治的行動論に（肯定的に）素描された「意味の政治学」は、彼女を、多数多様な政治的感受性をもった同時代の人々を惹きつける理論家にしたてた。共同社会主義者《コミュニテアリアン》、フェミニスト、「協議民主主義者」、ポストモダニストが、自由主義的な政治のみならず自由主義的な理論にも幻滅していることは、完璧ではないにせよ、たんに「最悪の回避」（ジュディス・シクラーの言葉）[101]をはるかに越えたことをする政治の構想に共通の願望を抱いていることを証言している。これらの集団は正義の論題に関するアレントの相対的無関心をほとんど共有していないが、公共の領域という現実が、致命的なまでにとは言わないが、由々しいまでに切り崩されているという彼女の感覚を共有している。

アレントの、意味創造の空間としての公共の領域への注目（そしてこの空間の「喪失」もしくは「破壊」の原因である近代に対する彼女の批判）を絶望的なまでにロマンチックであるとして退けたい誘惑に駆られる。しかし退ける前に、われわれは、ハンナ・アレントがその政治思想をその上に築いた原体験を思い出すべきである。この体験は、ギリシャの都市国家《ポリス》におけるそれのような、同輩が「共に行動し、一致協力して行動する」経験ではなく、全体主義のもとでの恐怖体験であった。公共圏と行動の生活に対するアレントの実質的に生涯にわたる注目は、公共の現実と人間の自由の根本的な否定との遭遇から生まれた。政治的行動の「積極的」自由（市民的権利の「消極的」自由と対立するもの）に対する彼女の関心は、全体主義的な政治的諸力が、実定法の防御的境界を難なく破り、「根無し」で「家無し」の大衆を難なく自分たちの主義主張に組み入れたという歴史的文脈から生まれた。[102]

人が自分の政治理論を、恐怖と孤独の体験もしくは不安と残忍さの体験の上に築く場合、違い——おそらくは大きな違い——が生まれると私は提案したい。アレントの政治理論とジュディス・シクラーの影響力の大きい「不安の自由主義」との間のとてつもない隔たりは、多様に説明できるだろうが、帰するところ真相は、全体主義の恐怖と専制的政府の特徴である不安との違いである。

この違いとは何か。何を意味するのか。これらの疑問に答えるには、アレントのエッセイ「全体主義の性質」の中の一節にあたるのが有益である。彼女はこう書いている。

全体主義的支配が全地球を征服しないかぎり、そして恐怖という鉄の焼ごてですべての個人を混ぜ合わせてひとつの人類に変えないかぎり、統治の本質にして原理——行動ではなく運動の原理——という二重の機能をもつ恐怖は完全には実現されえないだろう。これに不安のような行動原理を加えることは矛盾したものになるだろう。というのも、不安でさえ（モンテスキューによれば）やはり行動原理であり、それ自体結果は予測できないからである。不安はつねに孤立——不安の結果にも原因にもなりうるもの——とそれに伴う脱力と無力の体験と結びついている。自由がその実現のために必要とする空間は、暴君の恣意性が、自由の領域を囲い各人にそれを保証する法の境界を破壊するとき、砂漠へと変形される。不安とは、隣人不在と孤独の砂漠の中での人間の運動原理である。しかしながら、それはやはりそのようなものとして、個人の行動を導く原理であり、それゆえ他者との不安をはらんだ最小の接触を保つ原理である。これらの不安でアトム化された個人がその中で動く砂漠は、人間の自由が必要とする空間の、歪んだものとはいえ、あるイメージを保持している。(103)

この注目すべき一節の結びは、さまざまな統治形態を活性化している行動原理に関するモンテスキューの議論（『法の精神』第三巻）の長い分析である。アレントは、美徳が共和制の原理であり、卓越性が君主制の原理であるように、不安が専制政治の原理であるというモンテスキューの洞察に注目する。モンテスキュー（そしてその弟子シクラー）に対する彼女の論点は、不安より悪い何か、残忍さより悪い何かが存在するというものである。残忍さとそれが呼び起こす不安がどれほど非人間的であれ、それらは詰まるところ、「われわれが互いに対してする最悪のこと」[104]ではない。アレントによれば、最悪のこと、真の「虐待の極地」(*summum malum*)は、人間から自由と威厳を奪うだけでなく、その世界を奪おうとする全体主義の試みである。右に引いた一節でアレントは、専制政治体制の臣民といえども依然として世界、自由のための空間の幻影をもっていると言っている。彼らが世界をもっているかぎりは――彼らと自然の、もしくは擬似自然の諸力との間に何かがあるかぎりは――彼らは人間性のいくばくかを保持している。

全体主義がシクラーの言う侮辱を質的に陵駕していると言えるのは、全体主義の恐怖が人間の作った防御壁を効率よく壊し、人間を自然に似た力の暴力にさらすからである。世界を失うことは動物の一員になることである。それに対し、不安のうちに生きることは貶められた人間性に引き渡されることである。シクラーの主張するように、残忍さが世俗世界の悪の観念の核であるならば、全体主義の恐怖は、実のところ、根元的悪の一形態である。

アレントの視座に立つと、われわれが（善良なる自由主義者として）闘わなくてはならない悪徳《ヴァイス》のリストの「第一位に残忍さを置く」べきであるというシクラーの主張は、「普通の悪徳」（裏切り、偽善、人間嫌い、等）のレヴェルにとどまっている。シクラーの不安の自由主義は、換言すると、たとえ深いひびが入った、不快きわまる道徳世界であるとはいえ、認知可能な道徳世界の中で始まる。それが願うことは、人間が直面しなくてはならない残忍さと不安の量を減らすことである。それとは対照的に、アレントのように、全体主義的恐怖の体験から始めることは、「われわれの思考の範疇と判断の基準のすべてが、それらを適用しようとする瞬間、手の中で砕け散るように思われる」(105) 世界に入ることである。普通の悪徳とそれらが促す虐待は全体主義の核心ではない。それらは、そのような体制が犯す根元的悪の意味を理解することさえできない。

　このアレントの論点は、「人類を製造する」という全体主義の試みを、たんなる「公的権力の乱用」もしくは逆上して暴走したマキャヴェッリ的国是《レゾンデタ》とみなすことの痛ましいまでの不適切さによってある程度確証される。全体主義的悪と「普通の」残忍さとの間のこの質的隔たりが、『全体主義の起源』以降のアレントが、自由主義的な立憲制と市民の権利の考察にではなく、公的世界における行動に向かった理由であった(106)。根元的世界喪失性と自発性否定——文字通りの非人間化——の亡霊が彼女の注意を法的構造と手続きの仕組みからそらせ、われわれの人間性を具現し保持していると彼女には見えた行動へと向けさせた。要するに彼女は、恐怖と世界喪失性の現象学から世界内的自由の現象学へ、否定から肯定へと移動した。このことが彼女の政治思想の「霊感的」性格を説明することは疑いない。しかし、私がそれとなく言おうとしたように、この霊感は大きな代償を伴う。

　たとえアレントの、全体主義を近代の精神と伝統の根と結びつけようとする試みが、時々眉唾物に見えようと、外傷的体験《トラウマ》を理解に転換するという『全体主義の起源』における彼女の当初の目標を忘れてはならない。彼女の見解によれば、政治理論家が、伝統のさまざまな形成のための企図と、近代の、人間と自然的および擬似自然的過程の同一化に潜む悪の大きな可能性に直面しないかぎり、この目的は達成されないまま残るというのであった。権利、実定法、立憲制的枠組み——これらはすべて、人間を原材料として扱おうとする傾向を許容することに大きく寄与する。しかしアレントから見ると、自由主義は最悪を想像もしくは理解できないので、権利と手続き上の安全装置の保全は窮極的には世界内‐性に依存していることがわからない[107]。いずれにせよ、これが彼女の政治思想の背後にある根本的形成的確信であり、彼女の政治思想が、よかれあしかれ、もっと醒めた自由主義であっても、その境界外につねにとどまるであろう理由である。

第九章　アレントとソクラテス

というわけは、哲学というものは、たしかに、ソクラテス、若い年頃にほどよく触れておくだけなら、けっして悪いものではない。しかし必要以上にそれに打ち込んで時間をつぶすならば、人間をだめにしてしまうものだ。ほかでもない。せっかくすぐれた素質にめぐまれていたとしても、その年頃をすぎてもなお哲学をやっていると、ひとかどの立派な人物となって名をあげるためにぜひ心得ておかなければならないことがらを、なにひとつ知らぬ人間になりはてること必定《ひつじょう》だからだ。すなわち、そういう人間は、国家社会に行なわれているいろいろの法規にも疎《うと》くなり、公私さまざまの取り決めにあたって人と交渉するときに用いなければならぬ口上《こうじょう》も知らなければ、人間の持ついろいろの快楽や欲望にも無経験な者となる。つまり、一口で言えば、人さまざまの性向にまるで通じていない人間ができあがることになるわけだ。だから、そんな人間が、公私いずれにせよ、何らかの行動に出るようなことがあれば、もの笑いのたねになるだけだろう。それはちょうど、逆に、国事にたずさわっている人々が、あなた方がふだんやっているような議論に加わるとすれば、やはりきっと笑いものになるだろうと察せられるが、それとまったく同じことだと言える。（プラトン『ゴルギアス』のカリクレス〔484 d〕、藤沢令夫訳）

ハンナ・アレントが哲学の危険性についてカリクレスと判断をおおむね共有していたことは（悲しいかな）ほとんど疑いない。政治的行動の本質と存在意義に関するアレントの最も偉大な声明である『人間の条件』において、理論的生活（*bios theoretikos*）と政治的生活（*bios politikos*）が、排他的できわめて党派的な対照の言葉で枠付けされている。正しく理解された場合、政治的生活は、公共の領域における偉大な行為の遂行により世界内での不滅性を目指し、哲学的生活は、人間的事象のはかない領域を超越する永遠なるものへの不動の瞑想の上に築かれる。政治的行為者の視点から見ると、哲学的生活は（再びカリクレスの言葉を借りると）「滑稽で女々しい」としか見えないであろうし、悲劇的な状況にある世界の中で人生を生きるに値するものにするすべてのものからの退却としか見えないだろう。哲学者の視点から見ると、行動の生活は「虚栄と虚飾」以上のものではありえない(1)。

　アレントの語るところによると、これら二つの生活様式の隔たりが、ソクラテスの裁判と有罪宣告のあと、底知れぬ深淵と化す。この出来事に応酬して哲学は政治に復讐し、プラトンは瞑想的人間の見地と価値観が至高の位置にあって支配する政治思想の伝統を創始する。『人間の条件』におけるアレントの敵とは、西洋の哲学伝統、つまり（アレントの見解では）発端のプラトンの偏見から一度も脱却することがなかった伝統に見出される政治的生活と公共の領域に対する持続的で体系的な価値の切り下げである(2)。『人間の条件』で企てられた膨大な理論的努力は、人間の活動のヒエラルキーの正当な地位に行動を回復すること、思弁的伝統の特徴であるばかりでなく仕事と労働の「活動主義論者《アクティヴィスト》」的美化ゆえに近代の特徴でもある政治生活に対する軽蔑を克服することを目指している。

　アレントの最も偉大で彼女らしい特色をもつ仕事が、このように哲学との闘いなのである。それはまた孤独と非アゴーン的な個人主義の形態との闘いでもある。しかし彼女の著作群《ウーヴル》には、行動の生活と精神の生活の和解の可能性を示唆する重要な瞬間がある。そういう瞬間のひとつである一九五四年に執筆され存命中に公刊されなかったエッセイ「哲学と政治」（ジェローム・コーンの編集で一九九〇年の『ソーシャル・リサーチ』に掲載）に焦点をあてたい。このエッセイには、ソクラテスの哲学活動に対する驚くほど独創的で非常に共感にみちた解釈が含まれている。この解釈はソクラテスの道徳的個人主義に関して発表された彼女の論評（エッセイ「市民的不服従」）とソクラテス的思考に関する彼女の論評（エッセイ「思考と道徳的考慮」と『精神の生活』）と一致しない。

私の目的は二重である。最初に、アレントの描くソクラテスの肖像（と哲学と政治の和解の示唆）が、彼女の公刊された著作との関連で見るといかにアレントらしくないかを強調したい。二つ目の（もっと複雑な）目的は、この和解が要求する——ソクラテスにとっての、道徳的個人主義にとっての、哲学にとっての——代償を指摘することである。アレントが最もソクラテス的に見えるときでも、彼女はやはり根本的に非（場合によっては反）ソクラテス的であるというのが私の論点である。彼女は「哲学と政治」でソクラテスを、アテネの民主主義をさらに美しいものにする仕事、つまりペリクレスが有名な「追悼の辞」で同輩の市民たちに力説した仕事に従属させている。アレントは奇抜なソクラテス解釈によって哲学と政治を和解させるが、この解釈は、彼の哲学活動をペリクレス的（つまり男らしく市民意識の強い）美学に仕えさせることによって決定される。このような制限内に置かれると、ソクラテスの、道徳的廉直の要請のもつ切迫感が失われ、彼の仮借ない否定性（ソクラテスの知的廉直の本質）も失われる。これは、「哲学と政治」の哲学に友好的なアレントよりも市民共和主義のアレントを私が好むということではない。しかし私は、もしいったんわれわれが、このエッセイの中のアレントのように、ソクラテスを市民の「常識《コモン・センス》」の僕《しもべ》にしてしまったら、彼（と哲学）の何が残るのかという疑問を提起したい。

・・・・・

ソクラテスの人物像との、テクストを通じてのさまざまな出会いの中で、アレントは、プラトンの対話篇に見出される彼の哲学活動を表わす三つの直喩を強調する。ひとつ目は、『弁明』の読者にはおなじみのアブとしてのソクラテスであり、これは質問と非難によりアテネの市民が人生の終わりまで眠り続けるのを妨げ、真の道徳的内省や自己尋問のないまま生きて行動するのを妨げることを目的とする絶えず人をイライラさせる存在である（30d）。二つ目は『テアエテトス』の産婆としてのソクラテスであり、対話相手の偏見や予断を解体し、彼らが考えていることを明るみに出すことを手助けする存在である。三つ目の直喩は、『メノン』のシビレエイとしてのソクラテスであり、これは接触したすべての者をしびれさせ無感覚にする針のある魚である。ソクラテスは質問をすることによって聞き手に彼自らの困惑に感染させ、思索によって彼らの日常活動を妨げ、麻痺させる。溶解力のある思考の流れにいったん引き込まれると、彼の対話の相手は、日常生活がその典型であるように、処生《コンダクト》の一般規則を機械的に個々の事例に適用することがもはやできなくなる。[3] 何かがxの一例であるか否かを問うのではなく、xそれ自体が何であるかを問うことによって、行動の、当然視されていた根拠が解体される。

「哲学と政治」において、アレントが他の二つの直喩を実質的に排除するほど強調しているのは二つ目の直喩――産婆としてのソクラテス――である。アレントによれば、ソクラテスは、「他の人々のドクサの真理を発見するために、彼ら自身がどうにか考えたことを産み落とす手助けをする」[4] ために産婆術を実践した。この謎めいた発言は少し解きほぐす必要がある。アレントは、ソクラテスにとっては（プラトンの場合と違い）真理と意見との間に対立はまったくなく、人間が手に入れられる真理はどのようなものであろうと、すべてが現われ〔外観〕と言葉の世界にとって欠かせぬ一部であることを強調したいと思っている[5]。ソクラテスによって実践される弁証法（*dialegesthai*）は、のちにプラトンにとってそうなったもの、つまり、説得（*peithein*）と修辞と対立的に定義される特定の哲学的発話形態ではなかった。むしろ、ソクラテス的弁証法とは「誰かと何かを徹底的に話すこと」、個人のドクサもしくは世界の見方の真実を解明することを目指す友人間の会話のことであった。「ソクラテスにとっては、彼の同輩市民にとってと同様、ドクサとは、自分にとってそう見えるもの（*dokei moi*）を言葉で明確に表現することであった[6]」。

しかし「自分にとってそう見えるもの」とは、日常生活でおおむね内省的な傾向をもつ個人でも思考を介さずに与えられるものではない。ドクサは洞窟の壁に映った影や「彼ら」が考えることに還元することはできない。またその普遍的妥当性の欠如はそれを恣意的なもの、たんに特異なものにすることもない。むしろわれわれは、日常生活において、われわれ自身のドクサ、共有する世界に対するわれわれ自身の視点に根本的に無自覚である傾向がある。それは、産婆の直喩が含意するように、痛みを伴う働きかけをし、われわれから引きずり出されなくてはならない。自分自身のドクサを産むことは、自分自身が、集団と共有する何らかの信条もしくはイデオロギーの信奉者ではなく、共同体の中の独自の視点をもった個人であることを自覚させられることである。

このように、人のドクサとはけっして当然のことではなく、人のドクサの固有の真理はなおさらそうである。アレントの主張するように、「誰もが自分自身のドクサ、世界への独自の通路をもっている」のなら、その固有の真理の開示は、「他者の、共有する世界における立場[7]」を確認させる問いかけによってのみもたらされうるのである。ここにソクラテス的反対尋問が介入する。それは尋問によって世界における相手の立場をつきとめ、それから、尋問されなければ部分的にしか形成されない、あるいはほとんど分節化されない見解を一貫性をもつように説明させることによって、相手の特定の視点の真理を抽き出す。人のドクサはこの過程、つまりソクラテスという産婆によって容赦なく追いたてられなければほとんどの人が遂行しない過程の結果である。このように、ソクラテス的弁証法は意見の破壊を目指していないのである。ソクラテス自身、絶対的真理を説く教師でもなければ、容赦なく溶解させる合理性の実践者でもない。彼はむしろ、「市民の中の市民」、「市民各自に各自の真理を産ませることによって都市をもっと真理にみちたものにする」という願望によってその哲学活動が動機づけられている人である。(8) ソクラテスはプラトンとは違い、「それほど市民を教育したいとは思わず、むしろ、彼自身も加わっている政治的生活を構成する彼らのドクサを改善したかった」(9)。

しかし、この動機づけ自体が説明を要する。なぜソクラテスのように、同輩である市民のドクサを改善する仕事に生涯を捧げるのか。アレントの、ソクラテスの産婆的機能の強調は、彼の道徳的情熱——魂の治療と不正の回避の強調——をずらし、彼の哲学活動の背後の衝動を不透明なものにする。「哲学と政治」における彼女の目標が、これら一見排除し合う二つの活動の要請をソクラテスがどう和解させたかを示すことであることをわれわれが思い出すならば、この不透明さはある程度まで溶解される。アレントによれば、ソクラテスの哲学活動は、深い政治的関心、つまり、ギリシャのアゴーン的な個人主義の中のもっとホッブズ的な傾向をも包含しようという指令から生まれたものである。どの市民も自分が「全市民の中で最良の者」であることを証明するために互いに競い合って、「すさまじい闘争精神」が政治的生活を活気づける(『人間の条件』における彼女の定式的表現)ところでは、共同体の維持は絶えざる脅威にさらされる。ソクラテス的弁証法は世界を美しくし、世界の豊かさと多様性を市民に十分に気づかせるためのものであるが、それはまた、かつては競合者であった人々を、対話の相手、つまり、日々の仕事の重圧から離れて物事を徹底的に話しながら、共有するものに対する理解を深める友人へと変えるためのものなのである。

　ソクラテスの産婆術の活動の反面は、それゆえ、市民が共有するもの——特定の都市や文化という世界、個人のドクサの基盤を形成するもの——を気づかせることであった。「哲学と政治」におけるアレントの驚くべき主張は、ギリシャ人でさえも（アテネ市民でさえも！）たくましい公的世界の意識をもっていなかったというものである。アテネ市民がソクラテスを必要とし、哲学を必要としたのは、「政治的世界の共有性《コモンネス》は、都市の壁と法律の境界のみによって構成されていた」からであり、その共有性は「市民間の関係に見られることも体験されることもなく、彼らの間にある世界、人により開かれ方は違うとはいえ彼らみんなに共通する世界にもなかった[10]」。市民たちは、共有する何かについて徹底的に語ることによって、他人ひとりひとりの意見の真実を把握するようになったばかりか、彼らの政治的平等性とこの平等性が作る世界の含意にもっと気づくようになった。このようにソクラテス的弁証法は、「アテネ市民の間に友人を作る」ことを目指す。「共同体とは友情が成就するもの[11]」なのである。弁証法は「友人間の対話」であり、それは過剰なアゴーンにより都市国家《ポリス》が分裂するのを（事実上そうでなくても理論上は）防ぐことのできるものなのである。

　ソクラテス的弁証法の本質と目標のアレントによる定式化は多くの理由により注目に値するものである。彼女は予想に反して哲学と政治を和解させるばかりでなく、彼女の著作のここ以外の個所には見出されないソクラテス像を提示する。彼女はエッセイ「市民的不服従」（一九七〇年）で、ソクラテスの良心と魂の治療に「非政治的」という烙印を押し、彼の道徳的厳格さは、窮極的には、世界への配慮にではなく、利己心に基づいていると論じている。ソクラテスの良心観（自己と一致すること、自分自身と生きられることの至上の価値をめぐる『ゴルギアス』の有名な一節〔482c〕に明瞭に述べられているもの）が、世界、市民の責任、他人と行動する喜びからの徹底的退却を支持するものとして提示されている。良心的な個人という立場に立つと、この退却は、とくに孤独な思索のときに人の内的調和、自分自身と生きる持続的能力、それらを危険にさらす行動をとる可能性を最小限に見積っている。(12) ソクラテスの考える道徳的廉直はこのように一種の利己心に縮小する、それは、われわれの世界内的責任よりも内的調和に高い価値を置いた結果である、そうアレントはわれわれに信じさせたいのである。ソクラテスは自分の住む都市国家よりも自分の魂を愛している、アレントはこの格付けを罪深いと言ってよいと考える。

「思考と道徳的配慮」（一九七一年）で事態は少しましなものになる。アレントは、アドルフ・アイヒマンの「並はずれた浅薄さ」と彼の「奇妙な、まったく真正の思考能力欠如」を考察しながら、こう問いかける、「われわれの判断能力、つまり、正と不正、美と醜を区別する能力は、われわれの思考能力に依存しているのか。思考能力の欠如とわれわれが普通良心と呼んでいるものの惨憺たる機能停止は一致するのか」(13)と。彼女の解答は限定つきのイエスである。なぜなら、彼女は（カント的な意味での判断能力の欠如としての）思考欠如と愚鈍さは、二十世紀の政治的悪の推進（政策としての悪の追求）において、邪悪さよりもはるかに大きな役割を果したと考えるからである。彼女の初期の定式的表現を言い換えると、思考しない普通人《エブリマン》は、二十世紀の大犯罪者である。

もしこれが真相であるならば、アレントが通常強調する参加や公共心のような市民的美徳の育成は、さらに補われる必要がある。(14)「市民としての行動のもつ古典的美徳」は、個人の道徳的内省や良心による禁止の代替物ではないことが判明する。こういうわけで、アレントがこのエッセイで模範としてソクラテスに赴き、彼を「哲学者にならずに思考した人、彼の見解ではすべての市民がなすべきことを何もせず、要求する権利のあることを何も要求しない［つまりは思考し、他の人々にも思考することを要求する：ヴィラ］市民の中の市民」[15]として記述したとき、それはまったく驚くべきことであったというわけではない。

「思考と道徳的配慮」におけるソクラテスは、「哲学と政治」におけるソクラテスと同様に、まず第一に市民として描かれる。彼は、アレントが侮蔑的に「職業的な思想家」として言及する種族からは実際にはるかにかけ離れた存在である。しかしながら、微妙な変容が彼女の「政治的な」ソクラテスの描写に起こった。彼は依然として「産婆」[16]、つまり、「他の人々にその思考を産ませ」、彼らに「彼らの意見の含意」をわからせる「専門的な知識」をもっている個人である。しかし彼の産婆術の性格が変わったのである。ギリシャの産婆の主たる役割のひとつが、その出産を彼女が手助けする赤子が、生きるのに適しているか否かを決めることであったのとまさに同じように、ソクラテス的産婆術は、たんに考えていることや意見を誘い出すことにあったのではなく、それらがたんなる「不完全卵《ウインドエッグ》」以上の何かになるかを決めることにあった。もしならないならば、これらの思想の所有者は清められなくてはならない。ここでアレントはすさまじくも驚くべき主張をする。

ソクラテスの対話を見ると、ソクラテスの対話者には、不完全卵でないような思想を産まないような者はひとりもいない。彼は、プラトンがきっとソクラテスを思い浮かべながらソフィストについて言ったことをした。と言うのは、彼は人々から「意見」、つまり、思考を妨げる未検証の予断を、われわれはわれわれが知らないばかりでなく知りえないことを知っているとほのめかしたり、彼らに（プラトンの言うように）彼らの意見の中のまずい点を正したり真理を告げたりせずに取り除くのを手助けすることによって、一掃したからである。[17]

ソクラテス的否定に関するこの力強く肯定的な性格づけのあとに、ソクラテスが対話の相手の目を醒ましてから彼らの中に「思考の風」を起こすことによって、どのようにして行動する存在としての彼らを麻痺させるかについての、さらに驚くべき（またもや肯定的な）説明が続く。この風は、安定していると思われていたものすべて——行動する存在としての人間が当然のことと思い、またそう思わなくてはならないすべての概念、基準、規則——を動かす。いったん「アブ」としてのソクラテスによってまどろみから目覚めさせられると、対話の相手は、自分が二重に麻痺させられていることに気づく。思考活動が他のすべての活動を妨げる。その主たる影響は、かつて（一見）堅固な土台があった場所に混乱が生じ、行動の再開が当てにならなくなるというかたちで現われる。かくして、ソクラテスの対話の相手は、無価値な意見を一掃されたばかりか、まったく行動できない自分を見出すかもしれない(18)。

ソクラテス的思考についてアレントが言いたい論点は、それは「危険で結果のない企図」であり、「既成の基準、価値、善悪の判断の尺度すべてを破壊し、崩す(19)」企図であるということである。思考の分解力を真に経験することは、不活動という危険を冒すばかりでなく、冷笑主義、場合によっては虚無主義という危険を冒すことである。しかし、このような恐れと危険にもかかわらず、アレントは、思考の麻痺を緊急の政治的道徳的重要性をもっているものとして提示する。なぜなら、それは人々を減速させるからである。それは、「特定の社会の特定の時代の規定された処世《コンダクト》の心得がなんであれ、それらすべて」の束縛を緩める。それは「すべての信条にとって等しく危険であり、それ自体によって、いかなる新しい信条をももたらすこともない(20)」。社会的規範《コード》と信条的信仰——行動のために最も頻繁に依拠される根拠——の凝固性を溶解させることにより、思考は、公的な不正義、政策としての悪との平均的市民の連携、もしくは無反省な支持を禁じる。

これはアレントの思想における息をのむ瞬間、政治的生活（*bios politikos*）の擁護のために生涯にわたり彼女を支配してきた価値の天秤がつかの間逆転された瞬間である。[21] 思考、つまり（プラトンの言うような）私と私自身との対話の体験は、良心とそれによる禁止という体験の土台であることが判明する。今度は逆に、これら良心による禁止が、自制の道徳性、つまり、積極的価値の育成というよりは不正義の回避に基づく道徳性の内的核を形成する。ソクラテスの否定性——思考の溶解性——は、このように、その道徳的成就を不正義の良心的回避に見出す。アレントによれば、ソクラテスの教えは、思考が不在の場合（自問なき関与によるにせよ、日常的思考欠如によるにせよ）、蔓延しながらも気づかれずにいる道徳的退廃（たとえば帝政アテネや大戦間ヨーロッパ）のときに不参加という単純な美徳を鮮明にするような効力のある良心、行動の能力は存在しえないということである。

このことを心に留めつつ、こう言わなくてはならない。「思考と道徳的配慮」の結末は、思考の否定性を「せっぱつまったとき」、つまり、公の場で他の人々と行動することが不可能もしくは自己破滅的なものになるときに限定することによって、アレントの思考におなじみの平衡感が回復されている、と。人々を減速し、人々を行動の世界から退却させる思考の能力は、「人々が、彼ら以外の誰もが信じているものに、考えもないまま席巻される」ときにのみ政治的重要性をもつ。アレントはまるで、そのような自己喪失の瞬間は、政治生活のきわめてありふれた典型ではなく、きわめてまれなものであるかのように書いている（この点について彼女は、『存在と時間』のハイデガーや『自由について』のミルから学びえたであろう。二人とも、社会生活の本質的に模倣《ミメーシス》的な性格を暴露したからである）。彼女が進んで「非常事態」における不参加という個人主義的精神《エートス》を抱くのは、このような状況は、事実上、一種の道徳的な「待避せよの叫び声」（*sauve qui peut*）を正当化するものであるからである。それ以外の点では、この最も彼女らしからぬテクストにおいてさえも、彼女は、政治的悪は、行動的市民であることによって最もうまく回避できるという考えを一貫して抱いている。

・・・・

「思考と道徳的配慮」においてアレントが、ソクラテスの否定性のもつ政治的道徳的重要性を思いもかけず評価したことは、それ以前の「哲学と政治」における産婆的ソクラテスをめぐる考察を指し示している。このことはわれわれを、後者のエッセイを、例外的なものではあるものの、道徳的個人主義と否《ノー》と言う美徳に寄与するためのものというよりは、特殊な（公的で政治的な根拠をもつ）遠近法主義《パースペクティヴィズム》の表現として見るように強く促す。ここにおける主要な対照は、ソクラテスの産婆術の性格についての初期の記述と後期の記述との間にある。「思考と道徳的配慮」におけるソクラテスの産婆的活動の主たる効果はドクサの浄化・破壊である。「哲学と政治」においては、ソクラテスは次の前提、つまり、世界に対する明確な開口部としてのすべてのドクサは、たんなる「不完全卵」ではなく、保持するに値する所産、特定の価値ある真理の在所であるという前提に基づいて行動している者として提示されている。「哲学と政治」のソクラテスは、共有する世界に対する個々人の視座を通じて与えられる部分的真実を育成することにより、絶対的真理の不在により特徴づけられる人間世界、とはいえ、世界に無数の開口部をもちうるがゆえに美しい人間世界を明るみに出す。換言すれば、人間にとっての真理は、視座の複数性に内在し、このことは、共有する世界に、それ以外の場所に見られない存在の充実、いかなる（単一の）表象能力をもつねに陵駕する充実を与える。

アレントが「哲学と政治」で提示するソクラテスは、市民的共和主義もしくは共同社会主義《コミュニテアリアン》の（少なくともこれらの語が通常理解されている意味での）政治課題《アジェンダ》に寄与しうるとは言いかねる。しかし、ソクラテスは、すべての個々人のドクサの独自性への愛情こもった注視にもかかわらず、個人主義的な道徳的もしくは知的廉直さのために本当に行動しているとは言えない。ニーチェの場合と同様、中心となる基準は、道徳的というよりは美的なのである。ソクラテス的弁証法に関するアレントの解釈で重要なのは、友人間の対話を通じて開示される現象世界の豊かさである。アゴーン的精神を制限もしくは抑制するという（もっと明らかに道徳的な）効果は紛れもなく二義的である。そういうわけで、「哲学と政治」のソクラテス的産婆術は厳密に言ってどのような目的に役立つかという問題がわれわれには残される。

教養《カルチャー》（言うまでもなくローマに起源をもつ語であるが）のギリシャ的概念をめぐる注目すべき議論が含まれている「教養の危機」というアレントのエッセイを参照するのが、ここでは役に立つ。アレントは、ギリシャ人がそれを指す語をもっていなかったことのもつギリシャ的意味を明らかにするために、ペリクレスの「追悼の辞」から始める。アレントはトゥキュディデスの原文の自由訳を示しながら、ペリクレスを「『われわれは政治的判断の境界内において美を愛し、女々しさという野蛮人的悪徳の外で哲学をする』という主旨のことを言っている(22)」として引用している。彼女はこの訳を提示しながら、同時に、ギリシャ人にとって美と叡知への愛がいったいどのように働いていたのかを議論している。ペリクレスの主張——アテネの美、独自性、栄光の源泉を同輩の市民に詳述する過程で述べられたもの——は、アテネ人の美（*ta kalon*）と叡知（*sophia*）への愛を讃美し、それと同時に、その愛の実践が極端に行なわれた場合の懸念をはっきりと述べている。彼らは「美の実践」に対して、過度の洗練と「選択するすべを知らない無差別の感愛性(23)」を懸念していたとアレントは語る。審美眼《テイスト》の識別能力の欠如は、美に敏感な人々を絶えざる恍惚状態に置く。さらに悪いことに、叡知に対する無制限の愛は男らしさの欠如を助長し、それとともに不活動も助長する。アテネが偉大であるのは、アテネ人は美と叡知への愛を公共世界の要請に従属させるからであるとペリクレスは言う。「各個人は、自分自身に関わる事柄ばかりでなく、国家に関わる事柄にも関心をもっている。……政治にまったく関心のない人間は自分に関わる事だけにかまけている者であるとはわれわれは言わない。そういう人はここにはまったく用はないとわれわれは言う[24]」。アテネの偉大さは、市民が自分の魂以上に、そしてまた美や叡知以上に都市国家を愛することを要請する。少なくともこれがペリクレスの理解であり、アレントが首肯するものである。

それではカリクレスに戻る。しかし、「追悼の辞」のペリクレスはわれわれに、美化された(したがってより教化的効果をもつ)カリクレスを提示する。つまり、精神の生活に対して、それが「非紳士的」であるとか卓越性に欠けているという理由ではなく、アテネの独自の陵駕されることのない美(偉大で忘れがたい功業により創造され保持される美)を脅かすということを主たる理由に異を唱えるカリクレスである。叡知に対する愛は、それゆえ、美への愛、と言っても、アテネの美への愛に従属させられなくてはならない。これが至高の基準である。ペリクレスは同輩の市民に敵との闘争の続行を促すにあたって、個々人の幸福への配慮にではなく、この基準に訴えるのである。

敵を撃退することによって何が得られるかを長々と語ろうと思えばできるでしょう(得られるものは私同様、あなたたちも知っている)。私はむしろあなたたちに、現実のアテネの偉大さを日々凝視し、彼女〔アテネ〕に恋をしてほしいと思います。もしあなたが彼女の偉大さに気づき、彼女を偉大にしたのは冒険心をもった男たち、己れの義務を知っている男たち、ある標準以下に身を落とすのを恥じ

る男たちであったことに思いをいたせば……彼らのようになるべく努力するのはあなたたちの責任です。(25)

都市の美に日々見惚れることは、明らかに、「政治的判断の境界内で美を愛する」ことである。

このペリクレスの美学――アテネの美への訴えかけ――は、アレントが「哲学と政治」で提示するソクラテスとどのような関係があるのか。このエッセイにおいてソクラテスの活動をアレントがどのように性格づけているかを読むと、アテネ、最も美しい都市国家《ポリス》をよりいっそう美しく愛らしいものにする目的の中にソクラテスの「産婆術」が組み入れられるように、アレントがソクラテスの否定性を軽くみなしていることがわかる。換言すると、彼女はペリクレスの「審美眼」の基準《キャノン》を受けいれ、それに合うようにソクラテスを裁断している。その結果生まれたのが、彼の同輩の市民が良い生活について思い描く独断的な概念の迷妄を彼らに悟らせたり、アテネの栄光のために生きられる人生の価値を問うことによってではなく、むしろ彼らの多様な独自のドクサの真理を誘い出すことによって彼らに仕えるソクラテスである。このソクラテスの産婆術の実践には浄化的効果はまったくない。彼の機能は、むしろ、美しいアテネに対する個人の視座を多くし鋭敏にし、そうすることによって彼女の美をますます豊かに多様化することにある。もし「追悼の辞」が、その美が偉大な功業によって創造され維持されている都市国家を提示しているならば、「哲学と政治」は、この美を、個々の市民の意見と体験に日々思いがけぬ表現を見出しているものとして提示している。ソクラテスの産婆術は、このように、視座と知覚の複雑な網の目を紡ぎ出し、話し合いを通して恐ろしい美、つまり権力と恐ろしい活力《ダイナミズム》に基づく美を人間的なものにする。そうすることによって、ペリクレスの記念碑化を補っている。ペリクレスが「われわれの残した帝国の跡と記念碑はまことに偉大なものである。現在がわれわれに驚嘆するように未来もわれわれに驚嘆するであろう」と言うとき、アレントが「産婆」としてのソクラテスにになわせた課題の大きさをわれわれは十分に認識する。(26)

しかし、生命そのものよりも価値があるとされる美を人間的なものにする課題は偉大ではあるものの、個々の市民に自分の魂と不正の回避に注意させるというもっと純粋にソクラテス的課題に比べれば無に等しい。「哲学と政治」においてアレントは精神の生活と市民の生活を和睦させているが、精神を市民もしくは彼女の言うところの「常識」の（奇妙に献身的な）僕《しもべ》とすることによって和睦させているにすぎない。「常識」という語をきわめてアレント的な意味（共通の、あるいは共有される世界に対する共感）で理解するとしても、『弁明』で明言されている使命、つまり、アレント自身が「思考と道徳的配慮」においてはっきりと認識し称賛した使命の根本的な転倒に依然としてわれわれは直面している。かくして「アブ」も「シビレエイ」も「哲学と政治」にはあまり現われない。人々の意見を浄化すること、人々を失速させること、人々に、知っていると思っていることを知らないことを認識させること、これらの活動のどれひとつとして、アレントがこのエッセイで実質的に創りだしている都市国家《ポリス》高揚的なソクラテス的弁証法において、いかなる現実的な役割も果していない。

われわれが言えることはせいぜい、「哲学と政治」のソクラテスは、同輩の市民が手に負えない過剰なアゴーン的個人主義を回避するのを手助けすることにより、道徳的な力に間接的に仕えているということぐらいである。休みない活動と偉大さを求める努力というペリクレス的美徳に、アレントのソクラテスは、他の人々の立場、対話のための対話、思索的な孤独の価値、それらの真の理解を加えている。(27)しかし、ここには、ソクラテスの世俗世界の舞台への登場をミルに称賛させ、ニーチェに嘆かせた諸価値の、新しい基準による再評価はない。ソクラテスによって――哲学によって――今日のわれわれなら世俗世界的な道徳的視座と呼ぶであろう視座から都市国家《ポリス》の立場を疑問視することが可能になった。個人の道徳的廉直を市民の義務と責任から区別すること、前者を、それにより厳密に政治的な責任のすべてを査定するための基準設定とみなすこと、それが可能になった。このようにソクラテスは、文化的偉大さをめぐるペリクレス的修辞と、ミロス的対話の中で忘れがたく描かれている権力、必然性、政治的生き残りをめぐる現実主義的修辞とによって呼び込まれた道徳的混乱に、切り込むための手段を提供した。換言すれば、ソクラテスは、自分の魂を自分の都市国家以上に愛することを、道徳的に価値のあるドクサ、つまり、政治的連携による美をたんに反映するのではなく、それをより高い(しかしそれにもかかわらず人間的な、あるいは人情味のある)標準に差し出すドクサを創造するための唯一の前提条件とみなすことを可能にした。

・・・・・

たとえアレントの一九五四年の、哲学と政治を和睦させようという試みが目標に届かず、真正の道徳的個人主義ではなく、市民的個人主義を提示しているとしても、われわれのもとには依然として逆説が残される。というのも、彼女がソクラテス的弁証法の主要目的がわからなかったとは言えないからである。主要目的とは、意見の迷妄を正すものとしての哲学的対話であり、不正の回避という窮極目標に役立つ覚醒活動である。「独裁政権のもとでの個人の責任」(一九六四年)と「思考と道徳的配慮」のいずれにおいても彼女は、思考――それは必然的に予断の排除から始まる――がわれわれの判断能力を、予断的範疇と社会的習慣の狭い境界から解放することによって、最悪のものから救出してくれることを雄弁に力強く証言している。それではなぜ彼女は、思考の道徳的政治的意義(溶解的働きをする行動妨害的活動)を「緊急事態」に限定するのだろうか。なぜ彼女は、ソクラテス——アブにしてシビレエイとしての——が、彼女が彼に割り当てた世俗世界での良心のあり方の発見者としての役柄のソクラテスよりも、市民としての活動と道徳の働き《エージェンシー》をめぐる西洋の概念にとってはるかに重要で、変容させる力を内に秘めた役割を果していることを認められないのか。なぜアレントは、結局、その政治の構想において、哲学も真正の道徳的個人主義も容れる余地をもちえないのか。

これらの疑問に対して十分に答えるには、『全体主義の起源』と『人間の条件』両著の中心をなす議論の要約をしなくてはならないだろうが、この場でできることではない。しかし、これらの疑問に対する彼女の心の禁圧の源泉に関して少し示唆することで結びとしたい。

第一に、個人主義と主観主義が提携することに対するアレントの不安がある。これは、彼女が、個人的体験、ラヘル・ヴァルンハーゲンの日記の研究、ロマン主義とフランス革命の分析、そして（言うまでもなく）ハイデガーの初期の「唯我論」的哲学との批判的遭遇から到達したように思われる結論である。「市民的不服従」に見出されるソクラテス的良心への攻撃的な告発は、安楽に「品位を保ち自足して暮す《リヴィング・トゥゲザー・ウィズ・ワンセルフ》」という目標はその人のエネルギーを使い尽くし、「善人」を生むが、たぶん欠陥市民を作るだろうというアレントの懸念を考慮に入れて初めて理解できる。まるで彼女は、ソクラテスが自己《セルフ》とその内的対話に訴えたことが、どういうわけか、対話が稼働させた道徳的エネルギーそれ自体を腐壊させると考えているようだ。『ゴルギアス』の信条告白（「ひとりである私が自分自身との調和を破り、自分と矛盾するよりは、多数の人々が私に異を唱えるほうが……私にとってはよいだろう」）を引き合いに出しては、今非難するかと思えば次には是認することに明らかなように、この点に関する彼女の相反する感情は、落し穴とはならないような自己、世俗世界から葛藤する感情と内的緊張の享受へのナルシス的退却に基盤をもつことのない自己を考えることができなかったことを示している。彼女はソクラテスがルソーやロマン主義の先祖ではないことは知っていたが、彼が両者の、そして「世界疎外」の承認の、どういうわけか原因となっているると主張せざるをえないのである。

第二に、哲学そのものがきわめて反政治的であり、怨念《ルサンチマン》と復讐心を根底に築かれた生活形態であるという彼女のニーチェ的懐疑がある。彼女が「哲学と政治」で語る主たる物語は、これら二つの活動のソクラテス的調和に関するものではなく、ソクラテスを殺し彼の思い出を危険に陥れた都市国家《ポリス》に対するプラトンの復讐に関するものである。アレントの見解によると、『国家』におけるプラトンの「真理の専制」は、「何の役にもたたない」賢者（*sophos*）を尊重しない民主的都市国家生活は、哲学者から、当然の報いである豊かな思い出を必ずや奪うであろうという不安に動機づけられていた。「住民に、都市国家がなければ期待しえない不滅と安定を保証した……同じ都市国家が、哲学者の不滅には脅威となり危険となった」(28)。ドクサをめぐる戦いと『国家』の哲学者による統治の要請は、哲学的な生活形態（*bios theoretikos*）が栄えるのに適した政治的条件を想像するプラトンの試みである。

アレントは『人間の条件』でそうしているように、ここにおいても、ニーチェの論法、つまり、「あらゆる動物は――したがって哲学者動物（*bête philosophe*）も――各自の力が完全に発揮され、各自の権力感情の最大が解放されるのに好都合な最善の条件を本能的に追求する」(29)をきわめて忠実になぞっている。プラトンによって前景化され、われわれの政治哲学の伝統に刻まれている哲学と政治の緊張関係は、思考対行動という対極的な配色《トーナリティ》に還元することはできない。むしろそれは、二つの対極的な生活形態――市民の生活と哲学者の生活――をめぐるものであり、それらの最高の存在条件はまったく両立不可能であり、両者は（その結果）互いに支配を求めて終わりのない闘争を続ける。それゆえ、哲学と政治は、アレントの示唆するように、都市国家生活に敬意を表して従うソクラテスの実践において和睦させることができたかもしれないが、この和睦は必ずやはかなく終わるものである。実践志向の市民が、人間的事象という領域においては「何の役にもたたない」賢者による干渉とみなしたものへの苛立ちを表明した瞬間に、この和睦は必ずや破綻する宿命にあった。アレントがこの二つの生活形態の闘争をその著作で取り上げるのは、哲学者たちは、あまりにも長い間、行動の生活に浴びせる彼らの中傷に対して異を唱えられることがなかったと確信していたからである。そういうわけで、彼女の描く「市民」ソクラテスの肖像は、プラトンの復讐に対する彼女の復讐、したがってニーチェの「倒錯したプラトン主義」に似ているとみなすことができる。

　第三に、世俗世界は政治的行動、偉大な言葉と行為によって美しいものに変えることができる、たとえこのことが「自分の魂の世話」と不正の回避を「滑稽で女々しい」仕事という位置に格下げすることを意味するとしてでもある、という彼女の奇妙な主張がある。アレントは一個人として、政治という仕事が提示する最悪のものを目撃した。政治理論家として彼女は、二十世紀における政治的悪の特殊な性質を理解するために他の誰よりも多くのことをした。しかし『人間の条件』においては、そしてまさに「哲学と政治」において彼女は、真の政治的行動を、想像を絶するほど醜悪なものにされた世俗世界に輝きを取り戻すことのできる活動として、理論化する必要性に駆り立てられているように思われる。それはまるで、全体主義の体験が、無邪気に世俗世界を愛すること、素朴に存在を肯定することを不可能にしたかのようである。人はどうにかして、全体主義が遠い非現実的な思い出に変えてしまった世俗世界の美を活動的に回復しなくてはならないかのようである。政治的行動——公共の領域で言葉と行動を多様な対等の立場の者たちが共有すること——は、この課題にふさわしいものとしてアレントが選んだ道である。しかしその理由はつねに依然として、少なくとも一部が不明確であろう。政治的行動が彼女の主張するものをたとえわずかであれ、提供できるか否かは、言うまでもなくまだ答えのない問いである。しかし、醒めた眼で彼女の著作を読む者は、彼女の、二者択一を追求する純粋な意志に心を打たれる。世俗世界への配慮は多様な形態をとるかもしれないこと、美もしくは存在の驚異は（たぶん核による絶滅を除いては）人間が決定的に破壊することのできない何かであり、また活動と意志により再創造することのできない何かであるかもしれないということに気づいていないとしてでもある。

略　語

Arendt, *BPF*　Hannah Arendt, *Between Past and Future*（New York : Penguin Books, 1968）［引田隆也・斎藤純一訳『過去と未来の間』（みすず書房、一九九四年）］

Arendt, *EU*　Hannah Arendt, *Essays in Understanding, 1930–1954*, edited by Jerome Kohn（New York: Harcourt Brace & Company, 1994）

Arendt, *HC*　Hannah Arendt, *The Human Condition*（Chicago : University of Chicago Press, 1958）［志水速雄訳『人間の条件』（ちくま学芸文庫、一九九四年）］

Arendt, *IT*　Hannah Arendt, “Ideology and Terror,” in *Totalitarianism : Part Three of the Origins of Totalitarianism*（New York : Harcourt Brace Jovanovich, 1968）

Arendt, *LM*　Hannah Arendt, *The Life of the Mind*（New York : Harcourt Brace Jovanovich, 1977）［佐藤和夫訳『精神の生活』上・下（岩波書店、一九九四年）］

Arendt, *MDT*　Hannah Arendt, *Men in Dark Times*（New York : Harcourt Brace Jovanovich, 1968）［阿部齊訳『暗い時代の人々』（河出書房新社、一九七二年）］

Arendt, *MT*　Hannah Arendt, “Mankind and Terror,” in *EU*

Arendt, *NT*　Hannah Arendt, “On the Nature of Totalitarianism : An Essay in Understanding,” in

Arendt, *EU*

Arendt, *OR*　Hannah Arendt, *On Revolution* (New York: Penguin Books, 1990)〔志水速雄訳『革命について』(ちくま学芸文庫、一九九五年)〕

Arendt, *OT*　Hannah Arendt, *The Origins of Totalitarianism* (New York: Harcourt, Brace, Jovanovich Publishers, 1973)〔大久保和郎他訳『全体主義の起源 1・2・3』(みすず書房、一九七二～七四年)〕

Arendt, *PP*　Hannah Arendt, "Philosophy and Politics," *Social Research* vol. 57, no. 1 (spring 1990)

Arendt, *TMC*　Hannah Arendt, "Thinking and Moral Considerations," in *Social Research: Fiftieth Anniversary Issue* (spring/summer 1984)

Levi, *Survival In Auschwitz*　Primo Levi, *Survival in Auschwitz* in *Survival in Auschwitz and The Reawakening: Two Memoirs* (New York: Summit Books, 1985)

Nietzsche, *BGE*　Friedrich Nietzsche, *Beyond Good and Evil,* translated by Walter Kaufmann (New York: Vintage Books, 1989)〔信太正三訳『善悪の彼岸　道徳の系譜』(ちくま学芸文庫、一九九三年)〕

Nietzsche, *GM*　Friedrich Nietzsche, *On the Genealogy of Morals,* translated by Walter Kaufmann (New York: Vintage Books, 1989)〔信太正三訳『善悪の彼岸　道徳の系譜』(ちくま学芸文庫、一九九三年)〕

Strauss, *CM*　Leo Strauss, *The City and Man* (Chicago: University of Chicago Press, 1978)

Strauss, *LAM*　Leo Strauss, *Liberalism, Ancient and Modern* (Chicago: University of Chicago Press, 1995)

Strauss, *NRH*　Leo Strauss, *Natural Right and History* (Chicago: University of Chicago Press, 1953)

［塚崎智・石崎嘉彦訳『自然権と歴史』（昭和堂、一九八八年）］

Strauss, *PCPR* Leo Strauss, *The Rebirth of Classical Political Rationalism*, edited by Thomas Pangle（Chicago : University of Chicago Press, 1989）

Strauss, *WIPP* Leo Strauss, *What Is Political Philosophy? And Other Studies*（Chicago : University of Chicago Press, 1988）

Villa, *Arendt and Heidegger* Dana R. Villa, *Arendt and Heidegger : The Fate of the Political*（Princeton : Princeton University Press, 1996）

原注

序論

（1） 全体像を求めたいという読者にお薦めするのは、George Kateb, *Hannah Arendt : Politics, Conscience, Evil*（Totowa, NJ : Rowman and Allanheld, 1983）または Margaret Canovan, *Hannah Arendt : A Reinterpretation of Her Political Thought*（New York : Cambridge University Press, 1992）がある。もっと簡略なアレント思想の入門書が最近たくさん出ているが、それらのうちで最良のものは、私の意見では、Maurizio Passerin d'Entreves, *The Political Philosophy of Hannah Arendt*（New York : Routledge, 1994）である。Seyla Benhabib, *The Reluctant Modernism of Hannah Arendt*（Thousand Oaks : Sage Publications, 1996）は、その哲学的分析が啓発的であるのはもちろんのこと、今日の政治のためにアレントをいかに批判的に活用するか、簡潔な手引きとなっている。Richard Bernstein, *Hannah Arendt and the Jewish Question*（Cambridge, MA : MIT Press, 1996）は、アレントとユダヤ政治問題との長期にわたる複雑な関係に焦点をあてる。最後に、Elisabeth Young-Bruehl による伝記 *Hannah Arendt : For Love of the World*（New Haven : Yale University Press, 1982）は依然として非常に貴重な資料であり、これを陵駕するものはもう出現しそうもない。

（2） Dana R. Villa, *Arendt and Heidegger : The Fate of the Political*（Princeton : Princeton University Press, 1996）.

第一章　恐怖と根源的な悪

（1）これらの一覧のなかにヴェトナム戦争を大量殺人の試みやそれと同等のものとして含めるのは間違いであろう。しかし、アメリカ人の手が血に染まっていないと想定することはできない。すなわち、二十世紀における「産業的殺人」にアメリカはいかなる手も下していないと想定することはできない。法治民主主義の道徳的前提を考えるならば、この道徳に反する戦争において空爆により無辜の人々を殺戮したことは、永遠に消えることのない汚点となっている。

（2）Hannah Arendt, *The Origins of Totalitarianism* (New York : Harcourt, Brace, Jovanovich Publishers, 1973), chapter 9を参照。

（3）Ibid., p. 459.

（4）この解釈にはもちろん、大いに論争の余地がある。本章第三節で私はそれによって提起される道徳的、哲学的問題のいくつかを取り扱う。

（5）Arendt, *OT*, p. 459.

（6）Ibid.

（7）いわゆる「情報化の時代」の到来で、アレントの予言が的中するおそれが出ている。人間存在が「労働動物」（*animal laborans*）の地位に貶められながらも、労働の機会がますます稀になっていく世界についての予言である。

（8）George Kateb, *The Inner Ocean* (Ithaca : Cornell University Press, 1992) に収められたケイティブの論文 "On Political Evil" を参照。

（9）この原則に例外がないわけではない。Wolfgang Sofsky が、いかなる抑制もきかない絶対的権力の閉ざされた社会の一種としての強制収容所を扱って、卓越した「濃密な記述」を行なっている。Sofsky, *The Order of Terror : The Concentration Camp*, trans. William Templer (Princeton : Princeton University Press, 1997) を参照。国家社会主義に「理性的な行為者」像を当てはめることの危険について精妙な記述を行なったのは、Dan Diner の論文 "Historical Understanding and Counterrationality : The *Judenrat* as Epistemological Vantage" を参照。この論文は、Saul Friedlander, ed., *Probing the Limits of Representation* (Cambridge, MA : Harvard University Press, 1992) に収めら

れている。
(10) Arendt, *OT*, p. 440.
(11) Ibid.
(12) Ibid.
(13) この点について特に、Arendt, *OT* に収められた"Ideology and Terror"が論じているのを参照。
(14) Ibid., p. 456.「われわれは人間の力とは非常に大きく、人間は自分がなりたいと願うものに実際になりうることを知った」。
(15) Hannah Arendt, *Essays in Understanding, 1930–1954*, edited by Jerome Kohn (New York : Harcourt Brace & Company, 1994), p. 298.
(16) Ibid., p. 300. Cf. Arendt, *OT*, pp. 463–464.
(17) Ibid., p. 301.
(18) Ibid., pp. 302–303.
(19) Arendt, *OT*, p. 443. Cf. Sofsky, p. 14.
(20) Ibid., pp. 442, 452. Primo Levi, *Survival in Auschwitz and The Reawakening : Two Memoirs* (New York : Summit Books, 1985) に収められた *Survival in Auschwitz*, p. 90. を参照。アレントの定式化について言えば、それが自分の死の「本来性」'mineness' に関し『存在と時間』においてハイデガーが述べた論点を逆転させていることが注目できる。
(21) Arendt, *EU*, p. 303.
(22) Ibid., p. 305.
(23) Ibid., p. 304.
(24) ソフスキーの分析はアレントの基本主張を確認している。彼が記しているとおり、強制収容所で作り出された絶対的権力は「盲目的な服従や規律を達成しようとしたのではなく、完全な不確実性が支配する宇宙を生み出すことを願った。その宇宙では、従順であってさえも、さらにひどい結果にならないことが保証されるわけではない。その権力は犠牲者を集合体、集団としてまとめて圧力を加える。その権力は差異を生み出し、極端な対照が際立つ社会的構造を作り出す。その権力は完全な支配のためにさまざまな手続きを用いる――個々人の自制心を発達させるためではなく、日ごとの苦痛、毎日の虐待を続ける手段として。恐怖は違反行為と懲罰による制裁の間の結びつきを断ち切る。恐怖は根拠や理由には無縁であり、脅迫によって義務を負わせることなどに関心がない。絶対的権力は望むときはいつでも乱暴にふるまう。それは自由を制限することを望むわけではなく、自由を破壊したいのである」(Sofsky, *The Order of Terror*, p. 17)。

(25) Ibid., p. 305.

(26) Ibid., p. 305–6.

(27) Levi, *Survival in Auschwitz and The Reawakening*, p. 51.

(28) Ibid., p. 55.

(29) そのような記述はレーヴィのような生き残りの物語や、*Sofsky, The Order of Terror* のような分析研究に見出される。

(30) Arendt, *OT*, p. 447.

(31) Ibid.

(32) Ibid., p. 448. アレントは *OT* の第9章において陰鬱に述べる、「誰かが法の枠の外部に押し出されたかどうかを決めるとしたら、最良の基準はこう尋ねることである、犯罪によってその人が利益を得るかどうか、と。もしも軽微な住居侵入罪を犯すことで自分の法的な立場が改善するということであれば[それでその人が刑事法体系の枠内におさまるわけだ]、それまで人権を奪われていたことが、少なくとも一時的には確認できるだろう」(Arendt, *OT*, p. 286)。

(33) Ibid., p. 438.

(34) Ibid., p. 449.

(35) Ibid., p. 451.

(36) 心に留めておく必要があるのはこういう事実である、すなわちアレントは『全体主義の起源』のなかで、前例のないことが起こることを可能にした一群の出来事、および全体主義そのものを理論的に分析しているという事実。ドイツとソヴィエトの収容所制度に明白で重要な差異がある（ソヴィエトでは、たとえば、ある集団の全体に子どもがいた場合、子どもたちを皆殺しにはしなかった）という事実があるとしても、アレントの理論的目標を一貫性のないものにするわけではない。むろん、全体主義そのものの存在やナチスドイツが全体主義社会であったという事実を問題にしたいというなら、話は別であるが。

(37) この Rousset の文章は、Arendt, *OT*, p. 451 に引用されている。Levi, *Survival in Auschwitz*, pp. 88–90 も参照。

(38) Tzvetan Todorov, *Facing the Extreme : Moral Life in the Concentration Camps* (New York : Metropolitan Books, 1996), pp. 63–64 に詳述されている。

(39) Arendt, *OT*, p. 452.

(40) Istvan Deak の論文 "Memories of Hell" (*The New York Review of Books*, June 26, 1997) を参照。

(41) もちろん、「良心が適格性を失い、善行がまったく不可能な状況」(*OT*, p. 452) は極端であり、収容所外の生活で本当にそれに匹敵するものはない。全体主義によって社会に広く脅迫と恐喝が行き渡り、個人が策略をめぐらす道徳的余地はほとんどあり得ないようにされている、ということがアレントの主張である。スターリン支配下のソヴィエト制度は、社会全体に完全な不信と虚偽と疑惑の雰囲気を生み出しており、この点で明らかにナチスドイツよりもひどかった。たとえば Nadezhda Mandelstam の回顧録 *Hope Against Hope*, trans. Max Hayward (New York : Atheneum, 1970) を参照。

(42) Levi, *Survival in Auschwitz*, p. 98.

(43) Levi, *Survival in Auschwitz* のとくに第5章と第6章、および Sofsky, *The Order of Terror* 第Ⅳ部と第Ⅴ部を参照。

(44) Levi, *Survival in Auschwitz*, p. 90.

(45) Arendt, *OT*, p. 455.

(46) この Rousset の文章は、Arendt, *OT*, p. 455 に引用されている。

(47) Sofsky, *The Order of Terror*, p. 25 を参照。

(48) Todorov, *Facing the Extreme*, pp. 32, 33, 39.

（49）Ibid., p. 39.

（50）Levi, *Survival in Auschwitz*, p. 87.「宿泊所は巨大な生物学的および社会的な実験として目立っていた」。

（51）Arendt, *OT*, p. 459.

（52）Arendt, *Essays in Understanding*, p. 408.

（53）Ibid. アレントの引用。Montesquieu, *The Spirit of the Laws*, translated by Anne Cohler, Basia Miller, and Harold Stone（New York : Cambridge University Press, 1989）, pp. xliv–xlv を参照。

（54）*Hannah Arendt–Karl Jaspers Correspondence 1926–1969*, edited by Lotte Kohler and Hans Saner（New York : Harcourt Brace Jovanovich, 1992）, p. 166.

（55）Arendt, *OT*, p. 457.「全体主義が奮闘して目指すのは、人間を専制的に支配することではなく、人間を余計者にする制度である。条件反射の世界、ひとかけらの自発性もない操り人形の世界でのみ、全体的権力の達成と確保が可能である」。

（56）Ibid., p. 459.

（57）*Arendt–Jaspers Correspondence*, p. 69.

（58）*OT* においてアレントはルーセットを引用している。「人間がまるでマネキンのように死に場所に向けて行進していくさまほど恐ろしいものはない」（Arendt, *OT*, p. 455）。レーヴィが *Survival in Auschwitz* において物語っているとおり、彼はブーナ－モノヴィッツ（Buna-Monowitz）の点呼広場のなかに仲間の奴隷労働者たちとともに導き入れられ、ビルケナウ（Birkeneau）で火葬場のひとつの爆破に手を貸したことが明らかな囚人（*Haftlinge*）の処刑を見ることになった。絞首台の落とし戸が開く直前に、その死刑囚が叫ぶ、"*Kamaraden,ich bin der Letz!*"（皆さん、私が最後だ！）と。レーヴィは次のように述べる、「つぶやきでも同意の身振りでもいいから、われわれ屈辱にまみれた群れの中から声が上がったと言えたらどんなにいいか。しかし、何も起こらなかった。……親衛隊員は、われわれが通り過ぎるのを冷淡な眼で見ている。彼らの仕事は終わった、しかも上手に終わったのである。今やロシア人たちが来ることができる。われわれの中にはもはや屈強な人間はいない。最後の人がわれわれの頭上にぶら下がっている。……人間を殺すことは難しい、人間をつくることに匹敵するくらい難しい。それは容易だったり、即座にできたりしたためしはない。だが、あなたがたドイツ人はうまくやり遂げた。あなた方の凝視の前にいるわれわれの従順な姿を御覧なさい。あなた方はもはやわれわれから何も恐れるものはない。暴力行為も、挑戦の言葉も、裁きの眼差しさえも」（Levi, *Survival in Auschwitz*, pp. 149–150）。

（59） Margaret Canovan, *Hannah Arendt : A Reinterpretation of Her Political Thought*（New York : Cambridge University Press, 1992), p. 27.

（60） Tzvetan Todorov, *The Conquest of America*（New York : Harper and Row, 1984）を参照、とくに、pp. 127–167.

（61） Arendt, *OT*, p. 297.

（62） Ibid., p. 459.

（63） Michael Ignatieff, "After the Holocaust : Reinventing Human Rights," ニューヨーク大学で一九九八年三月三日に行なわれた講演。

（64） われわれの置かれた苦境はアレントが『全体主義の起源』執筆中に直面したものとまさに正反対である。われわれは歴史上の前例（たとえば奴隷労働）になぞらえて収容所を理解するわけではない。むしろわれわれは、あらゆることを収容所になぞらえて理解する。ボスニアにおけるセルビア人の残虐行為に対する多少思慮を欠いた反応がそれを物語る。

第二章　良心、悪の凡庸さ、代表的実行者という観念

（1） Daniel Jonah Goldhagen, *Hitler's Willing Executioners : Ordinary Germans and the Holocaust*（New York : Vintage Books, 1997), p. 379.

（2） Ibid., p. 406.

（3） Ibid., p. 597, note 74.

（4） Hannah Arendt, "Thinking and Moral Considerations," pp. 7, 36.

（5） 一九六三年十二月十三日のアレントへ宛てた手紙でヤスパースがこのことを強調していることを参照。*Hannah Arendt – Karl Jaspers Correspondence : 1926–1969*, edited by Lotte Kohler and Hans Saner（New York : Harcourt

Brace Jovanovich Inc., 1992), p. 542. もちろん、アレントはアイヒマンのような人物が他にもいたと考えているが、彼女は彼を代表的なナチ党員という象徴的な地位に祭り上げてはいない。

(6) Elisabeth Young-Bruehl, *Hannah Arendt : For Love of the World* (New Haven : Yale University Press, 1982), pp. 360–61 を参照。

(7) Zygmunt Bauman, *Modernity and the Holocaust* (Ithaca : Cornell University Press, 1989) を参照。さらには、Max Horkheimer and Theodor Adorno, *Dialectic of Enlightenment* (New York : Seabury Press, 1972) も参照。

(8) Hannah Arendt, *Eichmann in Jerusalem* (New York : Penguin Books, 1983), pp. 218, 288. 〔大久保和郎訳『イェルサレムのアイヒマン』(みすず書房、一九六九年)〕「行政的殺戮」という用語は、戦争の初期に東部戦線において特務部隊 (*Einsatzgruppen*) により実行された「乱暴な大量殺人」と対比するために登場したことに注意すべきである。ショーレムとのやり取りについては、Hannah Arendt, *The Jew as Pariah*, edited by Ron H. Feldman (New York : Grove Press, 1978), pp. 250–51 を参照。(全体主義の) 悪の性質に関するアレントの「心変わり」——「根源的な」から「凡庸な」悪の観念に移行したこと——に関しては、私は後で論ずることにする。

(9) Goldhagen, *Hitler's Willing Executioners*, p. 28.

(10) たとえば、Hannah Arendt, "Approaches to the German Problem" および "Organized Guilt and Universal Responsibility" を参照。どちらも、Arendt, *EU* に収められている。

(11) Richard Wolin, "The Ambivalences of German-Jewish Identity : Hannah Arendt in Jerusalem," *History and Memory*, vol. 8, no. 2. (1996) : 9–35.

(12) Ibid., p. 27.

(13) たとえば、「われわれすべての内にあるアイヒマン」について Christian Bay が述べたことに対し、アレントが激しい口調で応じたことを参照 (「そんなことありません！　あなたの内にもいませんし、私の内にもおりません……私はいつも嫌いでした、『われわれひとりひとりの内にあるアイヒマン』などと考えるのは。そんなことはまったく真実ではありません」。Arendt, "On Hannah Arendt" in *Hannah Arendt : The Recovery of the Public World*, edited by Melvyn Hill (New York : St. Martin's Press, 1979), pp. 307–8. さらに、Arendt, *EJ*, pp. 278, 286 においても、アレントが「われわれすべての内にあるアイヒマン」という考えを強く非難していることを参照。

(14) Hannah Arendt, "Organized Guilt," in *EU*, p. 128.

(15) Seyla Benhabib, "Identity, Perspective and Narrative in Hannah Arendt's *Eichman in Jerusalem*," *History and Memory*, vol. 8. no. 2 (1996) : 48–53.

(16) 提案されたこの転換について問題がないわけではない。そのうちでも無視できない問題は次のような事実である。すなわち、その裁判によって提起された「道徳的、政治的、それのみか法律的な中心的」問題とアレントがみなしたものとその転換はうまく調和しないことである。「人道に対する犯罪」という観念についてのアレントの論評は彼女の「エピローグ」に出ている。その論評は書物全体で最も抽象的な法律論であることは確かであり、その裁判そのものという出来事によって提起され、論争の多い法律的問題のいくつかを取り上げて争点を明らかにすることを主眼としている。

(17) Gershom Scholem, "An Exchange of Letters" in Arendt, *The Jew as Pariah*, pp. 241–42 ; Walter Z. Laqueur, "A Reply to Hannah Arendt", ibid., p. 278 ; Seyla Binhabib, "Identiy, Perspective, and Narrative," pp. 35–36 ; and Elisabeth Young-Bruehl, *Hannah Arendt*, pp. 339–40, 344 を参照。

(18) Benhabib, "Identiy, Perspective, Narrative," p. 35.

(19) *New York Times Magazine* に掲載されたDavid Ben-Gurion の論文。Young-Bruehl, *Hannah Arendt*, p. 341 に引用されている。

(20) Arendt, *EJ*, p. 6.

(21) テレビドキュメンタリー番組『アドルフ・アイヒマンの裁判』(PBS, April 30 1997) は、これがまさしく事実であったことを十分に確認している。

(22) Arendt, *EJ*, "Postscript," p. 298.「……個人の有罪無罪の問題、被告と被害者の言分を聞いて裁きを下す行為、刑事法廷において要求されるのはそれだけなのである。……私のこの報告は、どの程度までイェルサレムの法廷が正義の要求を満たしたかということ以外には何も語っていないのである」〔大久保和郎訳〕。

(23) Ibid., p.5. アレントがその次のページでその検察の主張は「ユダヤ人の苦難の上に組み立てられており、アイヒマンの行為の上に組み立てられているのではなかった」〔大久保和郎訳〕と述べているのを参照。アレントにとって、そのようなアプローチは正義の要求を満たすことに失敗しているのみならず、個人ではなくて歴史を裁判にかけるという結果になったので、結果として「西洋に永遠に続く反ユダヤ主義」とか、「ユダヤ人の運命」などの範疇使用によって行為に対する個人の責任が不明確になったのである。Arendt, *EJ*, pp. 18–19 参照。

(24) Ibid., p. 253. 同書の「あとがき」(Arendt, *EJ*, p. 286) にある「私の当時の、そしてまた現在の見解では、この裁判は他の何もののためでもなく正義のためにこそ開かれねばならなかったのである」を参照。

(25) 検察官補のひとりが『アドルフ・アイヒマンの裁判』で陳述する起訴状によれば、アイヒマンは「すべての糸を握っていた」。その中には、特務部隊 (*Einsatzgruppen*) の活動に対する責任、さらに死の収容所のすべてで起こったことに対する責任が含まれた。この主張がいかに大げさなものか、検察の主張に含まれる証拠とアイヒマンの比較的限定された権威を考慮すれば、アレントの分析によって明らかである。

(26) この点に関して、*EJ*, p. 285 にあるアレントの論評を参照。

(27) Arendt, *EJ*, p. 25.

(28) Ibid.

(29) Ibid., pp. 26–27.

(30) Young-Bruehl, *Hannah Arendt*, p. 338. この関心は実際のところ、*EJ* の「あとがき」になって一般的な問題としてやっと明確に取り上げられている。

(31) 言っておかなければならないが、アレントは『イェルサレムのアイヒマン』が純然たるルポルタージュ作品であって、したがってそれを実際に読むことにした読者にとって、ある意味において内容に議論の余地はないと理解することにしたのであった。この点でアレントが一九六三年十月三日に Mary McCarthy に宛てて書いた手紙の一節が参考になる。すなわち「アイヒマンの『普通さ』についての私の基本的な観念は、観念というよりはむしろある現象の忠実な描写なのである。私はその現象から多くの結論が引き出せると確信しており、『悪の凡庸さ』として最も概括的な結論が示唆されている。私はいつの日かそれについて書きたくなるはずで、その時に私は悪の性質について書くことになるだろうが、あの報告の枠内で同じことをしたとしたら私は完全に間違いを犯したことになるだろう」。*Between Friends : The Correspondence of Hannah Arendt and Mary McCarthy, 1949–1975*, edited by Carol Brightman（New York : Harcourt Brace and Company, 1995）, p. 152 を参照。

（32）このようにして読む傾向があるのは、アレントに対して厳しく批判的なゴルトハーゲンのような読者も、彼女に好意的なバウマンのような読者も同様である。実際のところアレントはアイヒマンが自分の殺人義務を遂行するにあたって「熱意」があったことを頻繁に繰り返して言及している。たとえば、Arendt, *EJ*, pp. 24–25, 126–27, 147, 201 を参照。

（33）Arendt, *OT*, p. 459 を参照。「死の工場における犠牲者たちが……執行人たちの目にもはや人間と映らなかったと同じように、これら新しい種類の犯罪人たちは人間の罪深さを思って連帯するという枠組みさえも逸脱していた」。

（34）Arendt, *EJ*, pp. 251–52.

（35）Ibid., p. 21.

（36）Ibid., p. 113.

（37）Ibid., pp. 90–91.

（38）Ibid., p. 93.

（39）Ibid., p. 95.

（40）Ibid., p. 96.

（41）この点に関してアレントは派遣隊司令長官（*Generalkommisar*）であったヴィルヘルム・クーベ Wilhelm Kube の同様の例を挙げている。その人物は占領下のロシアで軍務にあったとき、第一次世界大戦における功績で鉄十字勲章を授かったドイツ系ユダヤ人が「特別措置」のために東方に到着したときに、怒りをあらわにしたのである。

（42）Arendt, *EJ*, p. 114.

（43）Ibid., p. 116.

（44）Ibid., p. 131.

（45）Ibid., p. 126.

（46）Ibid., pp. 126,18,52,98 : 「ドイツ国民の圧倒的な大多数がヒトラーを支持した」。

(47) Ibid., p. 110.

(48) Ibid., p. 125. 心に留めておく必要があるのは、自国に「ユダヤ人がいなくなる」未来像を描いてヨーロッパ中の多くの国々が熱狂していたことである。

(49) Ibid., p. 21.

(50) Ibid., p. 135.

(51) Ibid., pp. 135–136.

(52) Ibid., p. 136.

(53) Ibid.

(54) Ibid.

(55) Ibid., pp. 136–37.

(56) Ibid., p. 137.

(57) Ibid., p. 146.

(58) Ibid. Hannah Arendt, "Personal Responsibility Under Dictatorship," *The Listener*, August 6, 1964, p. 187 を参照。

(59) Ibid., p. 186.

(60) Ibid., pp. 185–86.

(61) Arendt, *EJ*, p. 287.

(62) Ibid., p. 52.

(63) Ibid., p. 148.

(64) そこから、エマソンの「法は覚書にすぎない」という格言が思い出される。この文脈で、アイヒマンに対するアレントの接近法と、実行者たちのなかの「官僚」に対するBaumanの接近法が対照的であることに注目すると興味深い。アレントはアイヒマンをその思考停止した凡庸さの姿でまざまざと提示しているが、その一方で、彼が本質的に「官僚」だとは提示していないし、彼の行動を主として官僚的な合理性の観点から説明しようと試みるわけでもない。アレントにとって、アイヒマンが最終的解決によって提起された移送問題を解決するのに際して示した

「官僚的」なふるまいは、自分が実際にしていることにまったく盲目になってしまうという、専門家にありがちな狭隘な視野のなせる結果ではない。むしろアイヒマンはその移送がどこに行き着くのかを知っていたのであり、彼のその行為が習慣化したことについては、その行為に先行して目的を道徳的に是認していたからである。彼はその目的のために、手段を（一部にせよ）提供する義務を負っていた。対照的にバウマンは、官僚的立場にいて行動の目標から「疎遠」になることで、近代的な集団殺害が可能になるためにいかに役立っているかを強調する。そのような疎遠さがなぜ生じるかといえば、「道徳的責任」に「専門家としての責任」が置き換えられたからであり、官吏が部署ごとに限られた手段で加担する究極の目的が忘れ去られるからである。Bauman, "Uniqueness and Normality of the Holocaust," in *Modernity and the Holocaust*, とくに pp. 101–2 を参照。アレントにとってみれば、アイヒマンの「動機」は道徳と政治に関わるものである、すなわち、法を執行することである。バウマンにとって、それは単に専門家としてのことである、すなわち、巨大な官僚装置の内部で自分に指定された役割を遂行することである。

(65) Arendt, *EJ*, p. 288.

(66) Ibid., pp. 52–53.

(67) Arendt, *EU*, pp. 315–16 を参照。

(68) Ibid., p. 276.

(69) ゴルトハーゲンとウォリンはともに、*Eichman in Jerusalem* が *The Origin of Totalitarianism* を直接継承する続編であるとみなしている。アレントが前著の理論を確認するためにアイヒマンを取り上げているのだ、と（その理論は実際のところ、ヨーロッパ社会に起きた大衆化現象の分析を基盤にしている）。私がここで提案している読みは、アレントがヤスパースとメアリー・マッカーシーに対して行なった言明によって確認されている。すなわち、生身のアイヒマンと直接向き合ったことで、アレントはイデオロギーの役割と悪の性質についてそれまでに仮定していたことの多くを見直すように迫られた、ということである。

(70) もちろん、これはゴルトハーゲンの中心的主張に非常に近いものである。彼が繰り返し主張していることは、実行者たちのなかの普通のドイツ人たちが、自分たちの行動が称賛に値するとまではいかないまでも正当化されると考えた、ということである。しかしゴルトハーゲンの説明は、道徳的難問を解決し、実際のところ責任の問題を解決してしまうという奇妙な結果を生み出している。というのも、彼が主張するとおりに反ユダヤ主義がドイツ国内でそれほどに浸透して深く根をおろしていたとすれば、これら「普通のドイツ人たち」の選択は完全に予見可能なものであり、いかなる道徳的もの珍しさもありえない。普通のドイツ人たちはゴルトハーゲンがいみじくも「邪悪なユダヤ人という経験的認識モデル」と呼ぶものによって定義される道徳的世界に生きているとされるので、文化的な特定幻想の持ち主としてわれわれに提示されている。この幻想によって彼らは道徳的に極悪な行為を犯す結果となるのみならず、彼らが自分たちの行為の真の性質がどんなものか、認識する可能性がとてつもなく小さくなってしまう。ゴルトハーゲンが見せてくれるとおりの「ヒトラーに従った自発的処刑者たち」を断罪することになれば、われわれは魔女を火刑に処した当時の社会を断罪するようなもので、不思議に類似した状況に陥ることになる。すなわち、われわれは彼らのすることが道徳的に非難すべきだと考えるが、それでもなおわれわれは、彼らが自分たちのすることを間違いとみなすだろうと真面目に期待するなど不可能なのだ。なぜなら、彼らは邪悪の源泉について非合理にもかかわらず深く浸透する「経験的認識モデル」を抱いているからである。ゴルトハーゲンの説明は普通のドイツ人が最終的解決に共犯者として罪があると解明することを目標としているが、彼が用いる社会心理学は結局のところそのような実行者たちを、彼ら自身では事実上逃れる術を知らない集団的幻想によって無自覚のまま使われる人々とすることで終わっている。『イェルサレムのアイヒマン』においてアレントが強調したことは、アイヒマンと数百万に及ぶ「普通のドイツ人」たちの事例において自己欺瞞が果たした役割である。それによって彼女はゴルトハーゲンのような決定論を回避できたのであり、さらには、ゴルトハーゲンよりもはるかに説得力に富む方法によって、ホロコーストに対する道徳的、刑事的責任という考えを保持し続けることが可能になっている。彼女が序文を寄せた Bernd Naumann, *Auschwitz: A Report on the Proceedings Against Robert Karl Ludwig Mulka and Others Before the Court at Frankfurt*（New York: Frederick A. Praeger, Publishers, 1966）を参照。その序文で彼女は、収容所に配備された職員が残忍な行動をたんにイデオロギーや反ユダヤ主義を理由にするだけでなく、意図的に選択していたことを強調している。

(71)　アイヒマン論争の最中にアレントに向けられた言語道断な非難のひとつとして、彼女が「怪物的」、狂信的、あるいはサディスト的なナチ党員の代わりに、「凡庸な」ナチ党員を提示して置き換えたと言われた——まるで、すべてのナチ党員がひとつの型にはまらなければならないかのように。この点では、『イェルサレムのアイヒマン』におけるアレントの説明がアイヒマンを模範的なナチ党員と提示しているとはとうてい言えないことに注目すべきである。アレントは彼の活動を物語るにあたってわれわれ読者を悪党たちの陳列棚に導こうと思えば、そうする機会は十分にそろっている——たとえば、狂信的な反ユダヤ主義者たち（Julius Streicher や Heydrich など）、道徳的怪物たち（ヒトラーなど）、サディストたち（最終的解決の「歩兵たち」のなかで、とくに収容所で繰り返しお目にかかる）。ゴルトハーゲンの非難はこれと同じ虚言を蒸し返しているものであり、Bernd Naumann, *Auschuwitz*（注70を参照）に寄せたアレントの序文でずっと以前に片付いている。とくに、pp. xi–xvi を参照。「これらの［アウシュヴィッツ官吏の］裁判で明らかになることは、［独裁体制下における］個人的責任という複雑な問題のみならず、裸の犯罪行為である。犯罪行為の命令に従おうと最善つまり最悪を尽くした人々の顔は、法的犯罪体制内で命令に従わなかった人々、すなわち死刑宣告を受けた目の前の犠牲者たちに対し自分の意志で行動した人々とは依然としてまったく異なるのである」。

（72） Arendt, “Personal Responsibility,” pp. 186, 187.

（73） Ibid., p. 205.

（74） Immanuel Kant, “What Is Enlightenment?” in *Kant's Political Writings,* edited by Hans Reiss（New York : Cambridge University Press, 1971）, pp. 54–61 を参照。

（75） Arendt, *EJ,* p. 287.

（76） Gershom Scholem in Arendt, *The Jew as Pariah,* p. 245.

（77） Ibid., pp. 250–51.

（78） Richard Bernstein, “Did Hannah Arendt Change Her Mind? : From Radical Evil to the Banality of Evil” in *Hannah Arendt : Twenty Years Later,* edited by Jerom Kohn and Larry May（Cambridge, MA : MIT Press, 1996）; and Adi Ophir, “Between Eichmann and Kant : Thinking on Evil After Arendt,” *History and Memory,* vol. 8, no. 2（1996）: 89–134 を参照。

(79)　これは“Did Hannah Arendt Change Her Mind?”における Richard Bernstein の戦略である。

(80)　Arendt, *The Jew as Pariah*, p. 251.

(81)　Young-Bruehl, *Hannah Arendt*, p. 371 に引用されたアレントの言葉。

(82)　アレントがメアリー・マッカーシーに『イェルサレムのアイヒマン』を「奇妙な幸福感状態」で書いたと、次のような個人的な告白をしたのはこの文脈においてであった。「しかも、それを書いて以来というもの、私は［戦争が終わって］二十年を経てもなお、それらのこと全体について軽快な気持ちである」。*Between Friends*, p. 168 を参照。ヤング＝ブルーエルが述べているように「軽快な気持ち」は、アイヒマン裁判を経てアレントが「怪物や悪鬼が数百万の殺害を計画実行したという考え」から解放されたことによる作用であった。Young-Bruehl, *Hannah Arendt*, p. 367 を参照。

(83)　アレントから Thompson 宛。Jerome Kohn の論文“Evil and Plurality : Hannah Arendt's Way to *The Life of the Mind*, I”に引用されている。この論文は、Kohn and May, eds., *Hannah Arendt : Twenty Years Later*, p. 155 を参照。

(84)　Arendt, “Nightmare and Flight” in *EU*, p. 134.

(85)　Arendt, *OT*, chap. 12, sec. 3, とくに pp. 458–59 参照。

(86)　本書第一章「恐怖と根源的な悪」を参照。私がここで行なっているアレント批判は、その章で私がその根源的な悪の観念について行なうもっと同情的な読みとは異なっている。

(87)　Villa, *Arendt and Heidegger : The Fate of the Political* (Princeton : Princeton University Press, 1996), chap. 3 参照。

(88)　これらの問題については本書の第一章でさらに詳細に取り扱う。

(89)　Arendt, *EJ*, p. 286.

(90)　バウマンの活用はよい例である。というのも、それは近代社会そのものの性質について社会学的概括に役立っている。

(91)　アレントはアイヒマン裁判当時のドイツの青年たちに関して次のように記している、「何も悪いことをしていないときに罪責を感ずるというのはまことに人を満足させることなのだ。何と高潔なことか！　それに反して、罪責を認めて悔いることはむしろ苦しいこと、そしてたしかに気のめいることである。ドイツの青年層は職業や階級を問わず、事実大きな罪を犯していながら一向にそんなことを感じていない権威ある地位の人々や公職にある人々に取巻かれている」〔大久保和郎訳〕（*EJ*, p. 251）。

(92) Goldhagen, *Hitler's Willing Executioners*, pp. 28–34

第三章　影響の不安――アレントとハイデガーの関係について

(1) Elisabeth Young-Bruehl, *Hannah Arendt : For Love of the World*（New Haven : Yale University Press, 1982).

(2) Hannah Arendt/Martin Heidegger, *Briefe 1925 Bis 1975*, edited by Ursula Ludz（Frankfurt : Vittorio Klostermann, 1998).〔大島かおり・木田元訳『アーレント＝ハイデガー往復書簡』（みすず書房、二〇〇三年）〕本章はこれらの手紙が公刊される前に書かれた。

(3) Elzbieta Ettinger, *Hannah Arendt/Martin Heidegger*（New Haven : Yale University Press, 1995), p. 78.〔大島かおり訳『アーレントとハイデガー』（みすず書房、一九九六年）〕

(4) Richard Wolin, "Hannah and the Magician" in *The New Republic*, October 15, 1995, pp. 27–37.

(5) Ibid., p. 34.

(6) Hannah Arendt, "The Image of Hell" in Arendt, *EU*, p. 201.

(7) Ibid.

(8) Ibid., p. 202.

(9) アレントは晩年になって友人の J. Glenn Gray に宛てた手紙のなかで、ハイデガーが行なったナチスに賛同する一九三三年学長式辞が国家社会主義イデオロギーの表明というよりは「ナショナリズムの不愉快な産物」であると記述している。Young-Bruehl, *Hannah Arendt*, p. 443 を参照。

(10) Hans Sluga, *Heidegger's Crisis*（Cambridge, MA : Harvard University Press, 1993）を必読書として参照。

(11) この点でアレントの（『全体主義の起源』にある）記述を思い出すことが有益である。そこでアレントは、戦前、戦中の知識人たちが、ブルジョワに対抗するなにがしかの形の「民衆運動」に引かれていたことを記述している。Arendt, *OT*, pp. 326–40（"The Temporary Alliance Between the Mob and the Elite" と題された節）を参照。Young-

Bruehl は、アレントのその記述がいかによくハイデガーにあてはまるかを鋭く分析している（*Hannah Arendt*, pp. 219–22）。彼女は結論としてこう記している、「民衆に魅惑されたハイデガーのような知識人たちが国家社会主義革命において果たした役割について責任を免れるなどと、ハンナ・アレントはけっして主張したことはない。しかし……彼女はヨーロッパの知的伝統がナチズムに責任があるとはみなさなかった」。

（12） Hannah Arendt, "What Is Existential Philosophy?" in Arendt, *EU*, p. 177. ここでアレントが述べる批判の核は、サルトルの『存在と無』で見出されるような実存主義に向けるのがもっとふさわしい。

（13） Ibid., p. 178.

（14） Ibid.

（15） Ibid., pp. 171, 178.

（16） Ibid., pp. 180–81.

（17） Ibid., p. 181.

（18） Ibid., p. 183.

（19） Ibid.

（20） Ibid., p. 187.

（21） *Hannah Arendt–Karl Jaspers Correspondence: 1926–69*, ed. Lotte Kohler and Hans Saner, trans. Robert and Rita Kimber（New York : Harcourt Brace Jovanovich, 1992）, p. 43.

（22） Ibid.

（23） Ibid., pp. 47–48. ヤスパースは答えた、「私もハイデガーについてあなたの判断と同じです——なんということでしょう。私が以前に述べたことは、事実はあなたが提供なさったとおりで間違いがないということだけです」（p. 63）。

（24） Ibid., p. 142. ハイデガーとフッサールの個人的、学問的関係の歴史を背景にして、そこにアレントの判断を置いてみると興味深い。二人の関係については、Hugo Ott, *Martin Heidegger: A Political Life*（New York : Basic Books, 1993）, pp. 172–86 に述べられている。オトはどちらかと言えばハイデガーについて厳しい判断をしているが、彼の物語が思い起こさせてくれるとおり、ハイデガーはすでにフライベルク大学長職に就く以前にもっと厳密に哲学的次元において彼の師匠をすでに「裏切っていた」。ユダヤ人をドイツ国内の大学で教職から追放するという一九三三年の帝国法で「ユダヤ人問題」がその醜悪な顔を持ち上げるずっと以前から、二人の関係はすでに緊張をはらんでいた。

（25）一九四九年十二月に夫の Heinrich Blucher に宛てた手紙でアレントは自分とハイデガーの関係をヤスパースに語ったことがあると述べている。ヤスパースがその機会に述べたこと（「かわいそうなハイデガー、われわれはここに座っているしかない、われわれ二人が彼の世界中で一番の友人で、彼のことを知悉しているのに」）は、彼らのハイデガーとの関係を彩っていた忠誠心と懐疑心の混じった心情をよくとらえている。Young-Bruehl, *Hannah Arendt*, p. 246 を参照。

（26）Ibid., p. 603. さらにヤスパースが戦後連合軍当局に提出したハイデガーに関する報告書を参照。それは彼を教職から遠ざけることを薦めている一方で、彼のナチスとの政治的関わりについての見解ではきわめて賢明である。その報告書は Ott, *Martin Heidegger*, pp. 336–41 に再録されている。

（27）たとえばアレントがヤスパースに宛てた一九四七年九月二十九日付けの手紙を参照。そこで彼女は、ハイデガーにおける「品性の欠如」により彼の哲学的活動が歪曲され低俗に堕する恐れがある危険について詳述している。「彼は多分［Totnauberg にある自分の「小屋」に引きこもることによって］目まぐるしく話し続けて不愉快なことすべてから抜け出し、ただ哲学することだけを考えて、最小限の代償を払えば……自分自身を世界から引き離せると考えたのです。そしてそれから、ご存知のとおり、この込み入って子どもじみた不誠実がそっくり彼の哲学思考のなかに素早く忍び込んだのです」（*Arendt–Jaspers Correspondence*, p. 143.）。

（28）Young-Bruehl, *Hannah Arendt*, pp. 304–7 を参照。

（29）Arendt, “Concern with Politics in Recent European Thought” in *EU*, p. 431.

（30）Ibid., p. 430.

（31）Ibid., p. 432.

（32）Ibid.

(33) Ibid., p. 433. アレントがその著書 Arendt, *Men in Dark Times*（New York: Harcourt, Brace, Jovanovich, 1968）（以後 *MDT*）の前書き（p. x）でハイデガーの "*Das licht der offentlichkeit verdunkt alles*" という言葉を引き合いに出していることを参照。

(34) Ibid.

(35) Ibid.

(36) Ibid.

(37) Ibid., p. 442.

(38) Ibid., p. 441.

(39) Ibid., p. 443.

(40) Ibid., p. 444.

(41) Ibid., p. 446.

(42) Ettinger, *Hannah Arendt/Martin Heidegger,* p. 114 に引用。

(43) アレントの論文 "What is Freedom" in Arendt, *Between Past and Future*（New York : Penguin, 1968）を参照。

(44) この点で、ハイデガーの二つの論文 "The Age of the World Picture" および "The Question Concerning Technology" を参照。いずれも、Heidegger, *The Question Concerning Technology and other Essays*（New York: Harper and Row, 1977）に収められている。私の著書 *Arendt and Heidegger,* chap. 6 も参照。

(45) Arendt, *The Life of the Mind*（New York : Harcourt, Brace, Jovanovich, 1978）, vol. 2, chap. 15 のアレントによるハイデガー批判を参照。

(46) Arendt, *The Human Condition*（Chicago : University of Chicago Press, 1958）, chap. 6 を参照。

(47) Martin Heidegger, "Letter on Humanism" in Heidegger, *Basic Writings,* edited by David Farrel Krell（New York : Harper and Row, 1977）を参照。

(48) Arendt, *On Revolution*（New York : Penguin Books, 1990）, p. 229 を参照。「……意見と判断は明らかに理性の能力のなかに含まれる。しかし、問題の核心はこういうことなのだ、すなわち、これら二つの政治的に最も重要な理性的能力が哲学思想はもちろん政治思想の伝統においてほとんど完全に無視されてきたことである」。

(49) 彼女の全体主義分析が明らかにするとおり、アレントがそのような自由をけなすなどほとんどありえない。『革命について』で展開された決定的に重要な彼女の主張は、「政治の参加者」として「公共的幸福」を経験したことのある人々においてはそれら二つが最も大切に思われる自由の次元であるのに、経験したことがない場合には、しばしばそれらが不必要な重荷だとみなされる、ということである。

(50) *Arendt – Jaspers Correspondence*, pp. 447, 453, and 457. アレントは訪問中にFinkから冷遇されたことを一九六一年八月六日の日付のある手紙に記している。彼女はまたその手紙でヤスパースにハイデガーが自分と接触できなかったことを語っている。

(51) Young-Bruehl, *Hannah Arendt*, p. 442.

(52) Ettinger, *Hannah Arendt – Martin Heidegger*, p. 10.

(53) Wolin, "Hannah and the Magician," pp. 34–35.

(54) Hannah Arendt, "Martin Heidegger at Eighty" in *Heidegger and Modern Philosophy*, edited by Michael Murray (New Haven : Yale University Press, 1978), p. 302.

(55) *Der Spiegel* が行なったハイデガーのインタビュー記事を参照。*Martin Heidegger and National Socialism*, edited by Gunther Nesler and Emil Kettering（New York : Paragon House, 1990）に再録されている。

(56) Rudiger Safranski, *Ein Meister aus Deutschland : Heidegger und seine Zeit*（Munich : Carl Hanser Verlag, 1994）.

(57) Arendt, "Martin Heidegger at Eighty," pp. 296–97.

(58) Ibid., p. 299.

(59) Ibid., p. 300.

(60) Ibid., pp. 300–301.

(61) Ibid., p. 301.

(62) この段落はアレントが"Thinking and Moral Considerations"で行なう主張を要約している。

（1）Hannah Arendt, "On Hannah Arendt," in Melvyn Hill, ed., *The Recovery of the Public World*（New York : St. Martin's Press, 1979）, p. 308.
（2）Ibid., pp. 304–5.
（3）Hannah Arendt, "Thinking and Moral Considerations," in *Social Research*, vol. 51, nos. 1–2（1984）: 36.
（4）Ibid., p. 8.
（5）『精神の生活』においてアレントは、（カントによって明らかにされた）個別を判断する能力、すなわち「これは間違い」、「これは美しい」などといえる能力が思考の能力と同じではないと述べている。思考は目に見えないもの、そこにないものの表象を取り扱う。一方で判断はいつも個別のもの、手近にあるものに関係する。しかしこれら二つは相互に関連する……」。Hannah Arendt, *The Life of the Mind*（New York : Harcourt Brace Jovanovich, 1977）, vol. 1, p. 193 を参照（以後、*LM*）。Arendt, *LM*, I, pp. 69, 70 ; そして Arendt, "Thinking and Moral Considerations," p. 37 を参照。
（6）Arendt, "On Hannah Arendt," p. 305 を参照。アレントの政治思想における思考と行動の関係について非常に異なる説明については、Leah Bradshaw, *Acting and Thinking : The Political Thought of Hannah Aarendt*（Toronto : University of Toronto Press, 1989）を参照。
（7）Hannah Arendt, "Ideology and Terror," in Arendt, *OT*.
（8）この点では私に罪がある。Villa, *Arendt and Heidegger*, chapter 3 を参照。
（9）Richard Bernstein, "Judging–The Actor and the Spectator," in Bernstein, *Philosophical Profiles*（Philadelphia : University of Pennsylvania Press, 1986）, p. 231.
（10）Beiner, "Interpretive Essay," in Hannah Arendt, *Lectures on Kant's Political Philosophy*（Chicago : University of Chicago Press, 1982）, p. 112.
（11）Hannah Arendt, "Thinking and Moral Considerations," pp. 36–37.
（12）Ibid., p. 37.

(13) Ibid.
(14) Arendt, "Thinking and Moral Considerations," p. 36.
(15) Beiner, "Interpretive Essay" in Arendt, *Lectures on Kant's Political Philosophy,* p. 91.
(16) Ibid.
(17) Arendt, "The Crisis in Culture," in Hannah Arendt, *Between Past and Future* (New York : Penguin Books, 1968), pp. 221, 223–25. 以後 *BPF*。
(18) The Postscriptum to "Thinking," vol. 1 of *LM,* p. 216.
(19) Arendt, *OT,* p. 469.
(20) Ibid., pp. 470–71,
(21) Ibid., p. 471.
(22) Ibid., pp. 471–72.
(23) Ibid.
(24) Ibid., p. 473.
(25) Ibid.
(26) Plato, *Republic*, 493 b-c.
(27) Ibid., 464 a-e.
(28) Arendt, "What Is Authority?" in *BPF,* pp. 107–12.
(29) Arendt, *HC,* pp. 225–27.
(30) Ibid., p. 228.
(31) Jean-Francois Lyotard, *Just Gaming,* trans. Wlad Godzich (Minneapolis : University of Minnesota Press, 1979), pp. 19–25.
(32) アレントが論文 "What Is Authority?" で記しているように、個別を普遍のもとに包含する活動にまで判断を還元する悪弊からカントでさえも逃れられていない。カントは「限定する」行為としての判断は省察の様態よりもずっと一般的なものと見る傾向がある（省察においては普遍が与えられないので、普遍は個別のために想像されるか創出されなければならない）。Arendt, *BPF*, p. 110–11 参照。さらに、Arendt, *Lectures on Kant's Political Philosophy*, pp. 15, 61 を参照。カントが道徳的な事柄において判断の役割を周辺化する傾向について概括的な視野を得るためには、Charles Larmore, *Patterns of Moral Complexity*（New York : Cambridge University Press, 1987）, chap. 1 を参照。

（33）ホッブズのいう政治的領域への「道具主義的」なアプローチは、彼が生きる権利に深く肩入れしているために有効性の程度には限界がある。George Kateb, *The Inner Ocean*（Ithaca : Cornell University Press, 1992）に収められた論文 "The Liberal Contract" を参照。プラトンはもちろん共和国の人民とは性格造形を行なう芸術家としての政治家の手によって刻み込まれる（あるいは放擲される）べき「人間の素材」であるとみなしている。よく知られているとおり、ヘーゲルは *Lectures on the Philosophy of History* において、自由のイデアが歴史において実現するのに際して「多くの無垢の花」が踏み付けにされるだろうと記している。プロレタリア革命と人間的自由の実現が暴力的な手段によって起こるだろうとするのは、もちろん、マルクス思想の根幹である。

（34）Aristotle, *Politics*, bk. II, chap. 2 and bk. III, chap. 11 を参照。Arendt, "What is Authority?" in *BPF*, pp. 116–19 ; and *Lectures on Kant's Political Philosophy*, p. 21 を参照。

（35）Hannah Arendt, "Philosophy and Politics," *Social Research*, vol. 57, no. 1 (spring 1990) : 73–74, 79（以後 *PP*）。

（36）Ibid., p. 75.

（37）Ibid., p. 81.

（38）Ibid., 本書の「アレントとソクラテス」の章を参照。

（39）Arendt, *On Revolution*, p. 229.

（40）Arendt, "Truth and Politics" in *BPF*, pp. 240–41.

（41）Ibid., p. 241.

（42）Bernstein, "Judging–The Actor and the Spectator," p. 228.

（43）Seyla Benhabib, "Judgment and the Moral Foundations of Politics in Hannah Arendt's Thought" in Benhabib,

Situating the Self（New York : Routledge, 1992）; Albrecht Wellmer, "Hannah Arendt on Judgment : The Unwritten Doctrine of Reason," in Larry May and Jerome Kohn, editors, *Hannah Arendt : Twenty Years Later*（Cambridge : MIT Press, 1996）; Maurizio Passerin d'Entreves, *The Political Philosophy of Hannah Arendt*（New York : Routledge,1994）, chap. 3 を参照。

（44） Arendt, "The Crisis in Culture," in *BPF*, pp. 221–22. Immanuel Kant, *The Critique of Judgment*, trans. Meredith（Oxford : Oxford University Press）, p. 151 ; アレントの *Lectures on Kant's Political Philosophy*, pp. 70–72 に収められた彼女の論評を参照。

（45） Bernstein, "Judging–The Actor and the Spectator," p. 230.

（46） Seyla Benhabib, "Judging and the Moral Foundations of Politics in Hannah Arendt's Thought," p. 121 を参照。

（47） Bernstein, "Judging–The Actor and the Spectator," p. 233.

（48） Ibid., p. 231.

（49） 公平に言えば、バーンスタインはその論文で「自立思考」すなわち *Selbstdenken* の方向を指しているが、その解釈学的重要性をアレントの作家および政治思想家としての活動について考えることに限定する傾向がある。Bernstein, "Judging," p. 234 を参照。

（50） 前に挙げた論文でアレントは「無意味さの増大」と「常識の欠如」が起こった結果として、理解力と判断力が直面する困難を強調している。後に挙げた論文では、大衆の「判断不能」を力説する。Arendt, *Essays in Understanding*, ed. Jerom Kohn（New York : Harcourt Brace Jovanovich, 1994）, pp. 314–15 ; and Arendt, "The Crisis in Culture" in *BPF*, p. 199 を参照。

（51） Ibid.

（52） ブルジョワの偽善、およびエリートと大衆がそれに対してどう反応したか、*OT*, chps. 5 and 10 におけるアレントの説明を参照。

（53） この点に関して、アレントが *HC* すなわち *vita activa*（活動的生活）の考察を書いたのは積極行動主義を鼓舞するためではなく、われわれが「自分で何をしているかを考える」のを助けるためであると想起することが重要である。Arendt, *HC*, p. 5を参照。

(54) Arendt, *PP*, p. 81 ; "Thinking and Moral Considerations," p. 23 ; *Lectures on Kant's Political Philosophy*, pp. 37–39.

(55) Arendt, "Thinking and Moral Considerations," p. 24.

(56) Ibid., p. 25.

(57) キリスト教倫理アメリカ協会後援の一九七三年会議におけるアレントの発言。Elisabeth Young-Bruehl, *Hannah Arendt : For Love of the World*（New Haven : Yale University Press, 1982), p. 452に引用されている。

(58) Arendt, "Thinking and Moral Considerations," p. 36.

(59) Arendt, *Lectures on Kant's Political Philosophy*, pp. 38–39.

(60) Immanuel Kant, cited by Arendt, Ibid., p. 43.

(61) Ibid., pp. 42–43.

(62) Ibid., p. 44. 私はアレントの代理 - 表象的思考の観念が共感に近いものとみなす人々に同意しない。たとえば、Lisa Disch, *Hannah Arendt and the Limits of Philosophy*（Ithaca : Cornell University Press, 1994）を参照。

(63) Ibid., pp. 37–40.

(64) 私はアレントの判断力の理論とニーチェ的視野理論が連携したものであることを *Arendt and Heidegger*, chap. 3において詳述している。

(65) Friedrich Nietzsche, *On the Genealogy of Morals*, trans. Walter Kaufmann（New York : Vintage, 1989), Ⅲ, 12.

(66) Arendt, *Lectures on Kant's Political Philosophy*, p. 56.

(67) Arendt, "Thinking and Moral Considerations," p. 36.

(68) Arendt, *Lectures on Kant's Political Philosophy*, p. 65.

(69) Arendt, "Thinking and Moral Considerations," p. 36.

(70) Arendt, "Truth and Politics," in *BPF*, pp. 258, 264.

(71) Hannah Arendt, *Eichmann in Jerusalem*（New York : Penguin Books, 1977), p. 252.

(72) Arendt, "Thinking and Moral Considerations," p. 7.

（73） Ibid., p. 13.

（74） Elisabeth Young-Bruehl がそのような反応についてその著 *Hannah Arendt : For Love of the World,* pp. 347–355 で説明しているのを参照。

（75） Arendt, *Eichmann in Jerusalem,* pp. 25–26 ; 48–52.

（76） 個別の判断として、「悪の凡庸さ」は悪の性質を簡単に（*tout court*）包括的に再定義しようと意図されたものでないことに注意することが重要である。本書の第二章を参照。

（77） Young-Bruehl, *Hannah Arendt,* pp. 347–48 を参照。

（78） Arendt, "The Crisis in Culture" in *BPF,* p. 222.

（79） "The Perversity of Brilliance" は、Norman Podhoretz によって書かれた書評の題名である。ショーレムの引用文は彼とアレントの間に交わされた手紙からのもので、Hannah Arendt, *The Jew as Pariah,* edited by Ron H. Feldman（New York : Grove Press, 1978）, pp. 241, 245 に収められている。

（80） 本書の「良心、悪の凡庸さ、代表的実行者という観念」の章を参照。

（81） Walter Benjaminn, "Theses on the Philosophy of History" in *Illuminations,* edited by Hannah Arendt（New York : Schocken Books, 1968）, p. 261.

第五章　アゴーンを民主化する——ニーチェ、アレント、そして最近の政治思想におけるアゴーン的傾向

（1） Sheldon Wolin, "Fugitive Democracy," and Chantal Mouffe, "Democracy, Power, and the Political," both in *Democray and Difference,* edited by Seyla Benhabib（Princeton : Princeton University Press, 1996）; Bonnie Honig, *Political Theory and the Displacement of Politics*（Ithaca : Cornell University Press, 1993）; and William E. Connolly, "A Critique of Pure Politics," *Philosophy and Social Criticism*, vol. 23, no. 5（1998）. 私は注記しておくべきだが、アレントのアゴーン主義と彼女がニーチェから受けた影響について最も明確に批判的立場を表明しているのがウォリンである。その他の人々は彼女がもっと一貫したニーチェ的思考をしてくれたらいいのに、と願っている。Wolin, "Hannah Arendt : Democracy and the Political" in *Hannah Arendt : Critical Essays,* edited by Lewis P. Hinchman and

Sandra K. Hinchman（Albany : State University of New York Press, 1994）を参照。しかし“Fugitive Democracy”と彼の論文“What Revolutionary Action Means Today”(in *Dimensions of Radical Democracy*, edited by Chantal Mouffe［New York : Verso, 1992］）が証明するとおり、ウォリンの唱える参加者的立場は民主化された（反貴族的）アゴーン主義とうまく一貫するのである。

（2）John Rawls, *Political Liberalism*（New York : Columbia University Press, 1993）, and Charles Larmore, “Political Liberalism,” in Lamore, *The Morals of Modernity*（New York : Cambridge University Press）, 1996 を参照。

（3）Michael Sandel, *Democracy's Discontent*（Cambridge, MA : Harvard University Press, 1996）.

（4）これらはサンデルの用語ではないが、ルソーとマルクスが激しく攻撃した古典的なリベラリスト的分離を思い出しておくことが役立つ。政治的（ロールズ的）リベラリズムがずっと何らかのかたちのこの区別を主張し続けることを擁護する議論は、Larmore, “Political Liberalism” を参照。

（5）*Hannah Arendt and the Meaning of Politics*, edited by Craig Calhoun and John McGowen（Minneapolis : University of Minnesota Press, 1997）につけられたMartin Jayの「あとがき」を参照。

（6）Richard Sennett, *The Fall of Public Man*（New York : W. W. Norton, 1992）, および Michel Foucault, *The History of Sexuality*, vol. 1（New York : Vintage, 1976）を参照。

（7）後者を指すための用語は私がセイラ・ベンハビブから借用した。*Democracy and Difference* につけた彼女の序文を参照。

（8）もちろんニーチェは広い意味で考えられた「真実への意志」とソクラテス的計画に自分も参加していることを認識している。関連する省察が『道徳の系譜学』第Ⅲ論にある。見かけ上のパラドクスの洗練された説明は、Alexander Nehams, *Nietzsche : Life as Literature*（Cambridge, MA : Harvard University Press, 1985）を参照。

（9）Nietzsche, *On the Genealogy of Morals*, trans. Kaufman, I, 10（以下 *GM*）。

（10）Friedrich Nietzsche, *Beyond Good and Evil*, translated by Walter Kaufmann（New York : Vintage Books, 1989）, pp. 115–16（以下 *BGE*）。

（11）Ibid., p. 113. このテーマはホッブズとカント両者にとって中心的である。どちらも政治的不和が「虚栄心」の競争から生じるとみなした。

(12) Friedrich Nietzsche, *Twilight of the Idols,* translated R. J. Hollingdale（New York : Penguin Books, 1990）, p. 133, “My conception of freedom” ; also *BGE,* pp. 110–11 and 117–18 ; and *GM,* III, 14.

(13) Nietzsche, *GM,* II, 12.

(14) 次の書から有名な一節を参照、Friedrich Nietzsche, *The Gay Science,* translated by Walter Kaufman（New York : Random House, 1974）, section 290, そこで彼は自己形成に関する自分の考えを展開する。

(15) Michel Foucault, *Discipline and Punish,* translated by Alan Sheridan（New York : Vintage Books, 1979）.

(16) John Stuart Mill, *On Liberty,* edited by David Spitz（New York : Norton, 1975）, p. 59.

(17) Michel Foucault, “The Subject and Power,” Afterword to Hubert Dreyfus and Paul Rainbow, *Michel Foucault : Beyond Structuralism and Hermeneutics*（Chicago : University Of Chicago Press, 1983）を参照。

(18) 政治的中心問題としての行動擁護論については、Benjamin Barber, *Strong Democracy*（Berkeley : University of California Press, 1984）を参照。

(19) Hannah Arendt, *Between Past and Future*（New York : Penguin, 1968）, p. 151（以後 *BPF*）; *The Human Condition*（Chicago : University of Chicago Press, 1958）, p. 177（以後 *HC*）; *On Revolution*（New York : Penguin Books, 1990）, p. 21（以後 *OR*）. Nietzche, “The Utility and Liability of History,” pp. 90–91, 96–102 を参照。

(20) Nietzsche, *GM,* I, 13.

(21) Arendt, *OR,* pp. 30–31. もちろんアレントはギリシャ人に倣っており、平等は人間そのものの属性でも明白な社会的理想でもなく、市民に与えられた政治的地位であるとみなしている。

(22) Arendt, *HC,* pp. 188–89.

(23) Arendt, *OR,* p. 30.

(24) Arendt, *HC,* pp. 17–18.

(25) Arendt, *OR,* chap. 6, and *BPF,* Preface を参照。

(26) Honig, *Political Theory and the Displacement of Politics,* p. 77. さらに、次の私の論文を参照、“Postmodernism

and the Public Sphere," *American Political Science Review*, 86, no. 3 (September 1992) : 712–21.

(27) Arendt, *HC*, p. 40.

(28) とくにアレントの "What Is Authority?" (in *BPF*) と *OR*, chap. 5 の議論を参照。私はアレントの超越的基盤への抵抗について次の書で詳細に論じている、Villa, *Arendt and Heidegger : the Fate of the Political* (Princeton University Press, 1996).

(29) Honig, *Political Theory and the Displacement of Politics*, p. 116. さらにまた、Chantal Mouffe, *The Return of the Political* (New York : Verso, 1993), p. 14.

(30) Arendt, *HC*, pp. 57–58 参照。

(31) Wolin, "Hannah Arendt : Democracy and the Political," p. 290. ウォリンはとくにアレントにおけるニーチェの遺産を攻撃している。その遺産が、社会的正義の問題と本質的に関わる政治とは違うものであって、彼女の「大衆」侮蔑と「高邁な野心、栄光、名誉」重視の政治に対する貴族主義的好みの源泉であるとみなしている。

(32) Connolly, "A Critique of Pure Politics," p. 17.

(33) これはアレントに対する批判的著述のなかでしばしば行なわれた攻撃であった。たとえば Hanna Pitkin, "Justice : On Relating Public and Private," in Hinchman and Hinchman, eds. *Hannah Arendt : Critical Essays.*

(34) Honig, *Political Theory and the Displacement of Politics*, pp. 118–23.

(35) Aristotle, *The Politics*, Bk. III, chps. 6 and 7 を参照。さらに、George Kateb, *Hannah Arendt : Politics, Conscience, Evil* (Totowa, NJ : Rowman and Allanheld, 1983), pp. 18–19 の議論を参照。

(36) 政治的リベラリズムにおけるひとつ真の問題は、政体の必須要素および基本的原則が議論の対象外となってしまうことである。事実そのとおりに違いない場合がきわめて多いことは確かである(たとえば法のもとの平等の権利)。だが政治的リベラリズムにおいては、「政体の必須要素」という項目のもとに押し込められるだけ多くの内容を可能な限り含めてしまう傾向がある。たとえば、"Political Liberalism" における Larmore の議論を参照。

(37) Honig はアレントが「論争対象に入れない公私の区別」をしていると断言している(*Political Theory and the Displacement of Politics*, p. 119)。しかし私はその区別をするアレントの主張に対しホニッグは的外れの断言をしていると思う。理由は以下に示すとおりである。

(38) Wolin, "Fugitive Democracy," pp. 37, 43.

(39) Honig, *Political Theory and the Displacement of Politics*, pp. 85–86, 103. ホニッグの解釈は議論の余地なく正しいのである。というのもアレントはホッブズや社会契約論の伝統全般と同じように、伝統、自然、神よりはむしろ合意が政治的結びつきの条件を設定しているとみなす。しかしホニッグはさらに議論を進めることを願っており、ほかでもない行動（*practice*）または遂行的発話行為こそが、アゴーン的実践（*praxis*）を行なう場の確立に役立っていると主張する。この解釈にわれわれは多少とも懐疑的になるべきである。というのもアレントは政治における意志（とくに、意志には根本的で基礎的役割があるというルソーの定式化）に関して疑問を表明しているからである。彼女の考えによれば、約束行為は義務による拘束網を生み出すことになる。その網は人工的であるが永続的であり、継続する意志や拒否とは関わりなく自立的に存在する世界構造である。Arendt, *BPF*, pp. 163–64 参照。

(40) 本書第六章「劇場性と公共の領域」を参照。

(41) Arendt, *HC*, pp. 55–77.

(42) Arendt, *BPF*, p. 153.

(43) ホニッグは行為でもある発話を概念化するためにJ. L. Austinの仕事を引き合いにだし、アレントにおける遂行的なものとして行動を強調する。しかし彼女はアレントの政治的行動の理論における明白な劇場的次元を無視している。

(44) Wolin, "Hannah Arendt: Democracy and the Political," p. 303 ; Honig, *Political Theory and the Displacement of Politics*, pp. 77–84 ; Connolly, "A Critique of Pure Politics" の随所に見出される。ホニッグはアレントがニーチェ的な「多数的自己」を称賛すると考えるが、一方でコノリーはアレントが身体を拒否することで西洋哲学思想の主流に位置づけられるとみなす。

(45) Connolly, "A Critique of Pure Politics," p. 21. さらに、William E. Connolly, *The Ethos of Pluralization*（Minneapolis : University of Minnesota Press）, 1995 を参照。

(46) Rawls, *Political Liberalism*, pp. xxiv–xxvi.

(47) Ibid., p. xxiv.

(48) ホニッグも同じような戦略を提案して、ニーチェ的な「多数性としての自己」の考えで例の超人を証明できると論じる。それによって超人は特異で稀有な主体や階級ではなく自己の——実際のところすべての自己の——一部とみなされるのである。Honig, *Political Theory and the Displacement of Politics*, p. 65を参照。

(49) Arendt, *HC*, p. 57（強調は引用者）。

(50) これは明らかに彼女の経験と全体主義の分析の結果であった。とくに彼女のArendt, *OT*に収められた論文“Ideology and Terror”を参照。

(51) Arendt, *BPF*, p. 241.

(52) Ibid., p. 242. Cf. pp. 219–22 および Arendt, *Lectures on Kant's Political Philosophy*, edited by Ronald Beiner（Chicago : University of Chicago Press, 1982）を参照。

(53) Nietzsche, *GM*, Ⅲ, 12.

(54) Wolin, “Fugitive Democracy” を次の書に収められた諸論文とともに参照。Sheldon Wolin, *The Presence of the Past : Essays on the State and Constitution*（Baltimore : The Johns Hopkins University Press, 1989）.

(55) Arendt, *Men in Dark Times*（New York : Harcourt Brace Jovanovich, 1968）, p. 30.

第六章　劇場性と公共の領域

(1) Hannah Arendt, *The Human Condition*（Chicago : University of Chicago Press, 1958）.（以後 *HC*）

(2) Hannah Arendt, *OR* ; Hannah Arendt, *Crises of the Republic*.

(3) Maurizio Passerin d'Entreves, *The Political Philosophy of Hannah Arendt*（New York : Routledge, 1994）, p. 84. 私は私のアレント研究で同様の緊張について記している。Villa, *Arendt and Heidegger*, pp. 54–55 参照。

(4) Ibid., p. 85.

(5) Seyla Benhabib, “Models of Public Space : Hannah Arendt, the Liberal Tradition, and Jurgen Habermas,” in Calhoun, ed., *Habermas and the Public Sphere*（Cambridge : MIT Press, 1992）, pp. 77–78 ; Seyla Benhabib, *The Reluc-*

tant Modernism of Hannah Arendt（Thousand Oakes : Sage Publications, Inc., 1996）, p. 125. ベンハビブはまた、ダントルヴからの一節も挙げている。

（6） Benhabib, “Models of Public Space,” p. 78.

（7） Benhabib, *The Reluctant Modernism of Hannah Arendt*, p. 125.

（8） Benhabib, “Models of Public Space,” p. 78.

（9） Ibid., p. 79.

（10） Ibid., p. 95.

（11） Ibid., p. 76.

（12） 私は次のエッセイで、たぶんきわめて異なる方向から同様の計画を試みた。“Postmodernism and the Public Sphere,” *American Political Science Review* 86（1992）: 712–21.

（13） Jurgen Habermas, *The Structural Transformation of the Public Realm*, translated by Thomas Berger（Cambridge : MIT Press, 1989）, 以後 *ST* ; Richard Sennett, *The Fall of Public Man*（New York : W. W. Norton and Co., 1976）.

（14） Jean Cohen and Andrew Arato, *Civil Society and Political Theory*（Cambridge : MIT Press, 1992）, chap. 4 参照。

（15） Hannah Arendt, “On Violence” in *Crises of the Republic*, p. 143.

（16） Hannah Arendt, “On Humanity in Dark Times” in Arendt, *MDT*, pp. 3–31.

（17） Ibid., p. 8.

（18） Ibid., p. 24.

（19） Ibid., p. 30

（20） Arendt, *HC*, p. 50.

（21） Ibid., p. 52.

（22） Ibid.

（23） Ibid., pp. 50–51. アレントがこれらの箇所、そして『人間の条件』全体でたどっている現象は、ハイデガーがエッセイ「世界像の時代」などの著作で扱っている「現実的なものの主観化」と共通するものを多くもっている。この関連についての議論は Villa, *Arendt and Heidegger* のとくに第6章を参照。

(24) *HC*, p. 53.

(25) アレントのエッセイ "The Crisis in Culture" in *BPF* における議論を参照。

(26) これは、私が、彼女の政治理論とハイデガーの哲学との関係をめぐる研究書を書いていたときには十分に明確に見ていなかった局面である。それはまた、ジョージ・ケイティブがその見事な研究 *Hannah Arendt: Politics, Conscience, Evil* で与えている世界内‐性の定義についても私に疑念を抱かせる。彼はその本の二ページで、世界内‐性を「政治的行動そのものへの関与に加えて、政治的行動を支える現実、美、充足した文化あるいは生活様式への関与」と呼んでいる。政治的行動の維持に寄与するものへ世界内‐性を枠づけることによって、ケイティブは、アレントの用語のもつ共鳴音を過度に限定している。

(27) Hannah Arendt, "Ideology and Terror" in Arendt, *OT*. ベンハビブが記しているように、たとえ全体主義体制のもとにあっても、公共の領域が破壊されるとか、世界内‐性が不可能になると言うのは少し誤解をまねく。公共圏の一種の移動や、一種の公共的「地下組織」の創造がしばしば見られる。

(28) Arendt, *OR*, pp. 74–75, 269.

(29) Arendt, *BPF*, p. 153.

(30) たとえば Hanna Pitkin, "Justice : On Relating the Public and the Private" in Hinchman and Hinchman, eds., *Hannah Arendt : Critical Essays*, p. 272 参照。

(31) Arendt, *HC*, pp. 176–79 参照。

(32) Arendt, *OR*, pp. 98–109 (chap. 2, section 5).

(33) Ibid., p. 101.

(34) Ibid.

(35) Ibid.

(36) Ibid.

(37) アレントにとって、この政治には組み込まれた停止点はまったくない。最初の暴露者も含むすべての人が偽善者であることが暴かれることがある。ここに革命の恐怖の起源とわが子をむさぼり食う革命という現象が生じる。

(38) "Civil Disobedience" in *Crises in the Republic* においてアレントは、ここに概容を示したものとは一致しないソクラテス読解を示している。後期のエッセイは、ソクラテスの道徳的廉直を、マキャヴェッリの市民的共和主義の世界内‐性とは対照をなす一種の自己本位として提示している。マキャヴェッリの本心（*cri de coeur*）——「私は私の魂以上に私の都市を愛している」——は、ソクラテスが同輩のアテネ人に伝えようとしていた教えとは明らかに正反対の位置にある。アレントが、フランス革命で急に現われた真正性をめぐる政略を攻撃するにあたってこの二人を一対にして使ったことに驚いたとしてももっともな話である。

(39) Arendt, *BPF*, pp. 152, 151.

(40) Ibid., p. 152.

(41) Ibid.

(42) Ibid.

(43) Kateb, *Hannah Arendt*, p. 12.

(44) この点についての議論は Villa, *Arendt and Heidegger*, pp. 90–92 参照。

(45) 人間（*homme*）と市民（*citoyen*）の二分法を克服しようとするルソー、シラー、ヘーゲル、マルクスの系列に反対する立場でアレントが書いていることはかなり明白である。

(46) Benhabib, *The Reluctant Modernism of Hannah Arendt*, pp. 126–27.

(47) Ibid., pp. 125–26.

(48) Ibid., p. 127.

(49) Jurgen Habermas, *The Philosophical Discourse of Modernity*, translated by Frederick Lawrence（Cambridge : MIT Press, 1987）参照。

(50) Ibid., p. 111.

(51) Ibid., p. 127. ベンハビブの言うように「物語行為は遍在するものである。なぜなら、それは、人間のすべての社会生活が、それより……構成される原材料だからである」。ベンハビブは彼女の著書（Chap. 4, pp. 107–13）でこの論点をもっと詳しく述べている。アレントの複数性概念をめぐるベンハビブの初期の議論については Benhabib, *Critique, Norm, and Utopia*（New York : Columbia University Press, 1986）, p. 241 ff. 参照。

（52） Ibid., pp. 112–13.

（53） Ibid., chap. l, pp. 14–22.

（54） Ibid., p. 145.

（55） Ibid., p. 201.

（56） Ibid., p. 200.

（57） Habermas, *ST*, pp. 177–78.

（58） Arendt, *HC*, pp. 38–49. このアレントのテーマに対するピトキンの懐疑的な論述については Hanna Fenichel Pitkin, *The Attack of the Blob : Hannah Arendt's Concept of the Social*（Chicago : University of Chicago Press, 1998）参照。

（59） Habermas, *ST*, p. 28.

（60） Ibid., p. 27.

（61） Ibid., p. 29.

（62） Ibid., pp. 54–56.

（63） Ibid., pp. 90–101.

（64） ハーバーマスはこの点に関してギゾー（Guizot）の古典的定式表現を挙げている。Habermas, ibid., p. 101.

（65） Ibid., pp. 106–7. もちろんハーバーマスは、カントが公共の領域を財産所有者に限定しているため彼を批判し、ブルジョワの公共圏の「矛盾」を抽き出すために、ヘーゲルとマルクスに依存している（*ST*, pp. 110, 117–29 参照）。にもかかわらず、公共の試験を経た普遍化による合法性というカントの定式への彼の熱狂ぶりはまぎれもなく、民主制の審議権の考察に関する彼のその後の研究の多くの基盤を形成している。

（66） Ibid., pp. 132–40.

（67） Ibid., p. 135.

(68) Ibid., pp. 159–74.

(69) Ibid., p. 162.

(70) Ibid., p. 163.

(71) Ibid., p. 164.

(72) Ibid., p. 177.

(73) Ibid., p. 178.

(74) Ibid., pp. 195, 5–8.

(75) Ibid., p. 221.

(76) Ibid., p. 234.

(77) プラトンの *Gorgias*, 459d–467a における、とりわけ修辞学批判参照。

(78) セネットが彼の研究方法とハーバーマスのそれとをどう区別しているかについては Sennet, *Fall of Public Man*, pp. 31–32 参照。

(79) Ibid., p. 259.

(80) Ibid.

(81) Ibid.

(82) Ibid., p. 107.

(83) Ibid., pp. 109–10（セネットはフィールディングを引用している）。

(84) セネットは面白いことに、貸付けの協定に反対する一七五八年のパンフレットを引用している。それには著者の敵対者は「糞堆の上でわけのわからないことをべらべらしゃべる汚い怪物、奴隷」（p. 100）として描かれている。

(85) セネットはこの態度を、「ドレフュス事件」の両陣営に明らかな「人格による審理」と対照させ、ゾラの *J'accuse*（pp. 240–51）の修辞にとくに注目している。彼は「人格による審理は、いったん公と私の境界線が抹消されると、政治が続行されうる唯一の方法となる」（p. 248）と結論している。ビル・クリントン大統領に対する弾劾手続きを考えると、これはいっそう関連性をもつ。そこでは「人格による審理」が、手続き上の「クーデター」同然の事態の言い訳になっている。

(86) Ibid., p. 264.

(87) Ibid., pp. 40–41 ; 90–92.

(88) Ibid., p. 82.

(89) Ibid., p. 37.

(90) Ibid., p. 20.

(91) Ibid., p. 25.

(92) Ibid., p. 25.

(93) Ibid., p. 237.

(94) Ibid.

(95) Ibid.

(96) Ibid., p. 261.

(97) この点に関してはアレントのエッセイ "The Crisis in Culture" in *BPF* 参照。

(98) Charles Larmore, *The Morals of Modernity*, p. 12.

(99) Habermas, *ST*, pp. 234–35 参照。ハーバーマスの思考のこの要素に対する共感的批判は、次のエッセイ参照。Thomas McCarthy, "Practical Discourse : On the Relation of Morality to Politics" in Calhoun, ed., *Habermas and the Public Sphere*.

第七章　哲学者対市民——アレント、シュトラウス、ソクラテス

(1) John Gunnell, *Political Theory : Tradition and Interpretation* (Cambridge, MA : Winthrop Publishers, 1979).

(2) Hannah Arendt, "Preface" and "Tradition and the Modern Age" in *BPF* ; and Leo Strauss, *The City and Man* (Chicago : The University of Chicago Press, 1978) pp. 1–3 and *Natural Right and History* (Chicago : The University of Chicago Press, 1953), pp. 3–6 参照。これらの著作はこれ以降それぞれ *CM*, *NRH* と表示される。

（3） Hannah Arendt, *MDT*, pp. 201–6. Strauss, *CM*, p. 9.

（4） Karl Lowith and Leo Strauss, "Correspondence Concerning Modernity," *Independent Journal of Philosophy* 4（1983）: 107–8 and 113. Leo Strauss, *Liberalism, Ancient and Modern*（Chicago : The University of Chicago Press, 1955）pp. 19–20, 24（以後 *LAM*）も参照。

（5） 私のエッセイ "Socrates, Lessing and Thoreau : The Image of Alienated Citizenship in Hannah Arendt," in Austin Sarat and Dana Villa, eds., *Liberal Modernism and Democratic Individuality*（Princeton : Princeton University Press, 1996）を参照。

（6） Margaret Canovan, *Hannah Arendt : A Reinterpretation of her Political Thought*（New York : Cambridge University Press, 1992）, p. 257.

（7） アレントが都市国家の性格を誤解し、時代錯誤的に、自由の領域、集会の公共空間、必要の空間である家庭との間に厳然たる分割線を入れたことについては多くのことが書かれている。たとえば Barnard Yack, *The Problems of a Political Animal*（Berkeley : University of California Press, 1993）pp. 11–13 参照。そのような異論は、それが本来示すべきこと、つまりアレントの「理念型」は歴史的な表象として意図されたものであるということを前提にしていると私は考える。

（8） Hannah Arendt, *OR*, p. 31.

（9） Arendt, *BPF*, pp. 51–52.

（10） Arendt, *HC*, pp. 26–27.

（11） Hannah Arendt, *PP*, p. 80.

（12） Arendt, *HC*, p. 57.

（13） Arendt, *PP*, p. 81.

（14） Ibid., p. 82.

（15） Ibid., p. 84.

（16） Ibid., *PP*, p. 85.

(17) Ibid., p. 86.

(18) Hannah Arendt, "Thinking and Moral Considerations," in *Social Research : Fiftieth Anniversary Issue*, 1984, p. 8（以後 *TMC*）.

(19) Arendt, "What Is Authority?" in *BPF*.

(20) Arendt, *HC*, p. 222.

(21) Arendt, *BPF*, p. 91.

(22) Ibid., p. 92.

(23) Ibid., p. 93.

(24) Ibid.

(25) Ibid., pp. 104–5.

(26) Ibid., pp. 107–8.

(27) Ibid., p. 97.

(28) Ibid., p. 110.

(29) Ibid. "On Humanity in Dark Times" in *MDT*, p. 27 における「定言的命令」（Categorical Imperative）に関するアレントの論評参照。

(30) Arendt, *MDT*, p. 27.

(31) Hannah Arendt, "Understanding and Politics" in *Partisan Review* 20（1953）: 379. アレントは、われわれの伝統が「荒廃している」度合いを誇張する傾向があった。それは主に、彼女のヨーロッパのファシズムと全体主義の意味の解釈の結果であった。これらの体制はまったく新しい罪を犯したばかりでなく、彼女の見解によれば、それらは、西洋の最も根本的な道徳的立場の崩壊によって可能になったのであった。

(32) Ibid., p. 391.

(33) Hannah Arendt in *Hannah Arendt : The Recovery of the Public World*, ed. Melvin Hill（New York : St. Martin's Press, 1976）, p. 315.

（34） Arendt, *TMC*, p. 25 ; *Kant Lectures*, p. 38.
（35） Ibid., p. 36.
（36） Ibid., p. 37.
（37） Ibid., p. 37.
（38） アレントの「新しい」共和主義については Margaret Canovan, *Hannah Arendt : A Reinterpretation of her Political Thanght* 参照。
（39） Arendt, *TMC*, p. 25 ; *Lecturers on Kant's Political Philosophy*, pp. 36–38.
（40） Strauss, *CM*, pp. 20–21.
（41） Arendt, *HC*, p. 20.
（42） Strauss, *CM*, pp. 20, 29.
（43） Ibid.
（44） Strauss, *NRH*, p. 124.
（45） Arendt, *PP*, p. 81.
（46） Strauss, *What Is Political Philosophy? And Other Studies*（Chicago : University of Chicago Press, 1988）（以後 *WIPP*）, pp. 11–12（強調は私）。しかしながらシュトラウスが *NRH*, p. 162. で与えている定式表現参照。
（47） Ibid., p. 12.
（48） Strauss, “On Classical Political Philosophy” in *WIPP*, pp. 84, 81.
（49） Ibid., pp. 15–16.
（50） Ibid., p. 17.
（51） Strauss, *CM*, p. 3.
（52） Ibid., p. 23 ; also *NRH*, chap. 2.
（53） Ibid., pp. 26–27.
（54） Ibid., p. 27.

(55) Strauss, *CM*, p. 11.

(56) Strauss, *NRH*, p. 12.

(57) Strauss, "An Introduction to Heideggerian Existentialism" in *The Rebirth of Classical Political Rationalism*, edited by Thomas Pangle (Chicago : University of Chicago Press, 1989), p. 37. 以後 *RCPR*.

(58) これはシュトラウスに関する標準的見解である。たとえば Charles Larmore, "The Secret Philosophy of Leo Strauss," in his *The Morals of Modernity* (New York : Cambridge University Press, 1996), p. 66 におけるシュトラウスの企図に関する記述を参照。彼はそこでシュトラウスの「形而上学的理性概念」について書いている。

(59) Strauss, *CM*, p. 11 : "We cannot reasonably expect that a fresh understanding of classical political philosophy will supply us with recipes for today's use." 参照。

(60) Arendt, *LM*, p. 10.

(61) Ibid. Cf. Strauss, *CM*, p. 9.

(62) Hannah Arendt, "The Concern for Politics in Recent European Philosophical Thought," in *EU*, pp. 432–33.

(63) Ibid.

(64) Leo Strauss, *Persecution and the Art of Writing* (Glencoe, IL : The Free Press, 1952), pp. 155–56. Jurgen Gebhardt, "Leo Strauss : The Quest for Truth" in *Hannah Arendt and Leo Strauss : German Emigres and American Political Thought after World War II*, edited by Peter G. Kielmansegg, Horst Mewes, and Elizabeth Glaser-Schmidt (New York : Cambridge University Press, 1955), pp. 101–2 参照。

(65) Strauss, "On Collingwood's Philosophy of History," quoted by Gebhardt, in *Hannah Arendt and Leo Strauss*, ed. Kielmansegg, et al., p. 100.

(66) Strauss, *CM*, pp. 11–12.

(67) Strauss, *NRH*, p. 124.

(68) Strauss, *CM*, pp. 119–20 ; *NRH*, pp. 122–23. シュトラウスの「『イデア』の新しい解釈」については Thomas Pangle's Introduction to Leo Strauss, *Studies in Platonic Political Philosophy* (Chicago : University of Chicago Press,

1983), pp. 2–5. イデアは「自存し、人間とはまったく異なる場所にあっても、いわばくつろいでいる」という考えに対するシュトラウスの不信（*CM*, p. 119）をパングルは強調しつつ、にもかかわらずシュトラウスは、「物の性質についてのわれわれの体験を概念化するためのしっかりした方法を提供しているように見える限り」イデアの教説を真剣に受けとめていたと論じている。したがって、この見解では、イデアの教説は、たんに、ソクラテスの「……は何か」という問いかけに前提されている「部類《クラス》の性質」の論理の延長でしかない。それは、「数多くの局所的一過的な特殊から普遍的で永続的な（必ずしも永遠というわけではないが超歴史的な）部類の特徴へ上昇する」（p. 3）ソクラテスの弁証法の試みを表わしている。

（69）Strauss, *WIPP*, p. 34. ここでシュトラウスは、ある特定の種類の性質（たとえば民主的、貴族的、専制的、等）の支配という観点から「体制」を定義し、古典的政治哲学を、最良の体制の探究と記述している。政治社会を学校とみなす考えは “Liberal Education and Responsibility” in *LAM*（pp. 20–21）と、*CM* におけるアリストテレスとプラトンをめぐるエッセイ（とくに pp. 25–27 ; 33–34 ; 38–41）に容易に見てとれる。Strauss, *NRH*, pp. 153–56 も参照。Arendt, “What Is Authority?” in *BPF*, pp. 116–19 参照。

（70）Strauss, *RCPR*, pp. 139 ; 150–54.

（71）Strauss, *RCPR*, p. 152 ; *CM*, p. 54.

（72）Strauss, *RCPR*, p. 154 ; *LAM* pp. 6–7 ; *Studies in Platonic Political Philosophy*, p. 47 ; *CM*, p. 54.

（73）Strauss, *RCPR*, p. 163. 市民的美徳と真の（哲学的）美徳との関連については p. 133 を参照。*CM*, pp. 25–28 and *NRH*, pp. 138–43 も参照。「紳士」の美徳と「庶民」の美徳との関連については *LAM*, pp. 11–14, 16 参照。

（74）Strauss, *LAM*, p. 13–14. *NRH*, pp. 149, 151 における「市民的道徳」に関する議論も参照。

（75）Ibid. Ronald Beiner, “Hannah Arendt and Leo Strauss : The Uncommenced Dialogue,” *Political Theory* 18, no. 2 (1990) : 247–49 における議論を参照。

（76）Strauss, *RCPR*, pp. 161–62.

（77）Strauss, *CM*, p. 20. *WIPP*, p. 11 参照。Steven Smith, “*Destruktion* or Recovery? Leo Strauss’s Critique of Heidegger,” *Review of Metaphysics* 51, no. 2 (1997) : 345–77 参照。スミスは私が言うところの「懐疑的」シュトラウスに

ついて力のこもった議論をしている。

(78) Strauss, *NRH*, pp. 270, 278 ; *LAM*, p. 14 参照。

(79) Strauss, *NRH*, pp. 284–85 参照。そこで彼は、「自然権派の教師」が自然権を「自分の社会で大事にされている正義概念」と同一視する可能性、実はやっていそうなことに警告を発している。同書の序文、とくにp. 5の、もっと「敬虔な」発言——「現代の自然権の拒否は虚無主義に通じる——否、虚無主義と同一である」——を参照。歴史主義による道徳の慣習への還元の促進については *WIPP*, p. 71を参照。

(80) Strauss, *LAM*, p. 20.

(81) Strauss, *RCPR*, pp. 160, 162 ; *CM*, p. 121.

(82) Strauss, *NRH*, p. 124.

(83) Stephen Holmes は *The Anatomy of Antiliberalism* (Cambridge, MA : Harvard University Press, 1993) のシュトラウスをめぐる章で、「哲学者」（シュトラウス的意味での）が採り入れることのできるニーチェ的真理と、秩序維持のために大衆が必要とする形而上学的な高尚なうそとの間の隔たりを強調している。哲学的少数者と非哲学的多数者との間の古典的区別を維持しようとするシュトラウスの動機を特徴づけようとするとき、ホームズのやり方は行き過ぎであると私は考える。にもかかわらず、シュトラウスの、「無害な真理」についての不安と、「有益なうそ」を育成したい、つまり、大衆の政治文化の形而上学的次元を支持したいというプラトン的願望に注目したホームズには一片の真実以上のものがある。

(84) Strauss, *RCPR*, p. 171 ; *CM*, pp. 54–55 ; *NRH*, pp. 1–2 ; *LAM*, pp. 16–17. ホームズの議論 pp. 63–66 参照。*Hannah Arendt and Leo Strauss*, ed. Kielmansegg, et al., p. 41 のケイティブの意見も参照。Arendt, *Kant Lectures*, pp. 35–36 参照。

(85) Strauss, *NRH*, p. 143 ; *CM*, p. 37.

(86) Arendt, *PP*, pp. 86–89. 彼女のレッシングに関するエッセイ "On Humanity in Dark Times" in *MDT* 参照。とくにpp. 7–11は、そのような思考を、もっと明示的に世界内的形式で枠づけている。

(87) Hannah Arendt, "Martin Heidegger at Eighty," in Murray ed., *Heidegger and Modern Philosophy*.

(88) Arendt, *MDT*, p. 13.

(89) Strauss, *RCPR*, pp. 150–53.

(90) Ibid., p. 133.「哲学は第一に政治哲学である。なぜなら、哲学とは、最も明白なもの、最も大量なもの、最も緊急なものから、最も威厳のあるものへの上昇だからである。哲学は第一に政治哲学である。なぜなら、政治哲学は、哲学内部の聖所を守るために必要だからである」。

(91) Ibid., p. 161 ; *LAM*, p. 13 ; *CM*, pp. 28–29 : *NRH*, p. 151.

(92) Strauss, *RCPR*, p. 60.

(93) この点に関しては、アレントの『革命について』の末尾と、シュトラウスの “On Classical Political Philosophy” in *RCPR* における彼の政治哲学のテーマの特徴記述を比較せよ。

(94) *Hannah Arendt and Leo Strauss*, ed. Kielmansegg, et al., pp. 166–68 の「討議」におけるジョージ・ケイティブとロバート・ピピンの意見を参照。

(95) Strauss, *LAM*, p. 8. Arendt, *Lectures on Kant's Political Philosophy*, pp. 22–25 参照。

(96) この点に関しては、アレントが『人間の条件』を、行動的生活（*vita activa*）と瞑想的生活（*vita contemplativa*）の伝統的二分法に対する批判として構想したことに注目することは興味深い。Jerome Kohn, “Evil and Plurality” in *Hannah Arendt : Twenty Years Later*, ed. Kohn and May, p. 176, note 26 参照。

(97) Charles Larmore, “The Secret Philosophy of Leo Strauss,” in *The Morals of Modernity*, p. 66.

(98) George Kateb, “The Questionable Influence of Hannah Arendt and Leo Strauss,” in *Hannah Arendt and Leo Strauss*, ed. Kielmansegg, et al., p. 33.

(99) Strauss, *WIPP*, p. 47.

(100) 出典は Richard Rorty, “The Priority of Democracy to Philosophy,” in his *Objectivism*, *Relativism*, *and Truth*（New York : Cambridge University Press, 1991）, p. 176.

(101) たとえば Strauss, *NRH*, pp. 125–30 参照。

(102) Arendt, *TMC*, p. 13.

(103) 私はとくにワルツァーとローティの著作のことを考えている。

(104) Michael Walzer, *Interpretation and Social Criticism* (Cambridge, MA : Harvard University Press, 1987), p. 60.

(105) Kateb in *Hannah Arendt and Leo Strauss*, ed. Kielmannsegg, et al., p. 43.

(106) John Rawls, "Justice as Fairness : Political, Not Metaphysical," *Philosophy & Public Affairs* 14, no. 3 (summer 1985) : 230.

第八章　全体主義、近代性、伝統

(1) たとえば Stuart Hampshire, *Innocence and Experience* (Cambridge, MA : Harvard University Press, 1989), pp. 66–72 における彼によるナチス体制の特徴づけを参照。

(2) これは John Gunnel がその刺激的な研究 *Political Theory : Tradition and Interpretation* (Cambridge, MA : Winthrop Publishers, 1979) でまさにしたことである。

(3) 現象としての全体主義へのアレントの全般的取り組み方、因果論的説明よりも理解を強調する取り組み方に関する十分な議論については、Elisabeth Young-Bruehl, *Hannah Arendt : For Love of the World* (New Haven : Yale University Press, 1983) pp. 200–203 参照。

(4) アレントは "Martin Heidegger at Eighty" in *Heidegger and Moderh Philosophy*, edited by Michael Murray (New Haven:YaleUnitversity Press, 1978) で、「ドイツに限らず、われわれの周囲には、ヒトラー、アウシュヴィッツ、計画的絶滅、永続的人口激減政策としての『皆殺し』について語らず、自らの霊感と趣味に従って、人文科学と観念史の言語で、極貧の環境から生まれた戦慄すべき現象を仮装するために、プラトン、ルター、ヘーゲル、ニーチェ、ハイデガー、ユンガー、ステファン・ゲオルゲに言及することを好む知識人やいわゆる学者がいる」(p. 302) と書いている。

(5) たとえばアレントの講演 "Concern with Politics in Recent European Thought" in *EU*, p. 431 における発言、あるいは "Martin Heidegger at Eighty" in *Heidegger and Modern Philosophy*, p. 302 のハイデガーに対する謝辞の中で発言を参照。

(6) Arendt, "A Reply to Eric Voegelin" in *EU*, p. 405.

(7) Hannah Arendt, "Understanding and Politics" in *EU*, p. 309.

(8) Arendt, "The Nature of Totalitarianism" の第二文「全体主義は人間の自由の最も根本的な否定である」(p. 328) を参照。

(9) Hannah Arendt, "What Is Authority?" in Arendt, *BPF*, pp. 95–97. また Arendt, "Ideology and Terror: A Form of Government"(以後 *IT*)in *Totalitarianism: Part Three of the Origins of Totalitarianism* (New York: Harcoart Brace Jovanovich, 1968), p. 159; and Arendt, "On the Nature of Totalitarianism: An Essay in Understanding"(以後 *NT*)in Arendt, *EU*, p. 331 も参照。

(10) Arendt, *NT*, pp. 339, p. 353. Arendt, *IT*, p. 172 参照。

(11) Arendt, *NT*, pp. 336–37.

(12) Ibid., p. 330.

(13) Arendt, *OT*, p. 456; *MT*, p. 304; *NT*, pp. 328, 342.

(14) Arendt, *OT*, p. 457.

(15) Arendt, *MIT*, pp. 297–98; also *NT*, p. 345.

(16) Arendt, *MT*, p. 305.

(17) Arendt, *IT*, p. 163. Arendt, *NT*, p. 341 参照。

(18) Arendt, *Eichmann in Jerusalem*, pp. 163–219 参照。

(19) Arendt, *MT*, p. 302.

(20) Arendt, *OT*, pp. 439–41.

(21) Arendt, *OT*, p. 471.

(22) Arendt, *IT*, p. 159.

(23) Arendt, *IT*, p. 162. 言うまでもないが、合法性という概念そのものが、全体主義が焦点を実定法(普遍的原理を特定の社会の特定の人間のために「翻訳する」相対的に永続的だが変わりうる枠組みと理解されたもの)から「自然」もしくは「歴史」の「運動法則」に移すとき、変更される。アレントが「全体主義の性質について」で言っているように、「『法』という語自体がその意味を変えた。人間の行動がその中で起こるものと想定され、許容された安定した枠組みを表示していたのが、運動自体のまさに表現と化したのである」(p. 341)。

(24) Arendt, *NT*, p. 353.

(25) Ibid., p. 159.

(26) Arendt, *NT*, pp. 341–43. また Arendt, "Mankind and Terror"（以後 *MT*）in *EU*, p. 306 も参照。アレントの強調は文脈しだいで移動する傾向があることを記しておくべきだろう。つまり、彼女が全体主義と実定法の構造との関係を判断するとき、その合法性を強調する（たとえば Arendt, *MT*, p. 300)。全体主義の休みない行動主義の源泉を分析するとき、自然の、あるいは歴史の「運動法則」に忠実であることを強調する（たとえば Arendt, *NT*, p. 340 参照)。

(27) Arendt, *IT*, p. 160.

(28) Ibid., p. 163.

(29) Margaret Canovan, *Hannah Arendt : A Reinterpretation of her Political Thought*（New York : Cambridge University Press, 1992) p. 13.

(30) Arendt, *NT*, p. 357.「もし、永遠の法則が至高の位置にあり人間的事象のすべてを支配し、個々の人間に全面的服従のみを要求しているというのが真相であるなら、自由とはただのごまかし、人を正しい道から誘い出す罠ということになるだろう。そうなると、一所不住はたんなる幻想、認識可能な普遍的法則への服従の決意によって矯正されうる想像上のものということになるだろう」。

(31) Arendt, *IT*, p. 163. Arendt, *NT*, pp. 342–44. 全体主義の本質としての恐怖については、Arendt, *MT*, pp. 302–5 も参照。

(32) Arendt, *IT*, p. 164.

(33) Arendt, *OT*, p. 469.

(34) Ibid., p. 438.

(35) Ibid.
(36) Arendt, *MT*, p. 304.
(37) Arendt, *OT*, p. 455.
(38) Ibid., pp. 438, 437.
(39) Ibid., pp. 447–57. 私はこの過程について本書の「恐怖と根源的な悪」の章で詳細に論じている。
(40) Arendt, *OT*, p. 457.
(41) Arendt, *MT*, pp. 305–6.
(42) たとえばアレントのエッセイ “What Is Freedom?” in Arendt, *BPF*, p. 168 参照。
(43) Arendt, *HC*, p. 176 参照。
(44) Ibid., pp. 38–46.
(45) Ibid., p. 322.
(46) Nietzsche, *GM*, essay Ⅲ, section 9 参照。
(47) アレントは「理解と政治」の中で、「人間の本性を変えるという口実のもとで人間から本性を奪おうとする」全体主義的試みについて書いている（*EU*, p. 316）。
(48) この点に関しては、『革命について』の末尾でアレントがソポクレスの『コロノスのオイディプス』から呼び出すコロスの合唱歌を参照。彼女の翻訳で示すと、「いまだ生まれざることが、言葉に発せられたすべての意味を圧する。人生において抜きんでてすぐれたものも、いったん現われると、もとの場所へと可能なかぎりすみやかに消えていくものである」。ジョージ・ケイティブが *Hannah Arendt : Politics, Conscience, Evil* で指摘しているように、彼女の見解によれば、この悲劇的叡知から人生を救い出す唯一のものは、政治的行動と自由の可能性である（p. 1）。
(49) Arendt, *MT*, pp. 299, 306.
(50) Kateb, *Hannah Arendt*, p. 66.
(51) Arendt, *IT*, pp. 173–75.

（52） Ibid., p. 172.

（53） Ibid., p. 173.

（54） とくに Hannah Arendt, *HC*, pp. 175–99 と *Arendt and Heidegger*（Princeton : Princeton University Press, 1996）, pp. 90–99 における私の議論を参照。

（55） アレントにおけるベンハビブが言うところの「行動の物語的構造化」についての十分な議論については Seyla Benhabib, *The Reluctant Modernism of Hannah Arendt*（Thousand Oaks : Sage Publications, Inc., 1996）参照。

（56） この点に関してはアレントのエッセイ「理解と政治」の主張、つまり、愚鈍さ（思考と判断の能力の欠如という意味での）が、常識（*sensus communis*. われわれの「世界への共感」）の死とともに、われわれに共通の運命となったという主張を参照。Arendt, *EU*, p. 314 参照。

（57） Arendt, *OT*, p. ix. Preface to Part One, "Antisemitism," p. xv 参照。

（58） Arendt, "The Image of Hell" in *EU*, pp. 201–2. アレントはギュンター・ガウス（Gunter Gaus）とのインタヴューでこう言っている。「誰かが［体制と］『連携《コーオーディネイト》』したからといってその人を非難した人はいません。その人は妻や子の面倒をみなくてはならなかったからです。最悪のことは、一部の人たちが本当にナチズムを信じていたことなのです！　短い間でしたが、非常に短い間にしては多かった。しかし、そのことは、彼らがヒトラーについて観念をこしらえあげていた、一部恐ろしくもあり興味深い事を思い描いていたことを意味するのです。まったく異様で興味深く込み入った事を、です！　尋常な程度をはるかに越えた事を、です！　私はそれはグロテスクだと思いました。今なら私は言います、彼らは自分自身の観念にだまされたのだ、と。それが起こったことなのです」（"What Remains? The Language Remains" in *EU*, p. 11）。ハイデガーが、アレントがこう発言したときに思い浮かべていた人々のひとりであったことは明白に思われる。

（59） Canovan, *Hannah Arendt : A Reinterpretation*, p. 64.

（60） Canovan, *Hannah Arendt*, p. 64 に引用されているアレントの "Karl Marx and the Tradition of Western Political Thought" の草稿。これはアレントが一九五三年にプリンストン大学で行なった講演である。

（61） Canovan, *Hannah Arendt*, p. 64 に引用されているアレントの "Project : Totalitarian Elements in Marxism"（Gug-

genheim book proposal)。
(62) Arendt, *HC*, pp. 94–101.
(63) Arendt, "The Ex-Communists," in *EU*, p. 396.
(64) たとえば Arendt, "What Is Authority?" in *BPF*, p. 111 参照。
(65) Arendt, *HC*, pp. 50–53.
(66) Canovan, *Hannah Arendt*, p. 73.
(67) Arendt, *NT*, p. 355.
(68) たとえば *Theory and Practice*(Boston : Beacon Press, 1973)におけるユルゲン・ハーバーマスと *Critique, Norm, and Utopia*(New York : Columbia University Press, 1987)におけるセイラ・ベンハビブの論述を参照。
(69) Arendt, *HC*, pp. 220–30.
(70) アレントはこう述べている。「制作と区別された行動は孤立していてはまったく不可能である。孤立することは行動の能力を奪われることである。行動と言葉は、制作が素材のための自然と、完成された製品を置くための世界が周囲に存在することを必要とするが、それに劣らず、他者が周囲に存在することを必要とする。制作は世界に囲まれ、絶えず世界と接触を保つ。行動と言葉は、他の人々の行為と言葉の網に囲まれ、接触を保つ」(*HC*, p. 188)。
(71) Arendt, *HC*, p. 190.
(72) Arendt, *IT*, p. 163 ; also *NT*, p. 343.
(73) Arendt, *HC*, p. 185. プラトンとアリストテレスが人間的事象の「混乱と喧噪《マッド・ハウス》」の考察に取りかかったときの「面白がっている」二人を描いたパスカルの有名な記述のアレントによる引用(Arendt, *Lectures on Kant's Political Philosophy*, edited by Ronald Beiner [Chicago : The University of Chicago Press, 1982], p. 22)参照。
(74) Arendt, *HC*, pp. 185, 195.
(75) Ibid., p. 195.
(76) Ibid., pp. 225–30. Arendt, "What Is Authority?" in *BPE*, pp. 104–15. アリストテレスは、プラトンと比べると、職人の技芸の類比はほとんど使っていないが、そして、『ニコマコス倫理学』では実践(*praxis*)と制作(*poiesis*)、実践知（*phronesis*）と技術（*techne*）をはっきりと区別しているが、アレントはそれでも、彼は行動を一種の制作《メイキング》と解釈したい願望に屈しているとみなしている。私は *Arendt and Heidegger* の第二章で、アリストテレスに対するアレントの反論を再構築しようとした。

（77）これは、対話篇『プロタゴラス』において、ソクラテスの「測定術」とプロタゴラスの民主的教育と判断力をめぐる寓意《アレゴリー》によって提示される代替案で明らかにされる。

（78）Plato, *Republic*, Book Ⅶ の有名な洞窟の寓意《アレゴリー》を参照。

（79）統一のライトモチーフは『国家』に一貫して流れており、「後見人《ガーディアンズ》」の共産主義から、エリック・ヴォーゲリンが「都市国家の身体的《ソマティック》統一性」と呼んだものまで、さまざまな形態をとっている。とくに Plato, *Republic*, 423–24, 432a 参照。

（80）Plato, *Republic*, 472c ; 484d とくに 500d 参照。

（81）Arendt, "What Is Authority?", p. 110. Arendt, *HC*, pp. 225–26 参照。

（82）Arendt, "What Is Authority?" in *BPF*, p. 97.

（83）Arendt, *HC*, p. 229.

（84）Ibid., p. 143.

（85）プラトンとアリストテレスにおける、思考と行動の間に設けられた「技術的関係」の議論についてはMartin Heidegger, "Letter on Humanism," in Heidegger, *Basic Writings*, edited by David Farrell Krell（New York : Harper and Row, 1977）, pp. 193–94 参照。*Arend and Heidegger*, pp. 227–28 の私の議論も参照。

（86）Arendt, *HC*, p. 229.

（87）Vol. I of Popper, *The Open Society and Its Enemies*（Princeton : Princeton University Press, 1960）and Andre Glucksmann, *The Master Thinkers*（New York : Harper and Row, 1980）参照。

（88）Arendt, "What Is Authority?" in *BPF*, pp. 95–100.

（89）この伝統の――そして伝統の中のプラトンの役割の――解釈は、ハイデガーによる哲学のメタ歴史学と明らかに最も近い類似性をもっている。この点に関しては、正確さ（*orthotes*）と開示もしくは非秘匿性（*Unverborgen-*

heit）とを対照させているハイデガーの偉大なエッセイ *Platon's Lehre von der Wahrheit* をとくにアレントは引用していることに注目すると興味深い。Arendt, "What Is Authority?," note 16（p. 291）参照。

(90) *IT*, pp. 166–72 における全体主義イデオロギーの「科学的」と仮定されている性格についてのアレントの論評を参照。アレントにあまり好意的でない視座から到達した同様の結論については Isaiah Berlin, "The Pursuit of an Ideal," in Berlin, *The Crooked Timber of Humanity*（New York : Vintage Books, 1992）参照。

(91) 人間を制作するという全体主義的企図ともっと伝統的な目的論との間の主たる相違のひとつは、まさに、前者の文字通り終わりなく進行するという特質にある。全体主義が存在するかぎり、それは「自然」もしくは「歴史」の運動法則を歴然とさせなくてはならない、つまり、自らが運動し続け、絶えず新たな絶滅すべき集団を見つけなくてはならない。さもないと「自然」もしくは「歴史」（外観の背後に隠された運動という全体主義的現実感覚の場）の運動は止まる。それは全体主義的精神にとっては耐えがたい矛盾であろう。Arendt, *IT*, p. 162, and *NT*, p. 341.

(92) Arendt, *NT*, p. 354.

(93) Leo Strauss, *The City and Man*（Chicago : The University of Chicago Press, 1963）, p. 127 参照。

(94) Philippe Lacoue-Labarthe, *Heidegger, Art, and Politics*, translated by Chris Turner（New York : Blackwell, 1990）p. 77.

(95) Arendt, *MT*, p. 306.

(96) Ibid., p. 298.

(97) Arendt, *IT*, p. 163. Arendt, *HC*, p. 58 参照。

(98) Arendt, *IT*, p. 158.

(99) *HC*, pp. 175–88 における政治的行動の意味生成能力についてのアレントの議論を参照。アレントの心の中で、行動を仕事と労働の両者から分かつものは、まさにこの能力である。

(100) Arendt, *OR* 参照。

(101) Judith Shklar, "The Liberalism of Fear" in Nancy Rosenblum, editor, *Liberalism and the Moral Life*（Cambridge,

MA : Harvard University Press, 1989）参照。

(102) Arendt, *OT*, p. vii.

(103) Arendt, *NT*, p. 344.

(104) Judith Shklar, *Ordinary Vices*（Cambridge, MA : Harvard University Press, 1984）, pp. 5–9.

(105) Arendt, *MT*, p. 302.

(106) もちろん、アレントは『革命について』において立憲制と市民権の両方について少し長めの議論をしているが、彼女はいずれをも軽視する態度をとっているのは注目に値する。全体主義的悪の性質に関する議論におけるアレント自身の変化、つまり、カント的な根源的悪の観念から「悪の凡庸さ」（『エルサレムのアイヒマン』）という彼女の有名な（そして広く誤解されている）考えへの変化に注目することは興味深い。この変化に含まれる問題のすぐれた分析については Richard Bernstein, “Did Hannah Arendt Change Her Mind?” in *Hannah Arendt–Twenty Years Later*, edited by Jerome Kohn and Larry May（Cambridge, MA : MIT Press, 1996）参照。本書第一、二章における私の議論も参照。

(107) 「人間の権利」よりも根本的で、権利が効力をもつための前提条件としての「諸権利をもつ権利」、つまり政治的共同体の構成員になる権利についての彼女の分析から、このことは明白である。Arendt, *OT*, pp. 290–302 参照。

第九章　アレントとソクラテス

(1) Arendt, *HC*, p. 21.

(2) アレントのエッセイ “Tradition and the Modern Age,” in Arendt, *BPF* 参照。

(3) 三つの直喩をめぐるアレントの議論は Arendt, *LM*, vol. 1, pp. 172–73, and in Arendt, *TMC*, 7–37（最初 *Social Research*［autumn 1971］に発表されたもの）に見られる。

(4) Hannah Arendt, *PP*, p. 81.

(5) Ibid., pp. 84–85.『弁明』に見られるようなデルポイの神託に関するソクラテスの解釈の含意を抽き出すことによって、アレントはこの点を論じている。知らないということを知ること、真に賢明ではないことを知ることは、

「人間にとっての真理の限界」を受け入れることであり、人間的真理はけっして絶対的なものではなく、現われる様相、意見《ドクサ》によって限定されていることを認識することである。

（6） Ibid., p. 80.

（7） Ibid., p. 81.

（8） Ibid.

（9） Ibid.（強調引用者）

（10） Ibid., p. 82.

（11） Ibid., pp. 82, 83.

（12） Hannah Arendt, "Civil Disobedience" in Arendt, *Crises of the Republic*（New York : Harcourt Brace Jovanovitch, 1972）, p. 64.

（13） Aerndt, *TMC*, p. 8.

（14） Hannah Arendt, "Organized Guilt and Universal Responsibility" in Arendt, *EU*, p. 130 参照。そこで彼女は、私人化した大衆、「市民（*citoyen*）の正反対」は、失業による個人および家族の災厄を回避するためには、どんな仕事でもする用意があったことを強調している。（「二十世紀の大犯罪」発言はこのエッセイに由来する。）

（15） Arendt, *TMC*, pp. 17–18.

（16） Ibid., p. 23.

（17） Ibid.

（18） Ibid., p. 25.

（19） Ibid., p. 24.

（20） Ibid., p. 26.

（21） "Personal Responsibility Under Dictatorship" と題された一九六四年のラジオ放送で、アレントは、きわめて似たことを言っており、自己との一致もしくは自己との調和の要請としての良心がどのように働くかに関して驚くほど肯定的な評価をしている。「ヒトラー体制下での上品な社会の全面的な道徳的崩壊は、そのような状況にあって信頼できる人々とは、価値を大事にし、道徳的規範と基準をしっかりと守る人々ではないことを教えてくれるかもしれない。……もっと信頼できる人々とは、疑い深い人々、懐疑家であろう。懐疑主義がよい、とか、疑い深いことが健全だからではない。［そのような人々］は［物事を吟味したり、自分で判断することに］慣れているからである。最良の人々とは、何が起ころうと、生きているかぎりは、品位を保って生きることを運命づけられていることを知っている人々であろう」。

(22) Arendt, "The Crisis in Culture" in *BPF*, p. 214. フィリップ・ラクー＝ラバルトが指摘するように、トゥキュディデスのギリシャ語の解釈に関して、アレントは「きわめて大きな危険を冒」している。Philippe Lacoue-Labarte, *Heidegger, Art, and Politics*（Oxford : Basil Blackwell, 1990）, p. 97 参照。ラクー＝ラバルトは「われわれはつましい美と軟弱さのない知識を愛する」を提案している。レックス・ウォーナーの英訳は「美しいものに対するわれわれの愛は贅沢には通じていない。精神の事柄への愛はわれわれを軟弱にしない」である（Thucydides, *The Peloponnesian War*, trans. Warner［New York : Penguin Books, 1979］p. 147.）

(23) Arendt, *BPF*, p. 214.

(24) Thucydides, *The Peloponnesian War*, p. 147.

(25) Ibid., p. 149.

(26) Ibid., p. 148.

(27) George Kateb, "Arendt and Individualism," *Social Research* 61, no. 4（winter 1994）: 765–94 参照。

(28) Arendt, *PP*, p. 78.

(29) Nietzsche, *GM*, Ⅲ, 7（p. 107）.

訳者あとがき

本書は Dana R. Villa, *Politics, Philosophy, Terror: Essays on the Thought of Hannah Arendt* (Princeton University Press, 1999) の全訳である。

著者は、カリフォルニア大学サンタ・バーバラ校で政治理論を担当する準教授である。前著には、アレントを、ハイデガーによる西洋哲学の脱構築に依拠しつつも破壊性をさらに深め、西洋哲学の伝統の反政治性を明るみに出し、多数性の公共的領域の条件を思索した最初のポストモダンの政治理論家として位置づけた *Arendt and Heidegger: The Fate of the Political* (Princeton University Press, 1996) がある。最近の著書としては、アメリカ合衆国において市民の義務と自治の責任という意識が薄れ、せいぜいコミュニティ活動と市民道徳の再教育の必要性が説かれている現状を憂い、ソクラテスをモデルとする適度に距離を置いた良心的市民の誠実さ《インテグリティ》の価値を説く *Socratic Citizenship* (Princeton University Press, 2001) がある。ほかにオースティン・サラットとの共編著 *Liberal Modernism and Democratic Individuality* (Princeton University Press, 1996)、編著 *The Cambridge Companion to Hannah Arendt* (Cambridge University Press, 2001) がある。

本書は基本的に各章は独立しているが、アレントの思想に沿いつつも、賛同者によってさえも馴致されかけている彼女の思想の本来のラディカリズムを説く姿勢は前著同様に一貫している。以下に著者の「序論」とは違う訳者なりの要約を試みたい。

初めの二章は全体主義の悪をめぐるものである。第一章「恐怖と根源的な悪」で著者は、アレントが強制収容所の意味を記述する際に「根源的な悪」という句を用いた意図を十分に認識するための文脈を構築しようとする。二十一世紀の政治指導者たちにとって、執拗な世界経済の圧迫にじっと耐え続けるくらいならば、たとえどんな代償を払っても、集団の民族的、人種的、宗教的アイデンティティ感情を刺激するほうがずっと簡単だと思われる情況が限りなく繰り返されるだろうと予想され、未来の展望についてあまり楽観的になれる余裕がない今、人間の地位に対して全体主義が仕掛けた攻撃の性質についてアレントが行なった分析に戻ることが有益であると著者は言う。全体主義体制において恐怖政治はたんなる手段をはるかに越えたもの、まさに真髄だったのであり、組織的、継続的に恐怖を与えることによって、全体的な支配における新規な実験が遂行され、「すべてが可能である」というテーゼに信憑性が与えられたのである。人間の握る権力には限界がないことを証明し、人間の尊厳には何ら本来的なものも永遠なものもないことを証明するために恐怖を用いること、それが最大の悪である。アレントの思想を著者はこう要約する。全体主義がその進行を加速させようと試みる運動の法則（「歴史の法則」や「自然の法則」）が、全体主義の進展におけるイデオロギー上の「超意識」を提出する。その意識とは上位の物語のことであり、彼らはその物語にちょうど調和するように逆に現実を構成しようと試みる。全体主義の目標は、そのイデオロギー上の超意識が真理であることを「事実」が照らし出すように人類および世界を作り直すことにほかならない。人間性を自由な因果関係の創出の能力、自発性の能力と同一視する十八世紀以来の遺産をアレントも継承していると著者は言う。もしも、われわれの本質的能力を発揮すべき条件が欠落した世界が生み出されたならば、そういう能力そのものが忘れ去られてしまうだろう。もしも、人間存在が自分自身も他者も本質的に余計者だとして経験するような世界が生み出されたならば、そのときには、人間の尊厳さえもが忘れ去られるだろう。そう著者は危惧する。アレントが収容所に対して精力的な関心を抱き、収容所が人間の人格をたんなる「もの」、「反応の束」に還元すると言った真意を著者はこのように考える。

第二章「良心、悪の凡庸さ、代表的実行者という観念」で著者は、どういう動機からアレントは、全体主義の悪を「根源的」と記述することを放棄し、悪それ自体は決して根源的ではなく「凡庸」だという、きわめて理解しにくい見解を採用したのであろうかと問い、彼女が残した著作と書簡にちりばめられた発言から一定の回答をまとめようとする。アイヒマンの「異常な奥行のなさ」に直面したアレントは、個人が無限の悪の実行に加担するためには、例外的な邪悪さも堕落も必要とせず、ただ思考力と判断力の深刻な欠如があるのみと考え、そういう悪に何とか名づけを試みなければならなくなった。「悪の凡庸さ」はアイヒマンの悪を名づけたのであって、実行者たちやホロコーストの悪を包括的に名づけたのではなかったと著者は考える。アレントは、アイヒマンのような個人を理解して裁くには、彼の行為の本質が悪魔的または狂信的な反ユダヤ主義であるとして、それが表出されたものとみなす誘惑に抵抗する必要があった。同時にまた、彼が自分の行なったことを認めたこと、自分の行為がその当時は犯罪にあたらないと主張したことを、両方とも真剣に受けとめる必要があったと言う。総統の意思が理論でも実践でも実際のところ法の源泉となる体制の場合、義務と遵法精神が「カント的」に物神化されるとその道徳的帰結は重大であった。アイヒマンは、殺人を法として制定し、殺人を法的かつ道徳的な義務に変えた体制下において、法を遵守する市民であった。アイヒマンに代表される「新型の犯罪者」は、党派的な狂信者でもなければ、マインド・コントロールされたロボットでもない。むしろ、彼は自分の意志で犯罪体制の活動に参加しつつ、その際に自分は組織体と法律によって保護され、自分の行動に対するどんな責任も免れるとみなしている。アイヒマンの事例が十分に証明しているとおり、「どんな法律でも法律は法律なのだ」とされるところでは、換言すれば、思考停止が幅をきかせるところでは、判断力および道徳的想像力が萎縮して、やがて消滅することになる。アレントの根源的な悪の概念は、近代の大衆時代において人間存在の余計者的性格をさらに加速するものとしての「全体主義の事業」を観点に据えて考えてみなければ理解することはできないと著者は言う。アレントはショーレムに対する返事のなかで悪の哲学的考察をするつもりだと示唆したが、結局その悪の概念を放棄することになった。全体主義体制にファウスト的崇高さ、そして形而上学的意味を、ほとんどそれに値しないにもかかわらず、付与していたのだと理解したからだ、と著者は考える。

第三章「影響の不安——アレントとハイデガーの関係について」は、思想家ハイデガーに対するアレントの批判的見解がどう変化したか、その全体像を提示しようとしたものである。著者によれば、ハイデガーに対する一九五〇年以後の彼女の態度には、彼の仕事に対して条件つきの尊敬を示しながらも、同時にその人の人間的弱点と政治的愚劣の程度に対しては透徹した意識があった。ハイデガーの政治的無知と品性の欠如について見事に終始一貫した判断をアレントが下していることは明らかだと言う。しかし、『存在と時間』におけるデカルトとカントの主観／客観という問題提起に対する反論、つまり、認識主体と実践主体という世界に相対して超然と立つ抽象的な存在に代置した行為し理解する存在としての現存在という概念は、アレントにとって革命的転換として重大だったことも明らかであると言う。この転換により、一元論的で主観を中心に据えた自由の概念、哲学と政治の思想で西洋の伝統を支配してきた自由の概念（意志あるいは実践的理性の自由）は打破され、根本的に「世界内存在」であると同時に「他者とともにある存在」という現存在概念を、アレントは活用することによって、世界内－性と人間の複数性を、人間的自由のぎりぎりの周縁ではなく、まさに中核に位置づけることができたからであると言う。「根拠の科学」（形而上学）に依拠して「存在」を支配しようとする意思が働く西洋の哲学伝統に対する批判をアレントがハイデガーから受け継いだとき、人間の複数性および自発性を障害とする西洋政治哲学を批判するための図式が提供されたと考える。ハイデガーによれば、知識を獲得し意志を持つ主体が神の地位に置かれたのが近代という時代であり、リアリティは、そのような主体が知りうるもの、そのような主体によって表象されうる次元にまで格下げされた。アレントは、ハイデガーが近代の病理に対して下したそのような診断を受けて、近代の科学技術におけるプロメテウス的傾向に疑問を呈することができたと言う。近代の科学技術を駆り立てているのは「人間の条件に対する憤り」であるとみなされているが、それら科学技術の力こそが、われわれがますます政治的行動から疎外され、「世界から疎外される」状況へ追いやられるよう、大きく寄与しているのである、とアレントの見解をまとめる。アレントによれば、公共の舞台上における政治的な行動と言論を通じて、人間存在は独自のアイデンティティを獲得し、さらに「人間の考案物」＝「世界」に意味を付与する。意見と公共的討論の領域、すなわち、ハイデガーにとって「くだらないおしゃべり」の領域であったものは、アレントの見直しによって、すぐれた開示の空間そのものとなったと言う。アレントは、意見を、重要な合理的能力のひとつであるとみなすことによって、道徳的ないしは政治的な真実をひとつだけに限定しない審議を中心とする政治を促進させようと考えていると言い、彼女の、市民の平等、人間の複数性を守り抜こうとする姿勢を強調する。純粋な思考は判断力の死につながるというテーゼは、アレントがハイデガーの政治的な愚かしさを考察して得た結論であり、人間的事象の領域を前にして哲学が伝統的に示してきた態度に対する彼女の態度とも呼応する、と著者は言う。

第四章「思考と判断」で著者は、理論主導やイデオロギー主導の運動が追い求めた思考と行動または理論と実践の統一という理想にアレントは強い懐疑を抱き続けたと言う。アレントによれば、判断の準備段階において思考は主として否定的な働きをする。われわれは思考することによって「固定した思考習慣、硬化した規則や基準」そして「紋切型で規格化した表現規範」から逃れる。思考の破壊的な活動によって判断の能力が解放されることになり、結果として識別および洞察が行なわれる空間が開かれ、ある特殊な出来事や現象が新奇なものであることを見抜くことができる。つまり、思考と判断は、政治行動の世界における予防的能力なのであり、これにより、必然的で、疑問の余地がなく、抵抗できないという装いで目の前に現われる政策や物語に対して、個人として市民として、否と言うための心構えができるのである。それに対し、イデオロギーによって与えられる前提から厳格に演繹して行動を導き出すのであれば、判断力の必要性は失われるし、思考のための空間（「人間の活動で最も自由で最も純粋なもの」、「演繹という強制的な過程の正反対」）が閉じられる。アレントは、人間の複数性こそ自由と行動のみならず判断力の現象学的基盤であるとして、複数性に基づく能力である意見の復権をはかることで、理性が導き出すという真理が横暴にも政治思想を締めつけている状態を打ち破ろうと試みていると著者は言う。政治的な思考とは、想像力あふれる流動性であり、他者のさまざまな視野を代表する能力である。意見を合理的に形成するには、アレントが「代理－表象的思考」と名づけたものの能力が基盤にならなければならないと述べ、アレントの論文「真理と政治」から次の一節を引用する。「政治の思考は代理者としてなされる。私が意見を形成するとき、異なる複数の観点から特定の問題を考え、そこにいない人々の立脚点を私の心に思い浮かべる。すなわち、私はそれらの人々を代理する。問題は、私が実際には身を置いていない場所にあたかもいるかのようにして、私自身の主体性を生かして考えることである。私がある特定の問題を考えるときに、より多くの人々の観点を自分の心の中に置くことができれば、そしてもし自分がその人々の立場にいたらいかに感じていかに考えるかをよりよく想像できれば、それだけますます私の代理者としての思考能力は強くなるであろうし、私の最終的結論、つまり意見は、ますます強い妥当性をそなえるであろう」。

次の二章は政治行動の劇場的次元をめぐるものである。第五章「アゴーンを民主化する」で著者は、「急進派の民主主義者」（ウォリン、コノリー、ホニッグ）において、アゴーン的な主体性（ニーチェの言う「主人」や、彼がエリートと目する「自主独立した個人」にそなわる主体性）が、集団や個人にアイデンティティが押しつけられることに対する抵抗の政治という民主化されたかたちで回帰したと言う。彼らがアレントに目を向けたのは、彼女がニーチェのアゴーン主義を明確に政治的に定式化したからであると考える。人間は日常的なもの、繰り返し、反応にすぎないものから自分の身を引き離そうとしたら、行動を通じてするしかない、自発的に政治的な発言をして行動に及ぶしかないと考えるアレントにとって、ニーチェの公式「行動こそすべて」は妥当性をもつが、彼女とニーチェの違うところは、彼女は、行動が行動として適切に起こるには、平等な関係を特徴とする公共圏がなければならないと主張している点であると言う。アレントは古代ギリシャの都市国家を例に出して、自由とは政治的な平等と同一であると言い、人間の複数性（平等で多様な者の存在）が政治行動の必須条件であると言う。ニーチェのアゴーン的姿勢が最終的には英雄の個人主義に行き着くのに対して、アレントの政治的と明示されたアゴーン主義の場合、それは彼女が「革命的精神」や抵抗の精神と呼ぶものに適合すると著者は考える。政治に何か超越的な基盤を見出そうとする意志は、人間どうしが意見を出し合って到達する合意がどうしても相対的にならざるを得ない現実から逃避しようとする意志、揺るぎない権威を発見したいという意志であり、そのような権威が発見されれば、絶えざる議論と論争に終止符が打たれ、民主政治は終わるであろうと言う。基盤を欠いたままであれ、「意見に基づく政治」の擁護に回るアレントを著者は支持する。行動することは、アレントにとって、対等で多様な人々を前にして公共の舞台に登り、私的な自己（生理的欲求や、個人的衝動や、雑多な方向に関心を向けた内面）を背後に置き去りにすることである。公的なペルソナを身に着け、公的な自己を創出し、その自己が発する言葉や行ないが、「顧客」に見立てられたわれわれの仲間である市民の判断の前に差し出される。急進派の民主主義者は、アレントの、自己を対象化する自己放棄的な自由が劇場空間としての公共圏においてありうるとする考えを理解しておらず、アゴーン主義的行動を自己主張モデルの変異形態のひとつにしていると著者は言う。このように著者は、アレントの政治行動の劇場的次元を強調し、政治的判断力における距離をおいた私心のない性質に焦点を当て、アゴーン主義的理想をめぐる今日の定式化の基底に自己主張主義が横たわっている事態を浮かび上がらせる。

第六章「劇場性と公共の領域」は、アレントの著作における劇場性と世界内－性の密接なつながりを検証し、彼女の公共的空間の「アゴーン的」モデルが依然として適切であることを論証しようとする。「現われの空間」としての公共的なものは、それがかつての時代にもっていた「現実に対する感受性」をもはやわれわれに与えない。自己によって感じとられるもの、あるいは、親密な状況で体験されるものが現実の判断基準になると、「すべての人々に見えるもの」は少しも現実的なものに思われなくなる。しかし、アレントが指摘するように、主観的なもの、もしくは私的なものが、強烈な対照を示す語を奪われると、それはその力の多くをも失うことになる。かくして、現在の体験に伴う「不気味な非現実性」が生まれる。かつて「公共の明るい光」との並置がもたらした明瞭な輪郭が体験から失われるからであると著者は言う。ベンハビブもダントルブも、アゴーン的アレントを、公然たるロマン派的アレント、ニーチェの影響の明らかなアレントと同等視しているが、アゴーン主義と表出主義の同一視は少なからぬ問題を含んでいると著者は指摘し、政治行動と公共の領域を論じるにあたってアレントが劇場的隠喩に頼るのは、むしろ、行動の表出主義的モデルの諸前提を打ち壊す意図があるためなのであるという。アレントによれば、ソクラテスもマキャヴェッリも、たとえ他のすべての点において二人が根本的に違っていたとしても、自己の劇場的提示と偽善を同一視していなかった。つまり、「演技」(別個の公共の自己という概念、もしくは、内面化された観客のために演じる演技者として自らを見る見方)は、欺きあるいは腐敗という内包的な意味をまだ帯びていなかった。ソクラテスもマキャヴェッリもともに行動を、真理を不明瞭なものにするのではなく、むしろ真理を現出させる劇場的な意味で考えた。良心に関するソクラテスの「劇場的な」概念の例は、良心的な道徳的行為と真正の自己という概念との間には必然的な結びつきはないということを示している。われわれが非個人性を偽善もしくは演技と同一視しているという事実は、われわれに、現代の政治的行為者−演技者が真正さの演技をすることを求めさせる、と著者は言う。個人をたんなる私的で特異な存在から共通の、もしくは普遍的な存在へ引き上げる公共的言説の力への信頼は、西洋の伝統の深部に流れていたが、十八世紀の、点在する参加型の劇場性の終焉とともに、政治の演技的次元は、沈黙させられた観衆の前での個人の性格の計算された提示に限定されるようになった。公共圏はたんに政治、行動、熟慮の領域であるばかりでなく、還元できない文化的次元をもっている。アレントとセネットの著作のいずれもが提供する見かけ上の逆説がここにある。つまり、近代における民主制の普及と公共的領域の衰退との一致が起こりうるのである。セネットによって提供されたレンズを通してアレントを読むことは、公共圏の必要条件は「自分の理性を公共のために使用すること」というハーバーマスとベンハビブの主張に対してわれわれを懐疑的にさせると言う。親密さ／共同体の文化においては、討論と議論は人々を分裂させることしかできない。討論と議論は非個人的社交性の媒体を提供できない。アレントは、失われた世界内−性の次元を、最も強烈に、劇場的政治的次元で提示しようとしているのであると著者は考える。

第七章「哲学者対市民」は、アレントとレオ・シュトラウスの政治思想の共通点と相違点を明らかにする。両者はともに、ソクラテスとプラトンとともに始まり、マルクスとニーチェとともに危機的な最終段階に入る西洋政治思想の「偉大な伝統」という観点から思索を営み、この伝統の危機を、より大きな政治的文化的危機（「近代の危機」）を反映するものとみなし、「伝統の終焉」は、古代ギリシャの政治的思想と実践によって開かれた可能性への新しい洞察を逆説的に提供するという事実に希望を見出していると著者は言う。アレントもシュトラウスも、歴史主義とイデオロギー的思考の両者によって危機にさらされている判断のための空間を開きたいと思い、判断がますます自動的になり、社会的規範と習慣のたんなる反映、慣習的規則の無思慮な適用になったことを憂い、判断に特有の自律性を再生させたいと思っている点では共通していると言う。アレントは、ドクサ自体の真実性を開示するソクラテスの本質的に産婆的機能は、対話的にであれ、弁証法的にであれ、「何かについて徹底的に話し合う」ことによってアゴーン的精神の過剰を抑制することにあった、話し合いの政治にとっての最大の脅威は、アゴーン的政治演説が競合的な乱闘、沈黙の暴力に堕落する傾向にあったと言う。ソクラテス的対話は、アゴーン的精神の平衡おもりの役割を果たし、多様な意見の表明の共通の場を提供する友人間の相互理解を生み出そうとするものである。アレントは、ソクラテスに従い、思考の体験、われわれの内的体験の複数性の体験が、良心の真の基盤であり、それ自体が真正の市民の根拠であると主張した。それに対し、シュトラウスの論点は、複数性および衝突する意見の領域をまさに超越して、市民の「私にはそう見える」領域から遠く離れた包括的な立場へと弁証法的に移動することであると著者は言う。シュトラウスにとって、ソクラテスの目的は、多数（ドクサ）から一（真理）へ、人間の知識の限界を意識しつつ上昇することである。これ以上アレントのソクラテスとかけ離れたものはないと言う。しかし著者は、アレントとシュトラウスを、このように制約的相互排除的な見方で読むことに反対すると言う。なぜなら、彼らの仕事は、実践への案内とはならないが、われわれの無思慮な想定、政治、道徳、政治的行動をめぐるわれわれの思考を形成する地平の境界を必ずや方向を見失わせるかたちで暴露してくれるからだと言う。

第八章「全体主義、近代性、伝統」は、全体主義は西洋の政治思想の伝統の否定ではなく、その基幹をなす比喩の徹底化であると論じる。著者は、その真価が理解されていないとして、全面的支配を現実化するのに必要な三段階の過程に関するアレントの分析を繰り返す。権利と市民の身分を剥奪されて法人格を殺され、次には良心がもはや機能しえない条件を作ることによって道徳的人格が殺され、最後に仕上げとして収容所によって個性の抹殺が遂行される過程は、その反復可能性が顕著であり、それ自体が、人間の「絶対余剰性」の確立のための一体系を構成する。プラトン以降、行動の概念が制作と製造の観点から解釈されたこと、政治的領域が、より高次にあると自称する目的を達成するための手段と見なされるようになったこと、人間の複数性という現象が制作という比喩への訴えと全般的利益を体現する何らかの主権をもつ行為者という虚構（哲学者–王、一般意思、理性的国家、プロレタリア、等）によって絶えず抹消されていること、これらのことに注目するとき、全体主義は伝統の否定を表わすのではなく、伝統の最も重要で基幹的な比喩のいくつかの徹底化を表わしていると結論せざるをえないと著者は言う。「自然」の法則もしくは「歴史」の法則の遂行によって人類を制作し、種を「生産する」という全体主義的企図は、プラトンがわれわれの伝統の根底に据えた隠喩なしでは考えられない。「芸術品としての国家」という反政治は、人類という「可塑的な素材」に対する終わりのない暴力的な加工という全体主義的な企図にその最も過激な定式化を見出すと言う。アレントの、意味創造の空間としての公共の領域への注目を、絶望的なまでにロマンチックであるとして退けたい誘惑に駆られるが、公共圏と行動の生活に対する実質的に生涯にわたる彼女の注目は、公共の現実と人間の自由の根本的な否定との遭遇から生まれたこと、政治的行動の「積極的」自由に対する彼女の関心は、全体主義的な政治的諸力が、実定法の防御的境界を難なく破り、「根無し」で「家無し」の大衆を難なく自分たちの主義主張に組み入れたという歴史的文脈から生まれたことを忘れてはならないと著者は言う。

第九章「アレントとソクラテス」で著者は、「アレントらしくない」論文「哲学と政治」（一九五四年に書かれ存命中には公刊されなかった）に焦点をあてる。アレントの描くソクラテスの肖像（哲学と政治の、精神の生活と行動の生活の和解の示唆）が、彼女の公刊された著作との関連で見るとアレントらしくないと言うのである。「哲学と政治」におけるソクラテスは、世界に対する明確な開口部としてのすべてのドクサは、たんなる「不完全卵」ではなく、保持するに値する所産、特定の価値ある真理の在所であるという前提に基づいて行動している者として提示されていると言う。「哲学と政治」のソクラテスは、共有する世界に対する個人の視座を通じて与えられる部分的真実を育成することにより、絶対的真理の不在により特徴づけられる人間世界、とはいえ、世界に無数の開口部をもちうるがゆえに美しい人間世界を明るみに出すと言う。論文「思考と道徳的配慮」でアレントがソクラテス的思考について言いたい論点、それは「危険で結果のない企図」であり、「既成の基準、価値、善悪の尺度すべてを破壊し、崩す」企図である。アレントは、思考の麻痺を緊急の政治的道徳的重要性をもっているものとして提示する。なぜなら、それは人々を減速させるからである。社会的規範と信条的信仰（行動のために最も頻繁に依拠される根拠）の凝固性を溶解させる思考は、公的な不正義、政策としての悪との平均的市民の連携、もしくは無反省な支持を禁じるからである。ソクラテスの否定性（思考の溶解性）は、その道徳的成就を、不正義の回避に見出す。論文「市民的不服従」に見出されるソクラテス的良心への攻撃的な告発は、安楽に「品位を保ち自足して暮す」という目標はその人のエネルギーを使い尽くし、「善人」を生むが、たぶん欠陥市民を作るだろうというアレントの懸念を考慮に入れて初めて理解できると著者は考える。アレントが最もソクラテス的に見えるときでも、彼女はやはり根本的に非（場合によっては反）ソクラテス的であるというのが著者の論点である。

＊

翻訳について。序論から第五章までを磯山が、第六章以下を伊藤が訳し、三校以降の仕事は伊藤が担当した。かつて「〈公共圏〉としての『スペクテイター』」というテーマを掲げて、十八世紀初頭のいわゆる「オーガスタン・エイジ」に澎湃として湧いたコーヒーハウス、クラブ、定期刊行誌、「座の文学」（たとえばスウィフト、ポープ、ゲイ等の合作『マータイナ・スクリブリーラス』）を調べながらハーバーマス、セネットを読んでいたときに、「大本」（？）のアレントに遅まきながら出会った。挫折したテーマを再び取り上げようとしていたときに、法政大学出版局編集代表の平川俊彦氏に本書の翻訳を勧められ、専門家と読者には御迷惑だろうが、勉強になると思い引き受けさせていただいた。勉強になった。ヴィラ氏の言うように、アレントの洞察は時代を経るにつれますます輝きを増すように思われる。翻訳を引き受けたもうひとつの個人的理由は、ハーバーマスの用語を借りれば、言語に代わって、権力や貨幣などの制御メディアに支配される政治・経済システムが教育・文化などの社会の様々な次元に越境しつつある中で自らの「正気」を保つためであった。少々大袈裟だが、翻訳しながらそんな感懐をもったこともあった。それはともかく、共訳に伴う不整合を入念にチェックして下さった松永辰郎氏の丁寧なお仕事に心より御礼申し上げたい。

平成十六年三月

訳　者

索　引

ア行
アイヒマン，アドルフ　Adolf Eichmann　6, 60–91, 93, 131–35, 162–63, 244, 310, 342–43
悪　evil: ――の観念の修正　84–89；　――の凡庸さ　6, 60–63, 70, 79, 81–89, 162–65, 338；根源的な――　5–6, 16–19, 46–52, 84–88, 300．全体主義の項も参照
アゴーン主義　agonism: ――と公共的領域　183–94, 198–200；――と自立した判断力　194–96；アレントの――　9, 179–84, 195–96, 199–200, 234–36；ニーチェの――　172–77；表出的および劇場的自己提示に対する非個人的――　214–22；フーコーの――　177–79；民主制的――　8–9, 122, 168–72, 196–99．劇場性の項も参照
アドルノ，テオドール　Theodor Adorono　126, 132, 224, 272, 284
アメリカ政治学協会講演　address to American Political Science Association　109, 258
現われの空間　space of appearances　201–05, 209–11, 220
アリストテレス　Aristotle　233, 244, 289–9, 289–91, 315
アレント像　interpretations of Arendt　3–5
「暗黒時代の人間性について――レッシングをめぐる思索」“On Humanity in Dark Times: Thoughts about Lessing,”　206–08

『イェルサレムのアイヒマン』　*Eichmann in Jerusalem*　6, 60–91, 162
イグナティエフ，マイケル　Michael Ignatieff　54
生ける屍　living corpses　29–42, 53
意見　opinion: ――と代理＝表象的思考　147–52, 194–95；――と知識の区別　255；公共の――（世論）　223
イスラエル　Israel: アイヒマン裁判の教育方針　64–65
イデオロギー　ideology　26–27, 141–43, 194

ヴァインライヒ，マックス　Max Weinreich　96
ヴァルンハーゲン，ラヘル　Rahel Varnhagen　221, 320
ヴァンゼー会議　Wansee Conference　71–72, 76
ヴェーバー，マックス　Max Weber　195, 198, 256–57
ヴォーゲリン，エリック　Eric Vogelin　45, 49–50, 112, 272
ウォリン，シェルドン　Sheldon Wolin　168, 182–83, 187–88
ウォリン，リチャード　Richard Wolin　7, 62, 80, 93–96, 105–06, 108, 122, 126, 129–32

エティンガー，エルジビェータ　Elzbieta Ettinger　7, 93–94, 105, 108–09, 116, 122, 126, 129–32
エリート主義への批判　charges of elitism　122–23, 182–83
エロン，アモス　Amos Elon　50

オークショット，マイケル　Michael Oakeshott　124
オト，ヒューゴ　Hugo Ott　127,129

カ行
ガウス，ギュンター　Gunter Gaus　1,378
科学の脅威　threat posed by science　122,277-78
『革命について』 *On Revolution*　214,216
ガダマー，ハンス＝ゲオルク　Hans-Georg Gadamer　116
カノヴァン，マーガレット　Margaret Canovan　50,240-41,278
カミュ，アルベール　Alber Camus　112
カリクレス　Callicles　303-04,316
カント，イマヌエル　Immanuel Kant: アイヒマンと「定言命令」 75-77；意見とフランス革命　161；根源的悪の定義　48；自立した判断力　158-159,163-64,250-51；シュトラウスと——との対立点　263；代理＝表象的思考　195；道徳的進歩　14；特殊を普遍に包摂するものとしての判断力　248；人間性概念　99-102；美学　153-54；マルクスによる——の急進化　15；理性の公共的使用　223-24,233
ガンネル，ジョン　John Gunnell　237
官僚制と道徳性　bureaucracy and Morality　61,77-78,90,162-63,336,340-41

キッテル，ゲアハルト　Gerhard Kittel　97
強制収容所　concentration camps: ——における良心　36-39；——と支配（——における支配の項参照)；——と人間性（人間的性質）16,42-52；根源的な悪としての——46-52,87-88；資源の浪費　19-20,275；死者数　14；実験としての——　28,34,43,49,52；人類の発達　5；忘却の穴　26．全体主義の項も参照
強制収容所における支配　domination in the concentration camps　29-33,48,52-54；個性の破壊　39-42,279-80；道徳的人格の殺害　36-39,279；法的人格の殺害　33-36,280．強制収容所: 全体主義の項も参照
「教養の危機」 "The Crisis in Culture"　151,194-5,315
教養のギリシャ的概念　Greek idea of culture　315-16
恐怖（恐怖政治）　terror　4-5,20-29,51-52,274-79．全体主義の項も参照
近代（近代性）　modernity: ——と全体主義　（全体主義と西洋の伝統の項参照)；——と世界内-性　204-05,210；——とホロコースト　61-62；——の危機　79-80,154-55,238；——の病理　112,118；世界に対する態度　207
区別だて　distinctions: 公共的空間のアゴーン的／連携的モデル　202-03；公共的／私的　9,183-85,191,198,218,367；思考／行動　8,134-41；社会的／政治的　183-86,119-200,203,220；手段／目的　292-94．理論と実践の項も参照
グリュックスマン，アンドレ　Andre Glucksmann　293
グルーバー，ハインリヒ　Heinrich Gruber　73
グレイ，J. グレン　J. Glen Gray　126

ケイティブ，ジョージ　George Kateb　218,238,267,285,362

啓蒙思潮と劇場性　the Enlightenment and theatricality　227
劇場性　theatricality: ——と公共的生活の衰退　9-10, 227-35；——と政治的行動　201-05, 211-13, 217-22；——と世界内-性　234-36；自己提示　214-16．公共的領域の項も参照
ケストラー，アーサー　Arthur Koestler　18
権威と権威主義的支配　authority and authoritarian rule　244-50, 292
「権威とは何か」 "What Is Authority?"　244-45
権力　power: 強制収容所における収容者による——侵害　37；全体的恐怖により実証される無限の——　5-6, 21-23, 279-80；フーコーの——論　177-79

公共的（公共の，公的） public: ——意見（世論） 223-26；——合意　150-152；——自我　10；——精神　9；——と私的の区別　10, 184, 218；——の2つの意味　208-09
公共的空間のアゴーン的モデル　agonistic model of public space　202-05
公共的空間の連携的モデル　associational model of public space　202-05
公共的領域　public realm: 恐怖による支配の影響　274-75；ギリシャの——　241-42；——と劇場性　9-10, 201-05；——と世界内-性　208-12；——とソクラテス的対話　242-44；——と複数性　146-48；——と民主的アゴーン主義　183-94, 198-200；——と民主的行動　178-82；——のアゴーン的モデルと連携的モデル　202-04；——の衰退と民主制　232-36；思考と行動　130-33；セネットの——　227-32；ハイデガーと——の真正性　119-24；ハーバーマスの——　222-27；複数性と判断力の問題　154-61
行動　*praxis*　145, 288
行動　action　288-96；——と思考　8, 130-41；——と暴力　121；政治的——（政治的——の項参照）；マルクスにとっての——を仕事と見なす範型　289
合理性　rationality: ——と全体主義的恐怖　24, 26；政治における——　124
個人主義と主観主義　individualism and subjectivism　320-21
個人の破壊　destruction of individual: 強制収容所における——　29-42, 52-54；恐怖による——　27-28
「悟性と政治」 "Understanding and Politics,"　249
国家社会主義　National Socialism: ——とホロコースト（ホロコーストの項参照）；——の「貧民街から生まれた」（「生まれの卑しい」）イデオロギー　11, 286, 374
コノリー，ウィリアム　William Connolly　168, 182-83, 188-91
ゴルトハーゲン，ダニエル　Daniel Goldhagen　6, 58-62, 72-74, 78, 80-81, 89-91

サ行
「最近のヨーロッパ思想における政治的関心」 "Concern with Politics in Recent European Thought,"　109-16
「最終的解決」 Final Solution　ホロコーストの項参照
ザフランスキー，ルディガー　Rudiger Safranski　127
サルトル，ジャン＝ポール　Jean-Paul Sartre　112

サンデル，マイケル　Michael Sandel　169

シクラー，ジュディス　Judith Shklar　298-300
自己　self: 公的——と私的——との区別　10,218；——と劇場性　214-22,227-32；——と現代のアゴーン主義者　197；ハイデガーの——　101-02
思考　thinking: アレントにおける——に関する判断の変化　139；イデオロギーと行動　141-47；——と行動　8,130-41；——と判断　131-40,152-61,243-44,262-63,319,350；ソクラテス的——　130-131,138,156-58,251,312-14；ソクラテス的——対ハイデガー的——　130-32；代理＝表象的——　147-52,158-59,194-95；ハイデガーの情熱的——　127-30．ソクラテス的対話の項も参照
「思考と道徳的配慮」 "Thinking and Moral Considerations,"　60,83,135,310-14
「自然」の法則　law of Nature　5,22-24,28,48-52,275-78,280,294-95,381
実践的叡知（判断力）　*phronesis*　152-61
実存主義　existentialism: アレントの——122；ハイデガーの——対ヤスパースの——　99-108
「実存哲学とは何か」 "What Is Existenz Philosophy?"　98-111
資本主義　capitalism　281-85,288,297
市民（市民活動）　citizenship: 悪との共謀を避けるための非関与　83；——と悪　263-64；——と哲学（哲学と政治の項参照）；——の基盤としての思考　243；——をめぐるアレントとシュトラウス　10-11；疎隔された——　267-70；ソクラテス的——　240-41,251-52,268
市民共和主義　civic repulicanism　83
「市民的不服従」 "Civil Disobedience"　309
社会科学と悪　social science and evil　19
自由主義（リベラリズム）　liberalism: ——と民主制　168-71；——と立憲国家　358；——に対するアレントの無関心　296-302
「自由とは何か」 "What Is Freedom?"　125,217
集団虐殺　genocide　14-15,81
主観主義と個人主義　subjectivism and individualism　320
手段／目的の区別と道具性　means/ends distinction and instrumentality　293
シュトラウス，レオ　Leo Strauss: 根源的に疎外された理論家としての——　296；——とアレント　10-11,237-40,257-61；——とハイデガー　108,116；政治哲学と慣習からの上昇　253-57；政治哲学をめぐりアレントと対照的な——　257-61；世界内-性と瞑想　264-66；判断力の必要性をめぐるアレントとの見解の一致　260-62
シュミット，カール　Carl Schmitt　97,123,124,170,194
シュレーゲル，フリードリヒ　Friedrich Schlegel　104
ショーレム，ゲルショム　Gershom Scholem　61,64,84-85,88,164
ジルソン，エティエンヌ　Etienne Gilson　112
審議を中心とする政治　deliberative politics　124-25
真正の実存対非真正の実存　authentic v. inauthentic existence　119-20
親密さの文化　culture of intimacy　230

「人類と恐怖政治」 “Mankind and Terror” 23-25

『精神の生活』 *The Life of the Mind* 1, 130-31
政治 politics: アレントとシュトラウスの「健全な」―― 238-39; ――と行動 (――的行動の項参照); ――と哲学 (哲学と――の項参照); ――の人格化 10, 227-36
政治的行動 political actions: アレントの考える―― 123-24, 152, 184-87, 201-04, 216-22, 297; 原理による／非個人的な―― 217-20; ――の世界内-性 205-09, 212-14; 世俗世界を美しくするための媒体としての―― 322-23; プラトンにとっての制作としての―― 289-95
政治的判断力 political judgment 判断力の項参照
政治哲学 political philosophy: アレントとシュトラウスの根源的に疎外された―― 269-70; シュトラウスの―― 253-56
西洋政治思想 Western political thought: ――と悪 19; ――と全体主義 (全体主義と西洋の伝統の項参照); ――の危機 238; ――の批判的読解 116-19
西洋文化, 判断能力の喪失 Western culture, loss of faculty for judgment 78-83
世界劇場 *theatrum mundi* 236
世界内-性 worldliness 204-13, 234-36
世界内存在 being-in-the-world 117
世俗世界の不在 (世界喪失性, 世界を失うこと) worldlessness 264, 284-85, 297, 300-01
セネット, リチャード Richard Sennett 171, 205, 227-36
全体主義 totalitarianism: 因果論的説明に対するアレントの懐疑 272 強制収容所 (強制収容所, 強制収容所における支配の項参照); 思考と行動の道具性 136; ――とイデオロギー 142-43; ――と恐怖 4-6, 18-29, 51, 274-79; ――と根源的悪 14-19, 46-52, 84-88, 300; ――と西洋政治思想 (――と西洋の伝統の項参照); ――とは区別される専制政治 274; ――とマルクス 287-88; ――の遺産 52-57; ――の本質的目的 48; 見せかけの正当性 81
全体主義と西洋の伝統 totalitarianism and the Western tradition 11, 271-73, 295-96; 基幹の徹底化 294-95; 近代の現象としての全体主義 87-88, 273-81; 近代の病理としての全体主義 281-86; マルクスの実践 287-89
『全体主義の起源』 *The Origins of Totalitarianism* 20, 56, 62, 87-88, 141, 285-86
「全体主義の性質」 “On the Nature of Totalitarianism” 299
全体的支配 total domination: 強制収容所における――(強制収容所における――の項参照); 恐怖による―― 21-23, 27-29, 279-80

相対主義 relativism 257
ソクラテス Socrates: アブとしての―― 306, 312, 318-20; アレントの―― 10-12, 304-06, 320-22, 363; 検証の必要性 251; 産婆としての―― 306-11, 314-18; 思考と行動 130-31, 148-49; 自己の劇場的提示 215-16; シビレエイ (針をもつ魚)としての―― 249, 252, 269, 306, 318-20; シュトラウスの―― 253-55, 260-63; ――と自立した判断力 155, 165; ――と世界内-性 264-65; ――問題 240, 242-44;

——をめぐるアレントとシュトラウス　10–11
ソクラテス的思考　Socratic thinking　130–31, 138, 156–58, 251, 312–14
ソクラテス的対話　Socratic dialogue　10, 148, 155–58, 242–44, 254, 264, 306–12, 318–20
ソクラテス的弁証法　Socratic dialectic　ソクラテス的対話の項参照
ソフスキー，ヴォルフガング　Wolfgang Sofsky　330–32
存在　Being: ——の宿命　120；——の退却　128–30

タ行

対話　dialogue: ソクラテス的——　10, 148, 155–57, 243–44, 253, 264, 305–12, 318–20；——とソクラテス的思考　312–14
ダントルヴ，モーリツィオ・パセラン　Maurizio Passerin d' Entreves　202, 205, 212–13

作ること（制作）　*poiesis*　145
ツィーメトバウム，マラ　Mala Zimetbaum　37

定言命令（カントの）　Categorical Imperative（Kant's）　75, 146, 248
哲学　philosophy: ——が反政治的であるというアレントの疑惑　321, ——と意見　147–51；——と政治（——と政治の項参照）；——におけるアレントの地位　1–4
哲学者－王　philosopher-kings　247
哲学と政治　Philosophy and Politics: アレント対シュトラウス　10, 238–40, 258–61；アレントに可能な——の和解　304–23；簡易化としての哲学　11–12；権威　244–50；思考と行動　137–41；政治哲学と慣習からの上昇　252–57；世界内－性対瞑想　264–67；——とハイデガー　109–16；疎隔された市民活動　267–70；判断力の必要性　260–63；複数性とソクラテス問題　240–44
「哲学と政治」 "Philosophy and Politics"　242, 305–09, 314–18

ドイツ文化とホロコースト　German culture and the Holocausut　61, 74, 90
トゥキュディデス　Thucydides　10, 244, 315
トクヴィル，アレクシス・ド　Alexis de Tocqueville　224, 232
「独裁政権下における個人の責任」 "Personal Responsibility Under Dictatorship" 83, 383–84
トドロフ，ツヴェタン　Tzvetan Todorov　41–44
トムスン，ケネス　Kenneth Thompson　87
ド・ルージュモン，ドニ　Denis De Rougemont　87

ナ行

ニーチェ，フリードリヒ　Friedrich Nietzsche: 客観性　160, 195；倒錯したプラトン主義　322；動物本能　321；——とアレント　88, 179–82, 187, 192, 213；——とソクラテス　318；——とフーコー　177–79；——のアゴーン主義　168, 171–72；——の政治的適用　197–99；美的基準　315；民主的道徳　172–77
人間性（人間の性質）　human nature: ——と強制収容所　16–17, 41–52；——と全体主

義　6, 283-84. 強制所における支配の項も参照
人間性剥奪　dehumanization. 強制収容所における支配の項参照
人間的事象の脆弱さ　frailty of human affairs　290
人間の諸権利　human rights: 全体主義的傾向への最良の応答としての　296-97；——と強制収容所体験　51-57；——と道徳的進歩　14-18
『人間の条件』 *The Human Condition*　95, 116-25, 144, 181-82, 192, 208-13, 281-87, 304
人間の尊厳と道徳的進歩　human dignity and moral progress　14-18

ハ行

ハイデガー，マルティン　Martin Heidegger: アレントによる——評価（——評価, アレントによるの項参照）；社会生活の模倣的な性質　313；初期「唯我論」的哲学　320；全体主義と近代性の混合　283-84；『人間の条件』への建設的影響　116-17；——とアレント　7, 92-95, 237；——と政治理論　4, 127, 258-59；——とナチス体制　7, 93, 97-98, 107, 126-32, 287；——の懐旧　204；——の歴史主義と歴史性　111-12, 256-58
ハイデガー評価，アレントによる　assessment of Heidegger by Arendt: 学問対懐疑的——92-96, 132-33；思考と純粋思考の危険　126-33；ナチスとの協調；97-100；ハイデガーの実存主義に対する批判　98-103；ハイデガーの政治　102-08；——と政治哲学　109-16；ハイデガーをハイデガー自身に対決させる効用　118-26
ハイドリッヒ，ラインハルト　Reinhard Heydrich　70
ハウスナー，ギデオン　Gideon Hausner　65
バウマン，ジグマント　Zygmunt Bauman　341
「八十歳のマルティン・ハイデガー」 “Martin Heidegger at Eighty”　95, 125-33, 374
ハーバーマス，ユルゲン　Jurgen Habermas　138, 205, 220, 222-27, 229, 232-35
バーリン，アイザイア　Isaiah Berlin　124
犯罪者　criminals: アイヒマンに代表される新しい種類の——　76-83；強制収容所における——　33-34
バーンスタイン，リチャード　Richhard Bernstein　138-40, 150-54
判断力　judgment: アイヒマンの——　63；イデオロギーと理性　142-47；思考と行動のかけ橋としての——　8, 134-41；自立した——　158, 164, 193-95；道徳的——の稀少さ　83；特殊を普遍に包摂するものとしての——　248；——と思考　130-33, 152-60, 243-44, 319-20, 350；——と民主的アゴーン主義　194-96；——と理解力　4-5；——の危機　248-49；——の限界　161-66；——の喪失　79-82；——の必要性についてのアレントとシュトラウス　260-63；複数性と代理＝表象的思考　147-52

批判的思考　critical thinking: ソクラテス的思考の項参照

フィンク，ユーゲン　Eugen Fink　126
複数性　plurality: ——と公共の場の談話　241-42；——と思考と行動の問題　146-47；——と政治的行動　189, 279；——と判断力　147-52；——を障害物と見なすマルクスの見解　289
フーコー，ミシェル　Michel Foucault　171, 177-79

フッサール，エドムント　Edmund Husserl　104-06
プラトン　Plato: 意見に対する糾弾　148-49；制作（製造）としての行動　144-45, 288-95；ソクラテス殺害に対する復讐　321-22；哲学的生活の優越性　304；——と権威　244-49；——の弁証法　307

ベイ，クリスティアン　Christian Bay　336
ベイナー，ロナルド　Ronald Beiner　138-40, 153-54
ヘーゲル，ゲオルク・ヴィルヘルム・フリードリヒ　Georg Wilhelm Friedrich Hegel　110-12, 352
ヘーゲル型の目的論　Hegelian teleologies: アレントの——との闘い　272
ペリクレス　Pericles　315-19
ベン゠グリオン，デイヴィッド　David Ben-Gurion　65
ベンハビブ，セイラ　Seyla Benhabib　アイヒマンをめぐる——とアレント　63-64；アレントについての論評　2；アレントの行動モデル　202-03, 212-13, 219-22；公共圏　227, 232-35

法　law: ——とアイヒマン　74-77；——と全体主義的恐怖　24, 276-77, 298-99, 375-76
ホニッグ，ボニー　Bonnie Honig　168-71, 182-83, 186-88
ポパー，カール　Karl Poper　293
ホームズ，スティーブン　Stephen Holmes　372
ホルクハイマー，マックス　Max Horkheimer　224, 272, 284
ホロコースト　Holocaust:　実行者の動機　58-65, 88-91；特異性の問題　36；——とアイヒマン裁判の政治教育　65-67；——と道徳的良心　66-75；——と法の遵守　75-77．強制収容所，強制収容所における支配の項も参照

マ行
マキャヴェッリ，ニッコロ　Niccolo Macchiavelli　198-200, 212-16
マッカーシー，メアリー　Mary McCarthy　341, 344
マリタン，ジャック　Jacques Maritan　112
マルクス，カール　Karl Marx　15, 287-89
マルクーゼ，ヘルベルト　Herbert Marcuse　116, 282-84
マン，トマス　Thomas Mann　108

ミル，ジョン・ステュアート　John Stuart Mill　178, 224, 233, 313, 318
ミューラー，アダム　Adam Müller　104
民主制　democracy: アレントとシュトラウスの自由主義的——批判　238；ニーチェの——批判　172-77；フーコーの——の分析　177-79；——とアレントの公共的空間のモデル　202-05；——と公共的領域の衰退　232-36；——における——の不在　168
民主制的アゴーン主義　democratic agonism: アゴーン主義の項参照

ムフ，チャンタル　Chantal Mouffe　168

モンテスキュー男爵（シャルル＝ルイ・ド・スゴンダ） Baron de Montesquieu (Charles-Louis de Secondat) 46, 49, 217–18, 299–300
モンテーニュ，ミシェル・エケム・ド Michel Eyquem de Montaigne 14

ヤ行

ヤスパース，カール Karl Jaspers 47–48, 92–95, 99–103, 105–08, 113–14, 206, 341
ヤング＝ブルーエル，エリザベス Elisabeth Young-Bruehl 64, 69, 92–94, 109

友情 *philia* 243

ヨーナス，ハンス Hans Jonas 250

ラ行

ライアン，アラン Alan Ryan 107
ラーカー，ウォルター Walter Laquer 64
ラクー＝ラバルト，フィリップ Philippe Lacoue-Labarthe 295
ラーモア，チャールズ Charles Larmore 233, 267
ラマルタン，アルフォンス＝マリ＝ルイ・ドゥ・プラット Alphonse-Marie-Louis de Prat Lamartine 231

リオタール，ジャン＝フランソワ Jean-Francois Lyotard 145
良心 conscience: アイヒマンの—— 62–63, 66–75, 77–78；強制収容所における—— 38–39
理論と実践 theory and practice 8, 134–37, 142–47

ルーセット，ダヴィッド David Rousset 37, 40–41
ルソー，ジャン＝ジャック Jean-Jacques Rousseau 3, 215–18, 233

レーヴィ，プリーモ Primo Levi 30–32, 38–44, 57
歴史主義／歴史性 historicism/historicity 110, 256–58
「歴史」の法則 low of History 5–6, 22–24, 28–29, 48–52, 275–79, 280, 294, 381
レッシング，ゴットホルト・エフライム Gotthold Ephraim Lessing 206–08, 232, 235

ロベスピエール，マキシミリアン＝フランソワ＝マリ＝イシドール・ド Maximilien-Francois-Marie-Isidore de Robespierre 214–15
ロールズ，ジョン John Rawls 168–70, 189–91, 199–200

ワ行

ワルツァー，マイケル Michael Walzer 269–70

《叢書・ウニベルシタス　798》
政治・哲学・恐怖
ハンナ・アレントの思想

2004年 9 月30日　　初版第 1 刷発行

デーナ，R. ヴィラ
伊藤　誓／磯山甚一　訳
発行所　財団法人　法政大学出版局
〒102-0073 東京都千代田区九段北3-2-7
電話03(5214)5540／振替00160-6-95814
製版，印刷　三和印刷／鈴木製本所

Printed in Japan

ISBN4-588-00798-X

著者

デーナ・リチャード・ヴィラ

1987年にプリンストン大学でPh. Dを取得後，アマースト大学に10年間勤務し，その後カリフォルニア大学に移り，サンタ・バーバラ校で政治理論・政治思想史などを教えている．本書（1999）のほか，『アレントとハイデガー』（1996），『ソクラテス的市民』（2001）などの著書があり，共編著に『リベラル・モダニズムと民主的個人主義』，編著に『ハンナ・アレント必携』がある．彼の関心はアレントによる伝統の脱構築に学んで，現代における政治的なものの新生の道を「ソクラテス的市民」の在り方に求めることに向けられている．最近はトクヴィルやヘーゲルに重点的に取り組んでいる．

訳者

伊藤　誓（いとう　ちかい）

1951年生まれ．東京教育大学大学院修士課程修了．現在，東京都立大学人文学部教授．イギリス小説専攻．著書：『ロレンス文学のコンテクスト』（金星堂），『スターン文学のコンテクスト』（法政大学出版局）．訳書：P. ロジャーズ編『図説イギリス文学史』（共訳，大修館），D. ロッジ『バフチン以後』，F. イングリス『メディアの理論』（共訳），E. リード『旅の思想史』，M. ホルクウィスト『ダイアローグの思想』，N. フライ『大いなる体系』，A. フレッチャー『思考の図像学』，B. アダム『時間と社会理論』（共訳）G. スタイナー『言葉への情熱』，J. H. ミラー『読むことの倫理』（共訳），R. バートレット『ヨーロッパの形成』（共訳）（以上，法政大学出版局）．

磯山甚一（いそやま　じんいち）

1951年生まれ．東京教育大学大学院修士課程修了．現在，文教大学文学部教授．エリザベス朝演劇専攻．訳書：F. イングリス『メディアの理論』（共訳），S. グリーンブラット『悪口を習う』，B. アダム『時間と社会理論』（共訳），R. F. ウェイレン『シェイクスピアは誰だったか』（共訳），R. バートレット『ヨーロッパの形成』（共訳）（以上，法政大学出版局）．

				(頁)
52 53	社会学的思考の流れ（I・II）	R.アロン／北川, 平野, 他訳		I・350 II・392
54	ベルクソンの哲学	G.ドゥルーズ／宇波彰訳		142
55	第三帝国の言語LTI〈ある言語学者のノート〉	V.クレムペラー／羽田, 藤平, 赤井, 中村訳		442
56	古代の芸術と祭祀	J.E.ハリスン／星野徹訳		222
57	ブルジョワ精神の起源	B.グレトゥイゼン／野沢協訳		394
58	カントと物自体	E.アディッケス／赤松常弘訳		300
59	哲学的素描	S.K.ランガー／塚本, 星野訳		250
60	レーモン・ルーセル	M.フーコー／豊崎光一訳		268
61	宗教とエロス	W.シューバルト／石川, 平田, 山本訳	品切	398
62	ドイツ悲劇の根源	W.ベンヤミン／川村, 三城訳		316
63	鍛えられた心〈強制収容所における心理と行動〉	B.ベテルハイム／丸山修吉訳	品切	340
64	失われた範列〈人間の自然性〉	E.モラン／古田幸男訳		308
65	キリスト教の起源	K.カウツキー／栗原佑訳		534
66	ブーバーとの対話	W.クラフト／板倉敏之訳		206
67	プロデメの変貌〈フランスのコミューン〉	E.モラン／宇波彰訳		450
68	モンテスキューとルソー	E.デュルケーム／小関, 川喜多訳	品切	312
69	芸術と文明	K.クラーク／河野徹訳		680
70	自然宗教に関する対話	D.ヒューム／福鎌, 斎藤訳	品切	196
上・71 下・72	キリスト教の中の無神論（上・下）	E.ブロッホ／竹内, 高尾訳		上・234 下・304
73	ルカーチとハイデガー	L.ゴルドマン／川俣晃自訳	品切	308
74	断　想　1942—1948	E.カネッティ／岩田行一訳		286
75 76	文明化の過程（上・下）	N.エリアス／吉田, 中村, 波田, 他訳		上・466 下・504
77	ロマンスとリアリズム	C.コードウェル／玉井, 深井, 山本訳		238
78	歴史と構造	A.シュミット／花崎皋平訳		192
79 80	エクリチュールと差異（上・下）	J.デリダ／若桑, 野村, 阪上, 三好, 他訳		上・378 下・296
81	時間と空間	E.マッハ／野家啓一編訳		258
82	マルクス主義と人格の理論	L.セーヴ／大津真作訳		708
83	ジャン=ジャック・ルソー	B.グレトゥイゼン／小池健男訳		394
84	ヨーロッパ精神の危機	P.アザール／野沢協訳		772
85	カフカ〈マイナー文学のために〉	G.ドゥルーズ, F.ガタリ／宇波, 岩田訳		210
86	群衆の心理	H.ブロッホ／入野田, 小崎, 小岸訳		580
87	ミニマ・モラリア	Th.W.アドルノ／三光長治訳		430
88 89	夢と人間社会（上・下）	R.カイヨワ, 他／三好郁郎, 他訳		上・374 下・340
90	自由の構造	C.ベイ／横越英一訳	品切	744
91	1848年〈二月革命の精神史〉	J.カスー／野沢協, 他訳		326
92	自然の統一	C.F.ヴァイツゼカー／斎藤, 河井訳	品切	560
93	現代戯曲の理論	P.ションディ／市村, 丸山訳	品切	250
94	百科全書の起源	F.ヴェントゥーリ／大津真作訳	品切	324
95	推測と反駁〈科学的知識の発展〉	K.R.ポパー／藤本, 石垣, 森訳		816
96	中世の共産主義	K.カウツキー／栗原佑訳	品切	400
97	批評の解剖	N.フライ／海老根, 中村, 出淵, 山内訳		580
98	あるユダヤ人の肖像	A.メンミ／菊地, 白井訳		396
99	分類の未開形態	E.デュルケーム／小関藤一郎訳		232
100	永遠に女性的なるもの	H.ド・リュバック／山崎庸一郎訳	品切	360
101	ギリシア神話の本質	G.S.カーク／吉田, 辻村, 松田訳		390
102	精神分析における象徴界	G.ロゾラート／佐々木孝次訳		508
103	物の体系〈記号の消費〉	J.ボードリヤール／宇波彰訳		280

				(頁)
1	芸術はなぜ必要か	E.フィッシャー／河野徹訳	品切	302
2	空と夢〈運動の想像力にかんする試論〉	G.バシュラール／宇佐見英治訳		442
3	グロテスクなもの	W.カイザー／竹内豊治訳		312
4	塹壕の思想	T.E.ヒューム／長谷川鉱平訳	品切	316
5	言葉の秘密	E.ユンガー／菅谷規矩雄訳		176
6	論理哲学論考	L.ヴィトゲンシュタイン／藤本，坂井訳		350
7	アナキズムの哲学	H.リード／大沢正道訳		318
8	ソクラテスの死	R.グアルディーニ／山村直資訳		366
9	詩学の根本概念	E.シュタイガー／高橋英夫訳		334
10	科学の科学〈科学技術時代の社会〉	M.ゴールドスミス，A.マカイ編／是永純弘訳	品切	346
11	科学の射程	C.F.ヴァイツゼカー／野田，金子訳	品切	274
12	ガリレオをめぐって	オルテガ・イ・ガセット／マタイス，佐々木訳		290
13	幻影と現実〈詩の源泉の研究〉	C.コードウェル／長谷川鉱平訳	品切	410
14	聖と俗〈宗教的なるものの本質について〉	M.エリアーデ／風間敏夫訳		286
15	美と弁証法	G.ルカッチ／良知，池田，小箕訳	品切	372
16	モラルと犯罪	K.クラウス／小松太郎訳		218
17	ハーバート・リード自伝	北條文緒訳		468
18	マルクスとヘーゲル	J.イッポリット／宇津木，田口訳	品切	258
19	プリズム〈文化批判と社会〉	Th.W.アドルノ／竹内，山村，板倉訳	品切	246
20	メランコリア	R.カスナー／塚越敏訳		388
21	キリスト教の苦悶	M.de ウナムーノ／神吉，佐々木訳		202
22	アインシュタイン ゾンマーフェルト往復書簡	A.ヘルマン編／小林，坂口訳	品切	194
23 24	群衆と権力（上・下）	E.カネッティ／岩田行一訳		440 356
25	問いと反問〈芸術論集〉	W.ヴォリンガー／土肥美夫訳		272
26	感覚の分析	E.マッハ／須藤，廣松訳		386
27 28	批判的モデル集（I・II）	Th.W.アドルノ／大久保健治訳	〈品切〉 〈品切〉	I 232 II 272
29	欲望の現象学	R.ジラール／古田幸男訳		370
30	芸術の内面への旅	E.ヘラー／河原，杉浦，渡辺訳	品切	284
31	言語起源論	ヘルダー／大阪大学ドイツ近代文学研究会訳		270
32	宗教の自然史	D.ヒューム／福鎌，斎藤訳		144
33	プロメテウス〈ギリシア人の解した人間存在〉	K.ケレーニイ／辻村誠三訳	品切	268
34	人格とアナーキー	E.ムーニエ／山崎，佐藤訳		292
35	哲学の根本問題	E.ブロッホ／竹内豊治訳		194
36	自然と美学〈形体・美・芸術〉	R.カイヨワ／山口三夫訳	品切	112
37 38	歴史論（I・II）	G.マン／加藤，宮野訳	I・品切 II・品切	274 202
39	マルクスの自然概念	A.シュミット／元浜清海訳	品切	316
40	書物の本〈西欧の書物と文化の歴史．書物の美学〉	H.プレッサー／轡田収訳		448
41 42	現代への序説（上・下）	H.ルフェーヴル／宗，古田監訳	品切	上・220 下・296
43	約束の地を見つめて	E.フォール／古田幸男訳	品切	320
44	スペクタクルと社会	J.デュビニョー／渡辺淳訳	品切	188
45	芸術と神話	E.グラッシ／榎本久彦訳		266
46	古きものと新しきもの	M.ロベール／城山，島，円子訳		318
47	国家の起源	R.H.ローウィ／古賀英三郎訳	品切	204
48	人間と死	E.モラン／古田幸男訳		448
49	プルーストとシーニュ（増補版）	G.ドゥルーズ／宇波彰訳		252
50	文明の滴定〈科学技術と中国の社会〉	J.ニーダム／橋本敬造訳	品切	452
51	プスタの民	I.ジュラ／加藤二郎訳		382

				（頁）
104	言語芸術作品〔第2版〕	W.カイザー／柴田斎訳	品切	688
105	同時代人の肖像	F.ブライ／池内紀訳		212
106	レオナルド・ダ・ヴィンチ〔第2版〕	K.クラーク／丸山, 大河内訳		344
107	宮廷社会	N.エリアス／波田, 中埜, 吉田訳		480
108	生産の鏡	J.ボードリヤール／宇波, 今村訳		184
109	祭祀からロマンスへ	J.L.ウェストン／丸小哲雄訳		290
110	マルクスの欲求理論	A.ヘラー／良知, 小箕訳	品切	198
111	大革命前夜のフランス	A.ソブール／山崎耕一訳	品切	422
112	知覚の現象学	メルロ=ポンティ／中島盛夫訳		904
113	旅路の果てに〈アルペイオスの流れ〉	R.カイヨワ／金井裕訳		222
114	孤独の迷宮〈メキシコの文化と歴史〉	O.パス／高山, 熊谷訳		320
115	暴力と聖なるもの	R.ジラール／古田幸男訳		618
116	歴史をどう書くか	P.ヴェーヌ／大津真作訳		604
117	記号の経済学批判	J.ボードリヤール／今村, 宇波, 桜井訳		304
118	フランス紀行〈1787, 1788&1789〉	A.ヤング／宮崎洋訳		432
119	供　犠	M.モース, H.ユベール／小関藤一郎訳		296
120	差異の目録〈歴史を変えるフーコー〉	P.ヴェーヌ／大津真作訳	品切	198
121	宗教とは何か	G.メンシング／田中, 下宮訳		442
122	ドストエフスキー	R.ジラール／鈴木晶訳	品切	200
123	さまざまな場所〈死の影の都市をめぐる〉	J.アメリー／池内紀訳		210
124	生　成〈概念をこえる試み〉	M.セール／及川馥訳		272
125	アルバン・ベルク	Th.W.アドルノ／平野嘉彦訳		320
126	映画　あるいは想像上の人間	E.モラン／渡辺淳訳	品切	320
127	人間論〈時間・責任・価値〉	R.インガルデン／武井, 赤松訳		294
128	カント〈その生涯と思想〉	A.グリガ／西牟田, 浜田訳		464
129	同一性の寓話〈詩的神話学の研究〉	N.フライ／駒沢大学フライ研究会訳		496
130	空間の心理学	A.モル, E.ロメル／渡辺淳訳		326
131	飼いならされた人間と野性的人間	S.モスコヴィッシ／古田幸男訳		336
132	方　法　1. 自然の自然	E.モラン／大津真作訳	品切	658
133	石器時代の経済学	M.サーリンズ／山内昶訳		464
134	世の初めから隠されていること	R.ジラール／小池健男訳		760
135	群衆の時代	S.モスコヴィッシ／古田幸男訳	品切	664
136	シミュラークルとシミュレーション	J.ボードリヤール／竹原あき子訳		234
137	恐怖の権力〈アブジェクシオン〉試論	J.クリステヴァ／枝川昌雄訳		420
138	ボードレールとフロイト	L.ベルサーニ／山縣直子訳		240
139	悪しき造物主	E.M.シオラン／金井裕訳		228
140	終末論と弁証法〈マルクスの社会・政治思想〉	S.アヴィネリ／中村恒矩訳	品切	392
141	経済人類学の現在	F.プイヨン編／山内昶訳		236
142	視覚の瞬間	K.クラーク／北條文緒訳		304
143	罪と罰の彼岸	J.アメリー／池内紀訳		210
144	時間・空間・物質	B.K.ライドレー／中島龍三訳	品切	226
145	離脱の試み〈日常生活への抵抗〉	S.コーエン, N.テイラー／石黒毅訳		321
146	人間怪物論〈人間脱走の哲学の素描〉	U.ホルストマン／加藤二郎訳		206
147	カントの批判哲学	G.ドゥルーズ／中島盛夫訳		160
148	自然と社会のエコロジー	S.モスコヴィッシ／久米, 原訳		440
149	壮大への渇仰	L.クローネンバーガー／岸, 倉田訳		368
150	奇蹟論・迷信論・自殺論	D.ヒューム／福鎌, 斎藤訳		200
151	クルティウス-ジッド往復書簡	ディークマン編／円子千代訳		376
152	離脱の寓話	M.セール／及川馥訳		178

				(頁)
153	エクスタシーの人類学	I.M.ルイス／平沼孝之訳		352
154	ヘンリー・ムア	J.ラッセル／福田真一訳		340
155	誘惑の戦略	J.ボードリヤール／宇波彰訳	品切	260
156	ユダヤ神秘主義	G.ショーレム／山下, 石丸, 他訳		644
157	蜂の寓話〈私悪すなわち公益〉	B.マンデヴィル／泉谷治訳	品切	412
158	アーリア神話	L.ポリアコフ／アーリア主義研究会訳	品切	544
159	ロベスピエールの影	P.ガスカール／佐藤和生訳		440
160	元型の空間	E.ゾラ／丸小哲雄訳		336
161	神秘主義の探究〈方法論的考察〉	E.スタール／宮元啓一, 他訳		362
162	放浪のユダヤ人〈ロート・エッセイ集〉	J.ロート／平田, 吉田訳		344
163	ルフー，あるいは取壊し	J.アメリー／神崎巌訳		250
164	大世界劇場〈宮廷祝宴の時代〉	R.アレヴィン, K.ゼルツレ／円子修平訳	品切	200
165	情念の政治経済学	A.ハーシュマン／佐々木, 旦訳		192
166	メモワール〈1940-44〉	レミ／築島謙三訳		520
167	ギリシア人は神話を信じたか	P.ヴェーヌ／大津真作訳	品切	340
168	ミメーシスの文学と人類学	R.ジラール／浅野敏夫訳	品切	410
169	カバラとその象徴的表現	G.ショーレム／岡部, 小岸訳		340
170	身代りの山羊	R.ジラール／織田, 富永訳	品切	384
171	人間〈その本性および世界における位置〉	A.ゲーレン／平野具男訳		608
172	コミュニケーション〈ヘルメスⅠ〉	M.セール／豊田, 青木訳		358
173	道　化〈つまずきの現象学〉	G.v.バルレーヴェン／片岡啓治訳	品切	260
174	いま, ここで〈アウシュヴィッツとヒロシマ以後の哲学的考察〉	G.ピヒト／斎藤, 浅野, 大野, 河井訳		600
175 176 177	真理と方法〔全三冊〕	H.-G.ガダマー／轡田, 麻生, 三島, 他訳		Ⅰ・350 Ⅱ・ Ⅲ・
178	時間と他者	E.レヴィナス／原田佳彦訳		140
179	構成の詩学	B.ウスペンスキイ／川崎, 大石訳	品切	282
180	サン=シモン主義の歴史	S.シャルレティ／沢崎, 小杉訳		528
181	歴史と文芸批評	G.デルフォ, A.ロッシュ／川中子弘訳		472
182	ミケランジェロ	H.ヒバード／中山, 小野訳	品切	578
183	観念と物質〈思考・経済・社会〉	M.ゴドリエ／山内昶訳		340
184	四つ裂きの刑	E.M.シオラン／金井裕訳		234
185	キッチュの心理学	A.モル／万沢正美訳		344
186	領野の漂流	J.ヴィヤール／山下俊一訳		226
187	イデオロギーと想像力	G.C.カバト／小箕俊介訳		300
188	国家の起源と伝承〈古代インド社会史論〉	R.=ターパル／山崎, 成澤訳		322
189	ベルナール師匠の秘密	P.ガスカール／佐藤和生訳		374
190	神の存在論的証明	D.ヘンリッヒ／本間, 須田, 座小田, 他訳		456
191	アンチ・エコノミクス	J.アタリ, M.ギヨーム／斎藤, 安孫子訳		322
192	クローチェ政治哲学論集	B.クローチェ／上村忠男編訳		188
193	フィヒテの根源的洞察	D.ヘンリッヒ／座小田, 小松訳		184
194	哲学の起源	オルテガ・イ・ガセット／佐々木孝訳	品切	224
195	ニュートン力学の形成	ベー・エム・ゲッセン／秋間実, 他訳		312
196	遊びの遊び	J.デュビニョー／渡辺淳訳	品切	160
197	技術時代の魂の危機	A.ゲーレン／平野具男訳	品切	222
198	儀礼としての相互行為	E.ゴッフマン／浅野敏夫訳		376
199	他者の記号学〈アメリカ大陸の征服〉	T.トドロフ／及川, 大谷, 菊地訳		370
200	カント政治哲学の講義	H.アーレント著, R.ベイナー編／浜田監訳		302
201	人類学と文化記号論	M.サーリンズ／山内昶訳	品切	354
202	ロンドン散策	F.トリスタン／小杉, 浜本訳		484

No.	書名	著訳者		(頁)
203	秩序と無秩序	J.-P.デュピュイ／古田幸男訳		324
204	象徴の理論	T.トドロフ／及川馥, 他訳	品切	536
205	資本とその分身	M.ギヨーム／斉藤日出治訳		240
206	干　渉〈ヘルメスII〉	M.セール／豊田彰訳		276
207	自らに手をくだし〈自死について〉	J.アメリー／大河内了義訳	品切	222
208	フランス人とイギリス人	R.フェイバー／北條, 大島訳		304
209	カーニバル〈その歴史的・文化的考察〉	J.カロ・バロッハ／佐々木孝訳	品切	622
210	フッサール現象学	A.F.アグィーレ／川島, 工藤, 林訳		232
211	文明の試練	J.M.カディヒィ／塚本, 秋山, 寺西, 島訳		538
212	内なる光景	J.ポミエ／角山, 池部訳		526
213	人間の原型と現代の文化	A.ゲーレン／池井望訳		422
214	ギリシアの光と神々	K.ケレーニイ／円子修平訳	品切	178
215	初めに愛があった〈精神分析と信仰〉	J.クリステヴァ／枝川昌雄訳		146
216	バロックとロココ	W.v.ニーベルシュッツ／竹内章訳		164
217	誰がモーセを殺したか	S.A.ハンデルマン／山形和美訳		514
218	メランコリーと社会	W.レペニース／岩田, 小竹訳		380
219	意味の論理学	G.ドゥルーズ／岡田, 宇波訳		460
220	新しい文化のために	P.ニザン／木内孝訳		352
221	現代心理論集	P.ブールジェ／平岡, 伊藤訳		362
222	パラジット〈寄食者の論理〉	M.セール／及川, 米山訳		466
223	虐殺された鳩〈暴力と国家〉	H.ラボリ／川中子弘訳		240
224	具象空間の認識論〈反・解釈学〉	F.ダゴニェ／金森修訳		300
225	正常と病理	G.カンギレム／滝沢武久訳		320
226	フランス革命論	J.G.フィヒテ／桝田啓三郎訳		396
227	クロード・レヴィ=ストロース	O.パス／鼓, 木村訳		160
228	バロックの生活	P.ラーンシュタイン／波田節夫訳	品切	520
229	うわさ〈もっとも古いメディア〉増補版	J.-N.カプフェレ／古田幸男訳		394
230	後期資本制社会システム	C.オッフェ／寿福真美編訳	品切	358
231	ガリレオ研究	A.コイレ／菅谷暁訳		482
232	アメリカ	J.ボードリヤール／田中正人訳	品切	220
233	意識ある科学	E.モラン／村上光彦訳		400
234	分子革命〈欲望社会のミクロ分析〉	F.ガタリ／杉村昌昭訳		340
235	火，そして霧の中の信号—ゾラ	M.セール／寺田光徳訳		568
236	煉獄の誕生	J.ル・ゴッフ／渡辺, 内田訳		698
237	サハラの夏	E.フロマンタン／川端康夫訳		336
238	パリの悪魔	P.ガスカール／佐藤和夫訳		256
239 240	自然の人間的歴史（上・下）	S.モスコヴィッシ／大津真作訳	品切	上・494 下・390
241	ドン・キホーテ頌	P.アザール／円子千代訳	品切	348
242	ユートピアへの勇気	G.ピヒト／河井徳治訳	品切	202
243	現代社会とストレス〔原書改訂版〕	H.セリエ／杉, 田多井, 藤井, 竹宮訳		482
244	知識人の終焉	J.-F.リオタール／原田佳彦, 他訳		140
245	オマージュの試み	E.M.シオラン／金井裕訳		154
246	科学の時代における理性	H.-G.ガダマー／本間, 座小田訳		158
247	イタリア人の太古の知恵	G.ヴィーコ／上村忠男訳		190
248	ヨーロッパを考える	E.モラン／林　勝一訳		238
249	労働の現象学	J.-L.プチ／今村, 松島訳		388
250	ポール・ニザン	Y.イシャグプール／川俣晃自訳		356
251	政治的判断力	R.ベイナー／浜田義文監訳	品切	310
252	知覚の本性〈初期論文集〉	メルロ=ポンティ／加賀野井秀一訳		158

				(頁)
253	言語の牢獄	F.ジェームソン／川口喬一訳		292
254	失望と参画の現象学	A.O.ハーシュマン／佐々木,杉田訳		204
255	はかない幸福―ルソー	T.トドロフ／及川馥訳	品切	162
256	大学制度の社会史	H.W.プラール／山本尤訳		408
257 258	ドイツ文学の社会史（上・下）	J.ベルク,他／山本,三島,保坂,鈴木訳		上・766 下・648
259	アランとルソー〈教育哲学試論〉	A.カルネック／安斎,並木訳		304
260	都市・階級・権力	M.カステル／石川淳志監訳	品切	296
261	古代ギリシア人	M.I.フィンレー／山形和美訳	品切	296
262	象徴表現と解釈	T.トドロフ／小林,及川訳		244
263	声の回復〈回想の試み〉	L.マラン／梶野吉郎訳		246
264	反射概念の形成	G.カンギレム／金森修訳		304
265	芸術の手相	G.ピコン／末永照和訳		294
266	エチュード〈初期認識論集〉	G.バシュラール／及川馥訳		166
267	邪な人々の昔の道	R.ジラール／小池健男訳		270
268	〈誠実〉と〈ほんもの〉	L.トリリング／野島秀勝訳	品切	264
269	文の抗争	J.-F.リオタール／陸井四郎,他訳		410
270	フランス革命と芸術	J.スタロバンスキー／井上尭裕訳	品切	286
271	野生人とコンピューター	J.-M.ドムナック／古田幸男訳		228
272	人間と自然界	K.トマス／山内昶,他訳		618
273	資本論をどう読むか	J.ビデ／今村仁司,他訳		450
274	中世の旅	N.オーラー／藤代幸一訳		488
275	変化の言語〈治療コミュニケーションの原理〉	P.ワツラウィック／築島謙三訳		212
276	精神の売春としての政治	T.クンナス／木戸,佐々木訳		258
277	スウィフト政治・宗教論集	J.スウィフト／中野,海保訳		490
278	現実とその分身	C.ロセ／金井裕訳		168
279	中世の高利貸	J.ル・ゴッフ／渡辺香根夫訳		170
280	カルデロンの芸術	M.コメレル／岡部仁訳		270
281	他者の言語〈デリダの日本講演〉	J.デリダ／高橋允昭編訳		406
282	ショーペンハウアー	R.ザフランスキー／山本尤訳		646
283	フロイトと人間の魂	B.ベテルハイム／藤瀬恭子訳		174
284	熱　狂〈カントの歴史批判〉	J.-F.リオタール／中島盛夫訳		210
285	カール・カウツキー 1854-1938	G.P.スティーンソン／時永,河野訳		496
286	形而上学と神の思想	W.パネンベルク／座小田,諸岡訳	品切	186
287	ドイツ零年	E.モラン／古田幸男訳		364
288	物の地獄〈ルネ・ジラールと経済の論理〉	デュムシェル，デュピュイ／織田,富永訳		320
289	ヴィーコ自叙伝	G.ヴィーコ／福鎌忠恕訳	品切	448
290	写真論〈その社会的効用〉	P.ブルデュー／山縣熙,山縣直子訳		438
291	戦争と平和	S.ボク／大沢正道訳		224
292	意味と意味の発展	R.A.ウォルドロン／築島謙三訳		294
293	生態平和とアナーキー	U.リンゼ／内田,杉村訳		270
294	小説の精神	M.クンデラ／金井,浅野訳		208
295	フィヒテ-シェリング往復書簡	W.シュルツ解説／座小田,後藤訳		220
296	出来事と危機の社会学	E.モラン／浜名,福井訳		622
297	宮廷風恋愛の技術	A.カペルラヌス／野島秀勝訳	品切	334
298	野蛮〈科学主義の独裁と文化の危機〉	M.アンリ／山形,望月訳		292
299	宿命の戦略	J.ボードリヤール／竹原あき子訳		260
300	ヨーロッパの日記	G.R.ホッケ／石丸,柴田,信岡訳		1330
301	記号と夢想〈演劇と祝祭についての考察〉	A.シモン／岩瀬孝監修．佐藤,伊藤,他訳		388
302	手と精神	J.ブラン／中村文郎訳		284

				(頁)
303	平等原理と社会主義	L.シュタイン／石川，石塚，柴田訳		676
304	死にゆく者の孤独	N.エリアス／中居実訳		150
305	知識人の黄昏	W.シヴェルブシュ／初見基訳		240
306	トマス・ペイン〈社会思想家の生涯〉	A.J.エイヤー／大熊昭信訳		378
307	われらのヨーロッパ	F.ヘール／杉浦健之訳		614
308	機械状無意識〈スキゾ-分析〉	F.ガタリ／高岡幸一訳		426
309	聖なる真理の破壊	H.ブルーム／山形和美訳		400
310	諸科学の機能と人間の意義	E.パーチ／上村忠男監訳		552
311	翻　訳〈ヘルメスIII〉	M.セール／豊田，輪田訳		404
312	分　布〈ヘルメスIV〉	M.セール／豊田彰訳		440
313	外国人	J.クリステヴァ／池田和子訳		284
314	マルクス	M.アンリ／杉山，水野訳	品切	612
315	過去からの警告	E.シャルガフ／山本，内藤訳		308
316	面・表面・界面〈一般表層論〉	F.ダゴニェ／金森，今野訳		338
317	アメリカのサムライ	F.G.ノートヘルファー／飛鳥井雅道訳		512
318	社会主義か野蛮か	C.カストリアディス／江口幹訳		490
319	遍　歴〈法，形式，出来事〉	J.-F.リオタール／小野康男訳		200
320	世界としての夢	D.ウスラー／谷　徹訳		566
321	スピノザと表現の問題	G.ドゥルーズ／工藤，小柴，小谷訳		460
322	裸体とはじらいの文化史	H.P.デュル／藤代，三谷訳		572
323	五　感〈混合体の哲学〉	M.セール／米山親能訳		582
324	惑星軌道論	G.W.F.ヘーゲル／村上恭一訳		250
325	ナチズムと私の生活〈仙台からの告発〉	K.レーヴィット／秋間実訳		334
326	ベンヤミン-ショーレム往復書簡	G.ショーレム編／山本尤訳		440
327	イマヌエル・カント	O.ヘッフェ／薮木栄夫訳		374
328	北西航路〈ヘルメスV〉	M.セール／青木研二訳		260
329	聖杯と剣	R.アイスラー／野島秀勝訳		486
330	ユダヤ人国家	Th.ヘルツル／佐藤康彦訳		206
331	十七世紀イギリスの宗教と政治	C.ヒル／小野功生訳		586
332	方　法　2．生命の生命	E.モラン／大津真作訳		838
333	ヴォルテール	A.J.エイヤー／中川，吉岡訳		268
334	哲学の自食症候群	J.ブーヴレス／大平具彦訳		266
335	人間学批判	レペニース，ノルテ／小竹澄栄訳		214
336	自伝のかたち	W.C.スペンジマン／船倉正憲訳		384
337	ポストモダニズムの政治学	L.ハッチオン／川口喬一訳		332
338	アインシュタインと科学革命	L.S.フォイヤー／村上，成定，大谷訳		474
339	ニーチェ	G.ピヒト／青木隆嘉訳		562
340	科学史・科学哲学研究	G.カンギレム／金森修監訳		674
341	貨幣の暴力	アグリエッタ，オルレアン／井上，斉藤訳		506
342	象徴としての円	M.ルルカー／竹内章訳	品切	186
343	ベルリンからエルサレムへ	G.ショーレム／岡部仁訳		226
344	批評の批評	T.トドロフ／及川，小林訳		298
345	ソシュール講義録注解	F.de　ソシュール／前田英樹・訳注		204
346	歴史とデカダンス	P.ショーニュー／大谷尚文訳		552
347	続・いま，ここで	G.ピヒト／斎藤，大野，福島，浅野訳		580
348	バフチン以後	D.ロッジ／伊藤誓訳		410
349	再生の女神セドナ	H.P.デュル／原研二訳		622
350	宗教と魔術の衰退	K.トマス／荒木正純訳		1412
351	神の思想と人間の自由	W.パネンベルク／座小田，諸岡訳		186

叢書・ウニベルシタス

				(頁)
352	倫理・政治的ディスクール	O.ヘッフェ／青木隆嘉訳		312
353	モーツァルト	N.エリアス／青木隆嘉訳		198
354	参加と距離化	N.エリアス／波田,道籏訳		276
355	二十世紀からの脱出	E.モラン／秋枝茂夫訳		384
356	無限の二重化	W.メニングハウス／伊藤秀一訳	品切	350
357	フッサール現象学の直観理論	E.レヴィナス／佐藤,桑野訳		506
358	始まりの現象	E.W.サイード／山形,小林訳		684
359	サテュリコン	H.P.デュル／原研二訳		258
360	芸術と疎外	H.リード／増渕正史訳	品切	262
361	科学的理性批判	K.ヒュプナー／神野,中才,熊谷訳		476
362	科学と懐疑論	J.ワトキンス／中才敏郎訳		354
363	生きものの迷路	A.モール,E.ロメル／古田幸男訳		240
364	意味と力	G.バランディエ／小関藤一郎訳		406
365	十八世紀の文人科学者たち	W.レペニース／小川さくえ訳		182
366	結晶と煙のあいだ	H.アトラン／阪上脩訳		376
367	生への闘争〈闘争本能・性・意識〉	W.J.オング／高柳,橋爪訳		326
368	レンブラントとイタリア・ルネサンス	K.クラーク／尾崎,芳野訳		334
369	権力の批判	A.ホネット／河上倫逸監訳		476
370	失われた美学〈マルクスとアヴァンギャルド〉	M.A.ローズ／長田,池田,長野,長田訳		332
371	ディオニュソス	M.ドゥティエンヌ／及川,吉岡訳		164
372	メディアの理論	F.イングリス／伊藤,磯山訳		380
373	生き残ること	B.ベテルハイム／高尾利数訳		646
374	バイオエシックス	F.ダゴニェ／金森,松浦訳		316
375 376	エディプスの謎（上・下）	N.ビショッフ／藤代,井本,他訳		上・450 下・464
377	重大な疑問〈懐疑的省察録〉	E.シャルガフ／山形,小野,他訳		404
378	中世の食生活〈断食と宴〉	B.A.ヘニッシュ／藤原保明訳	品切	538
379	ポストモダン・シーン	A.クローカー,D.クック／大熊昭信訳		534
380	夢の時〈野生と文明の境界〉	H.P.デュル／岡部,原,須永,荻野訳		674
381	理性よ，さらば	P.ファイヤアーベント／植木哲也訳		454
382	極限に面して	T.トドロフ／宇京頼三訳		376
383	自然の社会化	K.エーダー／寿福真美監訳		474
384	ある反時代的考察	K.レーヴィット／中村啓,永沼更始郎訳		526
385	図書館炎上	W.シヴェルブシュ／福本義憲訳		274
386	騎士の時代	F.v.ラウマー／柳井尚子訳	品切	506
387	モンテスキュー〈その生涯と思想〉	J.スタロバンスキー／古賀英三郎,高橋誠訳		312
388	理解の鋳型〈東西の思想経験〉	J.ニーダム／井上英明訳		510
389	風景画家レンブラント	E.ラルセン／大谷,尾崎訳		208
390	精神分析の系譜	M.アンリ／山形頼洋,他訳		546
391	金《かね》と魔術	H.C.ビンスヴァンガー／清水健次訳		218
392	自然誌の終焉	W.レペニース／山村直資訳		346
393	批判的解釈学	J.B.トンプソン／山本,小川訳	品切	376
394	人間にはいくつの真理が必要か	R.ザフランスキー／山本,藤井訳		232
395	現代芸術の出発	Y.イシャグプール／川俣晃自訳		170
396	青春　ジュール・ヴェルヌ論	M.セール／豊田彰訳		398
397	偉大な世紀のモラル	P.ベニシュー／朝倉,羽賀訳		428
398	諸国民の時に	E.レヴィナス／合田正人訳		348
399 400	バベルの後に（上・下）	G.スタイナー／亀山健吉訳		上・482 下・
401	チュービンゲン哲学入門	E.ブロッホ／花田監修・菅谷,今井,三国訳		422

				（頁）
402	歴史のモラル	T.トドロフ／大谷尚文訳		386
403	不可解な秘密	E.シャルガフ／山本,内藤訳		260
404	ルソーの世界〈あるいは近代の誕生〉	J.-L.ルセルクル／小林浩訳	品切	378
405	死者の贈り物	D.サルナーヴ／菊地,白井訳		186
406	神もなく韻律もなく	H.P.デュル／青木隆嘉訳		292
407	外部の消失	A.コドレスク／利沢行夫訳		276
408	狂気の社会史〈狂人たちの物語〉	R.ポーター／目羅公和訳	品切	428
409	続・蜂の寓話	B.マンデヴィル／泉谷治訳		436
410	悪口を習う〈近代初期の文化論集〉	S.グリーンブラット／磯山甚一訳		354
411	危険を冒して書く〈異色作家たちのパリ・インタヴュー〉	J.ワイス／浅野敏夫訳		300
412	理論を讃えて	H.-G.ガダマー／本間,須田訳		194
413	歴史の島々	M.サーリンズ／山本真鳥訳		306
414	ディルタイ〈精神科学の哲学者〉	R.A.マックリール／大野,田中,他訳		578
415	われわれのあいだで	E.レヴィナス／合田,谷口訳		368
416	ヨーロッパ人とアメリカ人	S.ミラー／池田栄一訳		358
417	シンボルとしての樹木	M.ルルカー／林 捷 訳		276
418	秘めごとの文化史	H.P.デュル／藤代,津山訳		662
419	眼の中の死〈古代ギリシアにおける他者の像〉	J.-P.ヴェルナン／及川,吉岡訳		144
420	旅の思想史	E.リード／伊藤誓訳		490
421	病のうちなる治療薬	J.スタロバンスキー／小池,川那部訳		356
422	祖国地球	E.モラン／菊地昌実訳		234
423	寓意と表象・再現	S.J.グリーンブラット編／船倉正憲訳		384
424	イギリスの大学	V.H.H.グリーン／安原,成定訳	品切	516
425	未来批判 あるいは世界史に対する嫌悪	E.シャルガフ／山本,伊藤訳		276
426	見えるものと見えざるもの	メルロ=ポンティ／中島盛夫監訳		618
427	女性と戦争	J.B.エルシュテイン／小林,廣川訳		486
428	カント入門講義	H.バウムガルトナー／有福孝岳監訳		204
429	ソクラテス裁判	I.F.ストーン／永田康昭訳		470
430	忘我の告白	M.ブーバー／田口義弘訳		348
431 432	時代おくれの人間（上・下）	G.アンダース／青木隆嘉訳		上・432 下・546
433	現象学と形而上学	J.-L.マリオン他編／三上,重永,檜垣訳		388
434	祝福から暴力へ	M.ブロック／田辺,秋津訳		426
435	精神分析と横断性	F.ガタリ／杉村,毬藻訳		462
436	競争社会をこえて	A.コーン／山本,真水訳		530
437	ダイアローグの思想	M.ホルクウィスト／伊藤誓訳	品切	370
438	社会学とは何か	N.エリアス／徳安彰訳		250
439	E.T.A.ホフマン	R.ザフランスキー／識名章喜訳		636
440	所有の歴史	J.アタリ／山内昶訳		580
441	男性同盟と母権制神話	N.ゾンバルト／田村和彦訳		516
442	ヘーゲル以後の歴史哲学	H.シュネーデルバッハ／古東哲明訳		282
443	同時代人ベンヤミン	H.マイヤー／岡部仁訳		140
444	アステカ帝国滅亡記	G.ボド,T.トドロフ編／大谷,菊地訳		662
445	迷宮の岐路	C.カストリアディス／宇京頼三訳		404
446	意識と自然	K.K.チョウ／志水,山本監訳		422
447	政治的正義	O.ヘッフェ／北尾,平石,望月訳		598
448	象徴と社会	K.バーク著,ガスフィールド編／森常治訳		580
449	神・死・時間	E.レヴィナス／合田正人訳		360
450	ローマの祭	G.デュメジル／大橋寿美子訳		446

			（頁）
451	エコロジーの新秩序	L.フェリ／加藤宏幸訳	274
452	想念が社会を創る	C.カストリアディス／江口幹訳	392
453	ウィトゲンシュタイン評伝	B.マクギネス／藤本，今井，宇都宮，髙橋訳	612
454	読みの快楽	R.オールター／山形，中田，田中訳	346
455	理性・真理・歴史〈内在的実在論の展開〉	H.パトナム／野本和幸，他訳	360
456	自然の諸時期	ビュフォン／菅谷暁訳	440
457	クロポトキン伝	ピルーモヴァ／左近毅訳	384
458	征服の修辞学	P.ヒューム／岩尾，正木，本橋訳	492
459	初期ギリシア科学	G.E.R.ロイド／山野，山口訳	246
460	政治と精神分析	G.ドゥルーズ，F.ガタリ／杉村昌昭訳	124
461	自然契約	M.セール／及川，米山訳	230
462	細分化された世界〈迷宮の岐路III〉	C.カストリアディス／宇京頼三訳	332
463	ユートピア的なもの	L.マラン／梶野吉郎訳	420
464	恋愛礼讃	M.ヴァレンシー／沓掛，川端訳	496
465	転換期〈ドイツ人とドイツ〉	H.マイヤー／宇京早苗訳	466
466	テクストのぶどう畑で	I.イリイチ／岡部佳世訳	258
467	フロイトを読む	P.ゲイ／坂口，大島訳	304
468	神々を作る機械	S.モスコヴィッシ／古田幸男訳	750
469	ロマン主義と表現主義	A.K.ウィードマン／大森淳史訳	378
470	宗教論	N.ルーマン／土方昭，土方透訳	138
471	人格の成層論	E.ロータッカー／北村監訳・大久保，他訳	278
472	神　罰	C.v.リンネ／小川さくえ訳	432
473	エデンの園の言語	M.オランデール／浜﨑設夫訳	338
474	フランスの自伝〈自伝文学の主題と構造〉	P.ルジュンヌ／小倉孝誠訳	342
475	ハイデガーとヘブライの遺産	M.ザラデル／合田正人訳	390
476	真の存在	G.スタイナー／工藤政司訳	266
477	言語芸術・言語記号・言語の時間	R.ヤコブソン／浅川順子訳	388
478	エクリール	C.ルフォール／宇京頼三訳	420
479	シェイクスピアにおける交渉	S.J.グリーンブラット／酒井正志訳	334
480	世界・テキスト・批評家	E.W.サイード／山形和美訳	584
481	絵画を見るディドロ	J.スタロバンスキー／小西嘉幸訳	148
482	ギボン〈歴史を創る〉	R.ポーター／中野，海保，松原訳	272
483	欺瞞の書	E.M.シオラン／金井裕訳	252
484	マルティン・ハイデガー	H.エーベリング／青木隆嘉訳	252
485	カフカとカバラ	K.E.グレーツィンガー／清水健次訳	390
486	近代哲学の精神	H.ハイムゼート／座小田豊，他訳	448
487	ベアトリーチェの身体	R.P.ハリスン／船倉正憲訳	304
488	技術〈クリティカル・セオリー〉	A.フィーンバーグ／藤本正文訳	510
489	認識論のメタクリティーク	Th.W.アドルノ／古賀，細見訳	370
490	地獄の歴史	A.K.ターナー／野﨑嘉信訳	456
491	昔話と伝説〈物語文学の二つの基本形式〉	M.リューティ／高木昌史，万里子訳	品切 362
492	スポーツと文明化〈興奮の探究〉	N.エリアス，E.ダニング／大平章訳	490
493 494	地獄のマキアヴェッリ（I・II）	S.de.グラツィア／田中治男訳	I・352 II・306
495	古代ローマの恋愛詩	P.ヴェーヌ／鎌田博夫訳	352
496	証人〈言葉と科学についての省察〉	E.シャルガフ／山本，内藤訳	252
497	自由とはなにか	P.ショーニュ／西川，小田桐訳	472
498	現代世界を読む	M.マフェゾリ／菊地昌実訳	186
499	時間を読む	M.ピカール／寺田光徳訳	266
500	大いなる体系	N.フライ／伊藤誓訳	478

No.	書名	著者／訳者		(頁)
501	音楽のはじめ	C.シュトゥンプ／結城錦一訳		208
502	反ニーチェ	L.フェリー他／遠藤文彦訳		348
503	マルクスの哲学	E.バリバール／杉山吉弘訳		222
504	サルトル，最後の哲学者	A.ルノー／水野浩二訳	品切	296
505	新不平等起源論	A.テスタール／山内昶訳		298
506	敗者の祈禱書	シオラン／金井裕訳		184
507	エリアス・カネッティ	Y.イシャグプール／川俣晃自訳		318
508	第三帝国下の科学	J.オルフ＝ナータン／宇京頼三訳		424
509	正も否も縦横に	H.アトラン／寺田光徳訳		644
510	ユダヤ人とドイツ	E.トラヴェルソ／宇京頼三訳		322
511	政治的風景	M.ヴァルンケ／福本義憲訳		202
512	聖句の彼方	E.レヴィナス／合田正人訳		350
513	古代憧憬と機械信仰	H.ブレーデカンプ／藤代，津山訳		230
514	旅のはじめに	D.トリリング／野島秀勝訳		602
515	ドゥルーズの哲学	M.ハート／田代，井上，浅野，暮沢訳		294
516	民族主義・植民地主義と文学	T.イーグルトン他／増渕，安藤，大友訳		198
517	個人について	P.ヴェーヌ他／大谷尚文訳		194
518	大衆の装飾	S.クラカウアー／船戸，野村訳		350
519 520	シベリアと流刑制度（I・II）	G.ケナン／左近毅訳		I・632 II・642
521	中国とキリスト教	J.ジェルネ／鎌田博夫訳		396
522	実存の発見	E.レヴィナス／佐藤真理人，他訳		480
523	哲学的認識のために	G.-G.グランジェ／植木哲也訳		342
524	ゲーテ時代の生活と日常	P.ラーンシュタイン／上西川原章訳		832
525	ノッツ nOts	M.C.テイラー／浅野敏夫訳		480
526	法の現象学	A.コジェーヴ／今村，堅田訳		768
527	始まりの喪失	B.シュトラウス／青木隆嘉訳		196
528	重　合	ベーネ，ドゥルーズ／江口修訳		170
529	イングランド18世紀の社会	R.ポーター／目羅公和訳		630
530	他者のような自己自身	P.リクール／久米博訳		558
531	鷲と蛇〈シンボルとしての動物〉	M.ルルカー／林捷訳		270
532	マルクス主義と人類学	M.ブロック／山内昶，山内彰訳		256
533	両性具有	M.セール／及川馥訳		218
534	ハイデガー〈ドイツの生んだ巨匠とその時代〉	R.ザフランスキー／山本尤訳		696
535	啓蒙思想の背任	J.-C.ギユボー／菊地，白井訳		218
536	解明　M.セールの世界	M.セール／梶野，竹中訳		334
537	語りは罠	L.マラン／鎌田博夫訳		176
538	歴史のエクリチュール	M.セルトー／佐藤和生訳		542
539	大学とは何か	J.ペリカン／田口孝夫訳		374
540	ローマ　定礎の書	M.セール／高尾謙史訳		472
541	啓示とは何か〈あらゆる啓示批判の試み〉	J.G.フィヒテ／北岡武司訳		252
542	力の場〈思想史と文化批判のあいだ〉	M.ジェイ／今井道夫，他訳		382
543	イメージの哲学	F.ダゴニェ／水野浩二訳		410
544	精神と記号	F.ガタリ／杉村昌昭訳		180
545	時間について	N.エリアス／井本，青木訳		238
546	ルクレティウスのテキストにおける物理学の誕生	M.セール／豊田彰訳		320
547	異端カタリ派の哲学	R.ネッリ／柴田和雄訳		290
548	ドイツ人論	N.エリアス／青木隆嘉訳		576
549	俳　優	J.デュヴィニョー／渡辺淳訳		346

			(頁)
550	ハイデガーと実践哲学	O.ペゲラー他,編／竹市,下村監訳	584
551	彫　像	M.セール／米山親能訳	366
552	人間的なるものの庭	C.F.v.ヴァイツゼカー／山辺建訳	852
553	思考の図像学	A.フレッチャー／伊藤誓訳	472
554	反動のレトリック	A.O.ハーシュマン／岩崎稔訳	250
555	暴力と差異	A.J.マッケナ／夏目博明訳	354
556	ルイス・キャロル	J.ガッテニョ／鈴木晶訳	462
557	タオスのロレンゾー〈D.H.ロレンス回想〉	M.D.ルーハン／野島秀勝訳	490
558	エル・シッド〈中世スペインの英雄〉	R.フレッチャー／林邦夫訳	414
559	ロゴスとことば	S.プリケット／小野功生訳	486
560 561	盗まれた稲妻〈呪術の社会学〉(上・下)	D.L.オキーフ／谷林眞理子,他訳	上・490 下・656
562	リビドー経済	J.-F.リオタール／杉山,吉谷訳	458
563	ポスト・モダニティの社会学	S.ラッシュ／田中義久監訳	462
564	狂暴なる霊長類	J.A.リヴィングストン／大平章訳	310
565	世紀末社会主義	M.ジェイ／今村,大谷訳	334
566	両性平等論	F.P.de ラ・バール／佐藤和夫,他訳	330
567	暴虐と忘却	R.ボイヤーズ／田部井孝次・世志子訳	524
568	異端の思想	G.アンダース／青木隆嘉訳	518
569	秘密と公開	S.ボク／大沢正道訳	470
570 571	大航海時代の東南アジア (I・II)	A.リード／平野,田中訳	I・430 II・598
572	批判理論の系譜学	N.ボルツ／山本,大貫訳	332
573	メルヘンへの誘い	M.リューティ／高木昌史訳	200
574	性と暴力の文化史	H.P.デュル／藤代,津山訳	768
575	歴史の不測	E.レヴィナス／合田,谷口訳	316
576	理論の意味作用	T.イーグルトン／山形和美訳	196
577	小集団の時代〈大衆社会における個人主義の衰退〉	M.マフェゾリ／古田幸男訳	334
578 579	愛の文化史 (上・下)	S.カーン／青木,斎藤訳	上・334 下・384
580	文化の擁護〈1935年パリ国際作家大会〉	ジッド他／相磯,五十嵐,石黒,高橋編訳	752
581	生きられる哲学〈生活世界の現象学と批判理論の思考形式〉	F.フェルマン／堀栄造訳	282
582	十七世紀イギリスの急進主義と文学	C.ヒル／小野,圓月訳	444
583	このようなことが起こり始めたら…	R.ジラール／小池,住谷訳	226
584	記号学の基礎理論	J.ディーリー／大熊昭信訳	286
585	真理と美	S.チャンドラセカール／豊田彰訳	328
586	シオラン対談集	E.M.シオラン／金井裕訳	336
587	時間と社会理論	B.アダム／伊藤,磯山訳	338
588	懐疑的省察 ABC〈続・重大な疑問〉	E.シャルガフ／山本,伊藤訳	244
589	第三の知恵	M.セール／及川馥訳	250
590 591	絵画における真理 (上・下)	J.デリダ／高橋,阿部訳	上・322 下・390
592	ウィトゲンシュタインと宗教	N.マルカム／黒崎宏訳	256
593	シオラン〈あるいは最後の人間〉	S.ジョドー／金井裕訳	212
594	フランスの悲劇	T.トドロフ／大谷尚文訳	304
595	人間の生の遺産	E.シャルガフ／清水健次,他訳	392
596	聖なる快楽〈性，神話，身体の政治〉	R.アイスラー／浅野敏夫訳	876
597	原子と爆弾とエスキモーキス	C.G.セグレー／野島秀勝訳	408
598	海からの花嫁〈ギリシア神話研究の手引き〉	J.シャーウッドスミス／吉田,佐藤訳	234
599	神に代わる人間	L.フェリー／菊地,白井訳	220
600	パンと競技場〈ギリシア・ローマ時代の政治と都市の社会学的歴史〉	P.ヴェーヌ／鎌田博夫訳	1032

			(頁)
601	ギリシア文学概説	J.ド・ロミイ／細井，秋山訳	486
602	パロールの奪取	M.セルトー／佐藤和生訳	200
603	68年の思想	L.フェリー他／小野潮訳	348
604	ロマン主義のレトリック	P.ド・マン／山形，岩坪訳	470
605	探偵小説あるいはモデルニテ	J.デュボア／鈴木智之訳	380
606 607 608	近代の正統性〔全三冊〕	H.ブルーメンベルク／斎藤，忽那 佐藤，村井訳	I・328 II・390 III・318
609	危険社会〈新しい近代への道〉	U.ベック／東，伊藤訳	502
610	エコロジーの道	E.ゴールドスミス／大熊昭信訳	654
611	人間の領域〈迷宮の岐路II〉	C.カストリアディス／米山親能訳	626
612	戸外で朝食を	H.P.デュル／藤代幸一訳	190
613	世界なき人間	G.アンダース／青木隆嘉訳	366
614	唯物論シェイクスピア	F.ジェイムソン／川口喬一訳	402
615	核時代のヘーゲル哲学	H.クロンバッハ／植木哲也訳	380
616	詩におけるルネ・シャール	P.ヴェーヌ／西永良成訳	832
617	近世の形而上学	H.ハイムゼート／北岡武司訳	506
618	フロベールのエジプト	G.フロベール／斎藤昌三訳	344
619	シンボル・技術・言語	E.カッシーラー／篠木，高野訳	352
620	十七世紀イギリスの民衆と思想	C.ヒル／小野，圓月，箭川訳	520
621	ドイツ政治哲学史	H.リュッベ／今井道夫訳	312
622	最終解決〈民族移動とヨーロッパのユダヤ人殺害〉	G.アリー／山本，三島訳	470
623	中世の人間	J.ル・ゴフ他／鎌田博夫訳	478
624	食べられる言葉	L.マラン／梶野吉郎訳	284
625	ヘーゲル伝〈哲学の英雄時代〉	H.アルトハウス／山本尤訳	690
626	E.モラン自伝	E.モラン／菊地，高砂訳	368
627	見えないものを見る	M.アンリ／青木研二訳	248
628	マーラー〈音楽観相学〉	Th.W.アドルノ／龍村あや子訳	286
629	共同生活	T.トドロフ／大谷尚文訳	236
630	エロイーズとアベラール	M.F.B.ブロッチェリ／白崎容子訳	304
631	意味を見失った時代〈迷宮の岐路IV〉	C.カストリアディス／江口幹訳	338
632	火と文明化	J.ハウツブロム／大平章訳	356
633	ダーウィン，マルクス，ヴァーグナー	J.バーザン／野島秀勝訳	526
634	地位と羞恥	S.ネッケル／岡原正幸訳	434
635	無垢の誘惑	P.ブリュックネール／小倉，下澤訳	350
636	ラカンの思想	M.ボルク=ヤコブセン／池田清訳	500
637	羨望の炎〈シェイクスピアと欲望の劇場〉	R.ジラール／小林，田口訳	698
638	暁のフクロウ〈続・精神の現象学〉	A.カトロッフェロ／寿福真美訳	354
639	アーレント＝マッカーシー往復書簡	C.ブライトマン編／佐藤佐智子訳	710
640	崇高とは何か	M.ドゥギー他／梅木達郎訳	416
641	世界という実験〈問い，取り出しの諸カテゴリー，実践〉	E.ブロッホ／小田智敏訳	400
642	悪　あるいは自由のドラマ	R.ザフランスキー／山本尤訳	322
643	世俗の聖典〈ロマンスの構造〉	N.フライ／中村，真野訳	252
644	歴史と記憶	J.ル・ゴフ／立川孝一訳	400
645	自我の記号論	N.ワイリー／船倉正憲訳	468
646	ニュー・ミメーシス〈シェイクスピアと現実描写〉	A.D.ナトール／山形，山下訳	430
647	歴史家の歩み〈アリエス　1943-1983〉	Ph.アリエス／成瀬，伊藤訳	428
648	啓蒙の民主制理論〈カントとのつながりで〉	I.マウス／浜田，牧野監訳	400
649	仮象小史〈古代からコンピューター時代まで〉	N.ボルツ／山本尤訳	200

		（頁）
700 マリア〈処女・母親・女主人〉	K.シュライナー／内藤道雄訳	678
701 マルセル・デュシャン〈絵画唯名論〉	T.ド・デューヴ／鎌田博夫訳	350
702 サハラ〈ジル・ドゥルーズの美学〉	M.ビュイダン／阿部宏慈訳	260
703 ギュスターヴ・フロベール	A.チボーデ／戸田吉信訳	470
704 報酬主義をこえて	A.コーン／田中英史訳	604
705 ファシズム時代のシオニズム	L.ブレンナー／芝健介訳	480
706 方　法　4．観念	E.モラン／大津真作訳	446
707 われわれと他者	T.トドロフ／小野，江口訳	658
708 モラルと超モラル	A.ゲーレン／秋澤雅男訳	
709 肉食タブーの世界史	F.J.シムーンズ／山内昶監訳	682
710 三つの文化〈仏・英・独の比較文化学〉	W.レペニース／松家，吉村，森訳	548
711 他性と超越	E.レヴィナス／合田，松丸訳	200
712 詩と対話	H.-G.ガダマー／巻田悦郎訳	302
713 共産主義から資本主義へ	M.アンリ／野村直正訳	242
714 ミハイル・バフチン　対話の原理	T.トドロフ／大谷尚文訳	408
715 肖像と回想	P.ガスカール／佐藤和生訳	232
716 恥〈社会関係の精神分析〉	S.ティスロン／大谷，津島訳	286
717 庭園の牧神	P.バルロスキー／尾崎彰宏訳	270
718 パンドラの匣	D.&E.パノフスキー／尾崎彰宏，他訳	294
719 言説の諸ジャンル	T.トドロフ／小林文生訳	466
720 文学との離別	R.バウムガルト／清水健次・威能子訳	406
721 フレーゲの哲学	A.ケニー／野本和幸，他訳	308
722 ビバ リベルタ！〈オペラの中の政治〉	A.アーブラスター／田中，西崎訳	478
723 ユリシーズ グラモフォン	J.デリダ／合田，中 訳	210
724 ニーチェ〈その思考の伝記〉	R.ザフランスキー／山本尤訳	440
725 古代悪魔学〈サタンと闘争神話〉	N.フォーサイス／野呂有子監訳	844
726 力に満ちた言葉	N.フライ／山形和美訳	466
727 産業資本主義の法と政治	I.マウス／河上倫逸監訳	496
728 ヴァーグナーとインドの精神世界	C.スネソン／吉水千鶴子訳	270
729 民間伝承と創作文学	M.リューティ／高木昌史訳	430
730 マキアヴェッリ〈転換期の危機分析〉	R.ケーニヒ／小川，片岡訳	382
731 近代とは何か〈その隠されたアジェンダ〉	S.トゥールミン／藤村，新井訳	398
732 深い謎〈ヘーゲル，ニーチェとユダヤ人〉	Y.ヨベル／青木隆嘉訳	360
733 挑発する肉体	H.P.デュル／藤代，津山訳	702
734 フーコーと狂気	F.グロ／菊地昌実訳	164
735 生命の認識	G.カンギレム／杉山吉弘訳	330
736 転倒させる快楽〈バフチン，文化批評，映画〉	R.スタム／浅野敏夫訳	494
737 カール・シュミットとユダヤ人	R.グロス／山本尤訳	486
738 個人の時代	A.ルノー／水野浩二訳	438
739 導入としての現象学	H.F.フルダ／久保，高山訳	470
740 認識の分析	E.マッハ／廣松渉編訳	182
741 脱構築とプラグマティズム	C.ムフ編／青木隆嘉訳	186
742 人類学の挑戦	R.フォックス／南塚隆夫訳	698
743 宗教の社会学	B.ウィルソン／中野，栗原訳	270
744 非人間的なもの	J.-F.リオタール／篠原，上村，平芳訳	286
745 異端者シオラン	P.ボロン／金井裕訳	334
746 歴史と日常〈ポール・ヴェーヌ自伝〉	P.ヴェーヌ／鎌田博夫訳	268
747 天使の伝説	M.セール／及川馥訳	262
748 近代政治哲学入門	A.バルッツィ／池上，岩倉訳	348